管理者必备的

财税管控思维

MANAGERS MUST MASTER THE LOGIC OF FINANCE AND TAXATION

蔡昌◎著

中国铁道出版社有限公司
CHINA RAILWAY PUBLISHING HOUSE CO., LTD.

图书在版编目（CIP）数据

管理者必备的财税管控思维/蔡昌著. —北京：
中国铁道出版社有限公司，2021.5
ISBN 978-7-113-27742-0

Ⅰ. ①管… Ⅱ. ①蔡… Ⅲ. ①财务管理②税收管理
Ⅳ. ①F275②F810.423

中国版本图书馆 CIP 数据核字(2021) 第 029561 号

书　　名： 管理者必备的财税管控思维
GUANLIZHE BIBEI DE CAISHUI GUANKONG SIWEI
作　　者： 蔡　昌

策　　划： 王　佩　　**编辑部电话：**（010）51873022　　**邮箱：** 505733396@qq.com
责任编辑： 苏　茜
责任校对： 苗　丹
封面设计： 仙　境
责任印制： 赵星辰

出版发行： 中国铁道出版社有限公司（100054，北京市西城区右安门西街 8 号）
印　　刷： 三河市航远印刷有限公司
版　　次： 2021 年 5 月第 1 版　2021 年 5 月第 1 次印刷
开　　本： 787 mm×1 092 mm 1/16　**印张：** 22.5　**字数：** 590 千
书　　号： ISBN 978-7-113-27742-0
定　　价： 98.00 元

卷首语

打破思维边界　向财务要利润

蔡昌

目前，中国有 2 400 多万名中小企业的决策层人员，3 000 多万名个体经商老板，还有近 500 万名大中型企业的总裁和部门经理。他们不仅需要掌握扎实的管理技能，也迫切需要透彻了解相关财税知识。对于管理者来说，是否具有财税专业背景和财税实操技能并不重要，但为了准确地评估公司现状并科学决策，管理者必须理解会计语言，识别各项财务指标、税务风险，进而做出科学的决策，这才是最为关键的问题。

随着市场经济的飞速发展，会计作为全球通用的商业语言，早已不再是“账房先生”的专利，管理者必须掌握财务、会计、税收等方面的专业知识。管理活动是一个极其复杂的综合过程，包含众多领域，其中“牵一发而动全身”的就是财税管理。在这个瞬息万变、竞争激烈的市场环境下，建立以财税管理为中心的管理体系变得愈发重要。要想做市场的“弄潮儿”，管理者必须保持清醒的头脑和睿智的判断，打破财务边界，向财务要利润。

对于企业财税管控问题，笔者从管理协同视角，将法务、税务元素同时引入“业财融合”，提出“业、财、法、税融合”的创新观点。“业、财、法、税融合”，即是根据企业财税管理需要，通过信息传播、信息共享的高科技手段，有机融合业务、财务、法务、税务活动，在合法经营的基础上，利用财务政策、税收制度、法律工具等，从企业规划、决策、组织、控制和评价等方面全面提升效率、降低成本，从而实现企业价值最大化的管理协同行为。

“业、财、法、税融合”是一种商业模型、财税管理创新与法律规制的融合思想，使企业具有以下方面的管理优势：

（1）利用互联网、大数据技术将财务管理重心前移到交易（业务）环节，使理财融入交易结构底层及业务活动内部。

（2）在交易管理过程中建立数据集成中心，收集管理会计、财务会计、交易和税务的全量数据，实现数据之间的比对与校验，保证了会计数据的实时性，实现交易、财务、税务的内在逻辑一致性。

（3）在交易发生前和交易进程中发挥法律的规制作用，不仅实现财税管控的有效性，而且实现法律管制的合规性，将法律规范融入业务活动、财务管理、税务管理的每一环节和全部过程，开启交易控制、财税管理、法律校验的全新模式。

《管理者必备的财税管控思维》一书的编撰，旨在帮助管理者跳出思维定势，掌握财税管理技能。本书主要包括“管理者应知的会计常识”“管理者必懂的财务技能”“管理者必备的税务筹划与风控”三个篇章，分别从会计管理、财务管理、税务管理等视角系统讲解管理者需要掌握的财税知识和决策技能。

本书为管理者群体量身定制，贴近实务，案例丰富，语言幽默风趣、操作性强，能够让管理者深入、系统地掌握最新财税前沿知识，帮助管理者提升管理技能，学会科学理财和税务决策。

本书适合国家机关、企事业单位、商务机构的领导干部、总裁、总经理、部门总监等管理者阅读。限于时间和编著者能力有限，本书缺点在所难免，希望读者不吝指正，以便再版修订。

目录

本书案例索引

第一篇

管理者应知的会计常识

会计是适应人类生产实践和经营活动的客观需要而产生的。我国会计之职最早设于西周，称为“司会”，主管财政经济活动。在人们印象中，会计就是“一把算盘一本账”。但随着市场经济的飞速发展，会计作为商业通用语言，早已不再是账房先生们的专利，管理者必须掌握会计专业知识，掌控企业的财务状况、经营成果、现金流量。正所谓“不谋财务战略者，不足以谋企业战略”。

据美国调查统计发现，送到美国地方法院申请破产的案例中，有90%的企业缺乏恰当的会计记录，做的是“糊涂账”；美国商业部表示，84%的失败企业都与企业没有足够、完整的会计记录和控制有关。世界银行官员对73家银行的调查报告表明，亚洲发生金融危机的一半责任在于会计。

而在中国，我们经常会问到以下问题：

1.为什么中国的企业平均寿命只有3.8年？

答案：因为管理者不懂理财，资金问题也搞不定。

2.为什么很多企业发展慢，规模小？

答案：因为管理者既不懂财务分析，又不懂如何与银行和风险投资家打交道。

3.为什么很多企业收入庞大，却在亏损经营？

答案：因为管理者不懂成本管理。

4.为什么很多企业“内贼”不断，资产流失？

答案：因为企业内控体系出了问题。

5.为什么很多企业财务报表审计和年终汇算清缴时，面临大量的调整项目？

答案：因为管理者及相关负责人不了解国家最新的会计、财税政策。

本篇采用诙谐幽默的语言和丰富的案例，系统讲解会计管理原理与操作技能，易于管理者们在繁忙工作之余，迅速掌握必备的会计知识。

第一章
会计——商海起航的必备商务工具

据统计，今天的世界 500 强企业中约 48%的 CEO 都是财务出身。要想成为全球跨国公司的总裁需要过一个关，就是财务关。

一、辨识会计语言，驰骋商海

（一）初识会计，胸有成竹

会计是适应人类生产实践和经营活动的客观需要而产生的。人类社会自从有了经济活动，计算和记录就成为必要。在我国古代，早就出现了“日记”“月要”“岁会”等会计术语，我国会计之职最早设于西周，称为“司会”，主管财政经济。传统意义上的会计，给人的印象是“一把算盘一本账”，其基本职能是反映某一特定单位的经济活动，并对活动执行过程进行监督。

在实务工作中，会计是以货币为主要计量单位，以提高经济效益为主要目标，运用专门方法对企业、机关、事业单位和其他组织的经济活动进行全面、综合、连续、系统的核算和监督，提供会计信息，并随着社会经济的日益发展，逐步开展预测、决策、控制和分析的一种经济管理活动。

会计工作依据其工作的侧重点不同，一般分为财务会计、管理会计和税务会计。管理者关注的重点并不是具体的财务工作，而是在把握会计活动所提供的信息基础上做出正确的决策。图 1-1 为公司治理框架下的财务架构图。

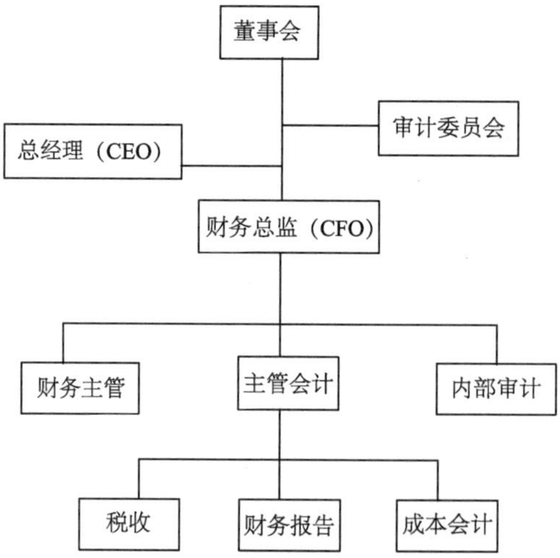

图 1-1　公司治理框架下的财务架构图

知识链接

什么是 EVA?

经济增加值（Economic Value Added，EVA）则是一种新型的公司业绩衡量指标，它克服了传统指标的缺陷，比较准确地反映了公司在一定时期内为股东创造的价值，20 世纪 90 年代中期以后逐渐在国外获得广泛应用，成为传统业绩衡量指标体系的重要补充。

EVA 的基本理念：

• 资本获得的收益至少要能补偿投资者承担的风险。

• 股东必须赚取至少等于资本市场上类似风险投资回报的收益率。

• EVA 理念的始祖是剩余收入（Residual Income）或经济利润（Economic Profit）。

• 在 EVA 准则约束下，投资收益率高低并非企业经营状况好坏和价值创造能力的评估标准，关键在于是否超过资本成本。

• EVA 是一种基于会计系统的公司业绩评估体系。

• 英特尔、可口可乐、微软等公司资本收益远远超过资本成本，EVA>0，视为价值创造能力强的公司；通用汽车、AT&T、IBM 等公司资本收益低于资本成本，EVA<0，被认为股东价值受到破坏。

（二）会计必备基础知识

当一个屋子里有非常多的东西需要整理归位时，大抽屉的作用便功不可没。按照一定的管理把物品分门别类地整理，更有益于日常的使用与管理，这样的方法同样用于会计。一般企业把会计所要反映的具体业务分为六大类，每一类有一个专门的名称，它们分别提供有关财务状况和经营成果的信息，具体包括资产、负债、所有者权益、收入、费用和利润六大会计要素。其中，资产、负债和所有者权益三项会计要素主要反映企业的财务状况；收入、费用和利润三项会计要素主要反映企业的经营成果。

1. 资产

资产是指企业过去的交易或者事项形成的、由企业拥有或者控制的、预期会给企业带来经济利益的资源。资产按流动性分类，可分为流动资产和非流动资产。流动资产主要包括货币资金、交易性金融资产、应收票据、应收账款、预付款项、应收利息、应收股利、其他应收款、存货等。非流动资产是指流动资产以外的资产，主要包括长期股权投资、固定资产、在建工程、工程物资、无形资产、开发支出等。

2. 负债

负债是指企业过去的交易或者事项形成的、预期会导致经济利益流出企业的现时义务。流动负债主要包括短期借款、应付票据、应付账款、预收款项、应付职工薪酬、应交税费、应付利息、应付股利、其他应付款等。 非流动负债是指流动负债以外的负债，主要包括长期借款、应付债券等。

3. 所有者权益

所有者权益是指企业资产扣除负债后由所有者享有的剩余权益。公司的所有者权益又称为股东权益。所有者权益包括实收资本、资本公积、盈余公积和未分配利润。其中，资本公积包括企业收到投资者出资超过其在注册资本或股本中所占份额的部分以及直接计入所有者权益的利得和损失等。盈余公积和未分配利润又合称为留存收益。

4. 收入

收入是指企业在日常活动中形成的、会导致所有者权益增加的、与所有者投入资本无关的经济利益的总流入。

5. 费用

费用是指企业在日常活动中发生的、会导致所有者权益减少的、与向所有者分配利润无关的经济利益的总流出。

6. 利润

利润是指企业在一定会计期间的经营成果。利润包括收入减去费用后的净额、直接计入当期利润的利得和损失等。直接计入当期利润的利得或损失，是指应当计入当期损益、会导致所有者权益发生增减变动的、与所有者投入资本或者向所有者分配利润无关的利得或损失。

知识链接

常用会计术语中英对照

序号	中文名称	英文名称	序号	中文名称	英文名称
1	账户	Account	17	整合性	Integrity
2	会计系统	Accounting system	18	内部审计	Internal auditing
3	审计	Audit	19	内部控制结构	Internal control structure
4	现金流量预测	Cash flow prospects	20	国内收入署	Internal Revenue Service
5	簿记	Bookkeeping	21	投资回报	Return of investment
6	资产负债表	Balance sheet	22	投资报酬	Return on investment
7	损益表	Income statement	23	证券交易委员会	Securities and Exchange Commission
8	现金流量表	Statement of cash flow	24	财务状况表	Statement of financial position
9	注册会计师	Certificate Public Accountant	25	会计等式	Accounting equation
10	税务会计	Tax accounting	26	钩稽关系	Articulation
11	成本会计	Cost accounting	27	资产	Assets
12	管理会计	Management accounting	28	企业个体	Business entity
13	外部使用者	External users	29	股本	Capital stock
14	内部使用者	Internal users	30	公司	Corporation
15	财务预测	Financial forecast	31	成本原则	Cost principle
16	财务会计	Financial accounting	32	债权人	Creditor

序号	中文名称	英文名称	序号	中文名称	英文名称
33	通货紧缩	Deflation	47	正现金流量	Positive cash flow
34	披露	Disclosure	48	收入	Revenue
35	费用	Expenses	49	独资企业	Sole proprietorship
36	财务报表	Financial statement	50	清偿能力	Solvency
37	筹资活动	Financial activities	51	稳定货币假设	Stable-dollar assumption
38	持续经营假设	Going-concern assumption	52	股东	Stockholders
39	通货膨胀	Inflation	53	股东权益	Stockholders' equity
40	投资活动	Investing activities	54	门面粉饰	Window dressing
41	负债	Liabilities	55	公认会计原则	Generally accepted accounting principles
42	负现金流量	Negative cash flow	56	通用目的信息	General-purpose information
43	经营活动	Operating activities	57	政府会计办公室	Government Accounting Office
44	所有者权益	Owner's equity	58	内部审计师协会	Institute of Internal Auditors
45	留存利润	Retained earning	59	管理会计师协会	Institute of Management Accountants
46	合伙企业	Partnership			

二、火眼金睛看穿会计欺诈

会计欺诈是指明显违背会计准则及有关法律规章对会计信息进行篡改或虚构的行为，属于一种恶劣的利润操纵行为，对会计信息的扭曲程度、对公司利益的危害以及对投资者的损害都是极为严重的，管理者需要识别和防范会计欺诈行为。

（一）会计欺诈的途径剖析

由于所有的会计信息均是以资产负债表、利润表和现金流量表为载体，会计欺诈亦是以三大报表为基础的。会计欺诈可以分为两种：一种是基于会计盈余目标地对利润表和资产负债表的操纵，另一种则是基于现金流目标的现金流量表操纵。

1. 对利润表和资产负债表的操纵

旨在操纵收益的会计欺诈多围绕着虚增收入、虚减费用及负债，而其中涉及的手段则包括违反收入、费用确认原则，滥用会计政策和会计估计变更，利用非经常性损益等。

（1）未满足收入条件而确认收入。

多体现为提前确认收入和不适当确认收入两种情况，前者主要针对收入确认的进程，后者则是针对确认收入的质量。

企业在尚未销售商品或提供服务时确认收入，比较明显的做法是将未到账的销售收入计入账册，或者在商品所有权的主要风险与报酬尚未转移时提前确认收入。还有一些企业在向关联和潜在关联单位出售产品时确认收入，交易双方如果是关联方交易，很容易出现操纵关联定价而转移利润。

（2）伪造收入。

与提前确认收入相比，伪造收入则是一种彻头彻尾的欺诈，其行径包括伪造原始凭证虚构收入和将非营业收入虚构为营业收入。

伪造原始凭证虚构收入，这种欺诈多伴随着伪造会计凭证及合同；非营业收入虚构为营业收入，现金流的非营业收入来源可以包括资产出售或其他投资收入等，但如果将其计入销售收入，则会虚增营业收入并抬高营业利润率。

（3）将费用递延处理或一次性冲销。

减少营运费用的方法可选择将现行费用递延处理或是利用会计政策变更将费用一次性冲销。

营运成本资本化表现为将正常的营运成本资本化，即成本被不适当地记录为可以分期摊销的资产（而非费用），营运成本资本化的多发区域存在于广告宣传成本、利息成本、软件开发成本等。如震惊华尔街的 World Com 欺诈即是将 38 亿美元的费用错误地计为资本支出。

折旧或摊销非正常缓慢，对固定资产减少折旧或无形资产摊销期限延长或通过拖延在建工程的结转进程使折旧或摊销额减少。

（4）虚减成本、费用或负债。

为增加利润，蓄意不记录费用和相关负债，常用操纵手段是将获取劳务的应付未付费用未计入当年损益从而虚增利润。

利用存货计价方式减少销售成本，因为存货的变化对企业损益、资产总额、所有者权益和所得税数额都会产生相应影响：存货计价方法的变更可以产生一定的利润调整空间，期末存货计价过高或期初存货计价过低，当期收益都可能因此而增加；有的企业采用定额成本法计算产品成本时，将产品定额成本差异在期末在产品和库存产品之间分摊，本期销售产品却不分摊，以降低本期销售成本；还有企业故意虚列存货或隐瞒存货的短缺或毁损，也可达到虚增本期利润的目的。

2. 对现金流量表的操纵

传统的会计欺诈的目标是会计盈余，因此多表现为对利润表和资产负债表相关科目的调控；但由于应收账款与虚构收入的伎俩易被识破，因此对现金流的操纵正成为会计欺诈的另一种形式。

（1）银行存款与流动资产之间的转换。

伪造或提前确认收入的企业经常通过虚拟应收账款方式虚增收入，但长期挂账的应收账款以及日益增长的应收账款规模终究会引起投资者和审计师的怀疑，因此伪造现金流的手法之一是通过银行存款与流动资产之间的转换隐藏虚拟交易产生的应收账款。

具体而言，当企业需要将日益增多的应收账款伪造成有现金流的交易时，可以虚拟交易的客户名义收款进账，即通过借记“银行存款”、贷记“应收账款”的分录冲销应收账款；其次，在需要偿还虚拟资金时则以借出款或购货款名义冲销，如以借出往来款的名义出账，则通过借记“其他应收款”、贷记“银行存款”的会计分录使原来虚拟交易产生的应收账款转化为会计报表上的其他应收款；以购货款的名义出账，则使应收账款转化为预付账款或者存货。这种欺诈方式一方面在虚增收入的同时虚增销售商品收到现金，另一方面使长期挂账的应收账款转化为其他应收款、预付账款、存货等流动资产。

即使无法以虚拟交易客户名义收款进账，企业亦可通过直接虚构进账单、对账单方式虚增银行存款，其后再进行虚增的银行存款与流动资产之间的转换。

（2）银行存款与非流动资产之间的转换。

一些上市公司在会计欺诈中，选择将银行存款转化为应收账款后再二次转化为非流动资产，如固定资产、在建工程、无形资产、长期投资等，这样还可以多计提资产减值准备调节利润，如蓝田股份、锦州港的会计欺诈都选择了虚拟银行存款、应收账款及非流动资产的手法。

（二）会计欺诈行为的识别方法与技巧

会计欺诈手段千变万化，直接影响到财务报表的真实性，给管理者、投资者以及其他财务报表使用者的决策行为带来不良影响，甚至误导财务决策。因此，把会计欺诈行为限制在合理的范围内，对其进行约束乃是当务之急。下面提供识别会计欺诈的经验性方法，供管理者、投资者以及监管部门等借鉴。

1. 发现令人警觉的外部线索

一些直观而且容易获取的外部指标可以使我们产生警觉，财务指标连年恶化的企业容易实施会计欺诈行为，而一些与历史或与同业相比过于乐观、增幅过快的财务指标也常隐藏着会计欺诈行为。

2. 观察报表之间的钩稽关系

会计欺诈难免会使财务数据之间出现背离和矛盾，因此，利用资产负债表、利润表、现金流量表三大财务报表之间的钩稽关系是我们识别盈余管理的有效途径之一。

（1）税金与利润、收入之间的关系。

流转税和所得税是现行税种中的两大税，其中流转税包括增值税、消费税等，一般而言，流转税占收入比例应相对稳定，且同业之间不会差别太大。如果企业税金及附加占主营业务收入的比重突然下降，或者显著低于同业水平，就有虚增收入的可能。

由于会计制度和税法两者不同，税前会计利润和应纳税所得之间存在差异是正常的，但如果账面税率显著低于法定税率，则说明税前会计利润中的大部分在税法中不能确认为利润，这种显著差异也是会计欺诈的识别信号。

（2）货币资金与财务费用之间的关系。

货币资金能直观反映企业的现金储备情况，一些企业在货币资金上也进行操纵以造成企业现金充裕的假象，而如果从财务费用与货币资金的钩稽关系入手则可判断其货币资金的真实性。如一家上市公司年末的账面货币资金达 16 亿元，长短期借款总计达 28 亿元，财务费用中利息支出高达 9 000 万元；同时发现其利息收入占货币资金比率呈逐年下降趋势，从其利息收入占货币资金比率分析，公司最大可能是没有如此高额的货币资金，高额的货币资金是虚拟出来的。

（3）现金流量表与资产负债表、利润表相关项目之间的关系。

这种钩稽关系广泛存在于现金流量表、资产负债表和利润表之间。如经营活动现金流量中的“支付的各项税费”反映企业当期实际上交税务部门的各种税金（增值税不计），以及支付的附加税金及费用，其与各种税金之间亦存在一定的钩稽关系，即：

支付的各项税费=主营业务税金及附加发生额+管理费用中税金发生额−应交税金增加值−其他应交款增加值

类似这种钩稽关系存在于三大报表的每一具体项目中，成为分析报表数据真实性、识别盈余管理的重要工具。

3. 采用分析性复核发现问题

分析性复核是对企业重要的比率和趋势进行分析，以发现其异常变动项目，常用的方法有比较分析法、比率分析法、趋势分析法。比如，投资者通过对存货周转率进行纵向比较或横向比较可能会发现企业存货跌价准备的不合理变动。

分析性复核重视多种分析方法的联合使用，比如比率分析法与趋势分析法，如要找出某些报表项目是否存在异常变动，选择的分析方法便是，纵向比较不同时期的财务比率，分析财务比率的变化趋势，借以发现盈余管理的蛛丝马迹。

4. 剔除不良资产和异常利润

（1）不良资产的证据。

待摊费用、待处理资产损失、开办费、长期待摊费用、递延资产等虚拟资产是不能给企业带来未来利润的不良资产，也是企业用来进行盈余管理的重要手段之一。应收未收款项、积压存货、长期投资以及短期证券投资极易发生潜亏，在分析报表时也应考虑到这一点。因此，为合理分析企业的财务报表，可将这些虚拟资产从报表中剔除，将这些潜在的不良资产总额与净资产或总资产比较，以及将不良资产的增加额及增加幅度与净利润的增加额及增加幅度比较，以判断企业的资产质量。

（2）异常利润的干扰。

无论是企业的资产重组给企业带来的巨额利润，还是关联交易产生的大量收益，以及其他盈余管理行为带给企业的丰厚利润，在会计报表中大多表现为其他业务利润、投资收益、资产处置收益、补贴收入、营业外收入等。对于一个企业而言，这些项目带来的利润很难有持久性，被视为异常利润。

异常利润往往带有偶然性，不具长期性和稳定性。因此，在分析财务报表时，不妨将这些异常利润从利润总额中予以剔除，以利于分析和评价利润来源的稳定性。

5. 关注关联交易

关联交易也是企业进行盈余管理的重要手段之一，关联交易的结果会影响到企业的财务状况和经营成果，从而影响到会计报表的客观性和真实性。如公司通过对关联方进行低价买进原材料、高价卖出产品的手段调增自己的利润。因此，将来自关联交易的营业收入与利润额从该企业的营业收入总额与利润总额中予以剔除，有利于分析企业的盈利能力在多大程度上依赖于关联企业，以及判断企业盈利基础是否扎实，利润来源是否稳定。此外，对于那些通过关联交易用巨额存货来偿还“应付账款”的行为也应高度重视，以便洞察出其“醉翁之意”。

6. 关注合并报表范围的变动

编制合并报表时合并范围的确定也极为重要，要准确判断哪些子公司应该纳入合并范围，哪些不纳入合并范围。由于子公司的利润直接影响着集团的利润，因此集团可以通过改变合并范围来调节利润，进行盈余管理，即将那些盈利状况较好的子公司纳入合并范围，而将那些盈利状况不佳甚至亏损的子公司从合并范围内剔除。一些企业还通过资产重组等产权交易行为改变对子公司投资的权益比例以达到调节合并范围的目的。通过分析财务报告中有关合并范围的变动信息，可以发现利润操纵型的盈余管理行为。

7. 关注企业的盈利与股利分配的对比关系

企业在实现利润之后，为了回报股东往往要进行利润分配。企业要进行利润分配必须具备两个前提条件：一是有足够的可分配利润；二是要有足够的现金。通常企业的利润可以通过盈余管理行为进行调节，但现金是实实在在的，无法通过调节产生。企业有足够的利润但一直不进行利润分配的一种解释就是企业的利润是“盈余管理”出来的。当然，盈利企业不进行利润分配还有其他的原因，诸如现金周转、发展机会、股利政策等。但由于盈余管理而虚拟的利润肯定无法进行利润分配，画饼充饥只能自欺欺人。因此，丰厚的利润与微薄的股利对比关系又为我们寻找会计欺诈证据提供了一条线索。

8. 分析会计政策及会计估计变更

为了更好地反映企业的财务状况和经营成果，允许企业选择变动会计政策和会计估计，当然这也为会计欺诈提供了条件。美国通用公司曾经变更其固定资产的折旧年限，将原来的10年延长为11年，结果通用公司的利润每年就会增加20亿美元。这就是典型的通过变更会计政策进行会计欺诈的案例。当然，不是说不能变更会计政策和会计估计，关键要看其变更理由是否充分。会计政策和会计估计的变更及其影响都要在财务报告中予以说明，会计信息使用者通过阅读、分析，可以判断会计政策和会计估计的变更是否合理、是否存在操纵利润的行为。

9. 分析现金流量信息

现金流量表被称为企业经营成果的测谎器，通过现金流量和会计利润的对比分析，很容易发现企业的会计欺诈行为。如果企业的现金净流量长期低于净利润，将意味着与已经确认为利润相对应的资产可能属于不能转化为现金流量的虚拟资产，若反差数额极为强烈或持续时间过长，必然说明有关利润项目存在挂账或虚拟利润迹象。

进一步分析，可以将经营活动产生的现金净流量、投资活动产生的现金净流量、现金净流量分别与主营业务利润、投资收益、净利润进行比较，以判断企业盈余的质量。一般而言，没有相应现金流量的利润，其质量是不可靠的。如果企业现金流量长期低于净利润，将意味着存在虚拟利润或未确认的资产贬值，这表明企业可能存在粉饰会计报表的现象。

10. 参照注册会计师审计报告意见类型

注册会计师作为独立行使经济评价功能的“经济警察”，已对企业的财务状况和经营成果进行了足够的分析，他们的意见应作为投资者判断公司盈余管理的重要线索。如果注册会计师出具的是带有“说明段”无保留意见的审计报告，投资者应对“说明段”中所涉及的事项予以充分关注，并适当参考公司管理层对此的解释，从而做出合理的判断。在分析审计报告时，投资者应同时考虑出具审计报告的会计师事务所的信誉和服务质量，对会计师事务所的变更也应予以关注。

知识链接

会计中介服务的基本类型

1. 审计业务

审计业务是指注册会计师依法接受委托，对被审计单位的会计报表及其相关资料进行独立审查并发表意见。

注册会计师对于企业管理层和董事会来说都是独立的，其审计报告是向社会公开披露的，因此，注册会计师的审计报告更具有客观性和公允性。注册会计师主要是对企业财务报表的真实性、完整性、一贯性提出审计意见，是站在第三者的立场上发表意见；报表审计是事后审计，是对企业管理层提供的财务报表的可信度发表意见，而对企业具体经营过程并不进行监管。

2. 资产评估

资产评估，是对资产价值形态的估测。为正确体现资产的价值量，保护资产所有者和经营者、使用者的合法权益，评估者遵循法定或相对公允的标准和程序，运用科学的方法，对资产的现时价值进行评定和估算。根据我国法律规定，可以进行资产评估的评估者是持有省级以上国有资产管理部门颁发的国有资产评估资格证书的资产评估公司、会计师事务所、审计事务所等中介机构。

资产评估方法主要有收益现值法、重置成本法、现行市价法、清算价格法等，在实际进行评估时，应根据特定评估目的和条件选择适当的评估方法。

3. 投资咨询

投资咨询就是针对企业的投资方向、投资项目和投资方案进行财务、经济评价，为企业投资决策提供依据的咨询活动。

（1）代办企业设立登记手续，协助拟订有关文件。

委托中介机构办理此类业务，主要考虑的是中介机构对该行业的政策熟悉，与该地区相关政府部门有着较好的协作关系，能够以最低的成本、最快的速度来达成目标。

（2）投资环境评价。

投资环境评价是投资咨询的一项重要内容。所谓投资环境，是指影响投资活动或资本完成其自身职能的一切外部条件的集合。投资环境影响着生产经营的条件，是投资者做出投资决策时所必须认真分析的一个重要因素。投资环境包括政治环境、法律环境、宏观经济环境、经营环境以及自然、地理、资源环境。

（3）可行性研究。

可行性研究是指在做出投资决策前，对投资项目技术上的先进性、经济上的合理性进行的预测、调查、综合分析和论证。可行性研究报告是投资决策的依据，也是审批机关批准投资项目、银行决定发放投资贷款的重要依据。

可行性研究的内容包括：投资项目的基本情况和生产条件，市场需求，投资能力和投资规模、技术、工艺、设备和土建工程，厂址选择和环境污染的防治措施，投资概算及筹资渠道，项目分析和经济效益分析等。

4. 财务管理咨询

财务管理咨询是以提高经济效益为目的，运用财务管理的专门方法，围绕改善企业财务管理工作所提供的咨询服务。财务管理咨询的主要内容包括筹资管理、投资管理、营运资本管理、成本控制、养老金管理等。

财务管理咨询一般由专业人士，在调查分析的基础上，运用科学的方法和专业判断，诊断企业在财务管理中存在的问题，提出改进方案和具体措施，并指导企业具体实施，进而提升企业理财水平。

5. 会计制度设计

国家允许企业在一定范围内，根据会计法、会计制度和会计准则的规定，结合自身的情况选择会计政策，并制定本企业的会计制度。因此，企业可以委托中介机构设计科学的财务会计制度。

委托中介机构设计的相应财务会计制度主要有：总体制度、会计核算形式与账簿、会计政策体系、内部控制制度等。

三、利润的源泉——企业投资与融资管理

IPO 全称 Initial Public Offerings（首次公开募股），是指某公司（股份有限公司或有限责任公司）首次向社会公众公开招股的发行方式。有限责任公司 IPO 后会成为股份有限公司。

首次公开招股是指一家企业第一次将它的股份向公众出售。通常，上市公司的股份是根据向相应证券会出具的招股书或登记声明中约定的条款通过经纪商或做市商进行销售。一般来说，一旦首次公开上市完成后，这家公司就可以申请到证券交易所或报价系统挂牌交易。

对应于一级市场，大部分公开发行股票由投资银行集团承销而进入市场，银行按照一定的折扣价从发行方购买到自己的账户，然后以约定的价格出售，公开发行的准备费用较高，私募可以在某种程度上部分规避此类费用。

这个现象在 20 世纪 90 年代末由美国发起，当时美国正经历科网股泡沫。创办人会以独立资本成立公司，并希望在牛市期间透过首次公开募股集资（IPO）。由于投资者认为这些公司有机会成为微软第二，股价在它们上市的初期通常都会上扬。

不少创办人都在一夜间成了百万富翁。而受惠于认股权，雇员也赚取了可观的收入。在美国，大部分透过首次公开募股集资的股票都会在纳斯达克市场内交易。 很多亚洲国家的公司也会透过类似的方法来筹措资金，以发展公司业务。

【案例 1】三金药业 IPO 实例

三金药业大股东是桂林三金集团股份有限公司，其持有公司 68%股权，股票发行后，三金集团持股比例稀释为 61.11%。公司实际控制人为自然人邹节明，其直接持有上市公司 10.07%股权，同时持有三金集团 13.08%股权。三金药业计划首次发行 4 600 万股 A 股，募集资金计划用于 10 个项目，这 10 个项目的投资总额大约为 63 412.53 万元。

上市前的招股说明书显示，这家医药公司的主营产品涵盖咽喉口腔用药系列、抗泌尿系感染用药系列以及心脑血管用药系列中成药产品的研究、生产和销售。据其公司招股书介绍，三金西瓜霜系列产品的年销售量超过 30 亿片，居国内喉口类中成药市场第一位；年销售收入超过 3 亿元，居国内喉口类中成药市场第二位；三金片系列产品年销售量超过 20 亿片，年销售收入超过 3 亿元，市场占有率据国内抗泌尿系感染中成药市场第一位。业绩显示，三金药业发行前三年营业收入分别为 74 787.7 万元、79 785 万元和 89 304.8 万元。归属于母公司所

有者的净利润分别为 12 752.6 万元、19 480 万元和 24 917.7 万元。

【案例 2】庞氏骗局

庞氏骗局的中国例子——德隆案

在委托理财极度盛行的时代，德隆只是其中影响最大的一家。德隆 2001 年到 2004 年利用六家金融机构非法吸存 460 亿元资金。而据报道，司法机关统计的六家金融机构 460 亿元的非法吸存额，时间段为 2001 年到 2004 年，实际仅占其总吸存额的一半。

德隆旗下机构一直从事“保底委托理财”业务。法院裁定这种“保底委托理财”业务是一种变相的“非法吸收公众存款”行为，判决书认定：“友联等金融机构吸收公众存款 32 658 笔或与 693 个单位和 1 073 名个人签订合同，变相吸收公众存款 437.437 亿余元，其中未兑付资金余额为 167.052 亿余元人民币”。法院判决书认定“保底委托理财”，即承诺保底和支付固定收益获取客户资金的方式，其行为不符合证券市场的资产管理特征，与吸收存款还本付息的基本性质一致，应属变相吸收公众存款。

由于股价完全脱离企业内在价值的支持，这一游戏之得以维持，必须确保委托理财业务融资额的持续扩张。与传销的性质相仿，传销的产品本身只是一个载体，本身的价值无关紧要，核心的是整个传销架构的搭建和资金链的金字塔效应。从 2001 年开始，由于中国股票市场的监管环境发生了根本变化，媒体的不断报道揭发，终使德隆旗下机构不断发生挤兑风波，银行警觉，被银监会盯上。以德隆崩盘，唐万新被判刑告终。

四、不敢越“税池”一步——发票管理

（一）经济活动中的发票

我有一位要好的朋友，经常在一起聊天，聊天是一个人获取知识、不断进步的好办法。我们也经常到酒店聚餐，我非常清楚地记得，我们每次付款时他都向酒店索要发票，我这位朋友可是一家大型企业集团的财务总监。有一次，大家忍不住就问他，是不是索要发票回去报销啊？我的那位朋友说，发票该报销的报销，不该报销的不报销。那他为什么每次还会索要发票呢？还是看我朋友的回答吧！朋友是这样说的：“我之所以索要发票，是为了不让酒店偷税，同时也防止国家税收流失。如果顾客不索要发票，酒店不会主动开发票，这样酒店就可能在账上不记这笔收入。”看来，我朋友还是挺有社会责任心和正义感的。

发票是国家控制税收的重要手段，大家知道发票作为原始凭证，是会计记账的基础。这种税收征管方式叫作“发票控税”。

对于企业来说，开出多少金额发票，就要按发票所列金额纳税。一些企业不愿纳税，也就不愿开发票。一个典型的商业行为：商家不愿给顾客开发票，代之以一定的让利。在个别地方，如果顾客不索要发票，一般会得到商家 5%的价格让利。这是什么原因呢？原来我国代理业、服务业的增值税税率是 5%，消费者不索要发票就相当于商家不用缴纳增值税，所以商家为了规避增值税，会以让利方式“鼓励”消费者不去索要发票，这样商家就不反映营业收入，于是连企业所得税也顺便规避了。所以，一旦消费者接受商家这种让利替代开发票的商业模式，就助长了商家偷逃税款的不良风气。

为了解决这一问题，国家税务总局曾经开展“有奖发票”活动，起到了激励消费者的作

用，也取得了一定的成效。但是这一举措有很大的局限性：第一，“有奖发票”仅是“抽奖”，并非每票必有奖，中奖的概率非常低，许多消费者反映，平时消费从来没有刮到过奖；第二，企业给消费者的价格让利优惠远远高于“有奖发票”的激励程度，商家让利体现得很明显、很直观，触手可及，这也使“有奖发票”的激励作用大打折扣。

（二）发票的合法性

【案例分析】如何识别发票的合法性

秀丽服装公司由于其服装价格低廉、质量过硬，订单纷至沓来。该公司的车辆已经远远不能满足运输的需要。公司经过研究，同意到市场上雇用五辆货车补充运力。但令公司头疼的是，那五辆货车是个体运输不能提供运输发票，该公司在运输业务上无法抵扣进项税额。营销部经理出了个“绝妙”的主意：让外雇的五辆货车加油时，以秀丽服装公司的名义向加油站索要增值税专用发票，然后把发票交给公司，这样就可以抵扣油费的进项税额了。于是，就按这种方法操作，秀丽服装公司抵扣了部分进项税额。

税务局在对公司进行税务检查时，发现进项税额中油料抵扣过多现象。进一步检查，发现了发票的背面有签字。原来营销部经理为了区分雇用车辆与自己的车辆，凡是雇用的货车所消耗的油料专用发票上都签上了“雇车运输，准予报销”字样。这一画蛇添足的管理举措，暴露了这些发票都是由雇用车辆提供的。按照规定，雇用车辆的油料费不允许在公司列支，也不允许抵扣进项税额，最后公司补缴了税款并接受税务机关处罚。

这个案例说明了并不是随便什么发票都可以列支的，如果不属于企业正常经营活动应该取得的发票，也不允许列支。

许多企业经营者会问到这样一个问题：何谓假发票？当然形式假，伪造的发票肯定是假发票；那么形式真，但业务假或者所列金额不真实的发票，算不算假发票呢？请读者朋友思考。

1. 注意采购发票的合法性

合法的采购发票如下。

（1）由税务局监制的发票。

（2）由财政部门监制的行政事业单位收据。

上述部门监制的发票一般都在发票上有椭圆形或长方形的发票鉴证章，如果没有这些鉴证章一般被认为是假发票。

凡是税务检查中发现不合法的发票，一律视为违规支出，对企业做出补税甚至罚款的处罚。

2. 注意发票的内容

注意发票的内容是否准确、完整。比如，一个企业经理到外地开会，他从酒店拿回来的发票，既可能写会议费，也可能写餐费，当然还可能写住宿费。这时就要详细检查发票的内容是否与真实业务一致，有无虚假业务。不同的费用项目其账务处理结果是不一样的。如果发票开的是餐费，一般作为业务招待费；如果开的是会议费，只要提供参加会议的人员名单、会议主题、会议时间等，就可以实现税前全部列支。

3. 避免取得虚开、代开的发票

所谓虚开发票，是指商品的销售金额与实际交易数额不符。所谓代开发票，是指销售方与发票开出方不一致。比如，A 卖商品给 B，却由 C 给 B 开票。

（三）发票的管理技巧

销售部张经理到外省出差，准备推广公司的新产品。他带了一些产品，还带了公司的发票，准备销售产品时开具。到月底，他把使用过的和没使用已过期的发票给扔掉了。你认为张经理的做法是否正确？

发票管理是税务管理的重要环节，下面我们来看税务机关是如何对发票进行管理的。

首先，办理工商登记和税务登记后的单位和个人，在领取税务登记证后，可以向主管税务机关申请领取发票。在发生经营业务后，收款方应按规定填开发票。比如，甲公司为乙公司提供装修服务，装修费为 60 000 元。则甲公司应为乙公司开具 60 000 元的装修费发票。

根据发票管理办法，开发票的一般要求如下。

（1）发票金额要按实际发生额填写，不得多开或少开。

（2）发票全联一次填写，不得出现大头小尾现象。

（3）发票不得跨省、自治区、直辖市使用。未经批准，不得跨规定使用区域携带、邮寄、运输空白发票。

（4）开具发票要加盖收款方财务印章或发票专用章。

（5）发票开具后，如发生退款退货的，必须先收回原发票并注明“作废”字样。如发生销售折让的，在收回原发票并证明“作废”后，重新开具发票。

发票要妥善保管，用票单位和个人按规定应将所开具发票的存根联统一装订保管并作为记账依据。没有使用的发票或已过期的发票要按规定上缴主管税务机关。购货方索取的发票一旦丢失，一般销售方不再愿意开具，最多只能提供证明或发票存根联复印件。

发票一般有入账时间的规定，往年的发票一般不允许在当年账簿列支，但对于漏记的费用，如差旅费、会议费等，一般在年度汇算清缴之前，能取得合法的票证凭据的，可在年度汇算清缴时进行扣除。

（四）防范发票违规行为

1. 利用发票偷税现象

做生意离不了发票，假发票的使用既侵害了国家利益，也会给纳税人的正常经营带来损失。近几年来发生的重大税收案件，几乎每起都与发票有关。

（1）大头小尾。一张发票分开填写，金额大的给客户报销、抵税，金额小的留给自己申报纳税。

（2）张冠李戴。发票的内容与实际经营内容不符，原来不能报销的物品、不能入账的费用，也堂而皇之地以各种管理费和礼品的名义入账。

（3）拒开发票。几乎每个消费者都有过购物被拒开发票的经历。这种情况一般多发生在与私营业主或个体户打交道时。你不主动索要发票，对方是不会主动给你的，就是你主动索要发票，对方还可能以发票刚好用完或暂缺发票为由拒绝提供发票。

（4）地下交易。在车站、码头、地铁等公共场所，常有票贩子兜售空白发票，有交通业、零售业、旅游业、餐饮业等各行业发票，种类齐全。

（5）以假乱真。通过现代印刷技术，伪造的假发票与真发票非常相似，难辨真伪，比如服务业发票或定额发票，虽有防伪标识，但真假肉眼难辨。

（6）开票公司。有些地方出现了专营发票业务的公司，人称“开票公司”。公司既没有固定场所，也没有正规业务，仅利用手中的发票，只要顾客交手续费，就可以随意填开。

2. “洗钱”：隐蔽的违法偷税行为

社会上存在一些“洗钱”的不良风气。何谓“洗钱”？“洗钱”就是把非法所得转变为合法所得。“洗钱”有多种不同的形式，通过发票“洗钱”是最为常见的形式之一。

比如，一些单位领导以权谋私，收受贿赂，经常有一些“灰色收入”。他们担心事情暴露，往往通过一定的手段“洗钱”。最典型的现象就是由其家属或朋友开办一家公司，打着经营的幌子把非法所得合法化。当“灰色收入”流进来时，开具发票并照章纳税，那些“灰色收入”就冠冕堂皇地成为正当收入了。

“洗钱”一般利用税率较低的行业或业务操作，或者利用税收减免优惠操作。服务业的增值税税率为 6%，小规模纳税人的增值税税率为 3%，因此，“洗钱”就常利用一些低税率的服务业掩人耳目。服务业本身的弹性很大，收费没有固定标准，操纵空间大，操作灵活性强。一些非法所得只需缴纳较少的税金甚至不缴税金就可以披上合法的外衣。比较合法所得与非法“洗钱”：合法所得一般既有资金往来，又有商品或服务，体现着资金流和物流的统一。而非法洗钱则只有资金往来，没有商品或服务，或者商品或服务仅是虚拟或者虚假的业务。

五、管理者高枕无忧——切实防范会计风险

风险是在一定时间和空间环境中，人们对待某一事物的行为可能导致的危险或损失，它具有一定的客观性和不确定性。风险是指在一定的时期内可能发生的各种结果的变动程度，是事物本身具有的不确定性，这种不确定性可能会带来收益，也可能会带来损失。会计风险是指在一定时间和空间环境中，会计人员因提供的会计信息存在大量失误而导致损失的可能性。按照影响对象不同，会计风险可分为会计人员的责任风险、管理者的责任风险和会计信息使用者的损失风险。会计人员因提供的会计信息存在重大失误而导致损失的可能性。具体来说，会计风险是会计机构或人员在进行工作时，由于错报、漏报会计信息，使财务会计报告失实或依据失实的信息误导监控行为而给其带来损失的风险。

（一）提高会计人员职业道德水平

会计人员职业道德水平的高低在一定程度上决定着会计工作的质量，直接关系到会计工作秩序的好坏。首先加强会计人员准入管理。会计专业必须加强一般会计人员的准入管理。对录用的一般会计人员要进行严格的岗前培训，严格按照培训方案规定的培训内容和培训时间开展岗前培训工作，并坚持做到持证上岗。加强会计人员的继续教育，重视职业道德水平影响。会计职业道德是会计人员素质的重要体现，会计人员在执业中严格按照《会计基础工作规范》准确完整地处理会计业务，建立健全会计职业道德约束机制，规范会计人员职业行为，建立检查、考核、评价、奖罚制度，并与岗位资格、聘任职务、提职、晋级等精神和物质奖励制度结合起来。与此同时，勿忽略企业文化建设，净化会计工作环境。

（二）职务分离，相互制衡

会计风险在形式上表现为会计信息失真、会计人员的工作失误和舞弊等。贯彻不相容职务分离原则，能够促进会计基础工作规范化，有效降低会计风险。贯彻不相容职务分离原则，必须实行会计人员的岗位责任制，明确各自职责与权限，对企业内部各个职能部门和人员进

行合理分工，完善企业内部会计控制制度，形成相互监督和相互制约的机制。贯彻不相容职务分离原则就是要求一项经济业务必须经过具有两个或两个以上的控制环节完成，形成相互制衡机制。实行记账收款与保管现金职务分离；货款支出与记账审核的职务分离；货物的采购、验收、保管与付款职务分离；货物的收发与记账职务相分离；开具支票与掌管签章职务相分离；开具发票与收款职务相分离；记账、审批、经办及保管人员的工作职责相互分离；对外投资、资产处置、资金使用等重要经济业务的决策和执行必须相互知情和共同商量。明确会计凭证、会计账簿和财务报告的处理程序，建立和完善会计档案保管和会计工作交接办法，坚持定期轮岗制度，明确财产清查范围、期限和程序。

（三）企业会计制度的设计

企业内部会计制度设计是根据国家有关法律、法规、规章和会计准则，采用文字、图表等形式对企业会计工作应遵循的原则、应采用的程序和方法、应提供的数据资料以及会计管理应达到的要求所作的明确规定。会计管理是企业管理的一个组成部分，企业管理的最终目的是使企业在市场经济大潮中立于不败之地。为达到这个目的就必然要扩大再生产，追加投资，为外界利益相关人员以及企业管理者提供高质量管理信息，可以说与企业内部会计制度设计的目的一脉相承。一套健全的、完善的、适应本单位的会计制度对企业来讲举足轻重。企业会计制度设计内容包括：会计机构、会计科目、会计凭证、会计账簿、会计报表、账务处理程序、内部控制制度等，它是每个单位都必须设计的会计制度；特殊会计制度设计，内容包括：成本核算制度、责任会计制度、电算化会计制度、破产清算会计制度和会计政策的选择，单位可根据实际情况予以考虑。

企业应根据外界对信息的需求以及企业内部的管理要求，在不违背法律法规体系和会计准则的前提下，内部会计制度设计过程将具有极大的灵活性。例如根据一致性原则，企业对发出存货的计价方法，一经确定，一年内要保持不变，但期间若遇到特殊原因，根据重要性原则就可以中途变更，但要对外界披露。再如，企业可以通过制定一套种类齐全、内容完整、连续编号的可靠的内部凭证制度，并建立合理有效的传递程序，以便加强企业的内部控制。众所周知的飞利浦公司，自 1951 年开始采用现值会计，50 年代至 80 年代对现值会计制度不断加以完善，但 1992 年又重新回到成本会计核算模式，之所以做出这种调整就是为了适应内外部环境的变化，使控制风险降低到最低点。

（四）内部监督机制必不可少

加强会计监督是防范会计风险的有力措施之一。会计监督职能是会计的基本职能，它包括内部监督和外部监督。内部监督主要是通过建立健全单位内部控制制度来减少单位内部的会计风险。重要经济事项的决策和执行要建立相互监督、相互制约的工作程序，明确对会计资料定期进行内部审计的程序，通过建立完整的内部监督机制和内部控制制度，形成一系列内部控制的方法和措施，并予以规范化、系统化与制度化，使内部监督制度真正落到实处。

内部审计机构是公司管理层的一个组成部分，其负责人一般由首席执行官任命并对首席执行官负责。内部审计机构的职能主要包括如下几项。

（1）生产经营效率和效果审计，即所谓的经营审计。

（2）组织结构的审计，经确定企业的组织是否与既定的政策、程序、法律、法规相符合。

（3）内部控制系统的有效性和完善性审计。

（4）定期或不定期地向管理当局报告审计情况，提出优化内部控制环境、改进工作方法、提高经营效率的意见和建议。

为提高内部审计效果，内部审计机构必须直接向董事会或董事长报告，内部审计人员也应该经常地与董事会下属的审计委员会进行沟通。

审计委员会作为董事会下设的委员会已成为公司组织结构中不可缺少的一部分，它直接隶属于公司董事会，成员主要来自公司的外部独立董事。审计委员会的主要职责由公司章程规定，主要包括如下几项。

（1）推荐公司的外部审计机构。

（2）检查外审的费用、工作期限及其独立性。

（3）检查公司内部资深审计官员的任命和替换。

（4）在外部审计与董事会之间及资深内部审计官员及董事会之间充当沟通媒介。

（5）审阅外部审计的所有结果，收集管理层对外审报告建议的反应，外审报告与公司内部审计部门提交的审计报告的比较情况，以及管理层对所有这些报告的反应。

（6）审视公司年度财务报表以及管理层和外部审计在准备这些财务报表时有关的意见分歧。

（7）征求外审及内部资深审计官员的意见，注意公司财务控制是否适当。

（8）在准备财务报表的过程中，注意选用的审计及会计准则及应用操作方面的主要变动情况及其他有关问题等。

审计委员会实质上是公司与外部独立审计师之间矛盾的一个缓冲器，主要的目的在于减少管理层对外部审计师活动的影响和干扰，提高审计的独立性，充分发挥外部审计的独立鉴证功能。

知识链接

摩托罗拉公司的财务控制模式与功能模块如图 1-2 所示，摩托罗拉公司受到外部环境、法律规定、SEC（证券监督委员会）、审计标准、股东和客户的约束或限制。其财务内控体系分为以下三部分。

（1）政策和程序。

（2）执行和检查。

（3）监督和评价。

摩托罗拉公司认为财务内控是有效管理风险的一个核心工具，并在公司内部形成以下共识。

（1）财务内控是若干个过程和操作的结合。

（2）必须按一般或特殊授权，以帮助个人或组织适当地履行职责。

（3）财务内控措施必须与所有的法律要求及道德准则相吻合。

（4）帮助消除瓶颈、冗员及不能增加价值的步骤。

（5）防止资源损失，包括资金、存货、业务信息等。

（6）帮助企业以确保符合法律和管制要求。

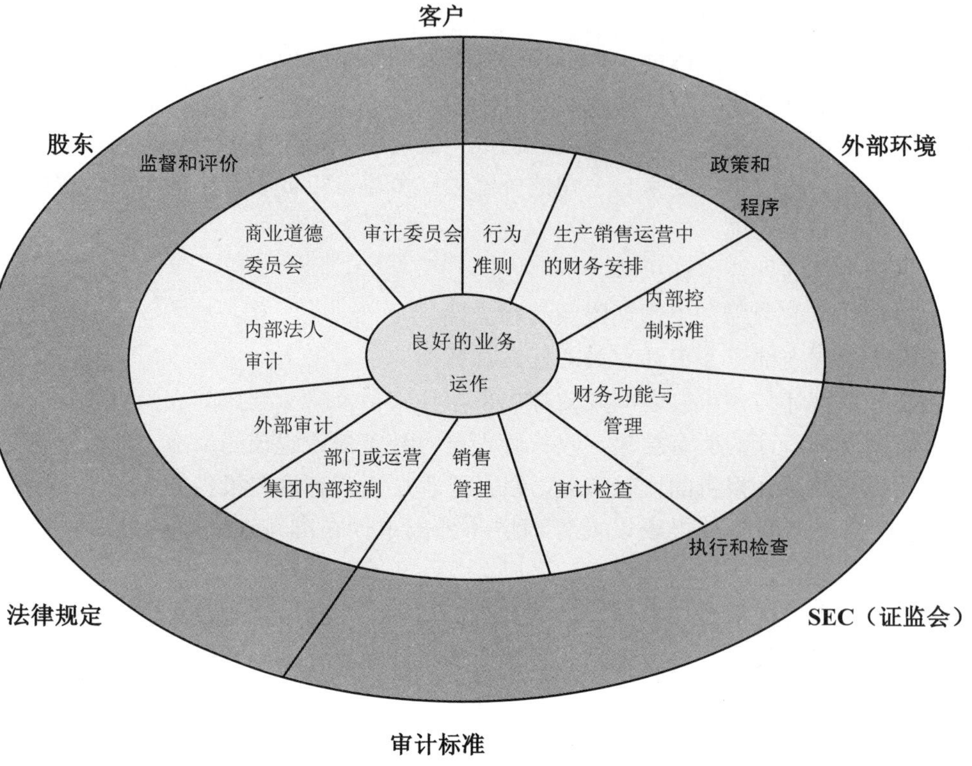

图 1-2　摩托罗拉财务控制模式与功能模块

（五）高科技手段来帮忙

随着网络的普及和会计电算化的广泛运用，必须通过运用会计信息技术防范会计风险。会计信息依赖于计算机网络实行有效的信息交流、共享和反馈，内部会计控制方式由人工管理向信息化管理转变。利用信息技术将内部会计控制程序嵌入到内部会计控制各个环节中，加强对会计记账、算账以及报表输出等各个环节的内部会计控制，把会计工作全过程的每项业务都置于会计信息系统中，锁定会计人员的操作权限，授予不同岗位会计人员的操作权限，设置多级安全保密措施，使得操作人员按照职责权限和程序进行会计处理。网络系统的开放与信息资源的共享增加了信息使用者恶意篡改会计信息的可能性，存储在磁盘和计算机里的会计信息和数据将面临安全风险。必须加强对数据输入和输出、文件存储与保管、网络安全等方面的控制以及对会计信息系统的开发和维护，确保内部会计控制各项规定与办法的有效实施，减少和消除人为操纵因素，有效地防范计算机会计风险。

【案例分析】企业如何做好风险防范

甲公司是华东地区最大的建材生产企业，经过几年的快速发展，规模速度扩张，并于 2010 年成功上市，成为一家拥有超过 10 家子公司的大型集团型股份制企业。

为了加强对子公司的控制和提高内部运营效率，公司陆续制定和修订了各类内部运行制度和规范，对保证公司正常运作发挥了重要作用。但通过对每年的经济责任审计和外部财务报告审计活动，仍然发现存在许多管理漏洞，造成了不小的损失。

中国证监会要求上市公司必须加强企业内部控制，公司加强财务风险管理、完善内部控制系统。该公司考虑到公司自身能力的不足，决定聘请专业管理咨询人员协助开展风险和内控体系建设。

1. 问题诊断与原因分析

咨询人员通过访谈，了解到企业现状和内部运作过程，又通过查阅公司提供相关的制度文件和相关资料，结合审计发现的问题，对公司内部控制环境进行评价，并对公司的风险进行识别和评价，进而确定内部控制重点。

（1）内部控制环境方面。

① 行政管理和法人治理运行机制之间存在冲突，增加了企业的决策风险。

② 本部及个别子公司设立了审计部门，多数子公司设立了审计岗位。但针对集团化管理需要，这些部门及岗位具体的角色定位、职能、权限等均需要进行调整。

③ 部分部门及岗位存在责任与授权不清、职能交叉、不相容岗位未分离等情况。且在集团化管理后，相关部门及岗位的职责权限面临重新定位与调整。

④ 目前的业绩考核与激励机制未能充分调动全体员工的积极性,进而对企业内控有效性造成影响。

⑤ 不同地域，不同用工形式，不同层次的员工基本素质不同，不同程度地影响到内控系统的实施效果。

⑥ 但尚未在全集团范围内实现有效的信息集成，集团不能完全掌握分/子公司的运营管理状况。

（2）控制现状与风险方面。

① 投资管理、财务管理、工程管理、销售管理、采购管理等环节，职责不清、程序不健全、授权情况与集团化管理模式不相适应，本部和分子公司的职责权限划分不清；不相容职能未分离；控制程序不健全，控制程序与集团化管理不适应等。

② 风险控制程序的执行与复制推广不力。公司本部授权及控制程序较健全，但某些环节存在执行不力的现象。制度程序在分/子公司内没有得到推广实行。

2. 解决方案

针对以上问题，咨询人员认为，要实现有效的内部控制，应从如下方面入手。

（1）内部控制组织体系设计。

明确董事会、各级管理人员、内部审计部门及其相关人员在内部控制中的职责权限。

（2）内部控制流程设计。

针对内部控制重点循环，编制内部控制制度规范和内部控制手册。

（3）内部控制手段改进。

协助公司建立全面预算管理体系。

（4）财务风险管理的流程设计。

包括风险识别、登记、评估、处理、完善制度、效果评价等环节的流程和工作表单。

（5）财务风险预警指标体系设计。

根据财务风险控制中的薄弱环节，设计应收账款、资本收益率、成本费用利润率等多项预警指标。本部通过对比各分/子公司的指标，可以发现财务风险的先兆。

（6）财务风险管理配套制度设计。

通过业绩考核体系设计，保障内部控制的执行力度和执行效果。

（7）信息系统设计。

通过信息系统的建立和完善，促进企业业务与管理部门的沟通，提高风险预防的效率。

（8）风险数据库设计。

根据以往的管理经验和集团公司财务风险发生规律，建立风险数据库并不断更新完善，使风险的预警和识别不留漏洞。

第二章
看数据会说话——如何阅读财务报表

不完全懂得会计和财务工作的经营者，就好比是一个不能得分的球员，工作时碍手碍脚。

——罗伯特•C.希金斯

一、会计基本假设

会计核算假设是对会计核算的范围、内容、基本程序和方法等所做的基本规定，把会计核算限定在一定的条件下。

（一）会计主体假设

当我们在看资产负债表时，会看到编制单位一栏，则此时的编制单位就是一个会计主体。

会计主体是指企业会计确认、计量和报告的空间范围，也是指会计为之服务的特定单位，会计主体从空间上限定了会计工作的具体范围。一切会计手段都围绕同一个会计主体展开。

知识链接

会计主体与法人主体的区别？

会计主体区别于法人主体。法人主体一定是会计主体，但会计主体不一定是法人主体。如个人独资、合伙企业在法律上不具有法人资格，但属于会计主体。

（二）持续经营假设

企业管理者希望自己的企业可以永久地经营下去，这种永久性经营下去的理念就是会计上的持续经营假设。

持续经营指企业在日常会计核算中，始终将企业看作是持续经营的，不会停业，并且在可以预见的将来，不会面临破产进行清算。持续经营假设有助于企业对经济业务做出正确判断，同时也有助于企业正确选择会计处理方法和会计处理程序。

例如，企业 A 购买一台机器，价值 1 000 元，使用寿命为 10 年，企业按每年 100 元计提折旧。该例中会计人员在日常的会计核算中则运用持续经营假设，至少假设企业在未来的 10 年中不会解散，所以该企业对设备按年计提折旧。

（三）会计分期假设

会计分期指将一个企业持续经营的生产经营活动划分为一个个连续的、长短相同的期间，以便分期结算账目，编制会计报表，及时向有关方面提供反映财务状况和经营成果的会计信息，并按时向政府缴纳税金。《企业会计准则》规定，以日历年度作为会计年度，如每年企业都会编制财务报表。

（四）货币计量假设

货币计量是对会计计量尺度的规定，在会计核算中以货币作为计量单位，综合反映会计主体经营成果和财务状况。其包含两层含义：一是币种唯一性，即我国以人民币为记账本位币；二是货币币值不变性，包含“币值稳定”假设，即忽略货币币值变化或通货膨胀对会计核算的影响。

二、会计基础

（1）权责发生制是以收入和费用是否已经发生为标准来确认本期收入和支出的一种方法。凡是当期已经发生的收入和已经发生或应当负担的费用，不论款项是否收付，都应当作为本期的收入和费用处理；凡是不属于当期的收入和费用，即使款项已经在当期收付，都不应作为当期的收入和费用处理。

（2）收付实现制是以现金实际收付为标准来确认本期收入和支出的一种方法，凡是在本期收到的收入和付出的费用，不论是否属于本期，都应作为本期的收入和费用处理，而对于应收、应付、预收、预付等款项均不进行调整。

例如，甲企业于12月2日支出1 200元用于支付下一年报纸杂志费。按权责发生制，该项费用则应作为待摊费用在下一年度按月摊销；按收付实现制，该项费用则应直接在支出当年12月计入费用支出。

三、会计要素的计量属性

会计计量是为了将符合确认条件的会计要素登记入账并列报于财务报表而确定其金额的过程。会计要素有历史成本、重置成本、可变现净值、现值和公允价值等。

（一）历史成本

历史成本是指取得资源时的原始交易价格，现金交易时，表现为付出的现金；非现金交易时表现为被交易资源的现金等价物。资产按照购置时支付的现金或者现金等价物的金额，或者按照购置资产时所付出的对价的公允价值计量。负债按照因承担现时义务而实际收到的款项或者资产的金额，或者承担现时义务的合同金额，或者按照日常活动中为偿还负债预期需要支付的现金或者现金等价物的金额计量。

（二）重置成本

重置成本是指按照当前市场条件下，重新取得同样一项资产所需支付的现金或现金等价物金额。资产按照现在购买相同或者相似资产所需支付的现金或者现金等价物的金额计量。负债按照现在偿付该项债务所需支付的现金或者现金等价物的金额计量。

（三）可变现净值

可变现净值是指在正常生产经营过程中，以预计售价减去进一步加工成本和预计销售费用以及相关税费后的净值。

例如，某生产设备成本40万元，售价50万元，预计销售发生费用2 000元。可变现净值为：500 000－2 000＝498 000（元）。

（四）现值

现值是指对未来现金流量以恰当的折现率进行折现后的价值，是考虑货币时间价值的一种计量属性。资产按照预计从其持续使用和最终处置中所产生的未来净现金流入量的折现金额计量。负债按照预计期限内需要偿还的未来净现金流出量的折现金额计量。

（五）公允价值

公允价值是指在公平交易中，熟悉情况的交易双方自愿进行资产交换或者负债清偿的金额。资产和负债按照在公平交易中，熟悉情况的交易双方自愿进行资产交换或者债务清偿的金额计量。

四、会计核算的基本程序与方法

（一）会计核算的基本程序

会计核算的基本程序是指企业单位为了实现会计目标而对经济业务进行处理与加工的程序与方法。

基本程序：会计确认→会计计量→会计记录→会计报告

1. 会计确认

会计确认是指把某项经济活动作为一个会计要素并加以记录和报告的过程，包括原始确认和再次确认。会计确认的基本标准是会计要素，一般标准是会计假设和确认原则。

企业为外单位代保管的物资，虽属于会计要素的内容，但不能确认为本企业的资产。有些收入和费用，既可在本期确认，也可以在下期确认。

2. 会计计量

在会计核算中，运用一定的计量单位，选择被计量对象的合理属性，计算、确定记录各项经济业务的金额的过程。

3. 会计记录

根据一定的账务处理程序，对经过确认、计量的经济业务在账簿上进行登记，以便对会计数据进一步加工处理的过程。

4. 会计报告

根据会计信息使用者的要求，按照一定的格式，把账簿记录加工成财务指标体系，提供给信息使用者，据以进行分析、预测和决策。

（二）会计核算的方法

会计核算的方法包括：会计科目、复式记账、填制和审核会计凭证、登记账簿、成本计算、财产清查和编制会计报表七种方法。

1. 设置账户

对会计对象的具体内容分类核算，将会计对象划分为若干类别。

2. 复式记账

对发生的同一项经济业务用相同的金额计入两个或两个以上账户记录的方法。

3. 填制和审核会计凭证

凭证是会计记账的依据，正确填制和审核会计凭证，是保证账簿记录正确、完整的前提条件，是核算和监督经济活动财务收支的基础。

4. 登记账簿

账簿是账户的载体，在账簿中记录经济业务是将根据会计凭证将各项经济业务连续地、完整地记录下来。账簿中的会计信息是进行会计分析和会计检查的重要依据。

5. 成本计算

对计算对象发生的费用进行核算，进而确定其总成本和单位成本的方法。成本是重要的经济考核指标，正确地进行成本计算，可以很好地控制企业的费用支出水平，最大化企业利润。

6. 财产清查

通过盘点实物等查明财产的实存数与账存数是否相符的方法，通过盘点可以监督企业各种财产物资的保管和使用情况。

7. 编制会计报表

会计报表是用来考核、分析财务计划和预算的重要依据，定期反映企业的财务状况和经营成果。

上述七种核算方法在经济活动中的过程如下。

（1）经济业务发生后，会计部门首先要获取相应的原始凭证，审核后按照设置的会计账户（科目），运用复式记账方法编制记账凭证。

（2）依据记账凭证，按照复式记账规则登记账簿。

（3）根据账簿记录资料对经营过程中的有关业务进行成本计算。

（4）为保证账实相符，应运用财产清查方法对账簿记录加以核实。

（5）在保证账实相符的基础上，根据账簿资料定期编制会计报表。

五、会计六要素

会计要素是对会计对象的具体内容所做的最基本的分类，它是会计对象的具体化。在我国，企业通常将会计要素划分为六项。

（一）资产

资产是指过去的交易、事项形成并由企业拥有或者控制的资源，该资源预期会给企业带来经济利益。

1. 资产的特征

（1）资产必须是由企业现在所拥有或能够加以控制（虽然不享有某项资源的所有权，但该资源能被企业所控制，如融资租赁）的资源，如果不是企业拥有或企业不能加以控制使用的资源，则不能算作企业的资产。

（2）资产必须是企业由于过去的经济业务所形成或取得的，包括购买、生产、建造行为或其他交易或者事项，而预期在未来发生的交易或者事项不形成资产。如企业准备购买一套生产设备，但尚未发生这项经济业务，因而还不形成企业的资产。

（3）资产必须能以货币加以计量的，如不能用货币计量的资源即使有用但也不能算是资产。

（4）资产必须能为企业带来未来经济利益（直接或者间接导致现金或现金等价物流入企

业的能力），满足企业的特定需要，具有直接或间接为企业未来经济利益做出贡献的能力，具有有用性特征，如果一项资产失去了有用性的特征，不能再为企业带来未来的经济利益时，就不能再作为资产来处理，而应该转化为当期的费用和损失来处理。

2. 资产确认的条件

（1）与该资源有关的经济利益很可能流入企业。

（2）该资源的成本或者价值能够可靠地计量。

3. 资产的分类

资产分为流动资产和非流动资产。流动资产是在一年内或者超过一年的一个营业周期内变现或者耗用的资产，按变现能力大小分为： 库存现金、银行存款、交易性金融资产、应收票据、应收账款、应收利息、应收股利、存货等。流动资产以外的资产应当归类为非流动资产：可供出售金融资产、持有至到期投资、长期股权投资、固定资产、无形资产、递延所得税资产等。

（二）负债

负债是指企业过去的交易或者事项形成的、预期会导致经济利益流出企业的现时义务。

1. 负债的特征

（1）由于过去交易和过去的事项所引起的。

（2）一种强制性的义务，有明确的收款人和收款期限。

（3）未来经济利益的流出。

（4）能以货币计量。

2. 负债的确认条件

（1）与该义务有关的经济利益很可能流出企业。

（2）未来流出的经济利益的金额能够可靠地计量。

3. 负债的分类

负债分为流动负债和非流动负债。流动负债是将在一年或超过一年的一个营业周期内偿还的债务。如短期借款、应付票据、应付账款、预收账款、应付职工薪酬、应交税费、应付利息等；非流动负债是流动负债以外的负债应当归类为非流动负债，如长期借款、应付债券、长期应付款、预计负债等。

（三）所有者权益

所有者权益是在企业资产中享有的经济利益，这种经济利益是企业资产扣除负债后由所有者享有的剩余权益，其金额为资产减去负债的余额。

1. 所有者权益的特征

（1）反映了企业投资人对其净资产的要求权、所有权。

（2）金额是企业资产中减去负债总额的净额，应全部归企业投资人所有。

（3）与负债共同构成企业资产的来源。

（4）金额的大小取决于企业获利能力。

2. 所有者权益的内容

其中包括所有者投入的资本、直接计入所有者权益的利得和损失（不应计入当期损益、会导致所有者权益发生增减变动的、与所有者投入资本或者向所有者分配利润无关的利得或者损失）、留存收益等。

投入资本，包括实收资本或股本、资本公积；留存收益，包括盈余公积、未分配利润。直接计入所有者权益的利得和损失是指不应计入当期损益、会导致所有者权益发生增减变动的、与所有者投入资本或者向所有者分配利润无关的利得或者损失。

负债和所有者权益区别如下表所示。

项　目	负　债	所有者权益
时间	暂时性	永久性
偿还顺序	在企业所得税前	在企业所得税后
偿还金额	固定	由企业盈利金额确定
风险性	基本无风险	承担风险

（四）收入

收入是指企业在日常活动中形成的、会导致所有者权益增加的、与所有者投入资本无关的经济利益的总流入。其中：日常活动，指企业为完成其经营目标所从事的经常性活动以及与之相关的活动，如商场销售商品取得的收入、会计师事务所提供的中介服务、企业销售不需要的原材料、企业出租不需要使用的厂房取得的租金收入。收入包括主营业务收入、其他业务收入等。

投资者投入资本不是企业的收入；企业借款的增加也不是企业的收入而是负债；收入是影响利润要素的增量，最终导致所有者权益的增加。

（五）费用

费用是指企业在日常活动中发生的、会导致所有者权益减少的、与向所有者分配利润无关的经济利益的总流出。费用只有在经济利益很可能流出，从而导致企业资产减少或者负债增加且经济利益的流出额能够可靠计量时才能予以确认。费用包括生产成本、销售费用、管理费用、财务费用等。

（六）利润

利润是指企业在一定会计期间的经营成果。利润包括收入减去费用后的净额、直接计入当期利润的利得和损失等，利润的金额取决于收入和费用、直接计入当期利润的利得和损失金额的计量。收入大于费用表现为利润；反之则表现为亏损。利润项目的组成有营业利润、营业外收入、营业外支出。

六、会计等式、会计科目和账户

（一）会计等式

会计等式是从形式上看，会计等式是会计对象的具体内容即会计要素之间关系的表达式，反映会计对象各要素之间的内在联系；从内容上看，它揭示了会计主体的主体关系和基本财务状况。

1. 会计等式内容

（1）静态等式：资产＝负债＋所有者权益

（2）动态等式：利润＝收入-费用

（3）综合会计等式：资产＋费用＝负债＋所有者权益＋利润

2. 企业经济业务变化

会计等式的变化如下：

（1）同时影响等式两边的经济业务，同增同减，两边以相同的金额增或减，不影响会计等式的衡等关系。

（2）只影响等式一边的经济业务，在等式一边的一个项目增加，另一个项目减少，不影响会计等式的衡等关系。

（二）会计科目

会计科目是对会计对象进行第二层次的划分，即对资产、负债、所有者权益、收入、费用、利润六大会计要素的具体内容进行科学的分类，每一类确定一个合适的名称，这就形成了会计科目。合理设置会计科目有助于正确组织会计核算，使编制、整理会计凭证和设置账簿记录有所依据，并能提供全面、统一的会计信息，便于投资人、债权人以及其他会计信息使用者掌握和分析企业的财务情况、经营成果和现金流量。

会计科目分为总分类科目、明细分类科目。总分类科目反映总括性的核算指标，如原材料。明细分类科目对总分类科目所含的内容做进一步细分，如原材料——棉花。总分类科目由财政部统一规定，明细分类科目企业可以根据自身情况自己设定，如原材料——A 产品。

知识链接

趣味会计①

本人是——固定资产；生活是——持续经营；爱情是——无形资产；孩子是——本年利润；爱人是——实收资本；结婚是——合并报表；暗恋是——收不回的呆账；错爱是——高估净利润；疾病是——营业损失；年龄是——累计折旧；眼泪是——所有者权益；解释是——更正分录；回忆是——财务分析；分手是——破产清算；复合是——回转分录；再婚是——资产重组；读书是——长期投资；买衣服是——包装费；上医院是——固定资产维修费。

（三）会计账户及其结构

账户是用来记录会计科目所反映经济业务内容的工具，根据会计科目来开设的。账户以会计科目作为它的名称，同时它又具备一定的格式。

账户的基本结构通常分为左右两方，左方为借方，右方为贷方，同时还应具备以下内容。

（1）账户的名称，即会计科目。

（2）日期和摘要，即记载经济业务的日期和概括，说明经济业务的内容。

（3）增加方和减少方的金额及余额。

（4）凭证号数，即说明记载账户记录的依据。

① 张春梅. 会计原理的趣味教学. http://www.qikan.com.cn/Article/zhyz/zhyz201008/zhyz20100822.html.

每个账户的本期增加额和本期减少额应分别记入账户的左右两方；如果左方记增加，右方应记减少。如果右方记增加，左方应记减少。期初、期末余额的方向与增加额的方向相同。左方或右方记增加还是减少取决于账户的性质和类型。

七、复式记账法

复式记账对每一项经济业务在两个或两个以上账户中登记，能反映业务全貌。它是相对于单式记账法而言的，单式记账法对每一项经济业务只在一个账户中登记，反映经济业务的一个方面。

复式记账法包括三种类型：借贷记账法、增减记账法、收复记账法。目前我国的《会计准则》规定，各企业统一使用借贷记账法。

借贷记账法是以“借”“贷”作为记账符号的一种复式记账方法。

知识链接

“借”“贷”的历史

1494 年，意大利数学家巴其阿勒所著的《算术、几何及比例概要》一书，全面论述了意大利的复式记账法，随后逐步成为世界通用的记账方法。最初，按人名设户，账户分上下两个部分登记，一方登记债权，另一方登记债务；对吸收的存款记在“贷主”名下，为自身的债务增加；对贷出的款项，记在“借主”名下，为自身的债权增加。

1. 借贷记账法的基本内容

（1）记账符号， 以“借”和“贷”作为记账符号，表示记账内容的增加或减少的变化。“借”“贷”只是单纯的记账符号，用以表示在账户中的两个对立的记账部位和记账方向。

（2）借贷记账法账户结构：左方为借，右方为贷。实际工作中，采用“借”“贷”“余”三栏式。期初、期末余额的方向与增加额的方向相同。左方或右方记增加还是减少取决于账户的性质和类型。

不同账户的借贷方向如下表所示。

项 目	借 方	贷 方
资产类账户	增加	减少
负债类账户	减少	增加
所有者权益类账户	减少	增加
收入类账户	减少	增加
费用类账户	增加	减少

（3）借贷记账法记账规则：有借必有贷，借贷必相等。一方面记入有关账户的借方，另一方面记入有关账户的贷方；借贷必相等：记账金额相等，必须以相等的金额记入借贷双方。

2. 会计分录

在实际工作中，会计人员是根据经济业务的内容，运用借贷记账法的记账规则，在记账凭证中编制会计分录，然后根据会计分录登记入账。

会计分录是对每项经济业务指出应登记的账户和记账方向与金额的一种记录。

会计分录分为简单的会计分录和复合会计分录。简单会计分录指经济业务只在两个会计对象中反映，即“一借一贷”，复合会计分录在两个以上会计对象中反映，包括“多借一贷”“一借多贷”或“多借多贷”等形式。

例如，简单会计分录：乙企业收到甲投入资本500 000元，存入银行。

借：银行存款　500 000

　　贷：实收资产　500 000

复合会计分录：乙企业收到甲投入资本，包括银行存款400 000元，原材料价值100 000元。

借：银行存款　400 000

　　原材料　100 000

　　应交税费——应交增值税（进项税额）　17 000

　　贷：实收资本　517 000

八、会计凭证

（一）会计凭证

会计凭证是记录经济业务、明确经济责任、作为记账依据的书面证明，也是登记账簿的依据。

（二）会计凭证的种类

按照填制的程序和用途划分，会计凭证可分为原始凭证和记账凭证。

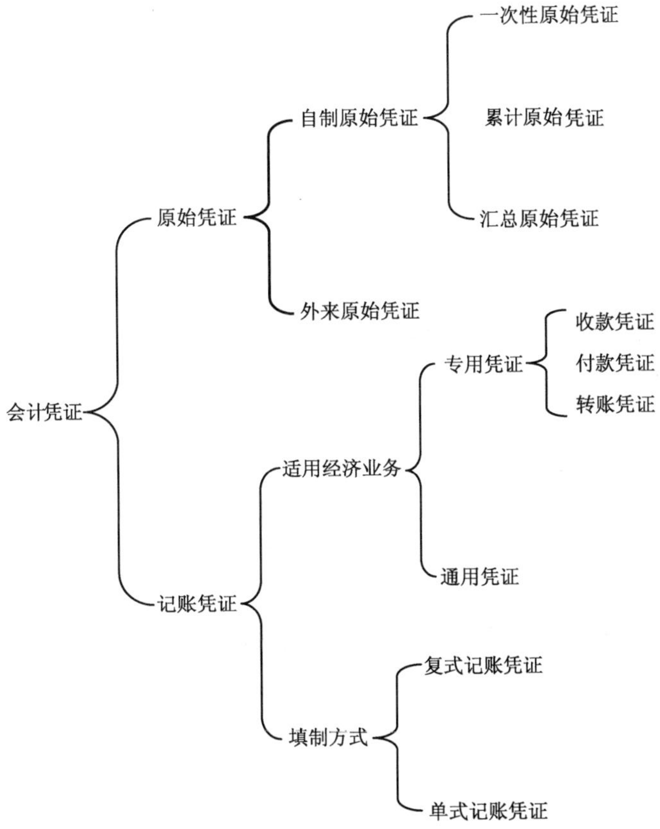

1. 原始凭证

（1）原始凭证是在经济业务发生时取得或填制的，用以记录经济业务发生或完成情况，具有法律效力的书面证明。

第一，原始凭证按照来源不同分类。

①外来原始凭证：在经济业务发生或完成时从外单位取得的原始凭证 。

②自制原始凭证：由本单位经办业务的部门和人员在执行和完成某项经济业务时所填制的凭证。

第二，原始凭证按照填制方法不同分类。

①一次性原始凭证：一项或若干项同类性质经济业务、填制手续一次完成的原始凭证。

②累计原始凭证：指一定时期内在一张凭证上多次记录重复发生的同类经济业务，直到期末凭证的填制手续才完成的原始凭证。

③汇总原始凭证：是将一定时期内若干张反映同类经济业务内容的原始凭证加以汇总填制的原始凭证。

（2）原始凭证的填制。填制原始凭证的基本要求：

①真实可靠、内容完整。

②手续完备、书写清楚。

③连续编号、及时填制。

④书写规范、不得涂改。

填制原始凭证的附加要求如下。

①对签章的要求：原始凭证从外单位取得的，必须盖有公章；从个人取得的，必须有填制人员签章；自制的，必须有经办单位领导人或其指定人签章；对外开出的，必须加盖本单位公章。

②对购买实物原始凭证，必须有验收证明；需要入库的实物，必须填写入库单，由实物保管人员验收后在入库单上如实填写实收数量，并加盖印章。

③对支付款项原始凭证，必须要有收款单位和收款人的收款证明， 不能仅以支付款项的有关凭证代替。

④对销售退回并退还货款原始凭证，必须以退货发票、 退货验收证明和对方的收款收据作为原始凭证。

⑤对职工公出借款原始凭证，必须将填制的借款凭证附在记账凭证之后。收回借款时，应另开收据或者退还借款副本，不得退还原借款凭证。

⑥对上级批文原始凭证的要求，经上级有关部门批准的经济业务，应当将批准文件作为原始凭证的附件。如果批准文件需要单独归档，应当在凭证上注明文件的批准机关名称、日期和文号，以便确认经济业务的审批情况和查阅。

（3）原始凭证的处理。

审核发票，收到客户提供的发票后，要辨别其真伪，如以下是北京商业专用发票。

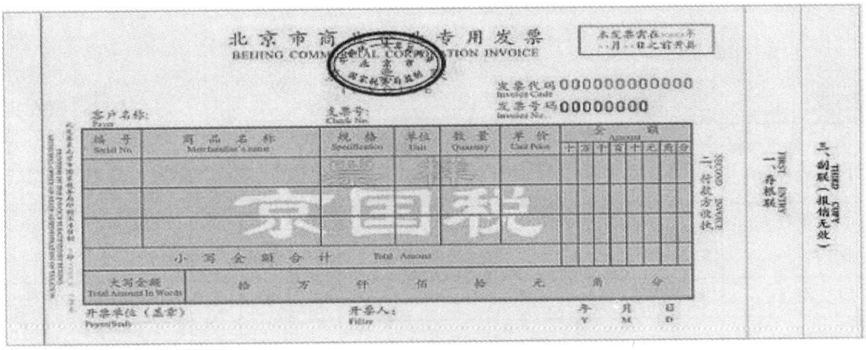

不符合规定的发票主要有以下几点：①单联填开发票或发票上下联金额、内容不一致；②填写项目不齐全；③涂改、伪造、变造发票；④转借、转让、代开发票；⑤没有经批准拆本使用发票；⑥虚构经济业务活动、虚填发票；⑦发票金额与实际不符；⑧填开作废发票；⑨没有经批准，跨县（市）填开发票；⑩以其他票据或白条代替发票等。

（4）原始凭证审核结果的处理。

具体内容有：①对不合法、不合理的收支，会计人员有权不处理；②发现伪造、变造、涂改原始凭证，弄虚作假、虚报冒领及其他违法乱纪行为，及时向单位负责人报告，并追究当事人的责任；③对记载不准确、不完整的原始凭证应予以退回，并要求经办人员按规定更正、补充。④对有错误的原始凭证，应查明原因予以更正：对于内容有错误的发票，由开具单位重开或更正，在更正处加盖出具单位印章；对于发票金额有错误，不得更正，由出具单位重开。

2. 记账凭证

记账凭证是会计人员根据审核无误的原始凭证，对经济业务的内容加以归类，并据以确定会计分录所填制的会计凭证，它是登记账簿的直接依据。

（1）记账凭证分类。

①记账凭证按反映经济内容分类。

• 收款凭证：专门用于记录现金和银行存款收入业务的会计凭证。

• 付款凭证：专门用于记录现金和银行存款支出业务的会计凭证。对于只涉及现金和银行存款之间的经济业务，如银行提取现金，只需填制付款凭证，不填制收款凭证，避免重复记账。

• 转账凭证：专门用于记录现金和银行存款收付业务以外的转账业务的会计凭证。

②按照记账凭证的填制方法分类。

• 复式记账凭证：将一项经济业务所涉及的全部会计科目都集中在一起反映的一种记账凭证。是实际工作中应用最普遍的记账凭证。

• 单式记账凭证：指按一项经济业务所涉及的各个会计科目分别填制的记账凭证。

（2）记账凭证的填制和审核。

①记账凭证的基本内容：记账凭证的名称；填制凭证的日期和凭证的编号；经济业务的内容摘要；会计科目（包括总目、细目）、借贷方向和金额；所附原始凭证的张数；填制凭证人员、稽核人员、记账人员、机构负责人等签名或盖章。

②记账凭证的填制方法。

例如，记账凭证的填制如下所示：

2020 年 10 月 20 日，甲企业收到银行发来的到账通知，收到 A 产品销售收入 100 万元，增值税 13 万元。

收款凭证

借方科目：银行存款　　2020年10月20日　　银收字第30号

摘要	贷方总账科目	明细科目	记账符号	金额									
				千	百	十	万	千	百	十	元	角	分
销售A产品	主营业务收入	A产品	√		1	0	0	0	0	0	0	0	0
	应交税费	应交增值税	√			1	3	0	0	0	0	0	0
合计				¥	1	1	3	0	0	0	0	0	0

附单据2张

财务主管　　记账　　出纳　　审核　　制单

付款凭证的填制如下所示：

2020年10月14日甲企业通过银行支付水电费1 250元。

收款凭证

贷方科目：银行存款　　2020年10月14日　　银付字第20号

摘要	借方总账科目	明细科目	记账符号	金额									
				千	百	十	万	千	百	十	元	角	分
支付水电费	管理费用	水电费	√					1	2	5	0	0	0
合计							¥	1	2	5	0	0	0

附单据2张

财务主管　　记账　　出纳　　审核　　制单

转账记账凭证的填制如下所示：

2020年10月1日，甲公司向乙单位销售A产品，销售收入100万元，增值税13万元，款项尚未收到。

③记账凭证填制的基本要求：必须以审核无误的原始凭证为依据；内容完整、日期准确；内容真实、会计科目使用正确；按月顺序编号；记账凭证的金额要与原始凭证的金额一致，必须附有原始凭证；填制人员、有关责任人的签章。

④记账凭证的审核：记账内容是否真实；会计科目的运用及填写金额是否准确。

（3）会计凭证的保管是指会计凭证记账后的整理、装订、归档和存查工作，会计凭证作为记账的依据，是重要的会计档案和经济资料。

《中华人民共和国会计法》和《中华人民共和国档案法》规定：原始凭证保存30年，记账凭证30年，汇总凭证30年。

收款凭证

2020 年 10 月 1 日　　　　转自第 1 号

摘要	总账科目	明细科目	√	借方金额										√	贷方金额									
				千	百	十	万	千	百	十	元	角	分		千	百	十	万	千	百	十	元	角	分
销售A产品	应收账款	乙单位	√		1	1	3	0	0	0	0	0	0											
	主营业务收入	A产品												√		1	0	0	0	0	0	0	0	0
	应交税费	应交增值税												√			1	3	0	0	0	0	0	0
合计				¥	1	1	3	0	0	0	0	0	0		¥	1	1	3	0	0	0	0	0	0

附单据 2 张

财务主管　　记账　　出纳　　审核　　制单

九、会计账簿

（一）会计账簿的概念

会计账簿是按照会计科目开设账户并由具有专门格式而又相互联结在一起的若干账页所组成，以会计凭证为依据，分类、连续、系统、全面地记录和反映各项经济业务的簿籍。

会计账簿对企业的意义如下。

（1）为企业提供系统、完整的会计核算资料。

（2）有效发挥会计的监督职能，保证财产物资、资金的安全完整。

（3）为会计部门定期编制会计报表提供数据资料。

（4）为企业开展财务分析和会计检查提供依据。

（二）会计账簿的种类

（1）账簿按用途分类。

① 日记账也称序时账，是按照经济业务发生和完成时间的先后顺序逐笔进行登记的账簿。

② 分类账簿是对全部经济业务进行分类登记的账簿。按提供核算指标的详细程度不同，可分为总分类账户和明细分类账户。

总分类账簿是根据总账科目开设账户，用来分类登记全部经济业务，提供总括核算资料的分类账簿；明细分类账簿是根据明细科目开设账户，用来登记某一类经济业务，提供比较详细的核算资料的分类账簿。

（2）会计账簿按外表形式分类，可分为订本账、活页账、卡片账。

（三）会计账簿的设置和登记

会计账簿的设置要满足企业管理需要，为企业提供全面、完整、系统的会计核算资料，避免烦琐复杂。

（1）总分类账格式：三栏式、多栏式、订本账，常用三栏式账页。

（2）明细账格式：三栏式、多栏式、数量金额式、活页账、卡片账。

（四）会计账簿的使用和登记规则

（1）会计账簿启用时设置封面与封底；填写账簿经管人员相关资料和账户目录；粘贴印花税票。

（2）会计账簿的记账规则。

① 会计账簿的登记以经过审核无误的会计凭证为依据，并且要符合国家会计制度的相关规定。

② 现金日记账和银行存款日记账要随时逐笔顺序登记；总分类账按照采用的账务处理程序及时登记。

（五）会计账簿的更换和保管

会计账簿在会计年度终了时要将上年旧账更换为下一年度的新账。总账、日记账和大部分的明细账，要每年更换一次。更换时，将旧账页最后一行数字下的空格，画一条斜红线注销，并且在旧账页最后一行“摘要”栏内加盖“结转下年”戳记，并在新旧账户之间结转余额。

会计账簿平时指定专人管理，要负责记账、对账、结账等工作，又要负责保证账簿安全。年度终了时，按年度分类，编制目录；归类整理，保证齐全；装订成册；编制清单，归档保管；妥善保存，期满销毁。《中华人民共和国会计法》和《中华人民共和国档案法》规定：会计账簿类，总账保存 15 年（包括日记总账），明细账保存 15 年，日记账保存 15 年，现金和银行日记账保存 25 年，固定资产卡片（固定资产报废清理后）保存 5 年。

（六）结账

结账是结算出当期各个账户的发生额和期末余额，并结转下一会计期间。

结账分为年结、月结。

（七）对账

对账是对账簿和账户所记录的有关数据加以检查和核对，包括账证相符、账账相符、账实相符、账款相符。

十、错账的更正方法

当前错账更正方法主要有以下三种，如下表所示。

更正方法	适用情况	具体处理
划线更正法	记账凭证正确，在过账或结账过程中发现账簿记录中文字或数字有错	先在错误的文字或数字上画一红线注销，并使原来的字迹仍可辨认；然后在红线上方空白处用蓝字填上正确的文字或数字，并在更正处由记账人员盖章
红字更正法	记账凭证的会计科目和记账方向有误	先红字填制一张与错误记账凭证相同记账凭证，据以记账；再用蓝字重填一张正确的记账凭证，登记入账
	记账凭证上的应计科目的金额大于正确金额	将多填的金额用红字填制一张记账凭证，在“摘要”栏内注明缘由，并据以登记入账
补充登记法	记账凭证中会计科目正确，但所填金额小于正确金额	将少填的金额用蓝字填制一张记账凭证，在“摘要”栏内注明缘由，并据以登记入账

十一、财务会计报告

财务报表有如名贵香水，只能细细地品鉴，而不能生吞活剥。

——亚伯拉罕•比尔拉夫

财务会计报告是企业对外提供的反映企业某一特定日期的财务状况和某一会计期间的经营成果、现金流量等会计信息的书面文件。

财务会计报告分为年度和中期财务会计报告，中期是指短于一个完整的会计年度的报告期间。财务会计报告包括会计报表及其附注和其他应披露的相关信息和资料。会计报表包括资产负债表、利润表、现金流量表。

（一）资产负债表

反映企业在某一特定日期（月末、季末、半年末、年末）全部资产、负债和所有者权益情况的报表，反映企业在特定日期的财务状况。

1. 资产负债表的内容和结构

资产负债表遵循会计基本等式：

资产＝负债＋所有者权益

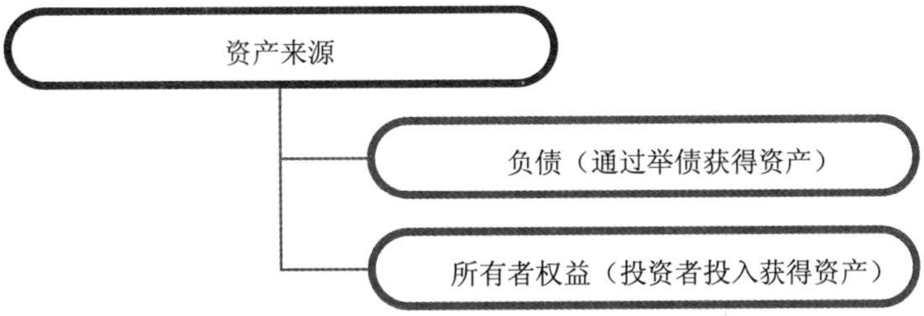

资产负债表反映了企业拥有和控制的经济资源；企业所负担的债务状况及偿债能力；企业所有者的权益及积累能力。

（1）资产类项目按流动性的大小分为流动资产和非流动资产。

流动资产指可以在 1 年内或者超过 1 年的一个营业周期内变现或者耗用的资产，包括货币资金、交易性金融资产、应收账款、应收票据、存货等。

非流动性资产包括长期股权投资、固定资产、无形资产等。

（2）负债项目按偿还期限的长短分为流动负债和非流动负债。流动负债的偿还期一般在 1 年以内，包括短期借款、应付账款、应付票据、预收账款等。

非流动负债包括长期借款、长期应付款、预计负债等。

（3）所有者项目按资金来源分为投资者投入部分和经营积累部分。

投资者投入包括实收资本、资本公积金。经营积累包括盈余公积和未分配利润。

资产负债表的格式如下所示：

资 产 负 债 表

编制单位：　　　　年　月　日　　　　单位：元

资产	期末余额	上年年末余额	负债和所有者权益（或股东权益）	期末余额	上年年末余额
流动资产：			流动负债：		
货币资金			短期借款		
交易性金融资产			交易性金融负债		
衍生金融资产			衍生金融负债		
应收票据			应付票据		
应收账款			应付账款		
应收款项融资			预收款项		
预付款项			合同负债		
其他应收款			应付职工薪酬		
存货			应交税费		
合同资产			其他应付款		
持有待售资产			持有待售负债		
一年内到期的非流动资产			一年内到期的非流动负债		
其他流动资产			其他流动负债		
流动资产合计			流动负债合计		
非流动资产：			非流动负债：		
债权投资			长期借款		
其他债权投资			应付债券		
长期应收款			其中：优先股		
长期股权投资			永续债		
其他权益工具投资			租赁负债		
其他非流动金融资产			长期应付款		
投资性房地产			预计负债		
固定资产			递延收益		
在建工程			递延所得税负债		
生产性生物资产			其他非流动负债		
油气资产			非流动负债合计		
使用权资产			负债合计		
无形资产			所有者权益（或股东权益）：		
开发支出			实收资本（或股本）		
商誉			其他权益工具		
长期待摊费用			其中：优先股		
递延所得税资产			永续债		
其他非流动资产			资本公积		
非流动资产合计			减：库存股		

续表

			其他综合收益		
			专项储备		
			盈余公积		
			未分配利润		
			所有者权益（或股东权益）合计		
资产总计			负债和所有者权益（或股东权益）总计		

2. 资产负债表的填列方法

我国企业资产负债表各项目要填列年初数和年末数，年初数根据上一年度资产负债表的年末数填列。如果本年度资产负债表规定的各个项目的名称和内容同上年度不一致，应对上年年末资产负债表各项目的名称和内容按照本年度的规定进行调整，填入报表中的“年初数”栏内。年末数据的填列，主要通过以下几种方式填列。

（1）根据总账科目余额直接填列。如应付职工薪酬、应交税费、其他应交款、实收资本、资本公积、盈余公积等。

（2）根据总账科目余额计算填列。如“货币资金”项目反映货币资金的结存情况，根据“现金”“银行存款”“其他货币资金”三个总账科目余额合并填列。

（3）根据明细科目余额计算填列。如“应收账款”项目反映应收账款净额，应根据“应收账款”“预收账款”明细科目的借方余额合计得到应收账款余额后，减去“坏账准备”科目中有关应收账款计提的坏账准备期末余额后的净额填列。

（4）根据总账科目和明细科目余额分析计算填列。如“长期借款项目”应将长期借款总账科目余额扣除长期借款科目所属明细科目中将在一年内到期，并且企业不能自主地清偿义务展期的长期借款后的金额填列。

（5）综合计算填列，以反映净额。“存货”项目反映各种存货的可变现净值，企业应根据“物资采购”“材料成本差异”“原材料”“低值易耗品”“包装物”“委托加工物资”“自制半成品”“生产成本”“库存商品”“发出商品”“分期收款发出商品”“委托代销商品”“受托代销商品”等科目计算出存货的账面余额后，减去“代销商品款”“存货跌价准备”科目余额，即为存货净额，填入“存货”项目。

填列时其他需要重点关注的项目如下表所示。

资产负债表科目	填列内容
预付账款	根据“应付账款”“预付账款”明细科目的借方余额合计填列
长期股权投资	根据“长期股权投资”科目的期末余额，减去“长期投资减值准备”科目中有关股权投资减值准备期末余额后的金额填列
应付账款	根据“应付账款”“预付账款”明细科目的贷方余额合计填列
固定资产	按照“固定资产”原价减去“累计折旧和固定资产减值准备”科目期末余额后的净额填列
无形资产	按照“无形资产”科目的期末余额减去“无形资产减值准备”科目期末余额后的净额填列，以反映无形资产的期末可收回金额
预收账款	根据“应收账款”“预收账款”明细科目的贷方余额合计填列
应交税费	不包括企业所缴纳的不需要预计应交数的税费，如印花税、耕地占用税
其他应付款	如果其他应付账款业务在“其他应付款”中核算，则应根据“其他应付款”账户的贷方分析填列
未分配利润	根据“本年利润”账户和“利润分配”账户余额计算填列，未弥补的亏损在本项目以“-”填列

3. 资产负债表的阅读

知识链接

资产负债表真的重要吗？

总部设在伦敦的巴林银行，是世界上首家商业银行，创建于1763年。在1995年末，这家最老牌的商业银行却倒闭了。是什么原因使这家老牌银行走上破产之路呢？一方面由于银行内部控制有问题，另一方面该银行的董事长比德巴林不重视资产负债表。他曾经讲过：若以为揭露更多的资产负债表数据，就能够增加对一个企业的了解，那真是幼稚无知了。真正讽刺的是在他发表这番高论之后的一年内，巴林银行宣布破产。因为他不重视资产负债表，忽视了时点数，使得巴林银行的管理层不知道公司已经发生了什么事情，最终付出了惨痛的代价[①]。

管理者在了解行业背景的前提下，阅读本企业的资产负债表有助于了解企业自身的财务状况以及各种财务经济信息，随时掌握企业动态，有助于加强企业管理，从而提高企业经济效益。

（1）资产负债表具体项目的阅读。

第一，资产项目表明企业资产的具体分布情况。资产项目主要有流动资产。流动资产是企业从事生产经营活动所占用的资金，也称为营运资金，如货币资金项目。该项目反映的是企业库存现金，银行存款和在途资金等货币资金的和，反映了企业支付能力的强弱。货币资金比重过大，表明企业资金利用率低；比重过小则意味着企业有偿债风险。非流动资产部分如固定资产、无形资产，它是企业从事生产经营活动必须承担的成本，这部分资金支出主要通过折旧或摊销的形式从企业以后的收入中回收，但回收时间比较长，资金成本高。企业在生产经营过程中，应加强对资产的管理，加快资金循环，减少资金占用。

第二，负债项目阅读。分析企业负债项目具体构成情况，了解企业偿债压力。流动负债还款期限短，企业偿债压力大。但流动负债的各项目资金占用成本不同，需要具体分析企业一部分负债占用资金成本，如短期借款需按借款合同支付借款利息，而另一部分负债则是免费的，如应付职工薪酬，企业已入账但尚未支付，企业在实际支付前可以免费使用，当前一些企业在本月25日或月底发上个月的工资，在发工资前就可以无偿使用这部分资金。

第三，所有者权益项目阅读。

所有者权益部分由两部分组成，一是由投资者投入企业的资本金，包括实收资本和资本公积。实收资本项目一般不变，如果发生变化，应重点关注，防止企业抽逃资本。二是企业经营过程中产生的盈利在企业内部的留存，如盈余公积和未分配利润。盈余公积是企业为了增强自身经济实力以及应付经营不测等原因而依据法规和公司章程等必须保留的资本额，现行政策规定，企业应按5%~10%的比例提取法定公积金。未分配利润项目则反映了企业实现的利润在交纳所得税、弥补以前年度亏损、提取盈余公积和向投资者分配利润后结余的利润，反映企业的经营周期和股利分配政策。

[①]王婷婷. 财务报表就像一本故事书[M]. 北京：企业管理出版社.2009.

（2）资产负债表比例分析，即分析资产、负债、所有者权益各个项目占资产总额的比例，与以前年度相比，分析各个项目所占比例是否存在异常。

如通过交易性金融资产，可供出售的金融资产和持有至到期金融资产三者占资产总额的比重可以了解企业投资的风险水平。

存货占有率分析，可以反映企业期末在库、在途和在加工中的各项存货的实际成本，包括原材料、包装物、低值易耗品、自制半成品、生产成本等。存货占有率过高，企业产品有可能在市场上销路不畅，企业应调整产品结构或营销策略。

应收账款和预付账款项目，了解企业债权的结算和支付能力。大量的应收账款存在会影响企业现金流量，影响企业再生产的顺利进行，大量预付账款占用企业现金，增加企业经营成本，该指标较小比较好。

（3）资产负债表项目比率分析。

第一，短期偿债能力分析，如下表所示。

指标名称	指标内容	备　注
流动比率	流动资产 ÷ 流动负债	该比率越高，企业短期偿债能力越强，国际公认的合理值在100%~200%
速动比率	速动资产 ÷ 流动负债	速动资产＝流动资产－存货，该比例等于100%是比较合适的
现金比率	现金资产 ÷ 流动负债	通常和其他指标联合使用
营运资本	资产－流动负债	该指标一般应为正数

例如，甲企业2019年末流动资产3 000万元，其中速动资产2 000万元，年初流动负债2 200万元；2020年末，流动资产3 500万元，其中速动资产2 200万元，流动负债2 500万元。

该企业2019年流动比率=3 000 ÷ 2 200=1.36；速动比率=2 000 ÷ 2 200=0.9

该企业2020年流动比率=3 500 ÷ 2 500=1.4；速动比率=2 200 ÷ 2 500=0.88

从上述数据我们可以看出，企业偿债能力基本在合理值上下波动，在资金使用上较偏向于冒进，2020年的流动比率大于2019年的同时，速动比率却小于2019年的值，该企业可能存在存货积压等问题。

第二，长期偿债能力分析，如下表所示。

指标名称	指标内容	备　注
资产负债率	负债总额 ÷ 资产总额	该指标反映在企业的总资产有多少是通过借款人取得的，实质上是一个财务杠杆的问题，该值在30%~60%较为合理
产权比率	负债总额 ÷ 所有者权益	该指标越低，表明企业实行低风险的财务结构，长期偿债能力较强，该值一般不超过100%为好
所有者权益比率	所有者权益总额 ÷ 资产总额	—
长期资本负债率	非流动负债 ÷（非流动负债+所有者权益）	该指标反映了企业长期的资本结构和偿还长期债务的能力
或有负债比率	或有负债余额 ÷ 所有者权益	或有负债余额借助报表批注获得，该项目会影响企业将来的偿债能力

例如，某企业2019年末资产6 000万元，负债总额3 100万元（非流动负债1 700万元），所有者权益2 900万元，2020年末资产6 800万元，负债总额2 900万元（非流动负债1 600万元），所有者权益3 900万元。

该企业 2019 年资产负债率=3 100 ÷ 6 000=52%；产权比率=3 100 ÷ 2 900=1.07

所有者权益比率=2 900 ÷ 6 000=48%；长期资本负债率=1 700 ÷ （1 700+2 900）=36.95%

该企业 2020 年资产负债率=2 900 ÷ 6 800=42.64%；产权比率=2 900 ÷ 3 900=0.74

所有者权益比率=3 900 ÷ 6 800=57.36%；长期资本负债率=1 600 ÷ （1 600+3 900）=29%

由以上指标可知，该企业长期偿债能力有所提高，趋向于低风险，低报酬的财务结构，债权人债务风险低。

第三，营运能力分析，如下表所示。

指标名称	指标内容	备　注
应收账款周转率	营业收入 ÷ 平均应收账款	平均应收账款=（年初应收账款+年末应收账款）÷ 2，该指标越高，企业资产管理水平越高，资金周转快
存货周转率	营业成本 ÷ 存货平均余额	存货平均余额=（年初存货+年末存货）÷ 2，该指标越高，表明企业存货占用水平越低
营业周期	存货周转天数+应收账款周转天数	存货周转天数=360 ÷ 存货周转率；应收账款周转天数=360 ÷ 应收账款周转率
固定资产周转率	营业收入 ÷ 固定资产平均净值	该指标用于衡量固定资产的利用效率，该指标越高，固定资产利用效率越高，应注意企业折旧方法和折旧年限对指标的影响
流动资产周转率	营业收入 ÷ 流动资产平均余额	用于衡量流动资产的利用效率
总资产周转率	营业收入 ÷ 流动总资产平均余额	用于衡量总资产的利用效率

第四，发展能力分析，如下表所示。

指标名称	指标内容	备　注
资产增长能力分析	（年末资产总额-年初资产总额）÷ 年初资产总额	分析该指标时，应结合应收账款、存货等明细，防止企业由于大量坏账、存货导致的盲目扩张
资本积累率	（年末所有者权益总额-年初所有者权益总额）÷ 年初所有者权益总额	若该值为负，说明投资者资本损失，即所谓的“赔本”
资本三年平均增长	$\sqrt[3]{年末所有者权益/三年前所有者权益}-1$	该指标越高，说明能够为企业使用的资金越充足

在阅读资产负债表时，要注意结合附注和附表，全面了解企业财务状况。

（二）利润表

利润表是反映企业在一定期间经营成果的会计报表，该报表是动态报表，反映企业一段时期的经营状况。

1. 利润表的内容和结构

利润表遵循会计基本等式：

收入-费用=利润

利润表

编制单位：乙单位　　　　　　　　2020 年　　　　　　　　　　　　　　　　　单位：元

项　目	行次	本期金额	上期金额
一、营业收入	1	3 500 000	2 900 000
减：营业成本	2	2 700 000	2 200 000
税金及附加	3	80 000	60 000
销售费用	4	30 000	28 000
管理费用	5	430 000	390 000
财务费用	6	93 000	62 000
资产减值损失	7	45 000	33 000
加：公允价值变动损益（损失以“—”号填列）	8	0	0
投资收益（损失以“—”号填列）	9	0	0
其中：对联营企业和合营企业的投资收益	10	—	—
二、营业利润（亏损以“—”号填列）	11	122 000	517 000
加：营业外收入	12	100 000	—
减：营业外支出	13	30 000	80 000
其中：非流动资产处置损失	14	—	30 000
三、利润总额（亏损总额以“—”号填列）	15	192 000	437 000
减：所得税费用	16	45 000	119 250
四、净利润（亏损以“—”号填列	17	147 000	317 750
五、每股收益	18		
（一）基本每股收益	19		
（二）稀释每股收益	20		

2. 利润表的编制

（1）以营业收入为基础，减去营业成本、税金及附加、销售费用、管理费用、财务费用、资产减值损失，加上公允价值变动收益（减去公允价值变动损失）和投资收益（减去投资损失），计算出营业利润。

（2）以营业利润为基础，加上营业外收入，减去营业外支出，计算出利润总额。

（3）以利润总额为基础，减去所得税费用，计算出净利润（或净亏损）。

如果您企业的普通股或潜在普通股已公开交易，以及正处于公开发行普通股或潜在普通股过程中，还应当在利润表中列示每股收益信息。

部分内容的填制如下表所示。

填制项目	填制依据
营业收入	根据“主营业务收入”科目和“其他业务收入”科目的发生额分析填列。其中：主营业务净收入=主营业务收入-销售退回-销售折让、折扣
营业成本	根据“主营业务成本”科目和“其他业务成本”科目的发生额分析填列
税金及附加	根据“税金及附加”科目的发生额分析填列，反映企业应负担的消费税、城市维护建设税、资源税、土地增值税和教育费附加等
销售费用	反映企业在销售商品和商品流通企业在购入商品等过程中发生的费用。本项目应根据“销售费用”科目的发生额分析填列
管理费用	根据“管理费用”科目的发生额分析填列
财务费用	反映企业发生的财务费用，根据“财务费用”科目的发生额分析填列
资产减值损失	反映企业发生的减值损失，根据“资产减值损失”科目的发生额分析填列
公允价值变动损益	反映企业发生的公允价值变动损益，根据“公允价值变动损益”科目的发生额分析填列
投资收益	反映企业以各种方式对外投资所取得的收益，根据“投资收益”科目的发生额分填列，如为投资损失，以“－”号填列
“营业外收入”和“营业外支出”	反映企业发生的与其生产经营无直接关系的各项收入和支出。这两个项目应分别根据“营业外收入”科目和“营业外支出”科目的发生额分析填列
利润总额	反映企业实现的利润总额，如为亏总额，以“－”号填列
所得税费用	反映企业按规定从本期损益中减去的所得税。本项目应根据“所得税”科目的发生额分析填列

3. 利润表的阅读

两家企业的净利润相同并不意味着两家企业的盈利能力相同，因为两家企业在收入来源和支出方面不同。因此企业管理者可以通过阅读利润表分析企业的经营成果和获利能力，考核管理者的经营业绩，预测企业未来利润和现金流量。

（1）利润表项目具体分析，通过了解企业利润的组成部分，能够发现企业利润是否正常合理，对企业的总体经营成果做出评价。一般情况下，企业的主营业务利润应是其利润总额最主要的组成部分，所占比重最大，其他收入如投资收益、营业外收入，所占比重应较小。如果其他业务利润比重超过主营业务利润比重，可能说明企业的主营业务有可能被其他业务替代；而当企业的投资收益比重很高时，需要关注企业的经营风险；如果企业的营业外收入比重过高就应该分析企业是否通过变卖资产维持经营或者操作利润，对财务费用分析可以看出企业对外融资能力的强弱和还本付息压力的大小。

（2）利润表比率分析。

第一，将利润表中今年的数据与去年同期的数据相比较，反映企业在过去一年中自身的发展状况；与同行业比较，判断企业在市场中的地位。

第二，偿债能力分析。

$$已获利息倍数=息税前利润\div利息费用$$

$$息税前利润=净利润+所得税费用+利息费用$$

该指标反映了企业获利能力对于偿还到期债务的保证程度，一般认为该指标为 3 时比较合理。该指标越大，企业偿债能力越强；反之，则越弱。

第三，盈利能力分析。

企业毛利率=（主营业务收入−营业成本）÷主营业务收入；如果企业毛利率比以前提高，可能说明企业生产经营管理具有一定的成效。

营业利润率=营业利润÷营业收入，该指标越高，则反映企业盈利能力越强，市场竞争越强；反之，则越弱。

营业净利率=净利润÷营业收入

成本费用利润率=利润总额÷成本费用总额；成本费用总额=营业成本+税金及附加+销售费用+管理费用+财务费用。该指标可以体现企业对成本费用的控制水平，该指标越高，说明企业成本管理水平越高，获利能力越强。

资产净利率=净利润÷平均资产总额，该指标越高，表明企业资产利用效率越高，该指标多用于考核企业管理绩效。

例如，根据利润表结构的数据，乙企业相关盈利指标计算如下。

2019 年企业毛利率=24.1%；营业利润率=17.8%；营业净利率=10.9%。

成本费用率=437 000÷2 350 000=18.5%

2020 年企业毛利率=（35 000 000−2 700 000）÷35 000 000=22.8%；营业利润率=3.5%；营业净利率=4.2%。

成本费用率=192 000÷（2 700 000+80 000+30 000+430 000+93 000）=5.7%

由以上计算结果可以看出，乙企业 2010 年虽然营业收入增长了，但由于营业成本的增加比例超过收入的增加比例，利润相对 2019 年减少了，企业应改善经营管理，加强成本控制。

第四，企业支付能力。

每股收益=（税后利润-优先股股利）÷发行在外的普通股平均股额，这一指标反映企业普通股每股在一年中所获得的利润，该指标数据大，则说明企业盈利能力强，企业经营风险小。股利发放率＝每股股利÷每股获利额，这一指标反映企业的股利政策。

知识链接

利润分配的顺序

根据《公司法》规定，我国企业取得的净利润按如下顺序进行分配：提取法定公积金和公益金，如果企业以前年度存在亏损，先用法定公积金弥补亏损，如果企业法定公积金不足弥补，企业可以用当年利润弥补；提取任意盈余公积；向股东分配利润。

（三）现金流量表

一个企业即使实现了再多的利润，如果大量以呆账、坏账或应收账款形式存在，迟早会导致企业资金链的断裂，使企业经营陷入危机，所以企业管理者应重视现金流量表，保证企业血液流畅。

现金流量表是以收付实现制为基础编制的财务状况变动表，是反映企业一定会计期间内经营活动、投资活动、筹资活动产生的现金流入和现金流出情况的会计报表，该表表明企业获得现金和现金等价物的能力。

1. 现金流量表的内容及结构

现金流量表被划分为经营活动、投资活动、筹资活动、汇率变动对现金的影响、现金及现金等价物净增加额五个部分，每类活动分为许多具体项目。

现金流量表

编制单位： 年 月 单位：元

项 目	本期金额	上期金额
一、经营活动产生的现金流量：		
销售商品、提供劳务收到的现金		
收到的税费返还		
收到其他与经营活动有关的现金		
经营活动现金流入小计		
购买商品、接受劳务支付的现金		
支付给职工以及为职工支付的现金		
支付的各项税费		
支付其他与经营活动有关的现金		
经营活动现金流出小计		
经营活动产生的现金流量净额		
二、投资活动产生的现金流量：		
收回投资收到的现金		
取得投资收益收到的现金		
处置固定资产、无形资产和其他长期资产收回的现金净额		
处置子公司及其他营业单位收到的现金净额		
收到其他与投资活动有关的现金		
投资活动现金流入小计		
购建固定资产、无形资产和其他长期资产支付的现金		
投资支付的现金		
取得子公司及其他营业单位支付的现金净额		
支付其他与投资活动有关的现金		
投资活动现金流出小计		
投资活动产生的现金流量净额		
三、筹资活动产生的现金流量：		
吸收投资收到的现金		
取得借款收到的现金		
收到其他与筹资活动有关的现金		
筹资活动现金流入小计		
偿还债务支付的现金		
分配股利、利润或偿付利息支付的现金		

续表

项　目	本期金额	上期金额
支付其他与筹资活动有关的现金		
筹资活动现金流出小计		
筹资活动产生的现金流量净额		
四、汇率变动对现金及现金等价物的影响		
五、现金及现金等价物净增加额		
加：期初现金及现金等价物余额		
六、期末现金及现金等价物余额		

2. 现金流量表的编制基础理论

我国企业会计准则规定企业应当采用直接法编制现金流量表，并在附注中提供以净利润为基础调节到经营活动现金流量的信息。

（1）经营活动产生的现金流量的编制。

①经营活动的现金流入量，这部分内容由销售商品或提供劳务收到的现金、收到的税费返还、收到的其他与经营活动有关的现金等三个项目组成。

销售商品或提供劳务收到的现金＝本期销售商品或提供劳务收到的现金＋本期收到前期的应收账款＋本期收到前期的应收票据＋本期的预收账款－本期因销售退回而支付的现金＋本期收回前期核销的坏账损失。

“收到的税费返还”项目，该项目反映企业收到返还的各种税费，如收到的增值税、消费税、教育费附加返还等。

“收到的其他与经营活动有关的现金”项目，该项目反映企业除了上述各项目外，收到的其他与经营活动有关的现金流入。如罚款现金收入、没收包装物押金收入、流动资产损失中获得赔偿的现金收入等。

根据营业外收入、其他应收款等科目填列。

②经营活动的现金流出量，这部分内容由购买商品或接受劳务支付的现金、支付给职工以及为职工支付的现金、支付的各项税费和支付的其他与经营活动有关的现金等四个项目组成。

购买商品和提供劳务收到的现金＝本期购买商品或提供劳务支付的现金＋本期支付前期的应付账款＋本期支付前期的应付票据＋本期的预付账款－本期因购货退回而收到的现金。

“支付给职工以及为职工支付的现金”项目，该项目反映企业实际支付给职工以及为职工支付的现金。它包括本期实际支付给职工的工资、奖金、各种津贴和补贴等，以及为职工支付的其他费用。但不包括支付的离退休人员的各项费用和支付给在建工程人员的工资等。

“支付的各项税费”项目，该项目反映企业按规定支付的各种税费，包括本期发生并支付的税费，以及本期支付以前各期发生的税费和预交的税金，如支付的增值税、消费税、所得税、城市维护建设税、教育费附加，但不包括计入固定资产价值实际支付的耕地占用税等。

“支付的其他与经营活动有关的现金”项目，该项目反映企业除上述各项目外，支付的其他与经营活动有关的现金流出。如捐赠现金支出、罚款支出、支付的差旅费等。

（2）投资活动产生的现金流量。

①投资活动的现金流入量，这部分内容由收回投资所收到的现金，取得投资收益所收到

的现金，处置固定资产、无形资产和其他长期资产所收回的现金净额，收到的其他与投资活动有关的现金等四个项目组成。

“收回投资所收到的现金”项目，该项目反映企业出售、转让或到期收回除现金等价物以外的短期投资、长期股权投资而收到的现金，以及收回长期债权投资的本金而收到的现金。

“取得投资收益所收到的现金”项目，该项目反映企业因股权性投资和债权性投资而取得的现金股利和利息，以及从子公司、联营企业和合营企业分回利润收到的现金。不包括股票股利。

“处置固定资产、无形资产和其他长期资产所收回的现金净额”项目，该项目反映企业处置固定资产、无形资产和其他长期资产收回的现金，减去为处置这些资产而支付的有关费用后的净额。

“收到的其他与投资活动有关的现金”项目，该项目反映企业除了上述各项目外，收到的其他与投资活动有关的现金流入。

②投资活动的现金流出量，这部分内容由购建固定资产、无形资产和其他长期资产所支付的现金，投资所支付的现金，支付的其他与投资活动有关的现金等三个项目组成。

“购建固定资产、无形资产和其他长期资产所支付的现金”项目，该项目反映企业购建固定资产，取得无形资产和其他长期资产支付的现金。它不包括为购建固定资产而发生的借款利息资本化的部分，以及融资租入固定资产支付的租赁费。

“投资支付的现金”项目，该项目反映企业进行权益性投资和债权性投资支付的现金。它包括企业取得的除现金等价物以外的短期股票投资、短期债权投资、长期股权投资、长期债权投资支付的现金以及支付的佣金、手续费等附加费用。

“支付的其他与投资活动有关的现金”项目，该项目反映企业除了上述各项目外，支付的其他与投资活动有关的现金流出。

（3）筹资活动产生的现金流量

①筹资活动的现金流入量，这部分内容由吸收投资所收到的现金、借款所收到的现金和收到的其他与筹资活动有关的现金等三个项目组成。

“吸收投资所收到的现金”项目，该项目反映企业收到的投资者投入的现金，包括以发行股票、债券等方式筹集的资金实际收到的款项净额（发行收入减去支付的佣金等发行费用后的净额）。

“借款所收到的现金”项目，该项目反映企业举借各种短期、长期借款所收到的现金。

“收到的其他与筹资活动有关的现金”项目，该项目反映企业除上述各项目外，收到的其他与筹资活动有关的现金流入。

②筹资活动的现金流出量，这部分内容由偿还债务所支付的现金，分配股利、利润或偿付利息所支付的现金，支付的其他与筹资活动有关的现金等三个项目组成。

“偿还债务所支付的现金”项目，该项目反映企业以现金偿还债务的本金，包括偿还金融企业的借款本金、偿还债券本金等。

“分配股利、利润或偿付利息所支付的现金”项目，该项目反映企业实际支付的现金股利，支付给其他投资单位的利润以及支付的借款利息、债券利息等。

“支付的其他与筹资活动有关的现金”项目，该项目反映企业除了上述各项目外，支付的其他与筹资活动有关的现金流出。如捐赠现金支出。

（4）汇率变动对现金的影响。

“汇率变动对现金的影响”项目，该项目反映企业外币现金流量及境外子公司的现金流量折算为人民币时，所采用的现金流量发生日的汇率或平均汇率折算的人民币金额与“现金及现金等价物净增加额”中外币现金净增加额按期末汇率折算的人民币金额之间的差额。

（5）现金及现金等价物净增加。

现金及现金等价物净增加额是指企业现金及现金等价物的流入量与流出量之间的差额。补充资料是指未能列入现金流量表正表的而需要予以披露的内容。补充资料由将净利润调节为经营活动的现金流量、不涉及现金收支的投资和筹资活动、现金及现金等价物净增加额三个部分组成。

3. 现金流量表的阅读

（1）现金流量表结构分析。

分析企业经营、投资、筹资三大活动引起现金的流出流入金额，宏观上了解企业资金现状。

经营活动产生的现金流量是整个现金流量分析的核心，这是因为经营活动发生的现金流量产生于企业正常的生产经营业务，该数一般应为正数。企业对外销售商品、提供劳务带来的现金流入，收到现金比例越高，现金流量质量越好。一般来说，如果企业经营活动产生的现金流量占总的现金流入比重较大，而现金流出占总的现金流出比重相对较小，且净现金流量为正数，表明企业正常的生产经营活动能满足企业的继续发展，企业发展前景较好。

对投资活动的现金流量分析，企业为了满足正常的生产经营活动，需要购买机器设备、厂房，进行研究开发。通过对企业固定资产和无形资产现金的流动，可以看出企业管理政策和扩大再生产的政策以及企业当前设备的使用状况。企业为了利用闲置资金对外进行长短期投资，企业对外投资带来投资收益，形成了投资活动的现金流入。如果企业投资活动产生的净现金流量为负数，表明企业购买固定资产、无形资产等支付的现金之和大于企业获得的投资收益；反之，则说明企业对外投资能力强。

对筹资活动的现金流量分析，企业要扩大原有规模除了动用自身积累之外，还需要通过对外筹资。企业的筹资活动主要指发行股票和债券、银行贷款、偿还贷款、支付股利和利息。这一系列活动就构成了企业的筹资活动产生的现金流。通过对筹资活动现金流动绝对数和相对数，可以了解企业的融资政策。

（2）现金流量表比率分析。

第一，短期偿债能力分析。

现金流动负债比率=年经营现金净流量÷年末流动负债，该比率越高，说明企业年经营现金净流量对于年末流动负债的保证越强，企业偿债能力越强，是企业实实在在可以用来还债的利润。

例 1：某公司 2019 年经营活动现金净流量为 2 500 万元，流动负债为 1 700 万元；2020 年经营活动现金净流量为 2 700 万元，流动负债为 2 300 万元。

该公司 2019 年现金流动负债比率=2 500÷1 700=1.47

该公司 2020 年现金流动负债比率=2 700÷2 300=1.17

以上数据显示 2020 年该企业现金流动负债比率小于 2019 年，是由于该企业 2020 年流动负债增加额超过了经营活动现金净流量的增加额，导致企业短期偿债能力下降。

第二，长期偿债能力分析。

现金流量利息保障倍数=经营现金流量净额÷利息费用；该指标越高，表明企业现金流量净额保障程度越高，企业长期偿债能力越强。

例 2：海天公司 2019 年经营活动现金净流量为 2.5 亿元，利息费用 8 700 万元；2020 年经营活动现金净流量为 2.9 亿元，利息费用 1 亿元。

该公司 2019 年现金流量利息保障倍数=25 000 ÷ 8 700=2.87

该公司 2020 年现金流量利息保障倍数=29 000 ÷ 10 000=2.9

以上数据显示 2020 年该企业现金流动负债比率大于 2019 年，是由于该企业 2020 年利息费用增加额小于经营活动现金净流量的增加额，使得企业长期偿债能力提高。

第三，支付能力分析。

现金股利保障倍数=每股营业现金净流量÷每股现金股利，该指标越大，说明企业支付现金股利能力越强；与同行业比较，可以分析当前企业的股利政策和水平。

企业管理者在阅读财务报表时，不能孤立地看待财务报表和相关指标，应注意使用趋势分析法，并且了解报表项目间的钩稽关系，从而发现问题，全面了解企业现状。如本期报表与上期报表相关项目比较，发现差异；与同行业比较，了解企业所处的市场位置；利润分配表中的未分配利润与资产负债表中的未分配利润存在钩稽关系；资产负债表中的货币资金项目期末余额减去期初余额等于现金流量表中的现金及现金等价物净增加额等。

第三章
管理决策的基石——如何进行财务分析

企业家要具备凭现状以判断未来趋势的能力；现在是零，将来可能就是无限的。

——松下幸之助

企业家借助于系统而强大的财务分析体系和各种工具性指标细化分解的基础作用，有效地使用和处理财务信息，可以正确地分析和评价公司的财务状况和经营成果，了解公司在一定时期的获利能力、偿债能力、营运能力等，并通过财务决策在一定程度上达到控制并驾驭公司经济活动的目的。

一、财务分析概述

1. 财务分析的作用

财务分析是以会计核算和报表资料及其他相关资料为依据，采用一系列专门的分析技术和方法，对企业等经济组织过去和现在有关筹资活动、投资活动、经营活动、分配活动的盈利能力、营运能力、偿债能力和增长能力状况等进行分析与评价的经济管理活动。一个企业的财务管理离不开财务分析，财务分析是对企业一定期间的财务活动的总结，它为企业的投资者、债权人、经营者及其他关心企业的组织或个人了解企业过去、评价企业现状、预测企业未来做出正确决策提供准确的信息或依据。

财务分析的作用具体体现在以下三个方面。

（1）通过财务分析，可以评价企业一定时期的财务状况，揭示企业生产经营活动中存在的问题，总结财务管理工作的经验教训，为企业生产经营决策和财务决策提供重要的依据。

（2）财务分析还为债权人、投资者提供正确信息，帮助他们进行决策。企业投资者可通过财务分析，了解企业的获利能力和偿债能力，预测投资后的风险程度及收益水平，从而做出正确决策。

（3）财务分析为企业内部管理人员了解经营情况及方向、挖掘潜力、找出薄弱环节提供依据。为了提高经济效益、加强管理、提供可靠资料，企业的管理人员通过检查企业内部各职能部门和单位完成财务计划指标的情况，及时发现企业管理中存在的问题，进而采取对应措施，改善其经营管理模式，使企业经济效益提高。这也是本章所要讨论内容的主要目的。

2. 财务分析的目的

财务分析的目的受财务分析主体和财务分析服务对象的制约。财务分析主体和财务服务对象不同，进行财务分析的目的也就不尽相同。由于财务分析的主体是多样化的，尽管这些主体对企业进行财务分析所依据的资料是客观的，但不同的人所关心的问题的侧重点也不同，因此，他们进行财务分析的目的也不同。

对于本章所要讨论的财务分析主体——企业经营管理者，他们必须全面了解企业的生产经营状况和财务状况，重点是“全面”两个字，只有全面，管理人员才能更好地评估机构组织完成任务的能力。他们想要了解机构组织的财务状况和财务结果，以便做出决策，来保持令人满意的财务状况，或是去改善不令人满意的财务状况。他们需要通过财务分析结果及时发现企业的经营及管理中存在的问题，从而进行科学的决策，让企业更健康地发展。所以，总的来说，财务分析的目的体现在以下几个方面。

（1）评价企业的偿债能力。

通过对企业的财务报告等会计资料进行分析，可以了解企业资产负债水平以及偿还债务的能力，从而评价企业的财务状况和经营风险，为企业经营管理者、投资者和债权人提供财务信息。一个企业的资产必定会有一部分来自负债，债权人关心自己的权益是否能够得到保障，而企业经营管理者重点关注的是本企业的资产构成结构是否合理。

（2）评价企业的营运能力。

企业的生产经营过程就是利用资产取得收益的过程。通过财务分析可以了解到企业资产的保值和增值情况，分析企业资产的利用效率、管理水平、资金周转状况、现金流量情况等，为评价企业的经营管理水平提供依据。作为企业管理层，了解企业的经营管理水平是十分重要的，通过分析管理水平、资金的周转状况等方面存在的问题，才能有针对性地采取改善措施，提高企业的营运能力。

（3）评价企业的获利能力。

一个企业的主要经营目的就是获取利润，只有争取较高的利润，这样才能在竞争中立于不败之地。企业的获利能力强，还有助于提高企业的偿债能力和营运能力，从而提高企业的信誉。当然，对企业获利能力的分析不能光看利润的绝对数，需要有参照依据，需要充分分析相对指标，可以通过财务分析帮助实现。

（4）评价企业的发展趋势。

无论是企业的经营管理者，还是投资者、债权人，都十分关心企业的发展趋势，因为这关系到他们的切身利益。进行财务分析，可以分析企业的发展趋势，预测企业的发展前景，从而为企业经营管理者和投资者进行经营决策和投资决策提供重要的依据，避免决策失误导致重大的经济损失。

3. 领导者要“不耻下问，自力更生”

作为企业的经营管理者，要想全面了解本企业真实的财务状况，光是查看会计人员呈报的财务资料是远远不够的，也是不完全可信的，因为可能有些内部会计人员为了谋一己之私，通过专业的会计手法，更改财务资料中有关数据来蒙蔽企业经营管理层，从而使其做出错误的决策。相当多的企业经营管理者由于对财务会计知识的缺乏，对会计呈报上来的财务报表看不懂，还不好意思问，生怕问错了让手下笑话，经常糊里糊涂就签了字，这其实是很危险的。

比如，经营管理者常常会有这样的体会，企业的钱明明就在减少，会计送上来等待自己签字的财务报表上却显示企业盈利颇丰，据此盈利计算出来的所得税又意味着大量的现金将流出企业。问会计，他这个“摊销”那个“结转”的，一大堆好像很专业、很高深的名词从他嘴里顺顺畅畅地脱口而出，听不了两句就给你绕糊涂了。而且，他解释得越是振振有词，你心里的疑惑一定就越多，“他解释得如此顺畅，绕来绕去我又听不懂，他是不是早有准备？他到底是不是在蒙我不懂，有没有做什么手脚呢？”所以说，学会财务分析，不仅可以帮助领导者了解本企业各方面的真实财务状况，及时做出正确的经营管理决策，还能有助于领导者辨别财务资料数据是否存在异常，及时纠正，避免不必要的麻烦。

知识链接

《中华人民共和国会计法》第四十三条规定，伪造、变造会计凭证、会计账簿，编造虚假财务会计报告，构成犯罪的，依法追究刑事责任。有前款行为，尚不构成犯罪的，由县级以上人民政府财政部门予以通报，可以对单位处五千元以上十万元以下的罚款；对其直接负责的主管人员和其他直接责任人员，可以处三千元以上五万元以下的罚款；属于国家工作人员的，还应当由其所在单位或者有关单位依法给予撤职直至开除的行政处分；对其中的会计人员，并由县级以上人民政府财政部门吊销会计从业资格证书。

由此可见，如果企业财务报表有问题，责任最大的将不再是会计，而是主管人员。作为领导者的你，愿意为别人所犯的错而付出沉重的代价吗？所以作为经营管理者务必要多留个心眼，要“不耻下问”，以防下面会计做的假账让你来承担责任和损失。

因此，领导必须懂得如何进行财务分析，学会辨别异常数据，识破会计欺诈手段，才能够做出科学的决策。而财务资料主要是财务报表，领导进行财务分析主要也就是对财务报表进行分析。以下几种简单的方法可以帮助这些经营管理者，即使不懂会计，运用这些方法也可以帮助您通过会计报表来了解企业大概的情况，甚至还可以粗略地考察您的会计是否诚实可靠。当然，要真正地理解财务报表还是离不开对财务和会计知识的学习。

二、报表结构分析

财务分析的基础是企业的会计核算资料，但是主要还是以财务报表为基础，而且作为企业的领导者，要想清楚直接地了解企业的财务状况，报表是最直接的资料。因此，在这里，我们所说的财务分析主要就是说财务报表分析，以下也是对报表分析的阐述。

领导如何进行财务报表分析，可以先从报表数据的结构上看也可以依据理想会计报表来分析企业的财务状况。

1. 理想资产负债表

理想资产负债表的百分比结构来自行业平均水平，同时进行必要的推理分析和调整。下表是一张简化的理想资产负债表。

流动资产 60%	负债 40%
其中：盘存资产 30%	其中：流动负债 30%
固定资产 40%	所有者权益 60%
	其中：实收资本 20%
	公积金 30%
	未分配利润 10%
总计：100%	总计：100%

所谓流动资产，主要包括现金、短期投资、应收及预付款项、存货、待摊费用和 1 年内到期的长期债券投资等。流动负债主要包括短期借款、应付及预收款项、各种应交款项、1 年内即将到期的长期负债等。流动资产扣除存货后的资产称为速动资产。

一般而言，负债占 40%较为合理，过大的负债并不利于企业在恶化的环境中保持稳定，但过小的负债率会使企业失去经济繁荣时获取额外利润的机会，也反映出企业管理者的经营策略比较保守。而速动比率以 100%为最佳，因此，速动资产占总资产的比率与流动负债相同。对于所有者权益的内部结构，其基本要求是实收资本应小于各项积累，以积累为投入资本的两倍相宜。这种比例可以减少分红的压力，使企业有可能重视长远发展，每股净资产达到 3 元左右，可在股市上树立良好的公司形象。因此，实收资本为所有者权益的 1/3，即 20%，公积金和未来分配利润为所有者权益的 2/3，即 40%。至于公积金和未分配利润之间的比例，并非十分重要，因为未分配利润数字经常变化。

在确定了以百分率表示的理想资产负债后，可以根据具体企业的资产总额建立绝对数的理想资产负债表。然后再将企业报告期的实际资料与之进行比较分析，以判断企业财务状况的优劣。

2. 理想损益表

理想损益表的百分率是以销售收入为基础。一般来讲，毛利率因行业而异。周转快的企业奉行薄利多销方针，毛利率低；周转慢的企业毛利率定得比较高。实际上每行业都有一个自然形成的毛利率水平。下表是一张以百分率表示的理想损益表。

理想损益表是假设某公司所在行业的毛利率为 25%，则销售成本为 75%。在毛利当中可用于期间费用的约占一半，也可以稍多一点，即按 13%处理，余下的 12%为营业利润。营业外收支净额一般不大，并且通常支出大于收入，即按 1%处理。所得税率一般为 25%，但由于纳税调整等因素，实际税负在一半左右，即按税前利润的一半多一点 6%来处理，这样，余下的税后利润则为 5%。

在确定了以百分比表示的理想损益表之后，就可以根据企业某期间的销售收入数额来设计绝对数额表示的理想损益表，然后再与企业的实际损益表进行比较，以判断其优劣。

当然，理想的资产负债表以及损益表也只是一个参考，各个行业有不同的情况，需要针对本行业的特点，通过比较进行分析。下表是一张以百分率表示的理想损益表。

理想损益表

产品销售收入	100%
减：产品销售成本	75%
毛利	25%
减：期间费用	13%
加：其他业务利润	
营业利润	12%
减：营业外净损失	1%
利润总额	11%
减：所得税	6%
税后利润	5%

三、报表内容分析

（一）财务数据分析

1. 盘查现金

作为领导，第一应当关心的就是现金，因为现金是最直观的资产。首先，可以看看会计呈报的财务报表上或者出纳的日记账上报告了多少现金，然后盘查出纳的保险柜里实际有多少，再查一下各个银行的存款余额和一些其他资金，比如存在外地的款项、银行本票存款等，把这些加到一起看看与报表数字是否能够基本吻合。如果有比较大的出入，可以让会计解释产生较大出入的原因，这样可以避免会计贪污的嫌疑。这一点随时都可以进行，简单实用，一针见血。

除此之外，需要注意的是财务人员有可能会利用自己掌握现金和企业内控制度不健全的机会，将公款擅自以个人名义存入银行，侵吞存款利息。挪用公款储蓄、贪污利息有多种方式，如多留库存现金，从库存现金中拿一部分出来搞个人储蓄，或截留现金收入，不入账，直接存入银行。例如，某企业现金流水较大，加之对现金不做日清日结的核算，出纳王某利用自己掌握的现金数额进行私人储蓄，月末报账时，将储蓄存款取出，然后再存入银行账户。这样一年来，出纳共贪污利息上千元。

所以，对于经营管理者，要对现金予以重视。尤其当企业现金流水较大的时候，尽量做到日清日结。

2. 检查“实有项目”

经营管理者可以通过对比资产负债表上的一些“实有项目”，以进行账面数字与实际数字的对比检查。所谓“实有项目”，即货币资金、应收应付款、存货、有价证券、固定资产等在企业中存在着实际真实的资产与之相对应的项目，这些项目金额的多少一般都有实查，其变化也都有据可问。

对于账面数字和实际数字相差较大的项目，应当要求会计做出合理的解释。有时候，“实有项目”账面数和实有数虽然是相符的，但是本身也可能存在问题，在应收款项中，财务人员就很容易做“手脚”。

比如，企业赊销商品而产生的应收账款，本应及时收回。但购货单位为了长期占用应付货款，销售企业经销人员和财会人员为了从购货单位谋取利益，而共谋长期拖欠货款及运杂费，造成企业应收销货款长期挂账。

例如，某企业销售人员得知某购货单位拟购买 300 万元的木料，但由于资金一时无法筹措，需拖延付款时间。销售人员与财会人员共谋后，决定向购货单位索取 8 万元使用费而延长收款，于是造成应收账款长期挂账，而这 8 万元落入了私人腰包。所以企业应当及时催收应收账款，以免在企业内部人员获得一己之私的同时对企业造成损失。

也正是由于“实有项目”比较容易有证可查，一些“经验丰富”的会计可能会在“待摊费用”“递延资产”或“预提费用”等非“实有项目”上做文章，因为这些项目是纯粹的财务项目，倘若没有专业知识，是很难明白的，对此您也可以请专业人士进行检查。

3. 追问流量

什么是流量呢？举个例子，某公司某项资产项目年初数是 100，年末数是 150，那么这增加的 50 就是流量了。对流量的追问，可以帮助发现很多有用的东西。

比如，一个企业的利润明明大幅度地增加了，可是企业资金周转却显示越来越紧张，也就是说现金有所减少，那么很可能是因为以下一些原因。企业近期做了比较大的投资或者支付，如果是这种情况，管理者就应该考虑该项投资是否合理，资本扩张的幅度是否恰当；还有可能是企业应收而未收的账款增加，为了避免坏账产生，应当及时催收款项。如果以上两者都不是，那么就有可能是企业内部人员挪用了货款，管理者可以让财务或者销售人员做出合理解释，这样便可以很直接地追问出问题所在。

（二）财务指标分析

1. 偿债能力分析

作为经营管理者，必然要了解本企业的财务风险情况，因此进行偿债能力分析是必不可少的。偿债能力又分为短期偿债能力和长期偿债能力。

对于企业短期偿债能力的分析，即对偿还在一年内或超过一年的一个营业周期内需要偿付的债务的能力分析，可以通过流动比率、速动比率、现金比率、现金流量比率和到期债务本息偿付比率等比率进行分析，其实也就是分析企业产生现金的能力，即变现能力。

（1）流动比率。

流动比率=流动资产合计÷流动负债合计

一般而言，流动比率在 2:1 左右比较合适。流动比率能够体现企业的偿还短期债务的能力。流动资产越多，短期债务越少，则流动比率越大，企业的短期偿债能力越强。如果该比率低于正常值，那么企业的短期偿债风险相对就比较大。一般情况下，营业周期、流动资产中的应收账款数额和存货的周转速度是影响流动比率的主要因素。

但是，利用流动比率来评价企业短期偿债能力存在一定的片面性，因为有时候就算流动比率较高，但短期偿债能力也未必很强，也有可能是存货积压或滞销的结果。

（2）速动比率。

从前面的分析可以知道，流动比率分析具有一定的局限性，因为流动资产中，尚包括变现速度较慢且可能已贬值的存货，即存货滞销问题，存货需要经过销售才能转变为现金，其流动性相对较差，所以我们可以扣除存货这个要素。

速动比率=（流动资产合计-存货）÷流动负债合计

一般认为速冻比率为 1:1 比较合适。它比流动比率更能体现企业的偿还短期债务的能力。如果速动比率低于 1，通常被认为是短期偿债能力偏低。影响速动比率的可信性的一个重要因素，即应收账款的变现能力，因为账面上的应收账款不一定都能收回，有可能成为坏账，所以该比率也不能说非常可靠。

（3）现金比率。

现金比率=（现金+现金等价物）÷流动负债

由于现金是企业偿还债务的最终手段，所以该比率能够更直接地反映企业的偿债能力。现金比率高，说明企业有较强的支付能力，但也不是越高越好，如果该比率过高，则说明企业拥有过多的获利能力较低的现金类资产，没能够充分有效地运用。所以，此时管理者可以考虑进行投资之类的获利能力较高的活动，为企业带来更大的经济效益。

（4）现金流量比率。

现金流动负债比=经营活动现金净流量÷流动负债

标准值为 0.5，该比率反映的是经营活动产生的现金对流动负债的保障程度。需要说明的是，经营活动产生的现金净流量是过去一个会计年度的经营结果，而流动负债是未来会计年度的债务，两者不同属一个会计期间，因此，这个指标是建立在一个假设的基础上，即以过去一年的现金流量来估计未来一年的现金流量。

（5）到期债务本息偿付比率。

到期债务本息偿付比率=经营活动现金净流量÷（本期到期债务本金+现金利息支出）

该比率反映的是经营活动产生的现金净流量对本期债务本息的保障程度。这项财务比率越高，说明企业经营活动所产生的现金对偿付本期到期的债务本息的保障程度越高，企业的偿债能力也越强。如果该指标小于 1，则表明企业经营活动产生的现金不足以支付本期到期的债务本息。公式中的数据均可从现金流量表中得出。

例如，某公司 2019 年的资产负债表、利润表和现金流量表如下：

资产负债表

2019 年 12 月 31 日　　　　单位：万元

资产	年初数	年末数	负债及股东权益	年初数	年末数
流动资产：			流动负债：		
货币资金	685 160.00	555 828.00	短期借款	2 410 410.00	2 427 440.00
交易性金融资产	114 117.00	54 637.70	吸收存款及同业存放	925 684.00	701 861.00
应收票据	450 111.00	667 425.00	拆入资金	0.00	3 414.10
应收账款	526 919.00	556 629.00	交易性金融负债	1 150.04	628.50
预付款项	460 081.00	409 937.00	应付票据	425 124.00	485 536.00
应收利息	1 475.95	570.21	应付账款	1 862 170.00	1 858 260.00
其他应收款	73 621.50	75 385.70	预收款项	1 031 317.79	1 104 540.00
存货	3 564 460.00	2 946 220.00	应付职工薪酬	171 633.00	159 513.00
流动资产合计	5 875 940.00	5 266 630.00	应交税费	-179 944.00	-94 637.10
			应付利息	35 573.00	24 045.70
非流动资产：			应付股利	1 995.17	1 668.38
发放贷款及垫款	190 775.00	413 228.00	其他应付款	114 085.00	101 624.00
可供出售金融资产	86 018.30	105 602.00	一年内到期的非流动负债	405 042.00	298 296.00
长期股权投资	384 950.00	420 711.00	流动负债合计	7 204 240.00	7 072 190.00
投资性房地产	13 675.50	13 053.50	非流动负债：		
固定资产原值	22 592 800.00	24 370 700.00	长期借款	1 420 190.00	529 493.00
累计折旧	11 668 800.00	12 818 900.00	应付债券	778 503.00	1 806 720.00
固定资产净值	10 924 000.00	11 551 800.00	长期应付款	754 473.00	509 244.00
固定资产减值准备	5 200.00	5 200.00	专项应付款	1 887.89	11 091.40
固定资产净额	10 918 800.00	11 546 600.00	递延所得税负债	43 165.80	26 547.20
在建工程	1 627 590.00	1 374 680.00	其他非流动负债	15 884.60	37 061.90
工程物资	111 450.00	68 983.00	非流动负债合计	3 014 100.00	2 920 150.00
			负债合计	10 218 300.00	9 992 350.00
			所有者权益：		
无形资产及其他资产			实收资本（或股本）	1 751 200.00	1 751 200.00
无形资产	596 455.00	783 711.00	资本公积	3 680 670.00	3 731 430.00
长期待摊费用	5 772.33	3 453.86	专项储备	0.00	831.49
无形资产及其他资产合计	602 227.33	787 164.86	盈余公积	1 681 240.00	1 782 780.00

续表

资产	年初数	年末数	负债及股东权益	年初数	年末数
			未分配利润	2 093 530.00	2 258 400.00
递延所得税资产	177 948.00	105 467.00	外币报表折算差额	-10 952.10	-10 949.10
其他非流动资产	12 746.00	12 166.40	归属于母公司股东权益合计	9 195 690.00	9 513 690.00
非流动资产合计	14 126 200.00	14 847 600.00	少数股东权益	588 082.00	608 240.00
			所有者权益（或股东权益）合计	9 783 770.00	10 121 900.00
资产总计	20 002 100.00	20 114 300.00	负债和所有者权益（或股东权益）总计	20 002 100.00	20 114 300.00

利润表

2019 年　　单位：万元

项　目	本年累计数
一、营业总收入	14 852 500.00
营业收入	14 832 600.00
利息收入	19 690.60
手续费及佣金收入	199.89
二、营业总成本	14 211 800.00
营业成本	13 433 200.00
利息支出	12 399.10
手续费及佣金支出	21.20
税金及附加	56 963.40
销售费用	145 874.00
管理费用	459 212.00
财务费用	167 550.00
资产减值损失	-63 510.40
公允价值变动收益	-10 740.40
投资收益	95 345.20
其中：对联营企业和合营企业的投资收益	26 437.70
三、营业利润	725 377.00
营业外收入	49 559.90
营业外支出	45 481.00
非流动资产处置损失	34 202.20
利润总额	729 456.00
所得税费用	119 935.00
四、净利润	609 520.00
归属于母公司所有者的净利润	581 623.00
少数股东损益	27 897.40
五、每股收益	
基本每股收益	0.000 033
六、其他综合收益	31 607.10

续表

项　目	本年累计数
七、综合收益总额	641 127.00
归属于母公司所有者的综合收益总额	610 633.00
归属于少数股东的综合收益总额	30 494.30

现金流量表

2019 年度　　单位：万元

项　目	金　额
一、经营活动产生的现金流量	
销售商品、提供劳务收到的现金	17 030 200.00
收取利息、手续费及佣金的现金	20 796.20
拆入资金净增加额	3 414.10
收到的税费返还	13 741.30
收到的其他与经营活动有关的现金	78 236.60
经营活动现金流入小计	17 191 600.00
购买商品、接受劳务支付的现金	12 635 500.00
客户贷款及垫款净增加额	224 245.00
支付利息、手续费及佣金的现金	447 818.00
支付的各项税费	621 372.00
支付的其他与经营活动有关的现金	291 104.00
经营活动现金流出小计	14 792 200.00
经营活动产生的现金流量净额	2 399 310.00
二、投资活动产生的现金流量：	
收回投资所收到的现金	0.00
取得投资收益所收到的现金	21 930.90
处置固定资产、无形资产和其他长期资产所收回的现金净额	1 731.13
收到的其他与投资活动有关的现金	3 372.92
投资活动现金流入小计	98 773.40
购建固定资产、无形资产和其他长期资产所支付的现金	1 823 640.00
投资所支付的现金	14 727.10
投资活动现金流出小计	1 848 020.00
投资活动产生的现金流量净额	-1 749 250.00
三、筹资活动产生的现金流量：	
吸收投资收到的现金	8 604.40
其中：子公司吸收少数股东投资收到的现金	8 604.40
取得借款收到的现金	6 962 020.00
发行债券收到的现金	991 000.00
收到其他与筹资活动有关的现金	0.00
筹资活动现金流入小计	7 961 630.00
偿还债务支付的现金	7 941 130.00
分配股利、利润或偿付利息所支付的现金	447 818.00

续表

项　目	金　额
支付其他与筹资活动有关的现金	366 883.00
筹资活动现金流出小计	8 755 830.00
筹资活动产生的现金流量净额	-794 209.00
附注	
汇率变动对现金及现金等价物的影响	-704.43
现金及现金等价物净增加额	-144 848.00
期初现金及现金等价物余额	627 257.00
期末现金及现金等价物余额	482 408.00
净利润	609 520.00
资产减值准备	-63 510.40
固定资产折旧、油气资产折耗、生产性物资折旧	1 306 840.00
无形资产摊销	18 696.40
长期待摊费用摊销	2 529.92
处置固定资产、无形资产和其他长期资产的损失	34 202.20
公允价值变动损失	10 740.40
财务费用	162 727.00
投资损失	-95 345.20
递延所得税资产减少	71 117.30
递延所得税负债增加	-25 324.00
存货的减少	687 406.00
经营性应收项目的减少	-343 517.00
经营性应付项目的增加	23 233.30
经营活动产生现金流量净额	2 399 310.00
现金的期末余额	482 408.00
现金的期初余额	627 257.00
现金及现金等价物的净增加额	-144 848.00

分析该公司的短期偿债能力。

（1）流动比率=流动资产合计÷流动负债合计=5 266 630÷7 072 190=0.74

（2）速动比率=（流动资产合计－存货）÷流动负债=（5 266 630−2 946 220）÷7 072 190=0.33

（3）现金比率=（现金+现金等价物）÷流动负债=（555 828+54 637.7）÷7 072 190=0.09

（4）现金流量比率=经营活动现金净流量/流动负债=2 399 310÷7 072 190=0.34

（5）根据现金流量表及有关数据，该公司 2019 年偿付利息支付现金 235 210 万元。

到期债务本息偿付比率=经营活动现金净流量÷（本期到期债务本金+现金利息支出）

=2 399 310÷（7 941 130+185 210）=0.3

通过这些指标，流动比率、速动比率远低于标准值，而现金比率仅为 0.09，说明企业的直接支付能力比较弱，现金对债务的偿付缺乏保障。到期债务本息偿付比率小于 1，这表明该公司 2019 年经营活动产生的现金不足以偿付本期到期的债务本息。总的看来，该公司 2019 年的短期偿债能力不容乐观，即企业的变现能力较差，经营管理者应当要提高企业的经营能力，努力扩大销售量，减少存货，增强存货的变现能力，提高经营管理水平，尤其是加强对销售部门的管理，同时加强对存货的管理。

除了对企业短期偿债能力进行分析，还需进行长期偿债能力分析，可以从以下几个指标着手。

（1）资产负债率=（负债总额÷资产总额）×100%

该比率反映的是债权人提供的资本占全部资本的比例，因此也被称为举债经营比率。资产负债率越高，企业偿还债务的能力越差；反之，偿还债务的能力越强。当负债率达到85%及以上时，应视为发出预警信号，企业应重点关注。

从企业的经营者角度出发，他们既要考虑企业的盈利，也要顾及企业所承担的财务风险。资产负债率作为财务杠杆不仅反映了企业的长期财务状况，也反映了企业管理当局的经营理念，即冒险意识。如果负债比率很小，说明该企业比较保守，利用债权人资本进行经营活动的能力较差。但是，负债率也必须有一定限度如果过高，企业财务风险将增大，如果超过1，就说明企业可能会资不抵债。

（2）股东权益比率=（股东权益总额÷资产总额）×100%

股东权益比率与负债比率之和等于 1，股东权益比率越大，负债比率就越小，企业的财务风险也越小，偿还长期债务的能力就越强。

股东比率的倒数称作权益乘数，是指资产总额是股东权益的倍数。乘数越大，说明股东投入的资本占资产的比重越小。

权益乘数=（资产总额÷股东权益总额）×100%

（3）产权比率=（负债总额÷股东权益）×100%

一般为 1.2 比较合理。产权比率反映债权人与股东提供的资本的相对比例，也就是以上两个比率之比。它可以反映企业的资本结构是否合理、稳定，同时也表明股东权益对债务的保障程度。该比率越低，说明企业长期财务状况越好，债务越有保障，企业财务风险越小。在通货膨胀时期，企业举债，可以将损失和风险转移给债权人；在经济繁荣时期，举债经营可以获得额外的利润；在经济萎缩时期，少借外债可以减少企业的利息负担和财务风险。

（4）有形净值债务率=[负债总额÷（股东权益–无形资产净值）]×100%

该指标标准值为1.5，它是产权比率指标的延伸，更为谨慎、保守地反映在企业清算时债权人投入的资本受到股东权益的保障程度。不考虑无形资产包括商誉、商标、专利权以及非专利技术等的价值，它们不一定能用来还债，为谨慎起见，一律视为不能偿债。因此，该指标应该是优于产权比率的。较低的比率说明企业有良好的偿债能力，举债规模正常。

（5）偿债保障比率=负债总额÷经营活动现金净流量

一般认为，经营活动产生的现金流量是企业长期资金的最主要来源，而投资活动和筹资活动所获得的现金流量虽然在必要时也可用于偿还债务，但并非经常性的现金流量。因此，用偿债保障比率可以衡量企业通过经营活动所获得的现金偿还债务的能力。该比率越低，企业偿债能力越强。

（6）已获利息倍数=息税前利润÷利息费用

=（利润总额+利息费用）÷利息费用

=（利润总额+利息费用）÷（财务费用中的利息支出+资本化利息）

通常也可用近似公式：

已获利息倍数=（利润总额+财务费用）÷财务费用

一般来说，这个比率至少要大于 1。企业经营业务收益与利息费用的比率，用以衡量企业偿付借款利息的能力，也叫利息保障倍数。只要已获利息倍数足够大，企业就有充足的能力偿付利息。企业要有足够大的息税前利润，才能保证负担得起资本化利息。该指标越高，说明企业的债务利息压力越小。

根据该公司 2019 年度的报表，分析其长期偿债能力。

（1）资产负债率=（负债总额÷资产总额）×100%

=（9 992 350÷20 114 300）×100%=49.68%

这表明该公司的资产有约 49.68%是来源于举债，接近 50%。

（2）股东权益比率=（股东权益总额÷资产总额）×100%

=（10 121 900÷20 114 300）×100%=50.32%

权益乘数=（资产总额÷股东权益总额）×100%

=（20 114 300÷10 121 900）×100%=1.99

（3）产权比率=负债总额÷股东权益=9 992 350÷10 121 900=0.99

（4）有形净值债务率=[负债总额÷（股东权益-无形资产净值）]×100%

=[9 992 350÷(10 121 900-783 711)]×100%=1.07

（5）偿债保障比率=负债总额/经营活动现金净流量=9 992 350÷2 399 310=4.16

（6）假定该公司的财务费用都是利息费用，并且固定资产成本中不含资本化利息。

已获利息倍数 =（利润总额+财务费用）÷财务费用

=（729 456+167 550）÷167 550=5.35

可以看出，该公司资本结构中，举债规模偏大，财务风险较高，股东权益对债务的保障程度不高，据有关资料，该公司 2017 年的已获利息倍数为 21.21，到了 2018 年大幅下降到 4.89，而 2019 年已获利息倍数虽然有所上涨，但并不算高，其长期偿债能力还有待提高。

2. 营运能力分析

管理决策者还需要对企业的资金周转状况进行分析，资金周转状况好，说明企业的经营管理水平高，资金利用率高。因此，需要进行营运能力分析，常用的财务比率有以下几种。

（1）流动资产周转率。

流动资产周转率=销售收入÷[（期初流动资产+期末流动资产）÷2]

其中，销售收入是指销售收入净额，即扣除销售退回、销售折扣和销售折让后的净额。流动资产周转率表明在一个会计年度内企业流动资金周转的次数，它反映的是流动资产的周转速度。指标越高，周转速度越快，说明企业流动资产的利用效率越好，相对地会节约流动资产，相当于扩大资产的投入，增强企业的盈利能力；而延缓周转速度，需补充流动资产参加周转，形成资产的浪费，降低企业的盈利能力。

由于没有一个确定标准，通常分析该指标时需要比较企业历年数据并结合行业特点。

（2）固定资产周转率。

固定资产周转率=销售收入÷[（期初固定资产净值+期末固定资产净值）÷2]

固定资产周转率反映的是固定资产的利用效率，主要是指对厂房、设备等的利用效率，该指标越高，说明固定资产运用的效率越高，生产效率高，相反，如果该比率甚至低于行业平均水平，则说明企业的生产效率较低，此时，经营管理者就该慎重并及时采取提高销售收入、提高固定资产利用效率等措施以提高固定资产的利用率。

（3）总资产周转率。

总资产周转率=销售收入÷[（期初资产总额+期末资产总额）÷2]

总资产周转指标用于衡量企业运用资产赚取利润的能力。它反映的是总资产的周转速度，比率越高，周转越快，说明销售能力越强。企业可以采用薄利多销的方法，加速资金周转，带来利润绝对额的增加。

（4）应收账款周转率。

应收账款周转率=销售收入÷[（期初应收账款+期末应收账款）÷2]

应收账款周转率越高，说明企业催收账款的速度越快，可以减少坏账损失，而且资产的流动性增强，企业的短期偿债能力也会增强，在一定程度上可以弥补流动比率低的不利影响。但是，如果过高，可能是企业奉行了严格的信用政策的结果，这样会限制销售量的扩大，影响企业盈利，这种情况往往表现为存货周转率同时偏低。反之，该指标过低，说明营运资金过多呆滞在应收账款上，影响正常资金周转及偿债能力，此时，应当及时催收账款，以免坏账对企业造成经济损失。

应当注意的是，应收账款周转率要与企业的经营方式结合考虑。以下几种情况使用该指标不能反映实际情况：第一，季节性经营的企业；第二，大量使用分期收款结算方式；第三，大量使用现金结算的销售；第四，年末大量销售或年末销售大幅度下降。

（5）存货周转率。

存货周转率=产品销售成本÷[（期初存货+期末存货）÷2]

一般情况下，该指标高，说明存货周转的快，企业的销售能力强，经营顺利，但是如果过高，也可能是因为企业自身的管理问题，可能说明企业的存货水平太低，经常缺货，或者是由于每次批量太小，导致采购次数过于频繁。如果过低，说明企业销售情况不乐观，造成存货积压，此时，企业应当采取积极的销售策略。当然这也不排除企业调整经营策略等特殊原因，而增大库存的结果。

对该公司的偿债能力分析之后，我们再对其营运能力进行分析。

（1）流动资产周转率=销售收入÷[（期初流动资产+期末流动资产）÷2]

=14 832 600÷[（5 875 940+5 266 630）÷2] =2.66

（2）固定资产周转率=销售收入÷[（期初固定资产净值+期末固定资产净值）÷2]

=14 832 600÷[（10 924 000+11 551 800）÷2] =1.32

（3）总资产周转率=销售收入÷[（期初资产总额+期末资产总额）÷2]

=14 832 600÷[（20 002 100+20 114 300）÷2] =0.74

（4）应收账款周转率=销售收入÷[（期初应收账款+期末应收账款）÷2]

=14 832 600÷[（526 919+556 629）÷2] =27.38

（5）存货周转率=产品销售成本÷[（期初存货+期末存货）÷2]

=13 433 200÷[（3 564 460+2 946 220）÷2] =4.13

由于没有固定的标准值，我们可以通过比较该公司历年周转率的变化情况分析其营运能力的发展状况。据有关资料，该公司 2018 年的应收账款周转率为 34.6，存货周转率为 4.71，相比之下，该公司的应收账款周转率与存货周转率均有所下降，说明该公司的营运能力有所下降，应当予以重视。

要提高企业的营运能力，我们需要采取以下一些措施，比如及时催收应收账款，以尽可能减少企业的坏账损失；提高企业流动资产和固定资产的利用效率；减小存货的销售周期，加快销售等。

3. 获利能力分析

企业的目标是获取利润，它是企业赖以生存和发展的物质基础，因此，对企业获取利润的能力进行分析是十分必要的。站在企业经营管理层的角度，我们可以从以下几个比率考虑分析。

（1）资产报酬率。

资产报酬率=净利润÷[（期初资产总额+期末资产总额）÷2]×100%

资产报酬率用来衡量企业利用资产获取利润的能力，即企业对总资产的利用效率。该比率越高，说明企业的获利能力越强。在分析该项指标时，要与该企业前期、与同行业平均水平和先进水平进行比较，及时发现自身管理中存在的问题。如果报酬率偏低，企业应当及时调整经营方针，加强经营管理，增收节支，提高资产的利用效率。

（2）股东权益报酬率。

股东权益报酬率=净利润÷[（期初股东权益+期末股东权益）÷2]×100%

股东权益报酬率也称净资产收益率。它反映了企业股东获取投资报酬的高低。通常，投资者做出投资决策前必然会对各企业的投资报酬率进行比较分析，因此，企业要想争取投资者，获得投资，就要在不影响自身盈利的情况下提高股东权益报酬率。股东权益报酬率也可以用以下公式表示：

股东权益报酬率=资产报酬率×平均权益乘数

这样，提高权益报酬率的途径显而易见：一是在权益乘数一定的情况下，通过增收节支，提高企业资产的利用效率；二是在资产报酬率大于负债利息率的情况下，可以通过增大权益乘数，即提高资产负债率，来提高股东权益报酬率，不过需要注意的是后一种方法会导致企业财务风险的增大，需要谨慎对待。

（3）销售毛利率

销售毛利率=[（销售收入净额-销售成本）÷销售收入净额]×100%

所谓销售收入净额是指销售收入扣除销售退回、销售折扣与折让后的净额。销售毛利率越大，说明在销售收入净额中销售成本所占比重越小，企业的获利能力越强。

（4）销售净利率。

销售净利率=（净利润÷销售收入净额）×100%

销售净利率表明企业每 100 元的销售收入净额可以实现的净利润有多少，即可以评价企业通过销售赚取利润的能力。比率越高，说明企业通过扩大销售获取利润的能力越强。具体分析时，应比较企业历年指标变化，并结合行业的具体情况分析企业的销售净利率的变化趋势。

前面介绍的资产报酬率，可以将其公式演变为：

资产报酬率=总资产周转率×销售净利率

由此可见，要想提高企业的资产报酬率可以从两个方面着手：一方面加强资产管理，提高资产利用率；另一方面加强销售管理，增加销售收入，节约成本费用，增加利润。

（5）成本费用净利率。

成本费用净利率=（净利润÷成本费用总额）×100%

其中，成本费用总额主要包括销售成本、销售费用、销售税金、管理费用、财务费用和所得税等。该比率越高，说明企业为获得利润付出的代价越小，企业获利能力也就越强。如果该比率偏低，企业就要注意对成本费加以控制，努力提高经营管理水平。

根据该公司 2019 年的报表，分析其获利能力。

（1）资产报酬率=净利润÷[（期初资产总额+期末资产总额）÷2]×100%

=609 520÷[（20 002 100+20 114 300）÷2]×100%=3.04%

（2）股东权益报酬率=净利润÷[（期初股东权益+期末股东权益）÷2]×100%

=609 520÷[（9 783 770+10 121 900）÷2]×100%=6.12%

（3）销售毛利率=[（销售收入净额-销售成本）÷销售收入净额]×100%

=[（14 832 600-13 433 200）÷14 832 600]×100%=9.43%

（4）销售净利率=（净利润÷销售收入净额）×100%

=（609 520÷14 832 600）×100%=4.11%

（5）成本费用净利率=（净利润÷成本费用总额）×100%

成本费用总额=13 433 200+56 963.4+145 874+459 212+167 550+119 935=14 382 734.4

成本费用净利率=（609 520÷14 382 734.4）×100%=4.24%

分析以上指标，该公司 2019 年的资产报酬率仅为 3.04%，说明这一年企业利用资产获取利润的能力相对低下。而股东权益报酬率也仅达到 6.12%，说明企业股东获得的报酬比较低，这不利于企业获得投资。销售净利率为 4.11%，说明每 100 元的销售收入仅能为公司获得 4.11 元的净利润，这相对来说是比较低的。

4. 发展能力分析

作为企业的领导者，必然会关心企业的资本是否保值增值，因为这关系到该企业的发展前景。在实际工作中，保值增值的测定指标是资本保值增值率。

资本保值增值率=期末的所有者权益÷期初的所有者权益

一般来说，如果资本保值增值率等于 1，说明企业从年初到年末没有赚钱也没有赔钱，资本仅仅保值；如果资本保值增值率小于 1，说明企业从年初到年末亏本了，资本减值了；如果资本保值增值率大于 1，说明年初数比年末数大，一般来说，这时企业的资本在增值。

需要注意的是，即使资本保值增值率大于 1，企业的资本也不一定就是增值。因为企业的所有者权益增加一般有两个途径：通过经营获利增资和投资者入资。如果是通过投资者入资增加所有者权益，资本保值增值率测定能力就有待商榷了。

如果投资者注入资金后，增值是靠盈利实现增值的，那么计算资本保值增值率就有意义了；如果是通过投资者注入资金增加所有者权益，在一定程度上企业不仅一分钱没赚，甚至还赔了钱。因此，领导者在考核本企业资本保值增值率时，一定要看资本的增值是靠加大投入增值的，还是通过盈利增值的，切实分析本企业的资本状况。

该公司资本保值增值率=期末的所有者权益÷期初的所有者权益

=10 121 900÷9 783 770=1.03

假设公司的资本是依靠盈利增值，由于其资本保值增值率略大于 1，该公司 2019 年资本总的来说实现了保值，略有增值。

（三）杜邦分析法（Du Pont Analysis）

以上具体的财务指标可以比较全面地分析企业各方面的财务状况，但是它割断了各个比率之间的相互关系。然而，实际上，企业的财务状况是一个完整的系统，其内部的各种因素都是相互联系、相互依存的，任何一个因素的变动都会引起该企业整体财务状况的变动，因此，我们在分析企业财务状况的时候，除了要对企业财务的各项指标进行分析，还需要在此分析的基础上全面揭示企业财务状况的全貌。

下面要介绍的杜邦分析法（Du Pont Analysis）正是这样的一种方法，它以股东权益报酬率为核心财务指标，通过财务指标的内在联系，系统、综合地分析企业的盈利水平，具有很鲜明的层次结构，是典型的利用财务指标之间的关系对企业财务进行综合分析的方法。杜邦分析就是利用几种主要的财务比率之间的关系来综合地分析企业的财务状况，这种分析方法最早由美国杜邦公司使用，故名杜邦分析法。杜邦分析法是一种用来评价公司盈利能力和股东权益回报水平，从财务角度评价企业绩效的一种经典方法。其基本思想是将企业净资产收益率逐级分解为多项财务比率乘积，这样有助于深入分析比较企业经营业绩。杜邦分析法一般用杜邦系统图来表示。

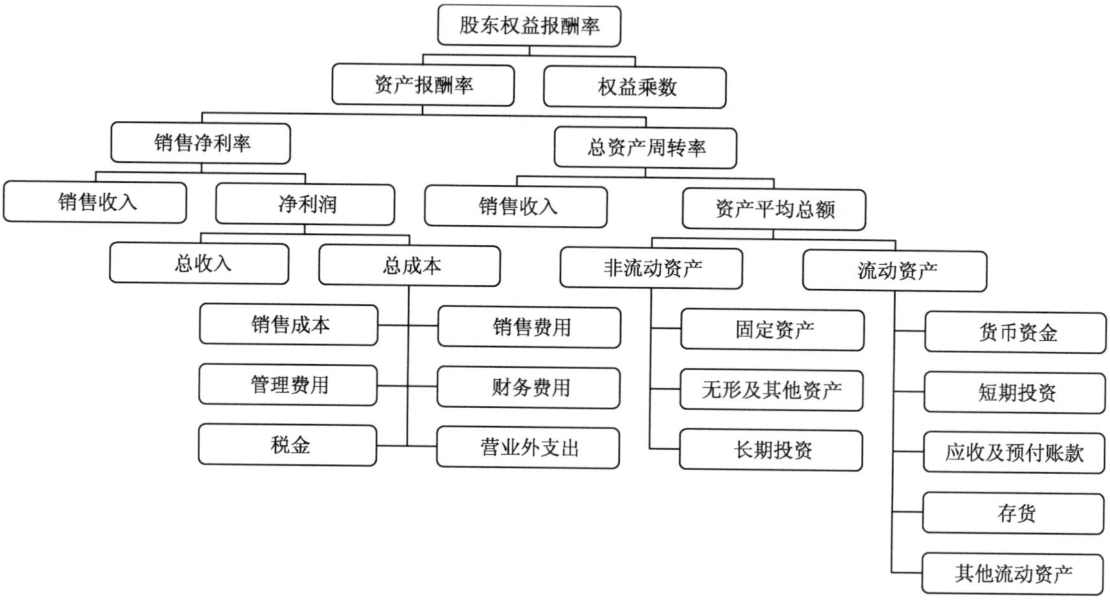

纵观全图，我们可以发现杜邦分析系统图主要反映了以下几种主要财务指标的关系。

（1）股东权益报酬率与资产报酬率及权益乘数之间的关系。

股东权益报酬率=总资产报酬率×权益乘数

其中，权益乘数=资产总额÷所有者权益=1÷（所有者权益÷资产总额）=1÷[1-（负债÷资产）]=1÷（1-资产负债率）

（2）资产报酬率与销售净利率及总资产周转率之间的关系。

总资产报酬率=净利润÷平均资产总额=（净利润÷销售收入）×（销售收入÷平均资产总额）=销售净利率×总资产周转率

（3）销售净利率与净利润及销售收入之间的关系。

销售净利率=净利润÷销售收入

（4）总资产周转率与销售收入及资产总额之间的关系。

总资产周转率=销售收入÷资产平均总额=销售收入÷[（期初资产总额+期末资产总额）÷2]

在上述等式中，“总资产报酬率=销售净利率×总资产周转率”这一等式即所谓的杜邦等式。

杜邦分析可以相当直观、明了地反映出企业的财务状况，我们在用杜邦分析图进行综合分析时，需要抓住以下几点。

（1）股东权益报酬率是一个综合性极强、最具有代表性的财务分析指标，是杜邦分析体系的龙头指标。它反映的是股东投入资金的获利能力。通过上图可以看出，股东权益报酬率主要受三个因素的影响：销售净利率、资产周转率以及权益乘数。销售净利率取决于企业的经营管理，资产周转率取决于企业对资金的运用效率，而权益乘数取决于企业的筹资决策。

（2）权益乘数反映了企业的筹资状况，即企业资金的来源结构情况。从公式 1 中可以看出，负债比重越大，权益乘数则越大。这可以比喻成企业的“借鸡生蛋”行为，企业在“借鸡生蛋”的同时给本企业也相应带来了财务风险，反之，企业负债比重越小，权益乘数也就越小，但也意味着企业没有充分利用别人家的“鸡”来生自己家的“蛋”。在企业资产总额不变的情况下，可以适当开展“借鸡”经营，相对增加负债比重，通过提高权益乘数来达到提高股东权益报酬率的目的。

（3）总资产报酬率也是一个重要的财务比率，它是销售净利率和资产周转率的乘积，反映的是企业在销售和资产管理两个方面的情况，因此，可以从企业的销售活动和资产管理两个方面着手分析。

① 从销售方面看，销售净利率反映的是利润与销售收入的关系，要想提高销售净利率，要从两个方面同时着手，一是要增加销售收入，因为一般而言，销售收入增加，企业的净利润也会有所增加；二是要加强成本费用的控制，降低耗费，除了要努力降低产品的成本，还要严格控制企业的财务费用、管理费用等各项费用项目。

② 从资产管理方面看，资产周转率是反映运用资产产生收入能力的指标，即反映资产的利用效率。需要对企业流动资产和非流动资产的比例是否合理进行分析。流动资产的比重不仅关系到企业的偿债能力，还会影响企业的获利能力。在流动资产内部同时还存在一个合理比例的问题，即现金的比重问题。如果现金持有过多，说明企业没有充分使用现金的获利能力，从而影响整个企业的获利行为；相反，如果企业的存货与应收账款过多，又会影响企业的资金周转能力。因此，还可以进一步通过对流动资产周转率、存货周转率、应收账款周转率等各有关资产组成部分的周转率进行分析，以得出影响总资产使用效率的问题究竟在哪里。

由此，我们可以看出，杜邦分析系统全面地反映了企业的财务状况。股东权益报酬率与企业筹资结构、销售水平、成本费用、资产管理等多项因素密切相关，这些因素构成了一个完整的体系，该体系可以明确解释各项指标变动的原因和趋势，为决策者采取具体的措施提供导向。需要注意的是，杜邦分析法并不是另外建立新的财务指标，而是一种对财务比率进行分解的方法，所以它的关键不在于指标的计算，而是对各指标的理解和运用。

四、报表间的联系分析

（一）横向分析

所谓横向比较分析，是指将本企业的财务状况与同行业类似企业的财务状况进行比较，确定其存在的差异及其程度，以此来揭示企业财务状况中存在的问题。

横向比较分析可以帮助经营管理者深入了解本企业的发展阶段和经营情况，了解本企业与同行存在的差距以及在行业中所处的地位，通过进一步分析，得出存在差异的原因，以明确企业未来应努力的方向。除此之外，通过比较辨别本企业财务数据是否异常，可以提防一些财务人员“润物细无声”似的造假手法。即使行业相似、规模相当地对比企业财务报表一时不容易找到，同行业上市公司的财务数据却是大众共享的，尽可以取之用之。

（二）纵向分析

所谓纵向比较分析法，又称趋势分析法，是将同一企业连续若干期的财务状况进行比较，确定其增减变动的方向、数额和幅度，以此来揭示企业财务状况发展变化趋势的分析方法。这种分析方法其实在上文也提到过。这种分析方法选择的期数越多，分析结果的准确性越高。因此，我们需要注意的是在进行纵向比较分析时，可以多拿几个会计年度的财务资料进行对比，此外还必须考虑到各期数据的可比性，因为在某些时候，由于特殊原因，导致数据变化较大，缺乏可比性。下面，我们根据宝龙历年财务报表的有关数据进行分析。

宝龙公司 2017~2019 年连续 3 年的利润表资料。

宝龙公司比较利润表

2017—2019年　　　　单位：万元

年度	2017 年度	2018 年度	2019 年度
一、营业总收入	19 155 900.00	20 063 800.00	14 852 500.00
营业收入	19 127 400.00	20 033 200.00	14 832 600.00
利息收入	27 221.60	29 674.90	19 690.60
手续费及佣金收入	1 327.60	948.61	199.89
二、营业总成本	17 360 800.00	19 301 400.00	14 211 800.00
营业成本	16 292 600.00	17 589 400.00	13 433 200.00
利息支出	42 616.40	38 288.30	12 399.10
手续费及佣金支出	14.31	10.52	21.20
税金及附加	125 236.00	121 914.00	56 963.40
销售费用	201 837.00	185 252.00	145 874.00
管理费用	521 956.00	567 635.00	459 212.00
财务费用	95 505.20	209 574.00	167 550.00
资产减值损失	81 045.20	589 387.00	-63 510.40
公允价值变动收益	2 780.64	342.10	-10 740.40
投资收益	149 862.00	67 716.60	95 345.20
其中：对联营企业和合营企业的投资收益	0.00	24 723.40	26 437.70
三、营业利润	1 947 770.00	830 417.00	725 377.00
营业外收入	25 657.70	47 247.70	49 559.90
营业外支出	42 661.80	62 228.10	45 481.00
非流动资产处置损失	27 577.20	32 390.70	34 202.20
利润总额	1 930 770.00	815 437.00	729 456.00
所得税费用	588 506.00	155 327.00	119 935.00
四、净利润	1 342 260.00	660 109.00	609 520.00

续表

年度	2017 年度	2018 年度	2019 年度
归属于母公司所有者的净利润	1 271 830.00	645 921.00	581 623.00
少数股东损益	70 429.50	14 188.60	27 897.40
五、每股收益			
基本每股收益	0.00	0.00	0.00
六、其他综合收益	0.00	0.00	31 607.10
七、综合收益总额	0.00	0.00	641 127.00
归属于母公司所有者的综合收益总额	0.00	0.00	610 633.00
归属于少数股东的综合收益总额	0	0	30494.3

分析宝龙公司 2017~2019 年度的比较利润表可知如下信息。

2017 年，宝龙公司的营业收入为 19 127 400 万元，2018 年营业收入为 20 033 200 万元，比 2017 年增加了 905 800 万元，增长 4.74%，2019 年营业收入为 14 832 600 万元，比 2018 年减少了 5 200 600 万元，下降 25.96%。营业利润 2017 年为 1 947 770 万元，2018 年为 830 417，比 2018 年减少了 1 117 353 万元，降幅为 57.37%，2019 年为 725 377 万元，比 2018 年又再次下降 105 040 万元，降幅 12.65%。由此可见，宝龙公司的营业收入和营业利润在这三年内主要呈下降趋势，2018 年的营业利润相比 2017 年下降得尤其严重，究其原因，主要是由于全球经济衰退，对制造业产生了重大影响，造成产品价格大幅下降，而且各国的购买力和需求也受到严重削弱。到了 2019 年，宝龙的营业利润降幅有所减少，说明宝龙公司已及时采取了应对全球经济衰退的措施，充分运用了这次“良机”。另外，所得税费用 2017 年为 588 506 万元，2018 年为 155 327 万元，比 2017 年减少了 433 179 万元，下降 73.61%，2019 年所得税费用为 119 935 万元，比 2018 年减少了 35 392 万元，下降 22.79%，这一方面是由于企业的应纳税所得额大幅下降，另一方面，也可能是由于 2018 年享受税收减免优惠的缘故。

进行报表的纵向分析，除了可以对企业的发展趋势进行分析之外，还能够对企业的财务状况是否存在异常做出判断。

由于会计报表之间的数据是相互联系的，数据之间有一定的逻辑关系，因此如果一个企业的报表之间出现前后不一致、报表不平衡、不符合逻辑关系等情况，则应对其会计核算的真实性产生怀疑。当一个企业运行稳定后，记录企业经营活动的大部分报表项目数字的变化一般也很少会大起大落，所以，可以将企业不同时间的会计报表拿来比较一下，对那些数字变化波动剧烈的项目应特别留心，多问为什么。

比如，成本与销售一般说来总是同步增长的，如果企业报表显示在收入小幅增长的同时成本却大幅增长，就应当注意调查成本的构成项目，是什么增长如此激烈，是新投资了固定资产折旧的增加？原材料价格发生了上涨？或者采购人员拿了回扣？

此外，在财务报表中容易隐藏猫腻的还有“其他应收款”和“其他应付款”等项目，由于这两个项目记录的是企业除应收客户和应付供应商以外的债权债务关系，因此一般金额都不会太大，不太引人注目。于是这两个项目就像两个杂物柜一样，当会计人员对一些业务不知道该怎么处理合适的时候，常常都是往这两个项目中一摆完事。所以，经营管理者应特别留心这两个项目的异常变动情况，一旦发现异常一定要求会计人员做出合理解释。

企业处于非常时期，即处于高速增长或者经营不顺时，企业财务常常会比较混乱，历史数据的可比性不大，中小企业更是如此。这个时候某些会计人员就很可能会浑水摸鱼，借企业的大变化加入自己的小变化，使一些财务项目出现更加异常的波动，这些都是值得经营管理层警惕和盘查的。

除了对具体的报表项目进行纵向分析以外，还可以在指标分析的基础上，进行各年度财务指标的比较，这在上文讲述财务指标分析的过程中也已经提到过。如果想要更清晰明了地了解企业的发展变化趋势，可以将企业连续几个会计期间的财务数据或财务指标绘制成图，以更直观地发现企业财务状况走向。

第四章
高效节流的技术——如何开展成本管理

善治准鹾者，必反其道而用之。先结清前案，截断众流，然后讲求言利之方，釐剔成本，使六省之民，皆食贱盐以畅销路。”

——（清）包世臣：《中衢一勺·小倦游阁杂说三》

这是古人早期对于成本的描述之一。由此可见，古人历来重视对成本的管理，而克莱斯勒汽车公司总裁李·艾柯卡曾说，多挣钱的方法只有两个，不是多卖，就是降低管理费。由此可见对成本进行有效管理，在营业收入相同的前提下，可以增加企业利润。

一、成本基础

（一）成本的定义及含义

成本是指为了一定目的而付出的（或可能付出的）用货币测定的价值牺牲，随着商品经济的不断发展，成本概念的内涵和外延都处于不断变化发展之中。中国成本协会发布的CCA2101: 2005《成本管理体系术语》标准中第2.1.2条中对成本术语的定义是：为过程增值和结果有效已付出或应付出的资源代价。成本定义的关键词是“付出”的“代价”，这个代价就是“资源”的价值牺牲。成本法则告诉我们“成本一定消耗资源；不消耗资源的成本不存在”。资源对一个组织来说一般包括人力资源、物力资源（设施、设备和材料等）、财力资源和信息资源等。这些资源都是构成成本的资源，这种资源代价应是一个总和的概念，是全部的，不是部分的。作为成本一定消耗资源，不消耗资源的成本不存在。成本有以下几方面的含义。

（1）成本属于商品经济的价值范畴。成本是构成商品价值的重要组成部分，是商品生产中生产要素耗费的货币表现。

（2）成本具有补偿的性质。成本是为了保证企业再生产而应从销售收入中得到补偿的价值。

（3）成本本质上是一种价值牺牲。成本作为实现一定的目的而付出资源的价值牺牲，可以是多种资源的价值牺牲，也可以是某些方面的资源价值牺牲；甚至从更广的含义看，成本是为达到一种目的而放弃另一种目的所牺牲的经济价值，在经营决策中所用的机会成本就有这种含义。

知识链接

1. 成本的经济性质

关于成本的经济性质，马克思曾经在《资本论》一书中进行了如下叙述：“按照资本主义方式生产的每一个商品W的价值，用公式来表示是$W=C+V+M$。如果我们从这个产品价值中减去剩余价值 M，那么，在商品剩下来的，只是一个在生产要素上耗费的资本价值 $C+V$ 的等价物或补偿价值。商品价值的这个部分，即补偿所消耗的生产资料价格和所使用的劳动力价格的部分，只是补偿商品使资本家自身耗费的东西，所以对资本家来说，这就是商品的成本价格”。

马克思的这段话，说明了在一定的产品销售量和销售价格的条件下，产品成本水平的高低，不但制约着企业的生存，而且决定着剩余价值 M 即利润的多少，从而制约着企业再生产扩大的可能性。马克思对于成本的考察，既看到耗费，又重视补偿，这是对成本性质完整的理解。在商品生产条件下，耗费和补偿是对立统一的。任何耗费总是个别生产者的事，而补偿则是社会的过程。耗费要求得到补偿和能否得到补偿是两个不同的事情。这就使得领导者需要重视成本，努力加强管理，力求以较少的耗费来寻求补偿，并获取最大限度的利润。

2. 机会成本是什么

机会成本是指为了得到某种东西而要放弃另一些东西的最大价值。例如，当一个厂商决定利用自己所拥有的经济资源生产一辆汽车时，这就意味着该厂商不可能再利用相同的经济资源生产 200 辆自行车。于是，可以说，生产一辆汽车的机会成本是所放弃生产的 200 辆自行车。如果用货币数量来代替对实物商品数量的表述，且假定 200 辆自行车的价值是 10 万元，则可以说，一辆汽车的机会成本是价值为 10 万元的其他商品。

3. 资源

马克思在《资本论》中说：“劳动和土地，是财富两个原始的形成要素。”恩格斯的定义是：“其实，劳动和自然界在一起它才是一切财富的源泉，自然界为劳动提供材料，劳动把材料转变为财富。”马克思、恩格斯的定义，既指出了自然资源的客观存在，又把人（包括劳动力和技术）的因素视为财富的另一个不可或缺的来源。可见，资源的来源及组成，不仅是自然资源，而且还包括人类劳动的社会、经济、技术等因素，还包括人力、人才、智力（信息、知识）等资源。据此，所谓资源指的是一切可被人类开发和利用的物质、能量和信息的总称，它广泛地存在于自然界和人类社会中，是一种自然存在物或能够给人类带来财富的财富。或者说，资源就是指自然界和人类社会中一种可以用以创造物质财富和精神财富的具有一定量的积累的客观存在形态，如土地资源、矿产资源、森林资源、海洋资源、石油资源、人力资源、信息资源等。资源是一切可被人类开发和利用的客观存在。资源一般可分为经济资源与非经济资源两大类。经济学研究的资源是不同于地理资源（非经济资源）的经济资源，它具有使用价值，可以为人类开发和利用。《经济学解说》一书中将“资源”定义为“生产过程中所使用的投入”，这一定义很好地反映了“资源”一词的经济学内涵，资源从本质上讲就是生产要素的代名词。“按照常见的划分方法，资源被划分为自然资源、人力资源和加工资源。”

（二）成本的构成

根据成本的定义，成本主要由以下几个方面组成。

（1）产品生产中所耗用的物化劳动的价值（即已耗费的生产资料转移价值）。

（2）劳动者为自己劳动所创造的价值（即归个人支配的部分， 主要是以工资形式支付给劳动者的劳动报酬）。

（3）劳动者剩余劳动所创造的价值（即归社会支配的部分，包括税金和利润）。

按照国家规定成本的构成内容主要包括如下几项。

（1）原料、材料、燃料等费用，表现商品生产中已耗费的劳动对象的价值。

（2）折旧费用，表现商品生产中已耗费的劳动对象的价值。

（3）工资，表现生产者的必要劳动所创造的价值。

在实际工作中，为了促使企业厉行节约，减少损失，加强企业的经济责任，对于一些不形成产品价值的损失性支出（如工业企业里的废品损失、停工损失等），也列入产品成本之中。此外，对某些应从为社会创造的价值中进行分配的部分（如财产的保险费用等）也列入产品成本。这说明产品成本的实际内容，一方面要求反映成本的客观经济实质，另一方面又要按照国家的分配方针和财务管理制度规定，把某些不属于产品价值支出的内容列入成本，而把某些属于生活劳动耗费性质的费用列为营业外支出或从留利中开支。

知识链接

剩余劳动指什么？

剩余劳动是必要劳动的对称。超过维持劳动力生产和再生产需要的劳动。在私有制社会中即为剥削者所占有的劳动。社会主义社会中剩余产品为社会占有，因此有人认为一切劳动都是必要的，不再存在“必要劳动”与“剩余劳动”的范畴。它是社会发展的基本条件之一，也是创造物质文明和精神文明的基础。

（三）成本的分类及重要作用

成本按不同角度分类有各种形态：计划成本、报告成本、个别成本、社会成本、试制成本、正式生产成本、正常生产成本、非正常生产成本、设计成本、预测成本等，各自体现不同范围或不同含义的成本，各有不同的作用。成本作为生产中的各项费用支出，是商品生产的“投入”。借助成本可以反映国家和企业经济活动中“投入”和“产出”的关系。它也是衡量企业生产经营管理水平的一项综合指标，因为它可以反映企业劳动生产率高低、原料和劳动力的消耗状况、设备利用率、生产技术和经营管理水平高低。

成本的重要作用主要包括以下几个方面。

（1）成本是补偿生产耗费的尺度。

（2）成本是制订产品价格的基础。

（3）成本是计算企业盈亏的依据。

（4）成本是企业进行决策的依据。

（5）成本是综合反映企业工作业绩的重要指标。

二、认识成本管理

（一）成本管理的概念及目的

成本管理是指企业生产经营过程中各项成本核算、成本分析、成本决策和成本控制等一系列科学管理行为的总称。成本管理一般包括成本预测、成本决策、成本计划、成本核算、成本控制、成本分析、成本考核等职能。根据 CCA 2101:2005 第 2.5.2 条的定义：成本管理是指在成本方面指挥和控制组织的协调的活动。（注：“在成本方面的指挥和控制活动”，通常包括制定成本方针和成本目标以及成本策划、成本控制、成本保证和成本改进。）

成本管理的目的是充分动员和组织企业全体人员，在保证产品质量的前提下，对企业生产经营过程的各个环节进行科学合理的管理，力求以最少生产耗费取得最大的生产成果。简单来说，成本管理的目的就是降低成本。

知识链接

中国成本协会

中国成本协会（China Cost Association，CCA）是经中华人民共和国香港特别行政区登记注册并核准成立的社会团体法人组织。中国成本协会（CCA）是中国第一个在成本和成本管理方面的协会，是中国先进成本思想和先进成本管理方法的代表；是由中国的企业单位、事业单位、大专院校等有关单位和公民自愿组成的全国性、非营利性的社会团体组织。

（二）成本管理的基本任务及作用

成本管理的基本任务主要是认真执行财经纪律，严格控制成本开支范围和开支标准；通过预测、控制、分析和考核，挖掘降低成本潜力，提高经济效益。成本管理是企业管理的一个重要组成部分，它要求系统全面、科学合理，它对于促进增产节支、加强经济核算、改进企业管理、提高企业整体管理水平具有重大意义。

【案例分析】沃尔玛的成本案例

1962 年，山姆·沃尔顿开设了第一家沃尔玛（WAL-MART）商店。迄今为止，沃尔玛仍然是世界上比较出色的商业零售企业。沃尔玛取得成功的关键在于其卓越的成本策略。

沃尔玛始终保持自己的商品售价比其他商店便宜，是在压低进货价格和降低经营成本方面下功夫的结果。沃尔玛直接从生产厂家进货，想尽一切办法把价格压低到极限成交。公司纪律严明，监督有力，禁止供应商送礼或请采购员吃饭，以免采购员损公肥私。沃尔玛也把货物的运费和保管费用降到最低。公司在全美有 16 个配货中心，都设在离沃尔玛商场距离不到一天路程的附近地点。商品购进后直接送到配货中心，再从配货中心由公司专有的集装箱车队运往各地的沃尔玛商场。公司建有最先进的配货和存货系统，公司总部的高性能电脑系统与 16 个配货中心和 1 000 多家商场的 POS 终端机联网，每家商场通过收款机激光扫描售出货物的条形码，将有关信息记载到计算机网络当中。当某一货品库存减少到最低限时，计算机就会向总部发出购进信号，要求总部安排进货。总部寻找到货源，便派离商场最近的配货中心负责运输路线和时间，一切安排有序，有条不紊。商场发出订货信号后36小时内，所需货品就会及时出现在货架上。就是这样高效的商品进、销、存管理，使公司迅速掌握商品进、销、存情况和市场需求趋势，做到既不积压存货，销售又不断货，加速资金周转，降低了资金成本和仓储成本。

压缩广告费用时沃尔玛保持低成本竞争战略的另一种策略。沃尔玛公司每年只在媒体上做几次广告，大大低于一般的百货公司每年 50~100 次的水平。沃尔玛认为，物美价廉的商品就是最好的广告，我们不希望顾客买 1 美元的东西，就得承担 20~30 美分的宣传、广告费用，那样对顾客极不公平，顾客也不会对华而不实的商品感兴趣。

沃尔玛也重视对职工勤俭风气的培养。沃尔玛公司管理层说：你关心你的同事，他们就会关心你。员工从进公司的第一天起，就受到“爱公司，如爱家”的店训熏陶。从经理到雇员，都要关心公司的经营状况，勤俭节约，杜绝浪费，从细微处做起。这使沃尔玛的商品损耗率只有1%，而全美零售业平均损耗率为 2%，从而使沃尔玛大量降低成本。

沃尔玛每周五上午召开经理人员会议，研究商品价格情况。如果有报告说某一商品在其他商场的标价低于沃尔玛，会议可决定降价，保证同种商品在沃尔玛价格最低。沃尔玛成功运用低成本竞争战略，在激烈的市场竞争中取胜。

（三）领导在成本管理中的重要作用

管理的关键词是“活动”，成本管理是指挥和控制组织的协调活动，指挥和控制是组织进行成本管理的两个基本的管理职能。在成本方面指挥和控制活动通常包括建立成本组织机构，规定和落实成本管理职责、权限，制订成本方针和目标，进行成本策划、成本控制、成本保证、成本检查、成本分析和成本改进等；成本管理是组织各级管理者的职责，一个组织要搞好成本管理，应加强最高管理者的领导作用，应由最高管理者领导和推动，落实好各级管理者的职责和权限，并动员、教育和激励全体人员积极参与。

知识链接

你知道股神巴菲特的个人开支习惯吗?

节省个人开支是股神巴菲特削减成本的一个方法。如果税率等级是 40%，那么我们必须赚 10 元才能花 6 元，如果我们把生活成本削减 6 元，那么相当于我们赚了 10 元而且省下了 6 元，这些钱可以拿去投资。就像本杰明·富兰克林说的“如果你知道怎样少花多赚，你就掌握了炼金术”。巴菲特早年间非常热衷于压缩自己的生活成本，这也是他在成了亿万富翁之后很长一段时间里还开着他那辆老甲壳虫汽车的原因。

三、四大现代成本管理模式之一——作业成本管理

所谓 80/20 法则，即 80%的利润由 20%的产品产生，但是当哈佛商学院的教授在企业应用作业成本计算系统时发现，20%的产品产生了 225%的利润，这被称作 20/225 法则，这表明，许多产品实际上正在侵蚀着企业的利润，这些却被传统会计学提供的信息所掩盖。

（一）作业成本管理的概念

作业成本计算是作业成本管理的基础。作业成本管理使用作业成本的信息，其目的不仅要使所销售的产品和服务合理化，更重要的是明确改变作业与过程以提高生产力。它将成本管理的重心深入到供应链作业层次，尽可能消除“非增值作业”，改进“增值作业”， 优化“作业链”和“价值链”，从成本优化的角度改造作业和重组作业流程；并且对供应链中的各项作业进行成本效益分析，确定关键作业点，对关键作业点进行重点控制。应该说作业成本管理的出现使人们眼前一亮，它突破了传统的人们对于成本的种种认识，并为管理者拓展了企业降低成本的途径。

知识链接

价值链

企业的价值创造是通过一系列活动构成的，这些活动可分为基本活动和辅助活动两类，基本活动包括内部后勤、生产作业、外部后勤、市场和销售、服务等；而辅助活动则包括采购、技术开发、人力资源管理和企业基础设施等。这些互不相同但又相互关联的生产经营活动，构成了一个创造价值的动态过程，即价值链。企业之间存在行业价值链，企业内部各业务单元的联系构成了企业的价值链，企业内部各业务单元之间也存在着价值链联结。

价值链上的每一项价值活动都会对企业最终能够实现多大的价值造成影响。

（二）作业管理成本的四大要素

作业成本管理涉及的四大核算要素是：资源、作业、成本对象、成本动因。其中资源、作业和成本对象是成本的承担者，是可分配对象，在企业中资源、作业和成本对象往往具有比较复杂的关系；成本动因则是导致生产中成本发生变化的因素，只要能导致成本发生变化，就是成本动因。

1. 资源

资源作为一个概念外延非常广泛，涵盖了企业所有价值载体，包括物料、能源、设备、资金和人工等。但在作业成本管理中的资源，实质上是指为了产出作业或产品而进行的费用支出，换言之，资源就是指各项费用总体。作为分配对象的资源就是消耗的费用，或可以理解为每一笔费用。资源如果直接面向作业和成本对象分配，就是传统成本法的直接材料。

2. 作业

作业是指在一个组织内为了某一目的而进行的耗费资源的工作。作业是作业成本管理的核心要素。根据企业业务的层次和范围，可将作业分为单位作业、批别作业、产品作业和支持作业。

（1）单位作业：使单位产品或服务受益的作业，它对资源的消耗量往往与产品的产量或销量成正比。常见的作业如加工零件、每件产品进行的检验等。

（2）批别作业：使一批产品受益的作业，作业的成本与产品的批次数量成正比。常见的如设备调试、生产准备等。

（3）产品作业：使某种产品的每个单位都受益的作业。例如零件数控代码编制、产品工艺设计作业等。

（4）支持作业：为维持企业正常生产，而使所有产品都受益的作业，作业的成本与产品数量无相关关系。例如厂房维修、管理作业等。通常认为前三个类别以外的所有作业均是支持作业。

3. 成本对象

成本对象是企业需要计量成本的对象。根据企业的需要，可以把每一个生产批次作为成本对象，也可以把一个品种作为成本对象。在顾客组合管理等新的管理工具中，需要计算出每个顾客的利润，以此确定 6 目标顾客群体，这里的每个顾客就是成本对象。

成本对象可以分为市场类成本对象和生产类成本对象。市场类成本对象的确定主要是按照不同的市场渠道不同的顾客确定的成本对象，主要衡量不同渠道和顾客带来的实际收益，核算结果主要用于市场决策，并支持企业的产品决策。生产类成本对象是在企业内部的成本对象，包括各种产品和半成品，用于计量企业内部的生产成果。

4. 成本动因

成本动因，指的是解释发生成本的作业特性的计量指标，反映作业所耗用的成本或其他作业所耗用的作业量。成本动因可分为三类：交易性成本动因、延续性成本动因和精确性成本动因。

（1）交易性成本动因，计量作业发生的频率，例如设备调整次数、订单数目等。当所有的产出物对作业的要求基本一致时，可选择交易性成本动因，以家电制造企业为例，安排一次某型号冰箱生产或处理同一型号产品订货，所需要的时间和精力与生产了多少产品或订货的数量无关。

（2）延续性成本动因，它反映完成某一作业所需要的时间。如果不同数量的产品所要求的作业消耗的资源显著不同时，则应采用更为准确的计量标准。例如，工艺流程简单的产品每次所进行的设备调整时间较短，而工艺流程复杂的产品所需要的设备调整时间较长，如果以设备调整次数为成本动因的话，则可能导致作业成本计算的不实，此时以设备调整所需要的时间为成本动因更为合适。

（3）精确性成本动因，即直接计算每次执行每项作业所消耗资源的成本。在每单位时间里进行设备调整消耗的人力、技术、资源等存在显著差异的情况下，则可能需要采用精确性成本动因，直接计算作业所消耗资源的成本。

（三）作业成本法的实施步骤

1. 设定作业成本法实施的目标、范围，组成实施小组

作业成本的实施必须有明确的目标，即决策者如何利用作业成本计算提供的信息。实施范围是作业成本实施的部门，作业成本可以在全企业实施，也可以在独立核算的部门实施，作业成本的实施主体必须明确。为实施作业成本必须组建作业成本实施小组，小组由企业的领导牵头，包括企业的会计负责人以及相关的人员。国外作业成本实施时一般由企业内部的人员和外部的专业咨询人员组成专门实施小组，外部专业的咨询人员具有作业成本的实施经验，使得实施可以借鉴其他实施的成功与失败的经验。

2. 了解企业的运作流程，收集相关信息

详细了解企业的经营过程，理清企业的成本流动过程、导致成本发生的因素、各个部门对成本的责任，便于设计作业以及责任控制体系。

3. 建立企业的作业成本核算模型

在对企业的运作进行充分了解与分析的基础上，设计企业的作业成本核算模型，该模型主要由以下几个方面确定：企业资源、作业和成本对象的确定，包括他们的分类，与各个组织层次的关系，各个计算对象的责任主体，资源作业分配的成本动因，资源到作业的分配关系以及作业到作业产品的分配关系建立。

4. 选择/开发作业成本实施工具系统

作业成本法能够提供比传统成本丰富的信息，是建立在大量的计算上的。作业成本的实施离不开软件工具的支持，软件工具有助于完成复杂的核算任务，有助于对信息进行分析。作业成本软件系统提供了作业成本核算体系构造工具，可以帮助建立和管理作业成本核算体系，并完成作业成本核算。

5. 作业成本运行

在建立作业成本核算体系的基础上，输入具体的数据，运行作业成本法。

6. 分析解释作业成本运行结果

对作业成本的计算结果进行分析与解释，如成本偏高的原因，成本构成的变化等。

7. 采取行动

针对成本核算反映的问题采取行动。如提高作业效率、考核组织和员工、改变作业的执行方式、消除无价值的作业。

（四）作业成本管理案例

下面是某公司生产产品的传统成本计算表和作业成本计算表。

传统成本计算结果

单位：元

	产品 x	产品 y	产品 z
直接材料	500 000	1 800 000	80 000
直接人工	580 000	1 600 000	160 000
制造费用	990 000	2 640 000	264 000
合计	2 070 000	6 040 000	504 000
产量（件）	10 000	20 000	4 000
单位成本	207	302	126

作业成本计算结果

单位：元

	产品 x	产品 y	产品 z
直接材料	500 000	1 800 000	80 000
直接人工	580 000	1 600 000	160 000
装配	28 200	705 000	225 600
材料采购	12 000	48 000	140 000
物料处理	42 000	180 000	378 000
启动准备	200	8 000	2 000

续表

	产品 x	产品 y	产品 z
质量控制	84 200	168 400	168 400
产品包装	10 000	75 000	165 000
工程处理	175 000	315 000	210 000
管理	129 000	344 000	34 400
合计	814 400	5 236 200	1 563 400
产量（件）	10 000	20 000	4 000
单位成本	181.44	261.1	390.85

从上述表格的对比中可以看出传统成本与作业成本的产品成本出现较大差异，尤其是产品 z。其原因在于产品 z 的产量小，但是其消耗的各种作业数量并未相应减少，因而消耗的间接资源多，导致实际的成本较高。应用作业成本信息，可以对材料采购、产品包装以及质量控制等作业的成本进行分析，这种成本信息对管理的帮助是显而易见的。作业的认定通常按各个部门或者生产小组划分，其提供的成本信息有助于责任考核，明确成本究竟是怎样发生的，便于采取有针对性的行动，进行成本控制。同时我们注意到，传统成本管理与企业生产是相对脱节的，而作业成本管理与企业生产是紧密联系的。作业成本核算体系的设计要充分考虑企业实施作业成本的目的，其作业的认定是对生产过程进行分析后得出的，并结合生产过程确定成本动因，在生产过程分析的基础上建立成本核算体系，因此可以说作业成本法是按企业管理和控制的需要定制的成本核算方法，是个性化的成本核算方法。

四、四大现代成本管理模式之二——战略成本管理

如果 10%的利润是合理的，11%的利润是可以的，那我只拿 9%。

—— 李嘉诚

（一）战略成本管理的概念

战略成本管理是将企业的成本管理与该企业的战略相结合，从战略的高度对企业及其关联企业的各项成本行为，对成本结构实施全面了解、分析、控制，从而为企业战略管理提供决策信息，提高企业竞争优势。区别于传统的成本管理模式，战略成本管理的特点主要体现在：成本内容不断拓展，企业更多关注的是所处环境及其环境因素对企业的影响，包括企业优劣势、竞争对手的威胁等，并依据自身所处的竞争地位及时调整竞争战略；成本范围不断延伸，从企业内部价值链延伸到企业外部价值链；成本管理手段不断丰富，已超越了传统的格式化的成本报告、成本分析模式，注重定性因素对企业的影响，并利用财务的和非财务的各种成本信息服务于企业管理，促使企业战略目标的实现。

例如，某电信运营商为一个大客户提供电路出租，为了保证电路安全，运营商往往要为其提供相同带宽的备份电路（有时是客户未付费的），企业可能为之付出了相应的质量成本和维护成本，但应看到为客户提供服务的电路安全得到了保障，这相应也就提高了客户的满意度，也就留住了客户。相反，如果企业为了节约成本，只提供小带宽备份电路或不提供备份电路，那么一旦出现电路故障，很可能客户就会流失。

降低成本不是唯一的手段，现代成本管理的目的应该是以尽可能少的成本支出，获得尽

可能多的使用价值，一切降低成本的措施也都应以成本效益分析的结果作为决定取舍的目标，以此实现成本效益原则。如上面李嘉诚所言，作为商人，最大化可得利润本来应为己任，他为何放着 11%、10%的利润不要，去拿 9%呢，这就是战略成本管理的理念，即降低成本、获得利益的实施要以综合分析的结果作为参照，而不能以传统的思维，最大化既得利益来进行企业经营，不站在战略的角度进行成本管理和控制，企业就没有了可持续发展的动力。

（二）实施战略成本管理的基本步骤

1. 战略环境分析

战略环境分析：环境分析是战略成本管理（初始或循环）的逻辑起点。通过对企业战略成本管理内部资源和外部环境的考察、评判企业现行战略成本的竞争地位——强项、弱点、机会、威胁等以决定企业是否进入、发展、固守或是撤出某一行业的某一段价值链活动。环境分析的基本方法是价值链分析，通过对行业价值链分析以了解企业在行业价值链中所处的位置，对企业内部分析以了解自身的价值链，对竞争对手分析以了解竞争对手的价值链，从而达到知己知彼，洞察全局，以确定战略成本管理的方向。

2. 战略规划

经过环境分析，确定企业是否进入、发展、固守或撤出某一行业某一段价值链活动后，下一步就是进行战略规划以确定企业如何进入、发展、固守或撤出该价值链活动。战略规划首先在明确战略成本管理方向的基础上确定战略成本管理的目标，包括总目标（全面的、长期的目标）和一系列具体目标。各目标之间须保持一致性和层次性，组成目标网络。准确的目标有助于战略的制订、实施和控制。为了实现所确定的目标，根据企业内部资源、外部环境及目标要求，制订相应的基本战略、策略及实施计划。

3. 战略实施与控制

战略实施按实施计划中的要求与进度进行。在战略实施过程中，由于内部资源、外部环境的变化，会使实施过程产生偏差，因此须进行战略控制。战略控制包括确立预期工作成效的标准，对照标准，衡量偏差，辨析与纠正偏差，从而控制成本动因。企业只有控制成本动因，特别是主要价值链活动的成本动因，才能真正控制成本，保证战略成本管理目标的实现。战略控制的基本方式有前馈控制和反馈控制，控制过程包含研究控制因子，确定控制标准、及时处理与传送控制信息等。战略控制系统应由企业层次、业务单元层次、作业层次组成一体化的控制系统，实行全面的、全过程的控制。当战略目标已实现或内、外部条件发生重大变化，超过了控制能力时，则需进行战略调整，即重新开始进行战略环境分析、战略规划等进入新一轮循环。

4. 战略业绩计量与评价

战略业绩计量与评价是战略成本管理的重要组成部分。业绩计量与评价通常包括业绩指标的设置、考核、评价、控制、反馈、调整、激励等。传统的业绩指标主要是面向作业的。缺少与战略方向和目标的相关性，有些被企业鼓励的行为其实与企业战略并不具有一致性。因此，须将战略思想贯穿于战略成本管理的整个业绩评价之中，以竞争地位变化带来的报酬取代传统的投资报酬指标。

战略业绩指标应当具有以下基本特征。

（1）全面体现企业的长远利益。

（2）集中反映与战略决策密切相关的内外部因素。

（3）重视企业内部跨部门合作的特点。

（4）综合运用不同层次的业绩指标。

（5）充分利用企业内、外部的各种（货币的、非货币的）业绩指标。

（6）业绩的可控性。

（7）将战略业绩指标的执行贯穿于计划过程和评价过程。

战略业绩计量与评估需在财务指标与非财务指标之间求得平衡，它既要能肯定内部业绩的改进，又要借助外部标准衡量企业的竞争能力；它既要比较成本管理战略的执行结果与最初目标，又要评价取得这一结果的业务过程。具体方法是比较“不采取战略行动”和“采取战略行动”条件下企业竞争地位的变化而带来的相对收益或损失。

（三）战略成本管理案例

某公司生产Y和Z两种产品，公司管理层从战略管理角度观察产品Y和产品Z的价值链，发现产品Y主要依靠价格进行竞争，而产品Z则依靠本身特点利用差别化进行竞争。因此管理层做出决策，认为对于产品Y而言，不断降低产品成本对于其保持竞争力至关重要，因此应当密切关注其生产环节，而对于产品Z来说，产品的设计要具有特色就显得十分重要了，因而必须注意严密监视研发和市场营销环节，如果这些环节没有做好，那么产品Z就会失去竞争优势。

某公司对在手机生产计划安排进行调整，改变原来同一系列手机在广州工厂生产一款、在北京工厂生产一款的做法；改为在广州大量生产低档机，而在北京适量生产高档机，产量和品种计划与其他资源相应进行调整。这一改变的决策基础是为了尽可能地降低成本。其中，人工成本是最大的一项支出，必须慎重对待。在北京，公司已经给出了人力资源的市场价格，降低成本的空间非常小，为了保持人员的稳定性，公司不能把工资待遇降低到同行业之下；而广州的人工成本比北京低很多，缺点是流动性大，而且，相比北京的工人，技能低并且不稳定。针对这种情况，该公司根据自己生产的手机特点，将高端手机放在北京生产，这些型号需要复杂的工艺和调试技能；将简单功能手机放在广州生产，这些型号的生产工艺简单、容易控制，需要大量生产以占领市场份额；这种安排既降低了人工成本，也同时降低了培训方面的费用，并且确保了品质。

五、四大现代成本管理模式之三——产品生命周期成本管理

企业和人及其他生物一样，也有一个生命周期。但与生物学中的生命周期相比，企业的生命周期有其特殊性，主要表现在：第一，企业的发展具有不可预期性。一个企业由年轻迈向年老可能会经历20到30年时间，也可能会经历好几个世纪。第二，企业的发展过程中可能会出现一个既不明显上升也不明显下降的停滞阶段，这是生物生命周期所没有的。第三，企业的消亡也并非不可避免的，企业完全可以通过变革实现再生，从而开始一个新的生命周期。

（一）产品生命周期的概念

产品生命是指市上的营销生命，产品和人的生命一样，要经历形成、成长、成熟、衰退这样的周期。就产品而言，也就是要经历一个开发、引进、成长、成熟、衰退的阶段。产品

生命周期是指产品的市场寿命，即一种新产品从开始进入市场到被市场淘汰的整个过程。

产品生命周期成本指在企业内部及其相关联方发生的全部成本，具体指产品策划、开发、设计、制造、营销与物流等过程中的产品生产方发生的成本，消费者购入产品后发生的使用成本、维护成本，以及产品的废弃处置成本。

产品生命周期成本作为一种管理会计实践，最初是由军事工业向民用工业慢慢渗透。企业为了取得竞争优势，力求使用户的使用、废弃处置成本尽可能低，因而越来越重视全生命周期成本。这一概念体现了企业作为社会中的经济细胞所承担的社会责任，符合可持续发展的观念。产品生命周期理论的产生促使企业从产品开发和设计的源头控制产品的成本，逐步形成了成本设计的方法体系。产品生命周期理论揭示了任何产品都和生物有机体一样，有一个从诞生—成长—成熟—衰亡的过程，因此不断创新，不断发展是企业生存的硬道理。

（二）产品生命周期的各个阶段及特点

1. 介绍（投入）期

新产品投入市场，便进入介绍期。此时，顾客对产品还不了解，销售量很低。为了扩展销路，需要大量的促销费用，对产品进行宣传。在这一阶段，由于技术方面的原因，产品不能大批量生产，因而成本高，销售额增长缓慢，企业不但得不到利润，反而可能亏损。产品也有待进一步完善。

2. 成长期

这时顾客对产品已经熟悉，大量的新顾客开始购买，市场逐步扩大。产品大批量生产，生产成本相对较低，企业的销售额迅速上升，利润也迅速增长。竞争者看到有利可图，将纷纷进入市场参与竞争，使同类产品供给量增加，价格随之下降，企业利润增长速度逐步减慢，最后达到生命周期利润的最高点。

3. 成熟期

市场需求趋向饱和，潜在的顾客已经很少，销售额增长缓慢直至转而下降，标志着产品进入了成熟期。在这一阶段，竞争逐渐加剧，产品售价降低，促销费用增加，企业利润下降。

20 世纪 30 年代末的汽车工业有一个很幽默的故事，客户说“你的汽车可不可以给我别的颜色”，福特汽车公司的创始人老福特说“你要什么颜色都可以，只要你要的是黑的就好”（很骄傲也很矛盾的一句话）。你现在说，难怪福特汽车公司现在乱七八糟，因为他们的老板是这么骄傲，他们的企业文化是那么高傲！这句评语是不对的。在那个年代，在那种情况下，他的车子本来就供不应求，那时候他要做的是让汽车尽量标准化，您要红的我没有，我只有黑的，你想要就要，不要的话，没有关系，黑车有的是人买。

这个例子说明，在成熟期，企业需要注意的是更大规模的客制化，也就是说在这个阶段，商品的销售处于饱和期，依靠改变商品的外形生产新的商品能够吸引到的客户不多，反而可能由于改变丧失一部分老客户，因此在这个阶段，保持标准化是非常重要的。

4. 衰退期

随着科学技术的发展，新产品或新的代用品出现，将使顾客的消费习惯发生改变，转向其他产品，从而使原来产品的销售额和利润额迅速下降。于是，产品进入了衰退期。

（三）生命周期成本法的分析步骤

按照 Blanchard 的成本细分结构方法，生命周期成本法可以按以下步骤分析。

（1）从生产特点出发，确定基本成本分类。

（2）细分基本的成本分类。

（3）定义和量化成本组成要素。

（4）估计生产体系的经济寿命。

（5）加总成本。

简单地说，生命周期成本法的关键就是确定生命周期和成本分类。

1902 年 10 月 24 日，奥地利科学家马克斯·舒施尼发明了塑料袋，这种包装物既轻便又结实，在当时无异于一场科技革命，人们外出购物时顿感一身轻松，不需要携带任何东西，因为商店、菜场都备有免费的塑料袋。可是他的这项发明 100 年后给人类带来了环保的灾难。由于塑料袋大都是用不可再生降解材料生产的，处理这些白色垃圾只能挖土填埋或高温焚烧。这两种办法都不利于环保，据科学家测试，塑料袋埋在地里需要 200 年以上才能腐烂，并且严重污染土壤。而焚烧所产生的有害烟尘和有毒气体，同样会造成对大气环境的污染。

据说当年马克斯曾经向老板建议：等发明出塑料袋的分解技术后再投入使用。可是老板没有听从他的意见，当时就立刻投产，后来马克斯因心里不安而自杀。

产品的生命周期成本主要包括以下几个方面。

（1）生产者成本。研究开发成本是企业研究开发新产品、新技术、新工艺所发生的产品设计费、工艺规程制定费、原材料和半成品试验费等。产品研制的结果具有不确定性，其开发设计成本能否得到补偿不易确定，所以在会计上将其在当期列为支出是合乎情理的，但在成本管理中必须对其进行单独归集以供有关决策之用。制造成本是产品在制造过程中发生的料、工、费等成本。营销成本是为推销产品和提高顾客满意度而发生的成本。

（2）消费者成本。消费者成本是从顾客的角度来确认产品进入消费领域后发生的各种成本，包括产品的运行成本、维修成本和养护成本等。

（3）社会责任成本。社会责任成本是立足于产品生命周期终了时的成本。企业必须对产品生命周期终了时的废弃处置成本进行确认和分配，以保证产品在使用期满后得到适当的处置。例如，德国要求在其境内销售产品的公司回收其包装物。这种做法把处置产品和元件的成本转移到生产商身上。扩大了成本计量的会计主体范围和会计期间，对于实现整体的竞争优势具有重要意义。

例子中塑料袋的发明与生产，考虑到了生产者成本和消费者成本，并将其最大化，却忽略了社会责任成本，因此产生了至今为止依然非常恶劣的环境影响，这也告诉领导者和管理层，在进行成本核算时，一定要从生命周期成本理论出发，全面的核算成本，从可持续、科学发展的角度最大化利润。

六、四大现代成本管理模式之四——全面成本管理

（一）全面成本管理的概念

全面成本管理是运用成本管理的基本原理与方法体系，依据现代企业成本运动规律，以优化成本投入、改善成本结构、规避成本风险为主要目的，对企业经营管理活动实行全过程、广义性、动态性、多维性成本控制的基本理论、思想体系、管理制度、机制和行为方式。 所谓“全面”包括三个方面，即全员、全面、全过程，亦称为全面成本管理的“三全性”。

（二）全面成本管理的核心——价值链分析

全面成本管理立足于长远的战略目标，致力于培植企业核心竞争力。为了达到这一目的，就需要了解并运用价值链这一有效的战略性分析工具。价值链是一系列由各种纽带连接起来的相互依存的价值活动的集合。在这里，价值是指买方愿意为企业提供给他们的产品所支付的价值，价值活动是企业所从事的物资上的和技术上的界线分的各项活动。波特教授将其划分为基本活动和辅助活动两大类：前者如内部后勤、生产作业等，后者如采购、人力资源管理等，二者皆可进一步划分为若干显著不同的具体活动。

可见，价值链并不是独立活动的汇集，而是相互依存的活动构成的一个系统。在这一系统内各项活动之间相互联系，即某项活动进行的方式影响其他活动的成本与效率。联系的普遍存在意味着仅仅考察一项活动本身并不能全面理解这项活动的成本性态，同时为降低相互联系的活动的总成本创造了机会，企业可以通过协调或优化这些联系来创建其整体成本优势。

价值链分析是一种战略性分析工具，它可以识别和利用内部和外部联系，目标是强化企业的战略地位，能比竞争对手更好地控制成本动因而创造出一种竞争优势，进而形成或加强企业核心能力。由于企业成本的发生与其价值活动有着共生的关系，所有的成本都能够分摊到每一项价值活动之中，价值链分析可以衍生出企业的发展战略，并且该战略将会对企业的成本管理模式产生重大影响。

（三）全面成本管理相关案例

某企业是一家专门生产电子产品的企业。经过 8 年的发展，企业已经拥有近 2 亿元的资产，拥有 2 个知名品牌。但随着企业规模扩大，企业面临众多的发展难题：企业全年的销售额近 5 亿元，但净利润率不到 10%，“赚了市场不赚钱”；公司内部组织结构复杂，管理成本居高不下，而且相互扯皮现象泛滥；财务部虽进行产品成本核算，但现行的成本核算体系无法得到每种产品的完全成本，使定价更像是拍脑袋的成果。

案例分析：通过全面成本管理方法分析我们得知，该企业需要通过分析评估企业成本控制潜力，确定重点关注之成本发生和控制环节；优化调整组织结构，在公司内部建立“成本对话机制”，建立和完善企业责任中心及其考核体系和考核标准；以作业成本法为基础，根据价值链结构和各作业成本中心，进行作业成本分类，优化确定成本分摊方法和基础，改善成本核算科目及表单设置；运用“作业消除”“作业选择”“作业减低”和“作业分享”的方法规范各项作业活动，达到优化作业活动，降低成本的目的；根据客户的实际作业流程和部门设置，设计并确认预算流程、预算表格清单和预算表格流转程序，编制预算管理手册和全面预算管理培训教材及实施计划等方法来解决现有存在的问题。

七、领导如何开展成本管理

（一）更新成本管理观念

领导要搞好成本管理，必须首先从改变成本管理的观念入手，以新的成本管理观念指导企业管理工作。

1. 成本效益观念

企业成本管理应该与企业的整体经济效益直接联系起来，以一种新的认识观即成本效益观念看待成本及其控制问题。企业的一切成本管理活动应以成本效益观念作为支配思想，从投入产出比分析来看待投入成本的必要性、合理性，即努力以尽可能少的成本付出，创造尽可能多的使用价值，为企业获取更多的经济效益。

2. 多动因成本管理观念

按照库珀和卡普兰的“成本动因”理论，成本动因可归纳为 5 类：数量动因、批次动因、产品动因、加工过程动因、工厂动因。从这一观点出发，我们应在分析有关各种成本动因的基础上，开辟和寻找成本控制的新途径。

除驱动成本的客观因素外，企业成本也会受到人为的主观因素的驱动，正因为人具有最大的能动性，人为的主观动因也应是驱动企业成本的一个重要因素。

通过对成本主观动因的研究分析，可进一步启发我们在企业成本管理中的一些新思路、新观念。

3. 成本系统管理观念

在市场经济环境下，企业应树立成本的系统管理观念，将企业的成本管理工作视为一项系统工程，强调整体与全局，对企业成本管理的对象、内容、方法进行全方位的分析研究。

4. 成本控制观念

除了在本企业加强成本管理外，还十分注重与产品相关的外部供应商等的协调配合，促进各有关方面参与企业的成本管理。企业通过对外部相关企业施加一定的成本压力，迫使其为达到企业的成本目标而不断地努力，这从客观上为产品成本的降低做出了贡献。这是企业能最大限度地挖掘潜力降低成本的有效途径之一。

（二）建立高效率的现代化成本管理体系

成本管理现代化主要表现为以下五个方面。

1. 成本管理思想革新化

革新成本管理观念，树立竞争观念、效益观念、经营观念、法制观念和开拓观念、全员管理观念等新的观念。

2. 成本管理组织合理化

这是管理现代化的保证。没有组织上的保证，企业就很难把现有的人力、物力和财力组织好，就不可能发挥最大的总体效益。成本管理组织化就是要求实行统一领导、分级管理的原则，要建立成本管理责任制度，保证目标成本的顺利实现。同时，还要按照成本管理的职能，建立科学的成本指标体系、成本核算体系、成本决策体系、成本控制体系和成本考核体系。

3. 成本管理方法科学化

科学的成本管理方法主要有目标成本管理、责任成本管理、厂内经济核算、本量利分析、价值工程、成本效益分析、成本预测、成本决策、成本控制、班组成本管理、作业成本管理等多种方法。

4. 成本管理手段电子化

在成本管理中，应用电子计算机，可以加速信息处理，便于建立成本管理信息系统，使管理人员及时做出正确决策。同时，还应推广应用先进的检测手段和显示监控装置，加强对物质消耗和流向的控制，为成本控制和计算创造条件。

5. 成本管理人才专业化

要培养一支能够适应成本管理现代化的专业干部队伍。只有这样，才能推动成本管理工作不断前进，保证成本现代化早日实现。

管理思想是灵魂，管理人才是关键，管理组织是保证，管理方法和管理手段是条件。这五个方面的内容应该配套，并同步进行，才能共同推动成本管理向着现代化方向迈进。

（三）实施成本管理及成本压力的分解传递

现代企业成本管理的实施过程，即是成本压力的传递过程，下面具体分析现代企业中成本压力的层层分解和传递。

1. 可允许成本的设计与信息传递

可允许成本是指能够维护企业的市场竞争地位的市场价格所确定的成本，企业通过来自市场的可允许成本将市场竞争的压力转移到产品设计者身上，甚至产品零部件的供应商身上。

在确定可允许成本时应着重注意以下问题。

（1）目标成本规划开始于制订企业长期销售和长期利润目标，其目的是确保开发设计的产品在其生命周期内能为企业的长期利润目标做出应有的贡献，因此，长期计划的可信度非常重要。这主要涉及两个因素：首先，企业应通过仔细分析所有的相关信息（特别是对顾客和竞争对手的分析）来制订长期销售和长期利润计划；其次，企业应制订切实可行的计划，对任何不切实际的考虑都要放弃。

（2）在确定目标售价时应遵循“销售价格能否提高主要取决于顾客对产品追加价值的判断”的原则，这些追加价值或来自产品的功能或性能的提高，或来自产品质量的提高。只有当企业开发设计的新产品在功能或质量上超过了其自身旧产品，而且超过其竞争者的同类产品时，企业才有提高售价的余地。另外，考虑到目标定价在整个目标成本规划中的重要性，企业也应十分谨慎地制订尽可能切实可行的目标售价。

（3）确定目标边际利润的目的是要确保企业长期利润计划的完成。设置边际利润通常的方式是紧紧依托旧产品的实际边际利润，然后根据市场的变动情况进行调整。

需要注意的是，如果生产某种产品需要大量的前期投资，或者预计某种产品的售价或成本在其生命周期内会有重大的变化，则企业就应对产品在生命周期内的获利能力进行谨慎分析，并根据风险系数相应调整其期望投资报酬率，进而调整其目标边际利润。倘若没有这种调整，企业就要承担一定的决策风险，有可能生产在其生命周期内没有足够期望回报的产品。

设计可允许的成本的目的是向产品的设计者和产品零部件的供应商传递来自市场的成本压力的信号。但要特别注意的是，由于可允许成本的计算是以企业自身切实可行的长期利润目标为基础，因此可允许成本只表示企业有什么样的竞争方向，并不能作为衡量企业与其竞争者的竞争实力大小的基准。要使可允许成本有这种作用，就必须设置以同行业最先进的获利能力为基础的目标边际利润；同时可允许成本的计算并没有考虑产品设计者以及产品零部件供应商降低成本的实际潜力，从而不能保证产品层次的目标成本与代表着市场压力的可允许成本完全吻合。

2. 产品层次的目标成本设计及其信号传递

产品设计者应千方百计地在可允许成本的水平上开发能满足顾客需求的产品。但事实上，产品设计者并非总能如愿以偿。因此，在给定的企业能力和零部件供应商的条件下，设计出的产品层次的目标成本往往是对可允许成本有所突破的结果。

新产品的现行成本指的是在没有采取任何降低成本的措施，并没对新产品的功能和质量变化情况予以调整之后的现行制造成本。这一数据往往是通过经验估计出来的。此后，就可以通过总工程师、产品设计者和主要的零部件供应商等方面有关人员的协同努力来确定可实现的成本降低目标的数额。

在目标成本管理中，为了最大限度地减少产品层次的目标成本和市场可允许成本的差距，企业不但必须把技术与生产程序推向一个极限的位置，而且必须在其他方面最大限度地降低成本，如与供应商商讨进行“零存货”管理的可行性等。

如果产品设计不能实现市场所允许的成本，企业的长期利润就会下降，由此说明企业没有达到竞争环境所要求的效率水平。此时，若将现行成本与可允许成本之间的差额看作成本降低的总目标，而把成本降低的总目标与可实现的成本降低目标之间的差额定义为战略性成本降低目标，以下几个问题就值得特别注意。

（1）战略性成本降低目标的规划不能过大，否则就表明新产品不值得开发。

（2）如果不影响新产品的开发可行性，战略性成本降低目标的规模也不能过小，否则会使可实现的成本降低目标过大，从而有可能使得有关人员面对过度的成本降低目标，成本控制系统张力过大，从而导致成本管理工作失败。

（3）在新产品值得开发的前提下，可实现的成本降低目标和产品层次的目标成本都将作为对外部零部件供应商施加压力的依据，以及进行成本控制与业绩考评的依据。

（4）在战略性成本降低目标规模适宜的情况下，该目标将给予产品设计者和企业的零部件供应商一种额外的压力，即在下一代产品身上应将这种潜在目标转化为可实现的目标。如果企业在下一代产品身上做不到这一点，则企业将不再具有足够的竞争力。

3. *零部件层次的目标成本设计与信号传递*

企业一旦确定了产品层次的目标成本，就可以衍生出该产品各零部件层次的目标成本。对零部件层次的目标成本进行规划，可以将来自市场的竞争性成本压力明确转移到供应商身上。现代企业大多遵循规模经济和产业关联度的规则制约，是水平式而非垂直式的集合体，一般是通过外购而不是自制来解决零部件供应问题。因此这一环节的目标成本规划相当重要。要进行零部件层次的目标成本规划，首先要将产品层次的目标成本分解到产品的主要功能层次上。

一般来说，企业要以以往的成本水平降低率为基础来制订这些主要功能的目标成本水平。一些企业采用相对简单的经验归纳法确定成本降低目标，而另有一些企业采用了更复杂的方法，如功能分析法和生产能力分析法等。

企业一旦确定了主要功能的目标成本，就可以适当地将其分解为组件或零部件层次的目标成本，目的是对主要的外购零部件设立一个合理的购买价格。

零部件层次的目标成本设定以后，成本压力的一部分将最终传递给零部件的供应商。如果供应商的报价太高，企业便可以和供应商进一步协商直到达成某种协议。如果达不成协议，则说明该供应商的竞争效率水平达不到企业目标成本管理所要求的水准，企业可能要更换供应商。另外一种情况是，在目标成本管理中，如果供应商通过积极的努力提出的报价低于零部件层次的目标成本，企业可给予供应商一些额外的回报，从而与供应商建立一种共同发展的伙伴关系。而且，即使供应商的报价并不比零部件层次的目标成本低（假设刚好等于），但与以前的报价相比降低了较大的幅度，企业也应给予供应商适当的鼓励，以便企业在开发另一种新产品时， 因新产品的零部件成本还将面临不断降低的压力，从而要求供应商不断地予以配合。

解决了以上三个层次的成本压力问题，产品在理论上已经具有可行性，也就是说达到了市场的要求和企业长期利益的要求。最后，我们的理论产品还要在生产车间经过工人们每一道工序才能变为现实产品，所以企业管理者还要运用多种机制加强对人的管理以确保成本压力最终在这里释放，保质保量生产出理想的产品。

知识链接 1

边际利润

边际利润指产品的销售收入与相应的变动成本之间的差额。边际利润是反映增加产品的销售量能为企业增加的收益。销售单价扣除边际成本即为边际利润，边际利润是指增加单位产量所增加的利润。企业的经营收益减去会计成本，所得到的就是会计利润。按照中国的财会制度，有销售利润、利润总额及税后利润等概念。销售利润是销售收入扣除成本、费用和各种流转税及附加费后的余额；利润总额是企业在一定时期内实现盈亏的总额；税后利润是企业利润总额扣除应交所得税后的利润。

知识链接 2

零存货管理

零存货是适时生产系统（JIT）对存货管理的基本要求，为了消除产品制造周期中可能存在的“停工待料”或“有料待工”等浪费现象。JIT 要求做到在供、产、销三个环节上都没有库存储备量，即达到零存货。要达到零存货，就要求企业必须选择好稳定、可靠的供应商将所需的原材料、外购件等适时送达生产现场交企业使用；各生产程序之间也不保存半成品，前道生产程序应根据下道生产程序的加工要求保质保量地生产，并适时送达后一道生产程序；在销售环节上也要做到没有产成品存货，要广开销售渠道，建立完备的销售体系，做到在最后一个生产程序保质保量地加工出产成品后，就能够及时将产品销售出去。企业实现零存货的益处主要表现在以下两个方面：首先，零存货消除了原材料的库存现象，大大节省了原材料的保管、储存、领发手续和对原材料存货的确认和计价等方面的开支；其次，企业由于实现了零存货，产品成本不受期初存货成本结转的影响，这不仅可以大大简化产品成本的计算工作，而且由于当期产品成本中没有掺杂上期成本高低的因素，从而有助于正确评价。

八、高效节流的艺术——成本管理引发的思考

（一）传统成本管理的缺陷

面对复杂多变的经济环境，传统成本管理方法已力不从心，缺陷日益明显。

1. 传统成本管理观念落后，缺乏战略眼光

在传统成本管理中，成本管理的目的被归结为降低成本，节约成了降低成本的基本手段。但是，成本降低是有条件和限度的，在某些情况下控制成本费用，可能会导致产品质量和企业效益的下降。因而，传统的成本管理是一种消极的管理。随着市场经济的发展，企业不能再将成本管理简单地等同于降低成本，而应是资源配置的优化和资本产出的高效管理。传统成本管理观念过于狭隘。同时如何适应瞬息万变的外部市场经济环境，以获得持续性的竞争优势，是现代企业必须考虑的首要问题。因此，企业必须把重点放在制定竞争战略上，而传统成本管理把眼光局限在单纯降低成本方面，缺乏战略眼光。

2. 传统成本管理的对象

传统成本管理的对象主要是企业内部的生产过程，注重生产过程成本控制和事后成本核算。在现代企业中，产品研发和销售在作业链两端变得越来越重要，费用也日益上升；中间端的生产环节相对弱化。只重视生产过程的成本核算而轻视研发和销售环节的成本核算是不适宜的。

3. 传统成本管理体系难以满足多目标要求

成本管理为财务管理服务，传统成本管理视追求利润最大化为己任。以利润最大化为目标，能够促使企业讲求核算、加强管理，但利润最大化不仅未考虑企业的远景规划，而且忽略了市场经济条件下最重要的一个关注点，风险。其结果是增大了企业的财务风险，削弱企业长远发展能力。当今股东财富最大化已成为企业财务管理的追逐目标，传统成本管理的短期效益性暴露无遗。另外，传统成本计算基础是以币值不变为假定，以历史成本和权责发生制为原则。这套成本管理体制符合财务报告准则要求，但不能很好地满足企业内部成本的过程控制和决策支持要求。

（二）现代成本管理理论的优势

采用现代成本管理的方法以及理论开展成本管理，具有很大的优势，也是企业管理的客观需求，符合实际需要。这里以作业成本管理为例，进行详细说明。

1. 适应新经济技术环境的客观要求

随着全球经济一体化和资本国际化进程的加快，科学技术朝着信息化方向迅猛发展，市场需求的多样化、个性化，现代企业商品生产过程的自动化、信息化以及制造系统的复杂化是当前不可逆转的大趋势。在这种新的经济技术环境下，若继续采用在商品成本中所占比重越来越小的直接人工去分配所占比重越来越大的制造费用，必将导致商品成本信息的严重失真，进而误导企业的战略决策。

以作业成本管理为例，与传统成本管理相比，二者的显著区别在于将企业视作为满足顾客需要而设计的一系列作业的集合体，企业商品凝聚了在各个作业上形成而最终转移给顾客的价值，作业链同时表现为价值链。从而将成本管理的着眼点与重点从传统的“商品”转移到了“作业”，以作业为成本分配对象，这样不仅能够科学合理地分配各种制造费用，提供

较为客观的成本信息，而且能够通过作业分析，追根溯源，不断改进作业方式，合理地进行资源配置，实现持续降低成本的目标。因此，作业成本管理能够很好地适应高新经济技术环境对成本管理的客观要求。

2. 有利于加强成本控制

自20世纪80年代以来，现代企业间的市场竞争进入白热化。与此相适应，企业商品通常采用多品种、个性化、小批量的生产经营模式，以适应顾客日新月异的多样化需求。使得传统的以“商品”为管理的核心与起点，以标准成本与实际成本的差异分析及控制为重点的成本管理，日益难以适应这种新的、动态的、不稳定的生产经营环境。

作业成本管理以作业成本为对象，以每一作业的完成及其所耗资源为重点，以成本动因为基础，及时、有效地提供成本控制所需的相关信息。从而可极大地增强管理人员的成本意识，并以作业中心为基础设置成本控制责任中心，将作业员工的奖惩与其作业责任成本控制直接挂钩，充分发挥企业员工的积极性、创造性与合作精神，进而达到有效地控制成本的目的。

3. 有利于提高商品的市场竞争能力

随着社会生产的发展和世界经济的一体化，现代企业间的市场竞争也逐渐趋于激烈化和国际化。而我国传统的成本管理模式只注重商品投产后与生产过程相关的成本管理，忽视了投产前商品开发与设计的成本管理，这已愈来愈难适应当代社会经济发展的需要，极大地阻碍了企业商品市场竞争能力的提高。

作业成本管理则能很好地适应现代企业在激烈的市场竞争中的发展需要，从一开始就特别重视商品设计、研究开发和质量成本管理，力求按照技术与经济相统一的原则，科学合理地配置相对有限的企业资源，不断改进商品设计、工艺设计以及企业价值链的构成，从而提高企业商品的市场竞争能力。

（三）现代成本管理理论实际应用要注意的问题

当然，这并不是说利用现代成本管理理论开展成本管理就是放之四海皆准的真理，一切都应该从实际出发，实事求是地解决问题。在进行成本管理的时候，我们也要坚持走实事求是的道路，具体问题具体分析。

由于企业内部生产安排和经营管理的具体安排不同，导致每个企业都有自己的特点，不能随意直接套用现有的模式。以下是一些影响企业成本管理的重要因素。

1. 必须取得高层管理者的支持，自上而下实现成本变革

高层管理者在企业成本管理的过程中，扮演信心鼓舞者、重大问题解决者、摩擦冲突的协调者和仲裁者等角色，是成功的先决条件。

2. 需要专业人士和相关基层部门工作者的共同参与，要调动一切可用的力量

实施企业成本管理需要精通相关业务的专业人士或财务人员，他们要对现代成本管理理论框架和实施过程中的基本步骤和原则把握得比较准确。并且，一些专业人士多次的成功经验还能大大缩短作业成本法实施所耗用的时间。

3. 目标要明确，有的放矢，切忌过分求全而舍本逐末

企业在进行成本管理的过程中，始终要有一个明确的目标作为指引，必须做好准确性和复杂程度之间的权衡。成本信息越细致精确，成本管理系统就会越复杂，为此搭建和维护系统所需的成本也就越高。如果控制成本的做法反而加大了成本就得不偿失了。

4. 权衡各方因素，明确推行的范围和方式

例如物流企业业务数据庞大，实施作业成本法必须依靠有效软件工具的支持。同时，作业成本法对业务系统的数据质量有较高的要求，数据质量直接影响作业成本法实施的效果。这就要求企业要对数据信息进行适当的管理。

5. 成本管理具有长期性和动态性，要持之以恒、与时俱进

企业的管理层应该在看到现代成本管理理论及方法的应用给公司带来新气象的同时，知道从根本上优化企业资源，提高企业的运营效率将是一个长期的过程，要进行持久战。并需要适时地根据企业不同时期成本控制的要求对业务流程不断进行调整，与企业整体发展的大潮同进，将改革进行到底。

第五章
掌握控制风险的技术——如何实施内部控制

诺贝尔奖获得者汉内斯•阿尔文曾说："如果人类要在 21 世纪生存下去，必须回到 2500 多年前，去汲取孔子的智慧。" 内部控制也是如此，必须和儒家思想结合起来，从"人治"角度解决内控和考核问题。海底捞的总裁张勇说："我们不考核各门店的利润，也不考核营业额贺餐饮业经常用的 KPI（关键绩效指标法），比如单客消费额等。但海底捞并不是没有内控和考核，主要是通过上级主管以巡店的方式来进行。

一、内部控制基础

（一）什么是内部控制

根据 COSO 委员会给出的定义，内部控制可以理解为"公司的董事会、管理层及其他人士为实现以下目标提供的合理保证而实施的程序：运营的效率和效益、财务报告的可靠性和遵守适用的法律法规。"

由财政部、证监会、审计署、银监会、保监会联合制定发布的《企业内部控制基本规范》中指出，内部控制的目标是合理保证企业经营管理合法合规、资产安全、财务报告及相关信息真实完整，提高经营效率和效果，促进企业实现发展战略。

知识链接

什么是 COSO?

COSO 是全国虚假财务报告委员会下属的发起人委员会（The Committee of Sponsoring Organizations of The National Commission of Fraudulent Financial Reporting）的英文缩写。1985 年，由美国注册会计师协会、美国会计协会、财务经理人协会、内部审计师协会、管理会计师协会联合创建了反虚假财务报告委员会，旨在探讨财务报告中舞弊产生的原因，并寻找解决之道。两年后，基于该委员会的建议，其赞助机构成立 COSO 委员会，专门研究内部控制问题。

1987 年 COSO 提出了整合内控的概念，1992 年提出了内部控制整体框架，又称为《COSO 内部控制整合框架》。1994 年，COSO 对内控框架进行了修订，2004 年 10 月，COSO 发布了《内部风险管理整合框架》。

（二）内部控制在我国的发展

我国的社会主义市场经济不断发展，企业规模也不断扩大，但是企业在内部控制方面较为薄弱。相关部门反映，我国的企业在内部控制方面主要存在以下问题。

（1）出纳领取银行对账单、编制银行存款余额调节表。

（2）领导“一只笔”审批，缺乏完善内控制度和流程保障。

（3）过于依赖业务人员，企业资源掌握在个人手中，企业对业务开展失去控制。

（4）内部控制制度文字描述性东西较多，清晰的流程图和配套表单较少。

（5）内部控制制度“救火式”的较多，制度体系缺乏系统性和完整性，甚至政出多门，相互打架。

（6）员工临时休假或出差时，缺乏明确的工作交接制度。

（7）人员招聘时注重笔试和面试的考察，忽视背景调查。背景调查是不难发现问题的。

（8）关键岗位无强制轮换或带薪休假制度。

（9）过分强调控制成本，经常将效率作为弱化或逾越内部控制的理由。

（10）说一套，做一套，制度放空炮。

为了解决我国企业的内部控制问题，加强企业竞争力，2008 年 5 月 22 日发布的《企业内部控制基本规范》是我国根据现实情况，参考国际惯例确立的我国企业内部控制的框架，旨在加强和规范企业内部控制，提高企业经营管理水平和风险防范能力，促进企业可持续发展，维护社会主义市场经济秩序和社会公众利益。2009 年 7 月 1 日起在上市公司范围内实行，并鼓励非上市的大中型企业执行。

2010 年 4 月 26 日，财政部、证监会、审计署、银监会、保监会五部委刚刚联合并发布了《企业内部控制配套指引》。该配套指引包括 18 项《企业内部控制应用指引》《企业内部控制评价指引》和《企业内部控制审计指引》，连同此前发布的《企业内部控制基本规范》，标志着适应我国企业实际情况、融合国际先进经验的中国企业内部控制规范体系基本建成。

企业内部控制配套指引的制定发布，标志着“以防范风险和控制舞弊为中心、以控制标准和评价标准为主体，结构合理、层次分明、衔接有序、方法科学、体系完备”的企业内部控制规范体系建设目标基本建成，是继我国企业会计准则、审计准则体系建成并有效实施之后的又一项重大系统工程，也是财政、审计、证券监管、银行监管、保险监管和国有资产监管部门贯彻落实科学发展观、服务经济发展方式转变的重大举措。深入贯彻实施企业内部控制规范，必将有利于进一步夯实宏观经济形势回升向好的微观基础，有利于推动我国企业经济发展方式转变，有利于促进企业全方位参与国际经济竞争，有利于维护经济金融稳定和社会公众合法权益。

为确保企业内控规范体系平稳顺利实施，财政部等五部门制定了实施时间表：自 2011 年 1 月 1 日起首先在境内外同时上市的公司施行，自 2012 年 1 月 1 日起扩大到在上海证券交易所、深圳证券交易所主板上市的公司施行；在此基础上，择机在中小板和创业板上市公司施行；同时，鼓励非上市大中型企业提前执行。

《企业内部控制基本规范》要求执行企业内控规范体系的企业，必须对本企业内部控制的有效性进行自我评价，披露年度自我评价报告，同时聘请具有证券期货业务资格的会计师事务所对其财务报告内部控制的有效性进行审计，出具审计报告。注册会计师发现在内部控制审计过程中注意到的企业非财务报告内部控制重大缺陷，应当提示投资者、债权人和其他利益相关者关注。

财政部将会同国务院有关部门扎实抓好企业内部控制规范体系的贯彻实施工作。

（1）着力开展各种行之有效的内控宣传，在全社会营造一种注重风险防范、强化责任意识、崇尚诚实守信、履行社会责任的内控文化，为全面贯彻实施企业内部控制规范体系奠定良好的环境基础。

（2）着力实施全方位、全覆盖的内控规范培训，重点培训企业高级管理人员和相关监管部门的工作人员，并将内控规范培训纳入会计人员继续教育内容。

（3）着力做好企业内控规范体系实施前的各项准备工作，确保实施工作平稳、有序、顺利进行。

（4）着力推进企业内部控制规范国际交流与合作，争取在内部控制建设所依据的规范、内部控制审计所遵循的准则及注册会计师相关业务监管要求等方面，建立互认机制，切实降低中国企业境外融资成本。

（三）内部控制的基本要素

2004 年 9 月 COSO 委员会发布了《企业风险管理——整合框架》。该报告将内部控制上升至全面风险管理的高度来认识，基于这一认识，COSO 委员会提出了八要素理论，即内部环境、目标设定、事项识别、风险评估、风险应对、控制活动、信息与沟通和监控。目前，我国参考了 COSO 委员会的报告，并结合我国国情，采用了五要素的分类方法。

1.内部环境

内部环境是企业实施内部控制的基础，是其他因素的根基。建立良好的内部控制环境最重要的就是建立企业文化。管理人员必须把企业的价值观向雇员传达，以保证他们融入企业。

激励及诱惑是破坏企业道德文化的可能诱因。前者包括不切实际的目标，以及与业绩挂钩的丰厚报酬。后者包括无效的内部控制、薄弱的内部审计、未能察觉及报告不当行为、无法对管理者进行客观监督的低效董事会。控制环境还包括其他方面，例如管理者应说明工作要求的技能，董事会需要具备管理能力和其他专长。

内部环境的构成要素可以概括为机构设置和权责分配、内部审计、人力资源政策和企业文化。

（1）组织结构和责任的分配。

组织结构能够为执行规划和控制提供框架，以实现企业的整体目标。有些企业的结构高度集中，还有一些较为分散，而构成企业的不同部门也有不同的组织方式。较为严密的组织结构是企业管理的基础。

不论什么组织都要有组织计划，组织里的成员要遵守并执行计划。组织的管理者要对组织的结构有充分的了解，而且有责任不断地完善组织结构，防止影响整个控制环境的组织控制缺陷的出现。

权力和责任的分配本质上就是按照工作描述确定责任，根据组织结构图形成责任。尽管工作评估无法完全避免责任的重叠或连带责任。

（2）审计委员会和内部审计。

公司应在董事会下设立审计委员会，并且内部控制环境在很大程度上受到审计委员会的影响，为了尽量避免自我管理的局面，审计委员会的成员要由独立的外部董事担任。审计委员会负责审查企业内部控制，监督内部控制的执行。审计委员会的负责人要有与职位相当的工作能力和良好的职业操守。

审计委员会要审核企业内部控制的实行情况，并向董事会进行报告；指导内部审计部门的工作，监督、检查内部审计的情况；处理有关投诉和举报，督促建立企业的信息沟通系统和意见反应机制；审核企业财务报告及信息披露的内容；负责内部审计和外部审计的沟通和交流，全面保证控制系统的有效。

内部审计在建立健全企业内部控制制度的过程中，主要的职责包括：对内部控制提出意见，并监督其有效地运行；更具董事会、监事会、经理层的授权，实施内部控制制度的自我评价事宜；协助审计委员会的工作，并与外部审计协调。

（3）人力资源政策。

人力资源指企业董事、监事、高级管理人员和全体员工组成的团队总称，人力资源实务包括诸如招聘、入职培训、在职培训、评估、咨询、晋升、赔偿等相关措施。企业应该设法招聘到符合企业要求的人才，这其中良好的职业能力和道德素养是重要的判断标准。为了让员工更加了解企业价值体系，更是适应企业的环境，应该安排一定的入职培训，在这个培训中，应该让员工知道企业的价值观并告知如果违反的后果。同时要告知员工企业平时的管理条例等规章制度和奖惩条件及措施。还应该让员工了解到的还有企业的晋升机制，让员工有升职加薪的动力和目标，这样更能激励员工的工作热情，提高整体效率。

（4）企业文化。

企业文化是企业在经营中逐步形成的，为整个团队所认同并遵守的共同价值观、经营理念和企业精神。

拥有独特的企业文化有助于加强团队凝聚力和企业的管理，企业文化会起到指引和约束的作用，能够帮助员工更快地适应企业的发展和管理。

在企业文化建设中，诚信和道德是必不可少的部分，同时，诚信和道德也是企业内部控制环境的重要组分。良好的道德不仅能为企业带来利润，也能帮助企业留住优秀的员工。

2. 风险评估

市场经济的特点就是充满了风险。企业实现其目标的能力可能受到各种因素的影响。风险评估是采用及时识别、科学分析和评价影响企业内部控制目标实现的各种不确定因素并采取应对策略的过程，这是实施内部控制的重要环节。

COSO 内部控制框架将风险评估描述成一个可以分为三步的过程。第一步是估计风险的重要性；第二步是评估风险发生的可能性和频率；第三步是考虑如何对风险进行管理，以及采取何种行动。

风险也具有鲜明的特征。首先，风险具有普遍性和客观性，它不以人的意志为转移，超越人的主观而客观存在，并且存在于整个项目的全过程中。其次，某一具体风险的发生具有偶然性，而大量风险的发生具有必然性。个别风险的发生是偶然的，经过大量事件的研究，也可以发现时间的规律性，并通过概率统计的方法及风险分析方法来计算发生风险的概率和损失程度。第三，风险具有可变性，在一个事件的过程中，风险以及可能引起风险的因素都是可能变化的，因此企业在风险评估的过程中要保持思变的态度。第四，风险具有多样性和多层次性，项目的时间越长，要面临的要素就越多，风险的形式可能就越多，多种风险交织在一起，又构成了风险的多层次性。第五，风险具有扩散性和突发性，风险的发生不能够完全预测或者被及时判断出，而且往往一个风险因素的存在还会引起一连串的连锁反应，而一旦控制不当，风险事故也可能犹如多米诺骨牌一般，接连发生。

3. 控制活动

在对风险进行了必要的评估后，企业要采取一定的控制活动来防范风险的发生，或者将风险降至企业能够接受的水平。

（1）控制方法。

风险控制有几种不同的方法。为防止风险和舞弊，或者尽量减少其发生概率的控制手段成为预防性风险控制，主要为职责分工。为及时识别已存在的财务危机和已发生的错误和非法行为或增强识别风险的能力进行的控制称为侦查性控制，例如，通过实物盘点发现记账错误和存货短缺，或者通过有关财务指标的分析来识别财务风向。纠正侦察性风险检查出的问题的控制措施称为纠正性控制，通过实际执行的结果与标准的比较，发现差异并予以纠正。为了实现有利结果而采取的控制为指导性控制，在实现有利结果的同时可以避免不利结果发生。针对某些环节的不足和缺陷而采取的措施称为补偿性控制，这种控制可以将风险水平限制在一定的范围内。

预防性控制是一种事前控制，在行为发生前采取的控制，防止财务资源在质量和数量上发生流失。侦察性控制、纠正性控制、补偿性控制为事中和事后控制，旨在解决财务收支活动中或结束后进行的控制。

（2）控制措施。

控制措施是根据风险评估结果、结合风险应对策略所采取的确保企业内部控制目标得以实现的方法。具体的控制措施要根据企业的不同情况和不同的经营环节来具体制订。

通常情况下控制手段有如下几种。

①组织控制。企业根据不同的经营活动将企业划分为众多部门或者责任中心，对职责和任务做出明确的分工。不同部门的负责人复核自己部门的业绩报告，检查部门的工作情况。

②职责分离。将不相容的职务进行分离，可以尽量防止错误和舞弊的发生。可以通过在不同的人中分配职责而实现这一目标。不应由一个人负责一项工作的全过程，不同的人共同负责可以加强互相的监督和检查。

③调节和复核。这项控制属于侦查性控制。调节是将不同数据相配比，找到其中差异，并在必要的时候进行纠正。调节包括总分账目之间的对比，实物盘点和会计记录相比较。复核是指将当前业绩与预算和基期业绩相比较，考量目标的完成情况。

④实物控制。实物控制是为了保护实物资产不丢失或者被违规挪用的程序。实物控制包括储存的现金和重要文件的保护；对某些资产进行定期的盘点或者安装门禁系统或摄像头等。

⑤授权和批准。批准和授权可以为其他的控制活动运作正常或者需要提供指南以改善这些控制活动的运作等。一般为了帮助控制活动发挥最大的效果，在上级批准时应提供书面指南、权利限制及支持性文件。

⑥计算和会计。计算和会计要求正确记录和反映交易的发生。依据会计记录可以相应地查询到交易及相关文件和凭证。

⑦人员控制。人员控制适用于选择和培训雇员，以保证企业的不同岗位雇用了恰当的人选。被选中的职员要具有相应的职业素质、所需要的经验。企业可以为雇员提供一定的培训，

帮助他们提升素质和专业技能，进而保证工作的顺利进行。

⑧监督和管理控制。监督是指项目或者部门的负责人对其下属人员的工作的检查和管理，以确保每个个人和整个部门的工作能够顺利完成。管理是指管理层对于公司的管理，他们可以根据所获得的内外部信息来制定企业的目标，并要求各部门和职员能够实现。

4. 信息与沟通

现在商业社会，信息的获取就代表着商机，而企业内部的信息顺利交换和流通，也能为企业的治理和发展带来诸多好处。良好的信息与沟通可以保证人们在履行职责的方式和范围内，识别和获取有关经营、法律、财务的信息的有效系统和程序。而企业的管理者为实现企业的目标并管理好企业，也是需要信息的。

（1）信息。

企业和职员需要的信息来自内部和外部两个不同的方向。一般企业需要的典型内部信息有会计信息、经营信息、资本运作信息、人员变动信息、技术创新信息和综合管理信心；而外部信息则表现为政策法规信息、经济形势信息、监管要求信息、市场竞争信息、行业动态信息、客户信用信息、社会文化信息以及科技文化信息。正是这些信息在恰当的时间以恰当的方式传达，才能让人们做出正确的决策。是这些信息让企业的经营和发展能够顺利进行。

当面临风险和选择的时候，信息系统能够配合支持新的目标，并为企业规划提供依据。当然，信息系统可以是正式的或者非正式的，比如与客户、供应商等进行探讨可以为识别风险和商机提供信息，而加入某些研讨会也能获取信息。获取信息的渠道也是多种多样的。信息系统产生的信息质量影响着企业的决策能力。高质量的信息要能够明确内容、时限、更新程度、准确性、可靠性、可用性、相关性等方面的问题。

（2）沟通。

高效的沟通要在企业全方位及任何时间进行。通过沟通，员工能够知悉营业情况、财务报告，并遵循法律责任。

高层管理人员要向雇员传达信息使其明白必须认真履行各项职责，让他们知道自己在企业及企业的内部控制中所处的位置，知道他们所担负的特定的责任。但有超出预期的事件发生时，雇员不仅要注意事件本身，还要注意事件发生的时间及原因。而雇员也要将重要的信息及时向上级汇报，当然，这需要企业建立良好的公开的沟通渠道，并且上级人员也要乐于倾听。管理层与董事会及董事会下辖的委员会的沟通也十分重要，他们必须就企业的业绩、发展、重大的风险和相关举措向董事会提供信息。

企业还需要外部沟通，客户和供应商都可能在产品的设计、质量等方面为企业提供很多有用的信息。

有效的沟通能够为企业带来有效的信息，能帮助企业做出精明的商业决策，以及时保证对外发布可靠的报告。信息和沟通能够让员工获得信息，明确自己的职责和位置，帮助管理层获取相关资料，以制定企业的目标和经营策略。关于信息与沟通的渠道建设，企业也要根据现代科技的发展和企业自身生产特点的变化，改变传统的多层级的组织结构，减少信息在组织内部传递所需经过的环节。同时，运用现代网络技术在现有的会计电算化系统的基础上建立整个企业范围内的信息适时传递系统。

5. 监察

内部监察是指企业对其内部控制制度的健全性、合理性和有效性进行监督检查与评估形成书面文件，并做出相应处理的过程。监察不仅可以用于企业内部活动，还可用于为企业提供相关服务的外部承包商。

内部监察可以分为三个不同的环节。

（1）评估：绩效计量。

内部控制是为企业实现目标提供合理保证，可以利用绩效计量的方法评估目标的实现程度。如果实现情况不能让人满意，那么企业要寻找问题所在，并确定解决方案；对企业的运营进行测试。要考察程序是否按照设计的进程顺利进行，可以进行运营测试，而且这是一个持续的过程。建立内部审计部门，来帮助企业的运营顺利和目标实现是有意义的；为控制环境、风险评估、控制活动、信息与沟通而制定的程序和政策通常是硬性的，而政策和程序对于相关人员可能产生软性的影响。软性控制涉及态度、感知及能力的控制，信任、强硬的领导、开放、道德水平高等对于管理部门的运行都是至关重要的。

（2）记录。

内部控制系统的记录文件，往往因为企业规模的大小和内部控制系统复杂程度不同而不同。大企业会有书面的政策、正规的组织结构图、书面的职务说明、操作指示等文件。一般的小企业可能不具有这些文件，但这并不表示他们的控制无效。适量的文件还是会有助于员工了解自己的职责，知道自己系统运行中的作用，有时会让系统变得简单。

（3）报告。

所有可能对企业的内部控制有效性产生阻碍的缺陷，都应及时被反映到有关人员那里。企业应该为职员提供反映企业内控缺陷的渠道，并建立反映违法和不当举动的特殊渠道。有关缺陷一经发现，不仅要向负责有关职能的人员报告，还应该向至少高一级的管理层汇报，这样可以使更高层的管理者能够采取全局性的补救行动。

企业采取监察程序是为了补救其他程序的缺陷，以全面保证内部控制系统的高效运行，从而保证企业目标的实现。

企业应对内部控制系统保持复核和管理，但是其成本要小于由内部控制带来的收益，因此内部控制是否有效，还要根据不同企业的情况进行判断。

二、现金流内部控制

现在对于企业运营能力的考量上，获利能力不一定是首选指标，很多人在拿到财务报表之后首先看的是现金项目。越来越多的投资公司或者企业在选择投资目标或者交易伙伴的时候，“稳定的现金流”成了他们选择的重要参考标准。尤其在一些风险较大的企业，稳定的现金流更是非常重要。

资金流是指在营销渠道成员间随着商品实物及其所有权的转移而发生的资金往来流程。在建立内部控制系统的时候，众多企业首先选择的就是资金的内部控制。企业要保证货币资金的安全、完整、合法、高效益。防止类似资金被违规套用、非法挪用、私设“小金库”侵占资金情况的发生。

（一）营造良好的现金流控制环境

营造现金流的控制环境不仅包括内部控制框架所包括的环境，而且还包括相对于现金流管理来说属于控制环境的因素。这些环境因素主要包括：① 管理者的经营哲学及管理风格；

② 建立良好的、高效的现金管理组织结构；③ 提高现金管理者及其他相关工作人员的文化素质和职业道德水平；④ 塑造严谨的现金管理氛围；⑤ 建立严格合理的分工体系；⑥ 建立完善的现金往来记录系统。

（二）做好现金控制风险评估

想要控制风险，首先就要能够识别和评估风险。企业现金流的风险包括影响现金流入的风险、现金流出的风险以及现金流的存量形态，即银行存款、现金和其他短期就能变现的现金等价物上存在的风险等。

企业对影响现金流的各种风险进行必要的管理、监控和评估，可以从以下几个方面入手：① 建立现金流预警系统；② 现金流风险的定量分析；③ 现金流风险的定性分析；④ 对现金流风险的评估。

（三）安排现金流风险控制活动

1. 现金预算编制

企业应该定期编制货币资金的预算计划，以便对一定期间的企业货币资金收入和支出进行统筹安排。资金预算是否准确直接影响到企业的货币资金流转，影响货币资金的使用效率。

企业可以从以下几个角度进行安排：① 预计企业的现金流入量。为此，首先需要做好销售方面的预测工作，另外还要对其他可能发生的现金流入作适当的估计。② 预计现金的流出量。此时，企业一方面要估计为了实现预期的销售目标而购入固定资产与存货的购买时间与实际付款时间，另一方面还要对其他可能发生的现金流出如薪资支出、税收支出予以预计。③ 确定现金不足、现金多余的处理方法。当然，对现金的预算是在销售预算、生产预算期间费用预算的前提下编制的。另外还有一种调整净收益法，正好弥补了现金收支法的一些不足。

2. 建立钱账分管制度

现金记录和现金出纳应该是不同人员负责。专职出纳人员负责办理企业的现金收付业务和现金保管业务，并负责现金备查簿登记工作；同时账簿登记员负责档案保管以及收入、费用、债权、债务等的登记工作。规模较大的公司还应该设立支票保管专员。核对银行对账单和银行存款余额的人员应该与负责银行存款的人员分开。

实行账款分管制度可以更大程度地保证现金的安全。两个人同时犯一个错误的概率是较低的，除非两个人是有意识的合谋舞弊，否则一个人违规操作而保持不被发现是很难的。

【案例分析】职责分离：会计与出纳

某公司会计林某是个忠厚老实、待人热情，在工作中有名的“老实人”，受领导重视，同事信任。同公司的出纳员是个身体不好，家庭负担较重的女同志，有时甚至无法保证正常上下班。于是林某体谅该出纳的情况，时常帮她办一些现金收支、银行转债等业务。可是他自己的工作却做得不是那么出色。他在工作中常常会出现账实不符、账账不合的情况，被问及有关业务也不能给出明确的答复，查处现金和账簿不符时就拿出一些单据来抵账。最终审计人员发现，自从他开始代劳出纳的工作，就以“老实人”的外表作掩护，伪造报销单据骗取现金，仿造领导笔记、捏造其他支出等手段骗取了公司现金 50 余万元，并故意虚列费用 20 万元，为其下一步挪用公款做准备。

分析：这个案例就是因为账簿记录和出纳没有做到实质性的职责分离，致使这样简单的违规手段可以安然"使用"这么久而不被发现。当然，公司关于现金的检查监督制度做得十分不到位，如果能有定期检查或其他形式的审计都可以避免这样的损失发生。

3. 现金和支票的收入管理

（1）现金收入管理。

现金管理的第一要点也是要进行职责分离，不要让一个人负责现金收入的全过程。新进收入要序时记录下来，并将每天收到的现金按时储存起来。每天工作结束时，与员工要将收到的现金和记账金额进行核对，填制收款单。如果发现差异，应及时寻找原因，及时补救。不负责签发支票或保管现金的人员要编制银行存款余额调节表，编号的调节表要交予主管人员及时审核。

取得现金收入时，均由收款人点清，填写"收款凭证"或者"收款清单"，连同现金一同交到出纳部门，并将"收款凭证"副本送达会计部门。

企业应该鼓励客户索要收据或其他收款凭证，这不仅是企业内部控制的重要管理手段，也是对于消费者利益的保护。

（2）支票收入管理。

支票的收入过程，也需要不同的人员配合完成。开出发票和收入支票的人员因为不同的工作人员，并相互核对金额是否一致，确定无误后，交发票存根交给会计部门人员。收到支票后应该将支票交予专人保管，并及时到银行解款。

4. 现金和支票开支制度

现金和支票的支出业务烦琐而细致，企业建立健全的开支审批制度，可以加强对现金流入流出的管理。

（1）明确本单位现金开支范围。现金开支范围可以包括支付职工工资、支付差旅费、支出因公借款、支付临时采购款和运费等费用支出。

（2）制定报销凭证，确定审批权限。企业应该制定报销制度，根据报销的项目不同而准备不同的报销单据，并制定不同报销单据的使用方法及传递手续。报销单据后要附有相应的原始凭证，交由使用现金的主管部门的领导审核签字。但是，报销单据的不同金额对于报销审批的权限也有一定的影响。没有经过审批，或者金额较大，超过了审批权限，出纳人员不予支付。

（3）支票控制。支票应该连续标号，空白支票应该存放在妥当的地方，保证不被盗用。现金支票一律由出纳一人保管，严禁交予他人。支票的使用应设登记账簿进行记录，以便及时发现支票被盗用或滥用。严禁同一人保存付款所需全部印章。

支票支出必须经过有权签署支票的人员审批签发，支票签署者通常需要任命或者授权。支票的开出要以发票或者借款单为依据，且两者金额要吻合，经财务人员批准签字，将支票按批准金额封头，加盖印章、填写日期、用途、登记号码，并请领用人签字。

支票付款后凭存根，发票由经手人签字、会计核对、财务审批之后，交给出纳人员，由出纳编制统一编号，按规定记账，原支票领用人在"支票领用单"及登记簿上注销。

【案例分析】企业要仔细检验支票的真伪

一天下午，两个西装革履的年轻人来到浦东，以"洪福大酒店"投资开茶室的名义租下了苗圃路的一家店铺，随后又从路边广告中选择了木工、泥工进行茶室装修，为了下一步行骗做准备。

一个星期五的下午，二人先后来到多家公司以茶室装修需要建材的名义和各商家洽谈，要求送货到工地后再付款。商家见买主前来，不想错过，按要求将价值数万元的货物送到装修现场。看到茶室确实在装修认为真的已经开工，就放松了警惕，再加上那两个人的花言巧语，都信以为真。接着，商家都收到了“上海浦东东华东建筑装潢公司”的支票，则更加认为万无一失。星期一上班后，供货的各商家接到银行的退票通知，才发现被骗，来到装修现场早已人去楼空。那两人利用周末的时间，将所骗建材出售一空。

据悉，这一诈骗团伙一共行骗 22 次，骗取金额共 70 万元。后在另一地点故技重演时被警方抓获。

分析：本案中，两个骗子利用星期六和星期日不能兑现支票的时间差行骗，并利用人们“眼见为实”的心理令他们失去警惕。这就提醒企业在收到支票的时候，要注意审核支票的相关内容，例如支票有效期、各项内容填写是否符合银行要求等。同时，企业应该仔细检验支票的真伪，如果单凭企业的能力难以验明，则应该尽快找到专业机构验证，以免时间拉长造成损失。

5. 日清月结和清查制度

日清月结是出纳员办理业务的基本准则，也是避免出现长款、短款的必要措施。出纳员需要每日结清经济业务，清理现金的首付款凭证，检查单证是否符合。登记全部日记账，结出库存现金账面余额，并与库存现金实地盘点结果进行比对。另外，还要检查库存现金是否超过了规定的金额限制，如果超出限额就应送至银行，如果现金不足则应及时补提。

出纳人员除了要对库存现金进行每日的盘点，还要进行检查和监督，及时发现现金差错或者丢失，防止舞弊、挪用公款等违法行为，确保现金安全。完成清查后，要编写“现金清查报告表”，填列账存、实存以及溢余或者短缺金额，并表明原因，请求上级部门处理。支票管理人员也要进行支票的检查。对于支票的购买、保管、领用、背书转让、注销等环节都要加以限制和约束，一旦发现违规操作，应及时汇报。

（四）建立现金流信息与沟通系统

现在许多企业对于信息的传递这个问题并不是十分重视，导致了目前的信息获取和信息质量无法满足企业的要求，更没有关于现金流完善的信息系统。因此，全面构建有关现金流的信息系统建设，完善内部报告制度就显得尤为迫切。

企业的内部报告是企业内部信息传递的主要载体。企业应当要求企业的内部单位或部门定期报送记载有现金流信息的内部报告。这些报告包括：内部资金快报、中期财务报告或年度财务报告中的现金流量表和其他现金流量信息。同时，企业在必要时可以要求有关单位报送临时的资金信息，以满足企业某一特定决策的需要。企业的所有内部单位在报送本期的现金流量信息时，还应当报送本单位下期现金流量的预计状况，以便企业总部有计划地提前采取某些措施，应对可能出现的问题。企业内部的这些报告的时效性都较强，必须及时地通过电子邮件等快速的方式发送到企业的有关部门。

（五）强化对现金流的监控

不论是外部审计机构还是内部审计部门，二者对现金流的监督往往都是与其审计内容结合在一起进行的。目前，内外部审计对于现金部分的重视程度都还不足。内部控制应加强对于现金流的监管。

1. 内部审计部门职责的拓展

按照对现金流的内部控制要求，企业现有的审计部门的职能必须进行必要的转变，从单纯的事后监督、查错防弊，变为对整个现金流的流入、流出以及现金资产控制的全过程的监督，并评价整个现金流控制活动有效性。把可能的不符合企业内部控制的行为杜绝在萌芽状态。同时，这种对现金流内部控制的监控也包括对内部控制制度的监控。内部审计机构应当能够对内部控制制度是否有效做出评价，在外部环境和有关条件发生变化后，能够根据客观变化对内部控制制度的改进和完善提出具体意见。

2. 对内部控制活动的监督

内部审计部门对企业现金流的控制活动的监控具体内容主要包括如下方面。

（1）企业总部及内部各单位现金预算的编制、执行情况，以及由于客观环境的变化各单位是否已经根据客观实际对企业已编制的现金预算进行了调整。

（2）企业完成的工程建设形成的工程结算收入是否确已按照有关合同和结算书的约定流入企业。在现金流入过程中企业员工是否有腐败或舞弊行为。工程结算收入业务流程的办理是否按照既定的内部控制制度的要求进行。

（3）企业为满足生产经营的需要向外筹集的资金是否为企业所必需，整个筹资过程是否符合国家有关法律法规，并符合企业有关内部控制制度的规定。

（4）对企业生产经营过程中的大额材料采购和大型机械设备采购业务的进行是否由企业集体决策，并按照有关内部控制制度的要求进行。

（5）企业有关日常支出是否能够保证企业有关部门的正常运转，并符合企业有关的支出标准。当企业制定的费用开支标准不符合客观实际时，应当建议有关部门对有关费用的开支标准重新进行测试，并设定新的合理的标准。

（6）企业的投资支出等重大的非经常性支出的决策程序和业务办理是否符合企业已制定的内部控制制度。对企业并未制定有关内部控制制度的业务活动，是否按照有关内部控制制度的形成机制和内部控制要求进行。

（7）企业及内部各单位对库存现金、银行存款等现金资产的管理和保护是否符合有关制度的要求。

（8）企业及内部各单位对现金流量的有关内容的揭示是否真实，是否符合有关《企业会计准则——现金流量表》对现金流量信息的揭示要求。

3. 对内部控制系统的监督

企业经营所面临的客观外部环境和内部的自身条件不可能是一成不变的，这就要求企业的内部控制也应当随着相关环境和条件的变化进行调整。企业的内部审计部门对企业的内部控制系统本身是否健全、完善也负有监督评价的任务。企业在制定实施有关内部控制系统之前，应当先由企业审计部门对其合理性、合法性、科学性和可行性进行分析评价，并提出改进和完善的建议。同时在内部控制系统运行过程中，企业的审计部门也应当对内部控制系统的健全性、有效性进行检查、测试及评价，并提出对其进行完善、改进的建议。

4. 内部审计人员自身业务水平的提高

随着企业内部审计部门职责的拓展，企业审计部门进行相关业务的人员不仅应当进行适当补充，更为重要的是，现有的从事内部审计的员工应当进行必要的学习，提高自身有关内部控制、现金流的理论知识，以指导自己进行现金流内部控制的审计与评价的业务水平与技能。同时，企业也可以聘请内部控制的专家作为企业内部控制问题的顾问，以快速提升企业审计部门进行相关控制活动的水平。

5. 外部审计与内部审计的互补

企业的内部审计部门应当与对企业进行财务报告审计的外部会计师事务所的注册会计师密切配合，借鉴外部审计机构对本企业的有关内部控制进行有关测试与评价结果，与自己对本企业的内部控制的测试与评价结合，这样更有利于发现企业内部控制的薄弱环节，健全和完善企业的内部控制。特别在现代科技飞速发展的今天，企业已普遍实行了会计电算化，并正在建立和完善企业独特的信息系统建设。企业应当在必要时引进国际通行的信息系统（Information System）审计，以评价和监控企业的信息有效性，保证企业现金流的内部控制信息以及其他有关企业管理的信息得到正确、及时、恰当的传递。

三、物流内部控制

对于企业而言，要想控制现金流不仅仅是在企业内部保证资金的安全有效，更重要的是随着货物流动引起的资金流动。

在商业活动中，“资金流是条件，信息流是手段，物流是终结和归宿”，由于需要或产生购买欲望，才决定购买，购买的原因和理由就是商流的动机和目的；因为想购买或决定购买某种商品，才考虑购买资金的来源或筹措资金问题。不付款商品的所有权就不归你，这就是条件；又因为决定购买，也有了资金，然后才付之行动，在各种流通顺利之后，必须有一个物流的过程，否则商流、资金流和信息流都没有意义。

这一部分我们将讲解在货物购进和销售的过程中货物和资金的流动问题。

（一）采购与付款的内部控制

采购和付款的内部控制的目的是规范采购和付款行为，防范在这一环节中的差错和舞弊。采购和付款是一个多环节过程，包括制订采购计划、签订采购合同或发出订货单、货物验收入货款结算和记账等环节。

想要达到采购与付款的有效控制，企业应该制定职责分工制度、请购和审批制度、采购与验收制度、退货和折让制度、付款制度和监督检查控制等方面。

1. 职责分工制度

企业应明确采购和付款相关部门的责任，不相容岗位的职责和权限能相互分开，确保这些职位之间的相互制约和监督。

在企业中，采购和付款过程中的不相容岗位至少有如下方面。

（1）采购申请和采购执行。采购申请需要由生产和销售部门提出，采购业务应由采购部门完成。

（2）采购与验收。货物的采购人不能同时负责货物的验收工作，以免采购人员收受回扣而购买残次材料而影响产品质量和企业利益。

（3）付款审批和付款执行，应付账款记录和付款职务。付款的审批要经过验单之后才能执行，以保证货物的质量、数量符合要求。同时以上人员不能担任支票签字和应付账款记录工作，以保证按所欠卖方价款的真实金额签发支票。

（4）采购、验收、保管和相关会计记录工作。这样的职责分离可以防止绕过验单，减少错记货物数量和金额的可能性。

【案例分析】内部控制不当带来的隐患

某公司沈某在担任水电公司工程处主任期间，利用职务之便，用向他人索要空白合同及空白商业零售专用发票，伪造了工矿产品购销合同，虚构了水电工程处从某电力电缆有限公司购买价值 382.6 万元电力电缆合同，并指使保管员填写虚假的材料入库验收单，又用写有 187.4 万元和 195.6 万元的开票平账。在此期间，沈某还将其单位共计 385 万元的支票转入其女友的个人股票账户，用于个人炒股和购买一些高额动产和不动产。

分析：由以上案例可知，电力电缆的请购、审批和实际采购都由沈某一人完成，既没有达到不相容职务要分开的要求，也没有达到职务上的互相牵制和互相监督，为其虚构合同留下了空间。另外，采购和验收没有形成牵制。在采购中采购人员不能同时负责验收，避免造成虚构或者购入伪劣材料。本案中，虽然采购和验收为不同的人，但是由于报关员受控于沈某，致使采购和验收没有起到相互制约的作用，从而导致虚假材料入库。在采购的最后环节，沈某用两张虚假的凭证入账，体现出会计部门的审核不严密。

2. 请购和审批制度

企业应该建立适当的采购申请制度，根据不同的购置物品和劳务的类型，确定不同的管理部门授予相应的请购权，并明确相关部门或人员的职责权限。企业应完善采购业务的预算管理，在预算内的采购项目，具有请购权的部门应严格按照预算执行，预算外的项目具有请购权的部门应对需求部门提出的申请进行审核后再行办理请购手续。临时性物品的采购通常由使用者直接提出申请，而不需要经过仓储部门。由于临时需要难以列入预算，因此申请者要在采购单上对采购需要做出描述，解释目的和用途。

请购单要让部门主管审批同意，必须经过预算负责人同意签字后，采购才能通过手续。

3. 采购与验收制度

企业要建立采购和验收环节的管理制度，对采购方式确定、供应商选择、验收程序等做出规定。

一般货物或劳务的采购应用采购订单或者合同的订货方式，小额或者零星的采购可以直接购买。同时单位还应该制定例外紧急需求的特殊采购处理程序。另外，在采购之前，企业还应该充分了解被供应商的信誉、供货能力、货物质量等情况。

收货时，收获部门的控制职责主要在收到货物的数量和质量，应根据订货单或者合同的要求来验收他们的货物。收货部门在签字之前，要将货物通过一定的计量手段，并检验他们的质量，并出具验收证明。对于验收中的异常情况，验收部门应该保持一定的职业敏感度，对不同寻常的情况给予一定的关注，当问题连续出现或某种规律出现的时候，验货部门应当向有关部门及时反映，及时处理。

4. 退货和折让制度

退货虽不是时常发生在企业中，但是建立适当的退货制度对于企业来说也是必要的，如果不对不符合要求的货物妥当处理，不仅占用企业的资金，增加管理和仓储成本，还有可能造成误用，进而影响了企业产品的质量。

验收部门发现不符合要求的货物后，应及时函电通知供货商，如果是质量问题，还应及时通知生产部门不要使用不合格的原材料。接下来就是决定进一步的处理方案，是要退货还是要求销售折让。若退货，应编制退货通知，由项目负责人签字批准，和供货企业达成一致后委托运输部门将货物送货，并附上退货通知订单副本；而要求折让可能是一个漫长的过程，这往往需要双方企业的反复协商和洽谈，很多企业中折让比例的决定权在高级管理人员手中。在比例协商确定后可有购货方编制凭证，通知会计部门相应调整账目。

5. 付款制度

财会部门在办理账款支付的过程中，要核对采购发票、结算凭证、验收证明等相关文件是否真实合法，严格避免未核准的款项被支付。并且付款后要进行记录，并加盖规定的戳记，防止重复支付和重复开票。已经确认的账款应该根据企业的现实情况和企业的对应付账款的政策及时支付，以获得现金折扣，建立良好的信誉，加强购销双方的合作关系。

同时企业还应该建立预付账款和应付账款的良好管理制度，加强预付账款和定金的管理，加强对于应付账款的管理，有专人按照约定的付款日期、折扣条件等管理应收账款。

如果在预付、应付账款和付款中遇到了不符的情况，应及时查明原因，及时处理。

6. 监督检查制度

建立监督检查制度，是为了配合上述内控制度的顺利执行，保证企业在付款和采购中资金和货物的安全。企业应明确监督检查机构，明确相关人员的权限，定期或者不定期地进行检查。对于职责分工问题，应重点检查是否存在采购和付款业务不相容的岗位混乱想象；针对审批内部控制，应重点检查授权审批手续是否健全，是否存在越权审批问题；针对应付和预付账款的管理，应及时检查款项的安全合法性；而对于有关单据的管理，应重点检查凭证的登记、领用、注销等手续是否健全。

当原来的内控环节出现问题的时候，合理的监督检查制度可以弥补这些缺陷，保证企业的资金流和货物流的安全顺畅。

【案例分析】采购内控的重要性

在江苏审计局对一宾馆某栋楼进行竣工审计的过程中，发现豪华水晶灯订购合同的签订和相关情况中存在诸多疑点。根据设计需要，宾馆需要配置高规格的水晶灯，在公开招标的情况下，宾馆与香港某公司签订了价值分别为54.54万元和101.00万元的采购合同。合同规定，水晶灯由奥地利某公司提供水晶珠制作并由供应方出具该公司的验证证明书。但是，在审计时并未发现关于水晶灯的任何技术资料，需求方也没有同供应方办理查验手续。除此之外，在合同中还有一个不寻常的约定，“业务中的20.00万元贷款，由供应方在需求方宾馆消费结算”。经过审计发现，价值101.00万元的水晶灯实际是以39.20万元的价格从南方某地购进，而以上两批水晶珠经过检测发现都是玻璃。

分析：本案中采购的水晶灯实际是玻璃，不难看出，采购的验收程序并没有实际执行，造成了鱼目混珠的情况发生。

其次，订货控制制度也不够完善。购货部门收到请购单后，应对要订购多少、向谁发出订单、什么时候发出订货单这三个基本问题进行核定。而本案中，采购前没有执行订货控制制度，采购合同签订之前没有对供货商进行调查，更没有进行招标来对可能的供货商进行比较。这样的采购给采购执行人留下了牟利的巨大空间。

另外，我们可以看出，本案中应付账款控制制度也存在问题，应付账款是流动负债的重要组成部分，对于采购形成的应付账款的形式，应由上级主管部门的主管人员来核定批准方能生效。而本案中提到的以在酒店的消费来抵偿债务的条款能够存在，表明付款控制没有得到实施。

（二）销售与收款的内部控制

和采购方向相反的是销售环节，而这一环节才是为企业创造利润、带来效益的核心。企业建立销售和收款的内部控制制度是为了防范销售过程中的差错和舞弊。

企业建立销售控制的时候也要首先清除销售都有哪些环节，销售和应付账款业务包括制定销售计划、订单处理、批准赊销、发货、开票、会计记录、收款、坏账处理以及在销售过程中涉及的销售调整。

企业可以建立如下销售管理制度。

1. 职务分离制度。

同各个内部控制程序一样，岗位划分是首要条件。

（1）在销售中，接受客户订单的人不能同时负责发货和收款。销售部门负责处理订单和签订合同，并负责审核发货单等手续是否齐全。

（2）发货通知单的填写人不能同时负责存货的提取、产品的托运工作。

（3）填制发票的人不能负责最后审核发票，应收账款的记录员不能负责应收账款的核实。

（4）办理退货验收的工作不能同时负责记账业务。

2. 订单的证实和审核制度

销售业务的发生以购货单位提交订货单开始，订单可以先交到信用部门办理审批工作。

企业面对的客户无疑两种，一种是以前有过业务往来，一种是没有过接触的新客户。对于老客户，信用部门可以根据其信用记录审核订单，如果信用良好，且本次订单的订货数量与以往相比属于正常浮动范围，则可以简化审批手续；如果订货数量巨大，大大超出以往水平，则审批部门应该关注企业的付款能力，综合其信用情况和生产能力等因素考虑是否批准销售以及赊销。对于第二种客户，企业应该重点关注，通过各种渠道了解目标企业的信誉状况、营业范围等相关情况，综合决定企业能够接受的信用水平。

每一份企业接受的订单都应该妥当地记录下来，成交执行情况也该相应地记录，这些订单可以为交易提供证据，也是为了建立客户的信誉记录，可以方便以后的订单审批手续。同时合同的审批还包括所购货物的种类、规格、货号、价格等相关情况，这些数据，尤其是价格应该符合企业的定价规定。

【案例分析】赊销带来的风险

上海某房地产公司因为经营不善，没有按规定年检而被吊销了执照。停业后公司经理王某、陆某、徐某等经过密谋后租借了公司办公室，开了银行账户，在沪青平公路上找了一家准备建造度假村的工地，然后到处寻找“商机”。当年10月，王某带着陆某来到某钢管厂，以公司投资开发的度假村工地需要钢管等器件为名，与钢管厂洽谈租赁业务。为骗取厂方信任，王某主动带厂方去工地考察。在工地转过以后，他们与钢管厂签订了合约，并支付了一定的定金，随后钢管厂送来价值50万元的钢管。货物到手后，王某则以低价转卖。后来厂方发现被骗，王某公司早就消失了。初次行骗成功后，王某越发胆大，连续行骗。后来被骗方报案，王某被警方抓获。

分析：企业之所以上当，根源在于企业内部控制不完善。在选择客户的时候要对客户进行考察，尤其以赊销方式对外销售的情况，必须还要对客户的信用情况进行了解，如有必要，还应定期向其催缴货款。以上企业受骗在于急于供货，疏忽大意，在未了解买方信用的情况下，向对方大量赊销，违反了起码的控制原则。

3. 折扣和折让政策的制定和审核制度

折扣和折让是冲减企业营业收入的，是应收账款的减少，严格的审核制度是折扣和折让保持在合理的范围内，并保护企业的利益。

商业折扣是在销售业务中常见的情况，因此应该建立一定的折扣政策，以便在业务中能够具体运用。企业制定的折扣政策中，应该尽量详细地说明，什么品种规格的产品、什么数量下可以享受什么样的折扣。明细的折扣政策还能方便在开票的时候，直接将折扣也一同写在发票上，这样还能尽可能得到税收的好处。如果没有折扣政策，那么在洽谈业务时可能不能凭确切的折扣来吸引客户，还有可能出现不断洽谈的情况，耽误了时间。又或者，在开票时没有达成折扣协议，而没有将折扣和销售金额写在同一张发票上，那样税法是不予承认的。

销售折让是不经常发生的，也没有明显的规律可循，一般是购货方对于货物的质量不满意等情况下要求折让。这个折让的范围一般根据客户的不满情况具体决定，并且一般只有企业高层才具有决定权。在客户对货物提出异议时，应该记录下来，并派人去核实情况，将真实情况反馈回企业，由负责人最后决定折让的范围。对于折扣和折让的单据，应该连续编号保存下来，并将折扣、折让的金额和备忘一同记录下来。

4. 销售业务执行

销售业务的真正执行，是从销售合同审批之后开始的，整个销售过程可以分为组织销售、组织发货、货物运输和销售退回等环节。

（1）组织销售。

销售合同得到批准后，销售部门应该编制销售计划。编制销售通知单传递到仓储部门，准备发货；编制记账和开票通知，送到财务部门，由他们记账，并填制销售发票，填制装运单，送往运输部门。

（2）组织发货。

发货部门和仓储部门拿到发货通知单并经审核无误后，可以准备发货。发货时应该严格按照通知单上的货物品种、数量以及货物的发送时间、发送方式等要求将货物适当包装，并和运输部门合作，完成货物运输。

（3）货物运输。

运输部门在收到仓储部门转来的发货通知单，同时应该有销售部门的装运单，这两个单据表明可以安排运输。运输部门根据运输要求中的运输方式和运输时间等安排运输工具和运输路线。

（4）销售退回。

单位应该建立适当的退回制度。销售退回需要由销售部门主管签字同意。企业在同意退回前，应该派人查看货物的情况是不是和客户反映的相同，如果符合退货条件并双方达成一致，可以安排货物运回，重新入库时也要点清数量。销售部门应该编制退货通知书，下达会计部门，供他们编制会计凭证，做出正确的发票处理，并恰当地记录业务。

5. 收款控制及发票控制

企业处理收款业务时应保证及时入账，不能账外设账，不能坐支现金，也避免销售人员接触现金。对于应收账款，企业应该建立账龄分析制度和逾期催收款制度。同时，销售部门应该负责应收账款的回收工作，财务部门催促收款。企业也应根据不同客户设立信用分析和信用额度使用记录，便于账款回收。也便于管理客户的应收账款余额，并应进行动态管理，做到及时更新。

发票是业务发生的凭证和记录。如果发票控制不当，可能会造成企业的业务记录遗漏甚至舞弊。对于发票的填制要经过授权，并且这一授权要以一定的附件为依据，如订货单、发货通知单。发票记录的内容也要严格管理，核对发票要根据发货通知单上的编号，以保证每项交易都有记录；发票上的客户名称、发货数量、价格都要准确无误，尤其是增值税专用发票，这不仅涉及记账，还涉及抵扣和缴纳税款等问题。使用和保留连号的发票包括作废的发票，是会计人员的职责。这一职责的控制应是通过有独立于发运货物和开单的职员定期检查事先连续编号的销售发票和货运通知单来保证的。

6. 检查控制制度

企业还应该建立与销售和收款内控相关的检查和控制，进一步保证销售顺利、安全地进行。检查和控制应该针对不同的内控环节制定不同的措施，保证以上控制制度行之有效，而不是形同虚设。检查机构的人员可以利用符合性测试和实质性测试来检查这些制度是否健全并正常运行，发挥应有的效果和作用。

四、信息流内部控制

在一个商业流通的过程中，资金流是条件，信息流是手段，物流是终结和归宿。是信息的交流和沟通引起并保证其他流通环节的进行。

信息流的广义定义是指人们采用各种方式来实现信息交流，从面对面的直接交谈直到采用各种现代化的传递媒介，包括信息的收集、传递、处理、存储、检索、分析等渠道和过程。

在内部控制内容我们曾经讲到过，信息和沟通是其中的一个环节，企业可以通过信息系统处理的对象既包含企业经营运动等内部生成的信息，也包含与经营运动相关的外部事项、运动和环境等的外部信息。

建立完善的信息控制系统，企业可以通过以下环节来实现。

（一）建立信息收集和加工制度

想要获取内部信息，企业可以通过以下途径：机关职能部门的文件、调研报告；财务会计报告；信息收集、反映的情况；群众来信来访、员工直接向上级沟通的信息；内部刊物、资料；企业的局域网；各种会议提案、记录等。而外部信息可以来源于国家部委和外部监管的文件；报纸杂志；中介机构；互联网、广播、电视；企业采购及销售部门收集的市场和价格信息；驻外办事处提供的信息；外部来信来访；参加行业会议、座谈等。

由于所收集的各种信息来自不同的渠道和信息源，属于零碎的、非系统的，必须对所收集信息进行必要的筛选、收拾和加工，以提供给有关方面。

（二） 完善信息传递机制

信息的最终目标在于应用，为企业经营目标的实现服务，处于内部控制之中的信息则必须服务于内部控制有效性。为了进一步提高内部控制的有效性，企业应当将相关信息在企业内部各管理级次、责任单位、业务环节之间进行内部传递。

内部信息传递一方面要完善信息向下传递机制，使企业内部参与经营运动各个方面和全部人员懂得企业实现经营目标方面的信息，明确各自职责，懂得自身在内部控制系统中的地位和作用；另一方面要完善信息向上传递机制，使企业员工能够及时将其在企业经营运动中所懂得的重要信息向管理层及董事会等方面传递。

此外，还须建立信息横向传递机制，特别是要使信息在管理层与企业董事会及其委员会之间进行沟通。企业应当建立良好的外部沟通渠道，加强与外部投资者、客户、供给商、中介机构和监管部门等有关方面之间的沟通和反馈。

外部沟通应重点关注以下方面。

（1）加强与投资者之间的沟通，根据有关法律、行政法规和企业章程，建立本企业的信息披露政策与程序，及时、公平地向投资者披露企业的战略方案、经营成果、投融资计划、年度预算、重大财务担保、合并分立、资产重组、财务状态、经营成果、利润分配方案等方面的信息。

（2）加强与客户的沟通，通过座谈会、访问等情势，采集客户对消费偏好、销售政策、产品德量、售后服务、货款结算等方面的意见和建议，及时创造并处理存在的问题。

（3）加强与供给商的沟通，通过供需见面会、订货会、业务洽谈会等与供给商就供货渠道、产品质量、技巧性能、交易价格、信用政策、结算方法等问题进行沟通，及时创造并处理存在的问题。

（4）加强与监管机构的沟通和和谐，及时懂得监管请求，积极反响诉求和建议。

（5）加强与注册会计师的沟通和和谐，听取注册会计师对内部把持等方面的建议，保证内部把持的有效运行。

（6）企业应当根据有关法律、行政法规请求和管理需要，与律师保持有效沟通。

（三）加强信息技术的运用

随着信息技术的发展，新技术在信息系统中得到越来越广泛的运用。在建立内部信息系统时，企业应当利用信息技术增进信息的集成与共享，充分施展信息技术在信息与沟通中的作用。根据企业经营目标、内部把持目标以及经营运动的特点，建立自身的信息系统。

企业的信息系统在内部控制系统中施展控制的作用。但另一方面，由于信息系统在内部控制中的重要性，其本身又是内部控制的对象，企业应当加强对信息系统的开发与掩护、访问与变更、数据输入与输出、文件存储与保管、网络安全等方面的把持，保证信息系统安全、稳固地运行。

（四）建立反舞弊机制

企业应当建立反舞弊机制，明确反舞弊工作的重点领域、要害环节和有关机构在反舞弊工作中的职责权限，规范舞弊案件的举报、调查、处理、报告和补救程序。通过反舞弊机制的建立，将反舞弊工作的重点放在重点领域和要害环节，戒备舞弊行动的产生并及时创造产生的舞弊行动。

在所建立的反舞弊机制中，要规范相应的舞弊案件查处程序，以便对舞弊案件及时进行处理和纠正。

对于反舞弊机制，要保持惩防并举、重在预防的原则，避免舞弊行动的产生。要在反舞弊过程中，不断完善内部控制系统。

企业应当将下列情况作为反舞弊工作的重点。

（1）未经授权或者采用其他不法方法侵占、挪用企业资产，牟取不当利益的行动。

（2）在财务会计报告和信息披露等方面存在虚伪记载、误导性陈述或者重大遗漏等行动。

（3）董事、监事、经理及其他高级管理人员滥用职权的行动。

（4）相关机构或人员串通舞弊的行动。

（五）建立投诉和举报人掩护制度

投诉是信息沟通的重要手段之一，是信息自下而上沟通的重要情势。企业员工处于经营运动的第一线，能够及时创造经营运动及内部控制实行过程中存在的不足、问题和缺点以及舞弊行动，并能就完善内部控制系统提出合理化建议和改良意见。

为此，企业应当建立举报投诉制度，设置举报专线，明确举报投诉处理程序、办理时限和办结请求，确保举报、投诉成为企业有效控制信息的重要道路。同时，企业要建立举报人掩护制度，掩护投诉人的积极性，掩护举报人的利益。

第二篇

管理者必懂的财务技能

随着经济的发展和社会环境的变化，管理者越来越多地关注财务活动和经营绩效，也越来越多地依赖于财务管理和财务决策，推动企业的发展。作为企业管理活动中重要的一部分，财务管理是一项综合性管理工作。财务管理目标由最初的利润最大化发展到每股盈余最大化、企业价值最大化和股东财富最大化。财务管理目标阶段性变化的同时，也反映出管理者的财务理念不断发生变化，主要有以下重要理念：一是竞争与合作相统一的财务观念；二是风险理财观念；三是信息理财观念；四是知识理财观念。当今，知识已经成为一种生产要素推动经济增长。

本篇主要包括预算编制、资金筹集、投资管理、利润蛋糕分配到价值增长，财务管理活动贯穿企业经营管理的始终。希望大家通过本篇内容，重在培养一种财务思维。

- 理财思维——管理者必备的管理“杀手锏”
- 运筹帷幄——管理者如何编制全面预算
- 巧借东风——管理者如何掌握融资技巧
- 排兵布阵——管理者如何开展投资管理
- 论功行赏——管理者如何决策利润分配
- 以小博大——管理者如何开展资本运营

第六章
理财思维——必备的管理“杀手锏”

一、财务管理基础

（一）财务管理含义

财务管理是指企业对在生产经营活动中产生的财务活动及财务关系进行管理的一种行为。那么，要深刻理解和掌握财务管理的含义，首先必须要明确财务活动的含义。

1. *财务活动*

财务活动是指企业资金的筹集、资金的运用、资金的收回及分配等一系列经济活动，也就是说，它是企业资金收支活动的总称。企业的财务活动应该包括以下四个方面。

（1）筹资活动。

筹资活动是指企业通过某种方式获得资金以满足其从事生产经营活动的一种经济行为。企业的筹资活动是企业进行生产经营活动的必要环节，是资金运动的起点。企业在进行筹资活动时应该注意以下几个方面。

第一，企业进行筹资的方式。企业的筹资方式一般有两种，债务筹资和权益筹资。债务筹资是指企业通过发行债券、向银行借款、应付款项等方式获得资金的一种筹资方式，债务筹资获得的资金一般形成企业的债务资本；权益筹资一般是指企业通过发行股票获得资金的一种筹资方式，权益筹资获得的资金一般形成企业的权益资本。企业在选择筹资方式时一定要考虑以下几个方面：首先，如果采用债务筹资方式，则企业应该考虑支付股东股息、红利比例、支付方式、支付时间；如果采用权益筹资方式，则企业应该考虑支付债权人或银行利息利率的高低、偿还期限及偿还方式。企业应综合考虑以上几个方面，选择最适合企业发展又不会增加企业负担的筹资方式，可以选择其中一种，也可以是几种方式的结合。

第二，企业进行筹资的规模。企业要进行筹资时应该慎重选择筹资规模，一方面，筹资规模不能过小，过小的筹资规模无法满足企业日常的生产经营活动及投资需要，这样会使企业的经营陷入困境，同时还可能错失很多良机；另一方面，筹资规模也不能过大，因为不论以何种方式筹资，企业都要为筹资付出代价，比如，以债务方式筹资，企业要支付利息给债权人或银行；以权益方式筹资，企业要定期支付股息、红利给股东。所以，过大的筹资规模会增加企业的经营成本，同时，在企业经营不善时，还会增加企业的偿还风险。

企业在进行筹资活动时应该综合考虑以上两个方面，经过详细分析后选出最优的投资方案。企业通过各种方式筹集到的资金形成了企业资金的收入，而企业为获得资金的使用权而付出的代价，比如，支付股息、红利、利息等形成了企业资金的支出，企业的这种收支活动就形成了企业的财务活动。

（2）投资活动。

投资活动是指企业将筹集到的资金合理投放到某项资产、某种债券或某个项目中以求能增加企业的经济利益的一种经济行为。根据企业投资的范围，可以将筹资活动划分为对内投资和对外投资。对内投资是指企业将筹集到的资金用于购置自身生产经营所需的固定资产、无形资产等形成的投资；对外投资是指企业将筹集到的资金用于购买其他企业的股票、债券、与其他企业联营或收购其他企业等形成的投资。企业在进行投资时，应该慎重选择投资对象，主要注意以下几个方面。

第一，对于投资风险的考虑。无论是对内投资还是对外投资，只要是投资就会有风险，这是企业进行投资时必须要考虑的问题，也是关乎企业投资成败的关键问题。正所谓风险越大，收益就越高；风险越小，收益就越低。所以，企业在分析各种投资方案时，应该将风险因素考虑进去，要在风险和收益中找到一个制衡点即为企业所能承受的投资方案，最重要的是，要运用现有的一些手段和方法规避风险，同时，进行适当的风险管理，尽可能增加企业获益的概率。

第二，对于获得投资回报时间的考虑。企业在分析投资方案时首先关注的应该是投资期间的现金流量，但投资回报的时间长短问题也是非常值得关注的问题，因为首先资金就存在时间价值问题，其次，获得投资回报越快越好，回报时间越长，企业资金被占用的时间也越长，不但会错失其他投资机会，而且也不利于企业资金的周转，降低了企业资金的使用价值。所以，企业在进行投资方案选择时要尽量选择投资回报较快的方案。

企业进行对内投资或对外投资时形成企业的资金支出；而当企业卖出对内投资或收回对外投资时就会形成企业的资金流入，企业的这种收支活动同样形成了企业的财务活动。

（3）经营资金的管理活动。

经营资金的管理活动是指企业对生产经营过程中产生的资金收支进行管理的一种行为。经营过程中产生的资金支出主要包括企业为从事生产活动而采购的原材料、支付给工人的工资以及其他与经营相关的费用等；经营过程中产生的资金收入主要就是产品销售后取得的货款。这些都是由于企业经营而引起的财务活动。

经营资金的管理活动主要包括对流动资产的管理，比如现金、应收账款、存货；还包括对流动负债的管理，比如应付账款、短期借款。这里需要注意的问题主要有以下两个方面：一方面，要确保企业有充足的资金来维持其正常的生产经营活动；另一方面，要尽可能加速资金的周转，提高资金的利用率，只有这样才能为企业创造更多的经济利益。

（4）分配活动。

分配活动是指企业将获得的利润按着一定的分配原则进行分配的一种行为。企业通过生产经营活动获得的利润、对外投资获得的净收益及其他净收入共同构成了企业的利润总额。企业获得的利润要按着既定的程序进行分配：首先，企业应该按着国家的规定依法进行纳税；其次，要弥补以前的亏损，提取公积金；最后，如果还有剩余可以向股东分配股利，也可以不分配股利，作为留存收益继续留在企业。这里企业需要注意的问题就是要确定股利的支付比率的高低问题，也就是说税后利润的多大比例要支付给股东。如果支付比例过低，股东获得的收益过少，会影响股东的投资情绪，进而影响未来企业的发展；如果支付的比例过高，那么就会有大量资金流出企业，影响企业未来的投资。所以，企业的领导者要权衡这两者的关系，确定最适当的股利分配比例，既可以满足股东的需要，又要满足企业对资金的需要，这样才有利于企业的长远发展。

2. 财务关系

理解完财务活动的含义，接下来我们还需要理解财务关系的含义，只有将这两个含义都理解深刻了，我们才能真正掌握财务管理的含义。财务关系是指企业在组织资金运动、进行财务活动过程中与各有关方面发生的经济关系。企业在进行筹资活动、投资活动、经营活动及分配活动等此类活动时就不可避免地要与企业的方方面面发生关系。企业的财务关系包括以下几个方面。

（1）企业与投资者、被投资者之间的财务关系。

第一，企业与投资者之间的财务关系。这种财务关系是指企业从其投资者那里筹集到资金用于自身的生产经营活动，实现利润后，按照合同的规定向其投资者分配应得的利润继而产生的关系。

第二，企业与被投资者之间的关系。这种关系是指企业将其闲置的资金投资于股票或其他企业，同时还要参与被投资者的利润分配继而形成的一种关系。企业的这种投资是一种获得所有权性质的投资。

（2）企业与债权人、债务人之间的财务关系。

第一，企业与债权人之间的关系。这种关系是指企业在资金不足时向债权人借入资金，到期时还本付息继而与债权人产生的一种关系。企业可以通过发行债券、向银行等机构借款等方式筹集所需资金，那么，债券的购买者或银行等机构就成为企业的债权人，企业也就随即成为债务人。所以，这种关系也是债权与债务关系的体现，也就是说，在这种关系下，企业要严格按着规定定期向债权人支付利息，到期时向债权人偿还本金。

第二，企业与债务人之间的关系。这种关系是指企业在有闲置资金时购买债券或提供借款给其他企业从而与债务人产生的一种关系。这种关系同样是债权与债务关系的体现，只不过此时企业是债权人，而发行债券或接受借款的企业成为债务人。在这种关系下，企业有权利要求债务人到期还本付息。

（3）企业内部各单位之间的财务关系。

企业内部各单位之间的财务关系是指企业内部各部门之间互相提供产品或劳务所产生的一种关系。因为在实行内部经济核算制度下，企业内部各单位之间提供产品或劳务要进行计价结算，因此，产生了企业内部各单位之间的财务关系。

（4）企业与税务机关之间的财务关系。

企业与税务机关之间的财务关系主要指的是企业依照国家税法的有关规定依法纳税而与税务机关产生的关系。这主要体现在两个方面：首先，税收是国家财政的主要收入来源，企业按时缴纳税款是国家财政收入的保证，国家有权利向一切企业征收税款；其次，按时、足额缴纳税款也体现着企业对国家、对社会应尽的义务，每个企业都要认真履行，任何企业都不能例外。所以，这种关系也是依法纳税和依法征税的权利义务关系的体现。

（5）企业与员工之间的财务关系。

企业与员工之间的财务关系是指企业在向其员工支付劳动报酬时与员工产生的关系。企业用自己的收入向员工支付工资、津贴、奖金等。所以，这种关系也是员工和企业在劳动成果上的分配关系的体现。

（二）财务管理目标

企业的领导者要具备理财思维，但是领导者所要达到的理财目标，也就是进行财务管理的目标究竟是什么呢？

财务管理目标是企业理财活动所希望实现的结果，是评价企业理财活动是否合理的基本标准①。企业进行财务管理的目标主要有以下两种。

1. 利润最大化

以利润最大化为目标是指以利润最大化作为标准来评价一个企业的行为和业绩，这一观点主要来自西方微观经济学理论。因为支持这种观点的人认为，企业的利润代表了企业新创造的价值，利润越多就说明企业的价值增值越大，财富也就越大。所以，企业的财务管理目标应该是利润最大化。但随着经济的不断发展和企业组织形式的不断变化，以利润最大化为企业财务管理的目标也就越来越暴露出其缺点，具体总结如下。

第一，利润最大化的含义难以界定。利润一词并没有一个清晰的定义供企业在进行财务管理时参考，因为这里的利润并没有说明是长期利润还是短期利润、是税前还是税后利润等，这些都是企业将利润最大化作为财务管理目标时不得不考虑的问题。

第二，利润最大化没有考虑货币时间价值。一项投资的好坏，不仅取决于其收益的大小，还取决于其投资收益实现的时间长短。如有两项投资项目，都可以获利500万元，但第一项投资在一年后即可获利，第二项投资要在两年后才可获利，由于货币存在时间价值，今天的500万元不能同明天的500万元同日而语，今天的500万元要更有价值一些，显然，第一项投资获利的时间较早，那么第一项投资要优于第二项投资。但是，如果仅以利润最大化为目标，不考虑货币时间价值就无法判断哪项投资更好，获利相同的话就视为一样好，但从上面的例子可以看出，显然不是。

第三，利润最大化没有考虑风险问题。任何投资都存在着风险，这是一个不可避免的问题。一般而言，高收益往往伴随着高风险。在这种情况下，如果仅以利润最大化为目标，往往会使企业选择高风险的投资，这样就会使企业面临较大的经营风险，可能会给企业造成巨大损失。

第四，利润最大化往往会使企业的财务决策具有短期行为。如果仅以利润最大化为目标，那么会使企业为了追求眼前的最大利润，而不顾及企业未来的发展。比如减少企业新产品的开发、技术设备的更新等，这些都会增加企业当年的利润，但显然会影响企业的长远发展。

第五，利润最大化没有考虑投入资本的多少。一项投资的好坏，不仅要考虑未来获利多少，还要考虑投入资本的多少。如果有两项投资的获利情况相同，但第一项投资的初始投资成本小于第二项投资额初始投资成本，显然，第一项投资要优于第二项投资，企业选择第一项投资是明智选择，但是，利润最大化目标并没有考虑这些。

第六，利润最大化并没有考虑会计处理的不同。企业会计处理方法具有多样性，选择不同的会计处理方法，可能会使企业具有不同的利润水平。在这种情况下，企业可能会灵活地选择会计处理方法以增加企业的利润，但这种做法并没有真实反映企业的实际情况。所以，利润最大化并没有考虑这些。

以上这些是以利润最大化为财务管理目标所存在的缺点，但即使如此，还是有很多企业

① 荆新，王化成，刘俊彦．财务管理学[M]，北京：中国人民大学出版社，2009. 5.

选择以利润最大化为财务管理的目标来考评企业的业绩。

2. 股东财富最大化

以股东财富最大化为目标是指企业经过合理的经营，为股东创造最大的财富，这种观点是目前财务理论界最流行的观点。股东财富的多少主要取决于两个因素：第一个因素是股东所持有的股票数量；第二个因素是股东所持股票的市场价格，而不是股票的票面价值。所以，在股票数量一定的情况下，股票的市场价格越高，则表明股东的财富越大。因此，我们可以将股东财富最大化演变为股票市场价格最大化。企业选择股东财富最大化为财务管理目标的原因分析如下。

第一，它不仅仅只是考虑股东财富这一方面，而是对于社会、债权人、管理者、员工等其他利益相关者也都有益。首先，股东财富最大化有益社会利益的增加。在资本市场上，投资者都会选择能给自己带来最大经济利益的企业，衡量企业的标准就是其股东财富最大化，所以，企业都会尽力实现其股东财富最大化以求能获得投资者的投资。而社会利益增加的实现需要将社会有限的资源分配到生产效率最高的经济单位，其表现为经济单位财富最大化。所以，股东财富最大化有益于社会利益的增加。其次，股东财富最大化保障了债权人的收益及求偿权。企业的债权人主要包括企业债券的持有人、向企业提供借款的借款人等。一方面，企业的债权人有权要求企业定期并按照约定利率向其支付利息，并在到期时偿还本金；另一方面，在企业面临破产时，债权人有优先于股东分得企业财产的权利。最后，股东财富最大化有利于企业管理者、员工利益的实现。现在，大多数企业都是所有权与经营权相分离，企业管理者的主要任务就是实现股东财富最大化，只有管理者实现了股东财富的增加，才能够获得工作的机会和企业的奖励。所以，股东财富最大化有利于激励管理者更加努力地工作，这样管理者的利益也就实现了。

第二，以股东财富最大化为目标克服了以利润最大化为目标的缺点。首先，股东财富最大化考虑了货币的时间价值，因为投资收益的获得时间会影响股票的市场价格；其次，股东财富最大化考虑了风险问题，因为风险问题同样会影响股票的市场价格；再次，股东财富最大化克服了企业部分的短期行为，因为股票的市场价格在一定程度上取决于企业未来获取现金流量的能力；最后，股东财富最大化考虑了投入资本的多少，因为股票价格反应的是单位投入资本的市场价格。

但股东财富最大化也有其缺点，对于上市公司来说，股东财富最大化这个指标比较容易衡量；而对于非上市公司来说，衡量起来会困难一些，但我们可以通过资产评估或根据公司未来可取得的现金流量来衡量这一指标。

（三）财务管理环节

明确了财务管理的目标之后，要想实现这个目标我们就需要掌握进行财务管理的基本环节，主要由财务预测、财务决策、财务预算、财务控制及财务分析五个环节构成，它们不是独立存在的，而是相互联系、相互配合，共同形成一个完整的财务管理体系，下面分别介绍财务管理的每个环节。

1. 财务预测

财务预测是指根据所掌握的有关财务活动的历史资料结合企业目前所处的现实状况，运用一定的方法，对企业未来的财务活动或所列举的决策方案进行科学、合理的预测。科学、合理的财务预测是企业进行财务决策、编制财务预算的基础。因此，财务预测是财务管理中的重要环节，财务预测的准确与否很大程度上决定着企业财务决策的正确与否及所编制的财务预算是否科学合理。财务预测的主要内容包括资金预测、投资预测、销售收入预测、成本费用预测、利润预测等。

2. 财务决策

财务决策是指在财务预测的基础上，结合所要实现的目标，详细分析和比较所列举的每个决策方案的利弊，从所列举的决策方案中选出一个最优方案的过程。财务决策具体包括筹资决策、投资决策及分配决策。筹资决策主要是指对筹资金额、筹资方式等方面进行分析比较，选择最有利于企业经营发展的筹资决策；投资决策主要是指对所有投资方案的各个方面，比如对每种投资方案的投资收益率、所面临的风险等，进行分析比较，选出最优的投资方案；分配决策主要是指选择何种分配方案既能满足股东的利益又有利于企业的长远发展，过多的股利分配，导致企业的资金过少，不利于企业的长远发展；过少的股利分配，股东的利益无法得到满足，影响股东情绪，同样不利于企业的发展。

3. 财务预算

财务预算是指以财务预测为基础，以财务决策为依据，运用科学的技术手段和数学方法对目标进行综合平衡，依据企业所要实现的经营目标，制定预算期内经营成果、预计财务状况及现金收支等的预算，主要包括现金预算、预计损益表、预计资产负债表等。因此，财务预算是企业经营目标的具体化，同时也是企业进行财务控制和财务分析的基础和依据。

4. 财务控制

财务控制是指企业在进行财务管理的过程中，以制定的财务预算为控制标准，利用有关信息，采用特定方法对企业的财务活动过程进行监督，施加影响并进行相应调节，以保证财务预算的执行及财务目标实现的过程。因此，它在确保财务预算的顺利完成及财务目标的实现中起着极为重要的作用。

5. 财务分析

财务分析是指企业以所掌握的相关资料为主要依据，运用特定的财务分析方法，对其财务活动过程及结果进行分析和评价的过程。通过财务分析，企业可以了解其目前的财务状况、财务预算及财务目标的完成情况，还可以发现财务活动过程中存在的问题，详细分析其出现的原因并提出相应的改进措施，这样更有利于提高企业财务管理的能力及财务目标的实现，同时，为以后进行财务预测、财务决策及编制财务预算提供依据和参考资料。

企业的领导者要想具备理财思维，除了要了解财务管理的基本概念之外，还要具备一些财务管理的基本观念。下面详细介绍两种基本观念：货币时间价值和风险。

二、财务管理基本观念

（一）货币时间价值

货币时间价值是财务管理的基本观念之一，因为任何企业的财务活动都是在特定的时空内进行的，因此，货币时间价值就成为企业在进行财务决策、实现理财目标时不可避免要考虑的因素。我们不能将不同时点上的资金进行简单的相加或比较，而是要将不同时点上的资金换算成同一时点，再进行相加或比较才有意义，也只有这样才能做出客观的财务决策以实现财务管理的目标，如果忽视了货币时间价值，可能会给企业带来严重的损失，因此，我们一定要树立货币时间价值观念。

1. 货币时间价值的含义

货币时间价值也称为资金的时间价值，是指货币经历一定时间的投资和再投资所增加的价值。

下面分析货币时间价值的产生过程及其实质：企业用资金购买生产所需的材料，产出的新产品经销售后获得比原来初始投入更多的资金，从而形成资金的增值。资金从投入到回收形成一次循环，资金每完成一次循环，就会产生一定的增值额。资金周转一次的时间越短、周转的次数越多、产生的增值也就越大。这样，随着时间的不断推移，资金总额会不断增加，从而使得其具有了时间价值，这是货币时间价值产生的过程。由此可见，货币时间价值的实质就是资金在投入到生产经营使用、周转后形成的增值。

货币时间价值有两种表现形式：绝对数表现形式和相对数表现形式。绝对数表现形式即为货币时间价值额，是指资金在使用周转后产生的实际增值额，可以用资金和货币时间价值率的乘积来计算。相对数表现形式即为货币时间价值率，是指扣除风险收益和通货膨胀补贴后的平均资金利润率。这里所说的货币时间价值率与我们平时所说的存款利率、贷款利率等一般利率是不同的，只有在去除风险及通货膨胀的影响后，货币时间价值率才与我们所说的一般利率相同。因此，为了简化问题，使人们能够更加容易地理解货币时间价值的含义，我们在这里假设不存在风险和通货膨胀，以利率来表示货币时间价值率。

2. 货币时间价值的计算

通常情况下，在计算货币时间价值时一般采用利息的各种计算方法。货币时间价值的计算主要表现为现值和终值的计算，主要有单利的现值和终值、复利的现值和终值及年金的现值和终值。利息的计算方法有单利和复利两种，这也就决定了货币时间价值的计算也要采用单利和复利，下面分别介绍一下各种现值和终值的计算。

（1）单利终值及现值的计算。

要进行单利现值和终值的计算，首先应该明确一下单利的含义，单利是指在计算利息的时候，只有本金可以计算利息，而由本金产生的利息在下期时不再计入本金计算利息。

在进行终值及现值的计算时，我们通常用以下几个符号表示。

i：表示利率（通常为年利率）　I：表示利息　n：计息期数（通常以年为单位）

PV：表示现值，即为本金　FV_n：表示终值

单利的计算公式如下：

$$I=PV\times i\times n$$

①单利终值的计算。

单利终值是指按照单利的计算方法，在本金和利率一定的条件下，计算出这笔资金在若干期后所具有的价值即这笔本金未来所具有的价值。其计算公式如下：

$$FV_n=PV+PV\times i\times n=PV(1+i\times n)$$

②单利现值的计算。

单利现值是指按照单利的计算方法，在已知终值和利率的情况下，计算出终值若干期前的价值即终值现在所具有的价值。单利现值的计算和单利终值的计算是一个相反的过程，可以由终值的计算公式推算出现值的计算公式：

$$PV=\frac{FV_n}{(1+i\times n)}$$

单利终值和现值的计算较为简单，下面举两个例子说明。

例 1

李某将一笔 10 000 元的本金存入银行，假设银行年利率为 2%，期限为 3 年，采取单利计息的方式，那么 3 年后李某可以获得多少钱呢？

$$FV_n=P+P\times i\times n=P（1+i\times n）=10\,000(1+2\%\times 3)=10\,600（元）$$

所以，3 年后李某可以获得 10 600 元。

例 2

张某欲将 2 年后获得的 4 500 元作为大学最后一年的学费，假设银行年利率为 2%，采用单利计息的方式，那么他现在需要在银行存入多少本金？

$$PV=\frac{FV_n}{(1+i\times n)}=\frac{4\,500}{(1+2\%\times 2)}=4\,326.92（元）$$

所以，张某现在需要在银行存入 4 326.92 元的本金才可以在 2 年后获得 4 500 元。

（2）复利的终值及现值的计算。

在进行复利终值和现值的计算之前，首先应该明确复利的含义，复利是指在计算利息的时候，除了本金可以计算利息以外，由本金产生的利息也可以在下一期计入本金继续计算利息。通过分析复利的含义，我们可以看出复利体现了一种较为理性的思维，因为人们为了获取更多的资金，是不会让其资金闲置的，而是要进行充分的利用，所以，所获得的利息要继续生息。因此，现实生活中我们多采用复利这种方法。

复利的计算公式如下（FV_1、FV_2、FV_3、…、FV_n 表示每一期的本利和）：

第一年：$I_1=PV\times i$

第二年：$I_2=FV_1\times i$

第三年：$I_3=FV_3\times i$

…

第 n 年：$I_n=FV_{n-1}\times i$

知识链接

从上面单利和复利的计算方法我们可以看出它们的本质区别：单利每期都是以其本金来计算利息的，所以，每期获得的利息额都是相等的；而复利则是以每期期末的本利和作为下一年的本金来计算利息，所以，其获得的利息额是逐期递增的，也就是我们平时经常说的“利滚利”。这也就决定了单利现值和终值与复利现值和终值计算的不同。

①复利终值的计算。

复利终值是指在本金和利息一定的条件下，按照复利的计算方法计算出这笔资金在若干期后的价值，也就是未来这笔本金值多少钱。掌握了复利的计算原理，我们就可以来推导复利终值的计算公式。

假设一笔资金数额为 PV，利率为 i，期数为 n 年，则 n 年后这笔资金的价值也就是终值如下：

第一年末的本利和：$FV_1=PV+PV\times i=PV(1+i)$

第二年末的本利和：$FV_2=FV_1(1+i)=PV(1+i)^2$

第三年末的本利和：$FV_3=FV_2(1+i)=PV(1+i)^3$

以此类推。

第 n 年的本利和：$FV_n=FV_{n-1}(1+i)=PV(1+i)^n$

所以，复利终值的计算公式如下：

$$FV_n=PV(1+i)^n=PV\times FVIF_{i,n}=PV\times(F/P,i,n)$$

在这里需要说明的是，我们通常将$(1+i)^n$成为复利终值系数，表示为 $FVIF_{i,n}$或$(F/P,i,n)$，如 $FVIF_{5\%,10}$或（F/P, 5%, 10）就表示利率为 5%，期限为 10 年的复利终值系数。为了便于计算，我们可以编制复利终值系数表，有需要的时候直接查询即可获得，用查询所得的复利终值系数直接与本金相乘即可获得终值。

②复利现值的计算。

复利现值是指已知终值和利率的情况下，按着复利的计算方法计算出终值若干期前的价值，即终值现在所具有的价值。简单地说，我们要想未来获得这些数额的资金，现在所需投入的本金是多少。复利现值的计算与复利终值的计算公式是相反的过程，由复利终止的计算公式推导出复利现值的计算公式如下：

$$PV=\frac{FV_n}{(1+i)^n}=FV_n\times PVIF_{i,n}=FV_n(P/F,i,n)$$

我们通常将$\frac{1}{(1+i)^n}$成为复利现值系数，表示为 $PVIF_{i,n}$或$(P/F,i,n)$，为了简便计算，我们同样可以编制复利现值表，用所查询到的复利现值系数与终值相乘即可获得现值。

复利现值和终值的计算相对单利现值和终值的计算较为复杂一些，现举两个例子加深一下理解。

例 3

同例 1，采取复利计息的方式，那么此时李某可获得多少的本利和是多少？

$$FV_3=PV(1+i)^3=10\,000(1+2\%)^3=10\,612.08（元）$$

所以，此时李某可以获得 10 612.08 元的本利和。

例 4

同例 2，采取复利计息的方式，那么此时张某需要在银行存入多少本金呢？

$$PV=\frac{FV_2}{(1+i)^2}=\frac{4\,500}{(1+2\%)^2}=4\,325.26（元）$$

所以，此时张某需要在银行存入 4 325.26 元的本金。

（3）年金终值及现值的计算。

年金是指每隔相等的时间间隔，实现相等金额的收款或付款。在日常生活中，我们会经常遇到年金这种情况，比如，利息的收付、租金的收付、养老金的收付等。年金按照收款或付款的时间不同可以分为后付年金、先付年金、递延年金和永续年金四种，不同种类的年金，其终值和现值的计算原理和计算方法是不同，下面详细介绍每种年金终值和现值的计算原理和计算方法。

在进行年金终值及现值的计算时，我们通常用以下几个符号表示。

A：表示年金　　　　PVA_n：表示年金现值　　　　FVA_n：表示年金终值

①后付年金终值与现值的计算。

后付年金是指在一定期间内，每期期末实现相等金额的收款或付款的年金，这也是目前较为常见、较为普通的一种年金。

A．后付年金终值的计算。

后付年金终值是指一定期间内每期期末实现的等额收款或付款的复利终值之和。

下面结合图示来说明后付年金终值的计算，注意后付年金是在每期期末实现等额的收付，这个过程就是将 $t=1,2,3,\cdots,n$ 时刻的资金价值折算成 $t=n$ 时刻的价值。

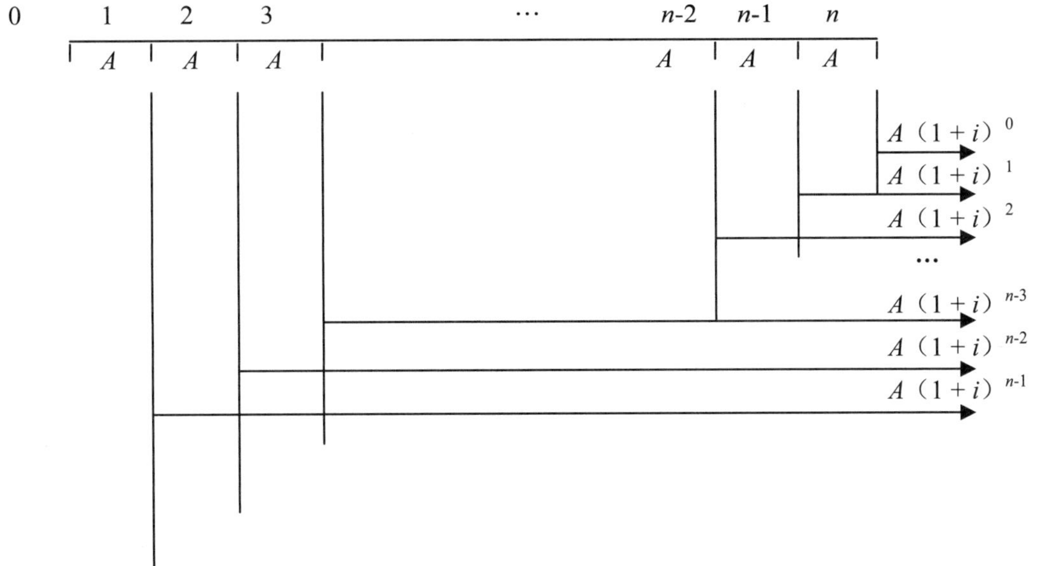

第一年收付款的终值：$FV_1=A(1+i)^{n-1}$

第二年收付款的终值：$FV_2=A(1+i)^{n-2}$

第三年收付款的终值：$FV_3=A(1+i)^{n-3}$

……

第 n-2 年收付款的终值：$FV_{n-2}=A(1+i)^{n-(n-2)}=A(1+i)^{2}$

第 n-1 年收付款的终值：$FV_{n-1}=A(1+i)^{n-(n-1)}=A(1+i)^{1}$

第 n 年收付款的终值：$FV_n=A(1+i)^{n-n}=A(1+i)^{0}$

由此推出先付年金终值计算公式：

$$
\begin{aligned}
FVA_n &= FV_1+FV_2+FV_3+\cdots+FV_n \\
&= A(1+i)^{n-1}+A(1+i)^{n-2}+A(1+i)^{n-3}+\cdots+A(1+i)^{0} \\
&= A\sum_{t=1}^{n}(1+i)^{t-1} \qquad ①
\end{aligned}
$$

将①式两边同乘（1+i）：

$$FVA_n（1+i）=A（1+i）^n+A（1+i）^{n-1}+A（1+i）^{n-2}+\cdots+A（1+i） \quad ②$$

②-①得：

$$FVA_n i=A（1+i）^n-A=A[（1+i）^n-1]$$

$$FVA_n=A\left[\frac{(1+i)^n-1}{1}\right]$$

我们将$\sum_{t=1}^{n}$（1+i）$^{t-1}$或$\frac{[(1+i)^n-1]}{1}$称为年金终值系数，可以用 $FVIFA_{i,n}$ 或（$F/A, i, n$）表示。为了简便计算，可以编制后付年金终值系数表，直接查表将所得的后付年金终值系数与年金 A 相乘即为其终值，公式可以简化为：

$$FVA_n=A\times FVIFA_{i,n}=A\times（F/A, i, n）$$

B. 后付年金现值的计算。

后付年金现值是指在一定期间内，每期期末实现等额的收款或付款的复利现值之和。

下面结合图示来说明，简单地说，这个过程就是将 t=1,2,3,…,n 时刻的资金的价值折算成 t=0 时刻的价值。

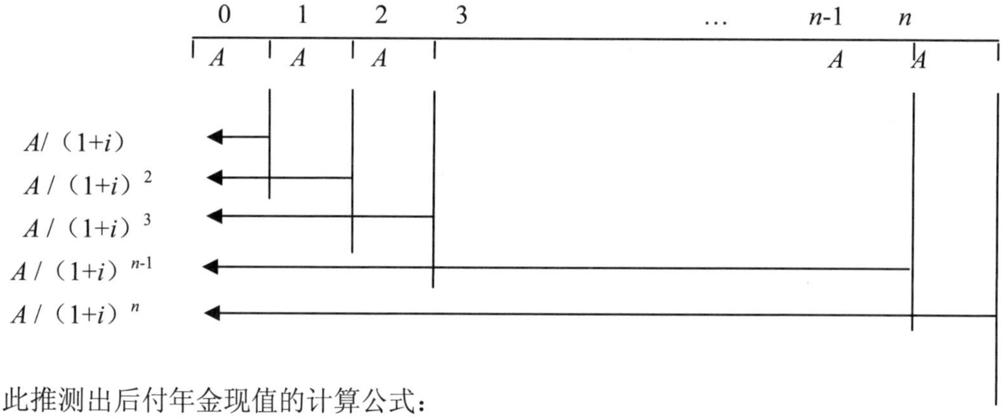

由此推测出后付年金现值的计算公式：

$$PVA_n=\frac{A}{(1+i)}+\frac{A}{(1+i)^2}+\frac{A}{(1+i)^3}+\cdots+\frac{A}{(1+i)^{n-1}}+\frac{A}{(1+i)^n}=A\sum_{t=1}^{n}\frac{1}{(1+i)^t} \quad ①$$

将①式两边同乘（1+i）得：

$$（1+i）PVA_n=A+\frac{A}{(1+i)}+\frac{A}{(1+i)^2}+\cdots+\frac{A}{(1+i)^{n-2}}+\frac{A}{(1+i)^{n-1}} \quad ②$$

②-①得：

$$iPVA_n=A-\frac{A}{(1+i)^n}=A[1-（1+i）^{-n}]$$

$$PVA_n=A\frac{[1-（1+i)^{-n}]}{i}$$

也可以由后付年金终值的公式直接推导而出，我们将 $\sum_{t=1}^{n}\frac{1}{(1+i)^t}$ 或 $\frac{1-(1+i)^{-n}}{i}$ 称为年金现值系数，可以用 $PVIFA_{i,n}$ 或（$P/A, i, n$）表示。为了简便计算，可以编制后付年金现值系数表，直接查表将所得的后付年金现值系数与年金 A 相乘即为其现值，公式可以简化为：

$$PVA_n=A\times PVIFA_{i,n}=A\times(P/A, i, n)$$

下面举两个例子说明一下。

例 5

王某要在 5 年中，每年年末向银行中存入 5 000 元，银行存款年利率为 3%，采用复利计息的方式，那么 5 年后王某可以获得多少元？

$$FVA_5 = A\times FVIFA_{3\%,5}=5\,000\times5.309=26\,545\text{（元）}$$

所以，5 年后王某可以获得 26 545 元。

例 6

赵某要在今后的 4 年中，每年年末从银行中取 10 000 元，银行存款年利率为 3%，采用复利计息的方式，那么赵某现在需要在银行存入多少元？

$$PVA_4=A\times PVIFA_{3\%,4}=10\,000\times3.717=37\,170\text{（元）}$$

所以，赵某现在需要在银行存入 37 170 元。

②先付年金终值与现值的计算。

先付年金是指在一定期间内每期期初实现等额收款或付款的年金。通过比较后付年金与先付年金的定义我们可以看出，后付年金与先付年金的区别在于收款或付款的时间不同，一个是在每期期初，一个是在每期期末。

A．先付年金终值的计算。

先付年金终值是指一定期间内每期期初实现的等额收款或付款的复利终值之和。

将后付年金终值与先付年金终值以图示进行比较，如下图所示。

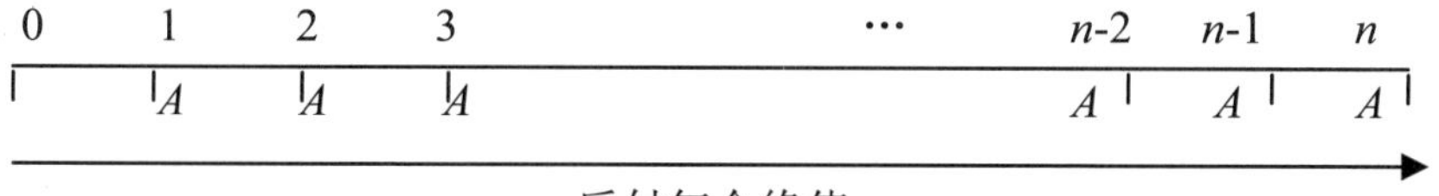

后付年金终值

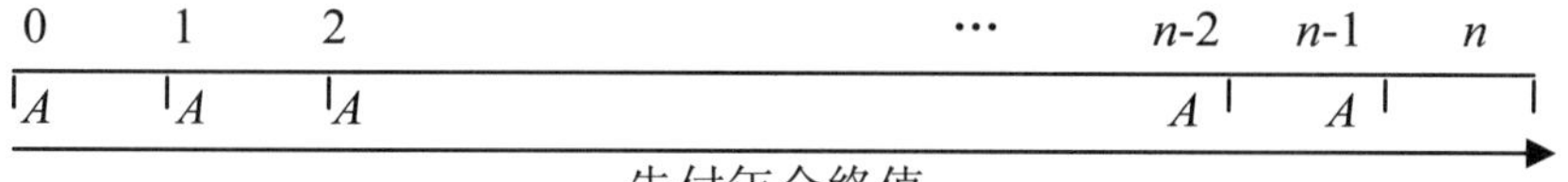

先付年金终值

注意：先付年金是在每期期初实现等额的收付，这个过程就是将 $t = 0,1,2,3,\cdots,n-1$ 时刻的资金的价值折算成 $t=n$ 时刻的价值。

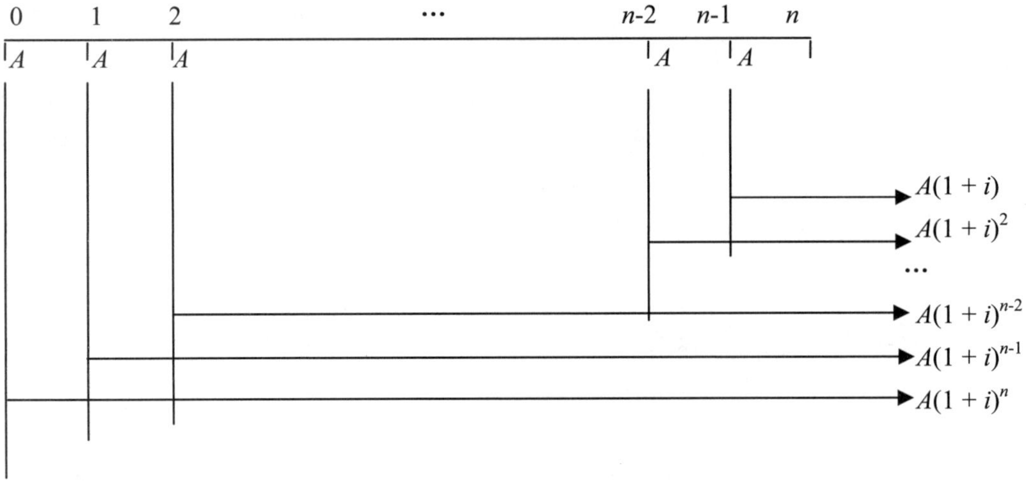

从上面两个图示可以看出，n 期后付年金与 n 期先付年金的收付款次数是相同的，但由于它们收付款的时间不同，进而导致 n 期先付年金比 n 期后付年金多计算一期利息。这样我们就可以根据后付年金终值的计算公式推导出先付年金终值的计算公式，只要在后付年金终值后乘以（1+i）即可得到先付年金的计算公式：

$$FVA_n=A\times FVIFA_{i,\,n}\times（1+i）=A\times（F/A,\,i,\,n）\times（1+i）$$

依照上面的公式我们还可以推导出另外一个公式：

$$FVA_n=A\times FVIFA_{i,\,n}\times（1+i）=A\left[\frac{(1+i)^{-n}-1}{i}\right]（1+i）=A\left[\frac{(1+i)^{n+1}-1]}{i}-1\right]$$

$$=A\times（FVIFA_{i,\,n+1}-1）=A\times[（F/A,\,i,\,n+1）-1]$$

我们可以将$\left[\frac{(1+i)^{n+1}-1}{i}\right]$称之为先付年金终值系数，可以用（$FVIFA_{i,n+1}-1$）或[（$F/A,i,n+1$）−1]表示，这样就可以通过查询后付年金终值系数表查询出 n+1 期的系数值，再减 1 即可获得 n 期先付年金终值系数。

B. 先付年金现值的计算。

先付年金现值是指一定期间每期期初等额的收付款复利现值之和。

将后付年金现值与先付年金现值以图示进行比较，如下图所示。

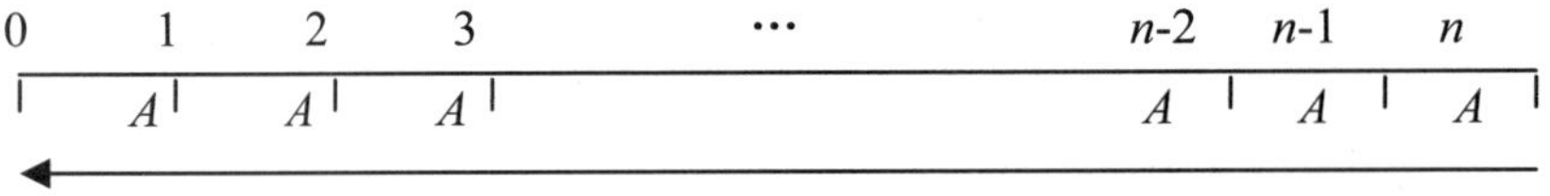

后付年金现值

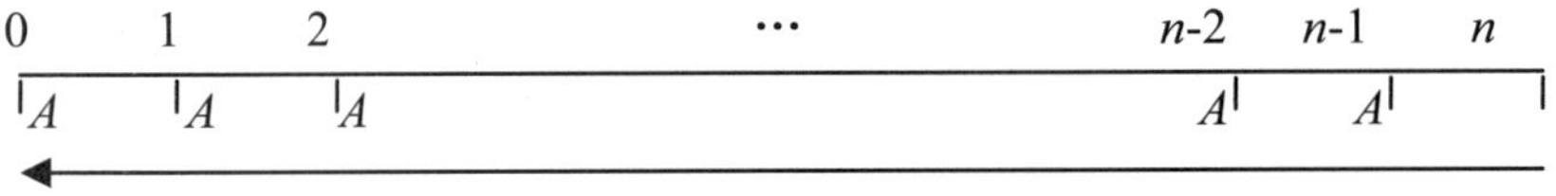

先付年金现值

下面结合图示来说明一下，简单地说这个过程就是将 t = 0,1,2,3,…,n-1 时刻的资金的价值

折算成 t=0 时刻的价值。

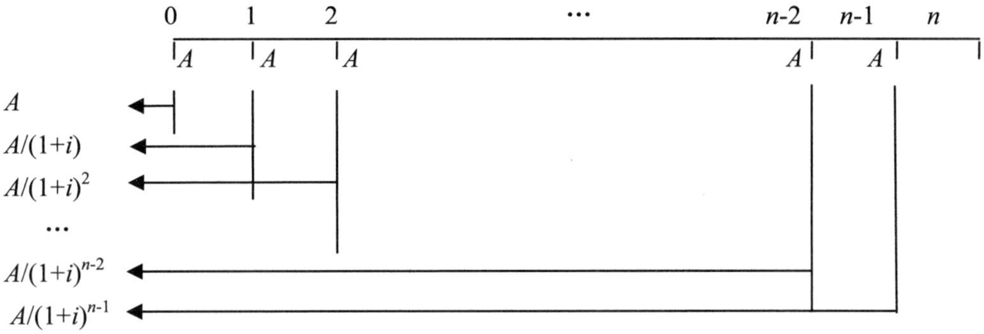

从上面两个图示可以看出，n 期后付年金与 n 期先付年金的收付款次数相同的，但由于它们收付款的时间不同，进而导致 n 期先付年金比 n 期后付年金少计折现一次。这样就可以根据后付年金现值的计算公式推导出先付年金现值的计算公式，只要在后付年金现值后乘以（1+i）即可得到先付年金的计算公式：

$$PVA_n=A\times PVIFA_{i,n}\times(1\times i)=A\times(P/A,i,n)\times(1+i)$$

由上面的公式还可以推导出另外一个公式：

也就是说先付年金现值先于后付年金的折现期。故也可将上述公式进一步推导：$P=A+A(1+i)$^−1+$A(1+i)$−2+$A(1+i)$^−3+⋯⋯+$A(1+i)$^−(n−1)=A×{[1−(1+i)^−n]/i}×(1+i)=A×{1+[1−(1+i)^−(n−1)]/i} 我们可以将 $\left[1+\frac{1-(1+i)^{-(n-1)}]}{i}\right]$ 称之为先付年金现值系数，可以用（$PVIFA_{i,n-1}$+1）或[（$P/A,i,n-1$）+1]表示，这样就可以通过查询后付年金现值系数表查询出 n−1 期的系数值，再加 1 即可获得 n 期先付年金现值系数。

下面举两个例子加深一下对先付年金终值和现值的计算。

例 7

张某在今后的 5 年中每年年初向银行存入 20 000 元，银行年存款利率为 4%，那么张某在第 5 年年末可以获得多少元呢？

$FVA_n=A\times FVIFA_{i,n}\times(1\times i)=A\times(FVIFA_{i,n+1}-1)=20\,000\times FVIFA_{4\%,5}\times(1+4\%)$

$=20\,000\times(FVIFA_{4\%,6}-1)=20\,000\times(6.633\,0-1)=112\,660$（元）

所以，张某在第 5 年年末可以获得 112 660 元。

例 8

刘某在今后的 4 年中每年年初要支付 15 000 元的房屋租金，银行年存款利率为 5%，那么刘某需要现在向银行存入多少元？

$PVA_n=A\times PVIFA_{i,n}\times(1\times i)=A\times(PVIFA_{i,n-1}+1)=15\,000\times(PVIFA_{5\%,3}+1)$

$=15\,000\times(2.723\,2+1)=55\,848$（元）

所以，刘某需要现在向银行存入 55 848 元。

③递延年金终值和现值的计算。

递延年金是指前若干期没有实现等额的收款或付款，而若干期以后每期开始有等额的收款或付款的一种年金。

A．递延年金终值的计算。

递延年金终值是指若干期后实现的等额收付款的复利终值之和。递延年金终值的计算与后付年金终值的计算方法相同，下面结合图示说明一下。

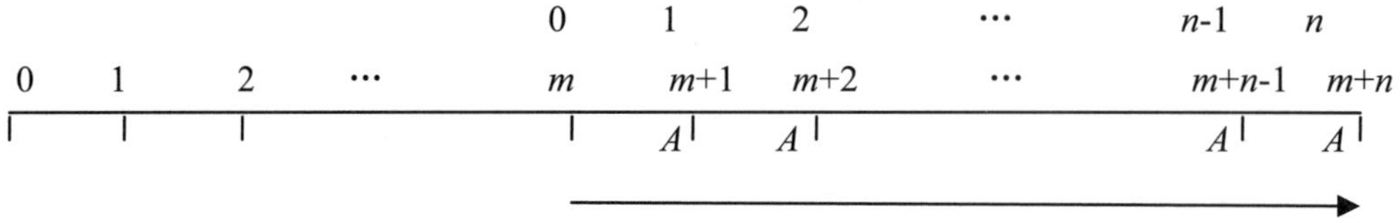

由于前 m 期没有等额的收款或付款，因此，计算 $m+n$ 期递延年金的终值就相当于计算 n 期后付年金的终值，就是将 $t=m+1,m+2,\cdots,m+n$ 时刻的资金价值折算到 $t=m+n$ 时刻的资金价值。详细的计算过程参看后付年金终值的计算。

B. 递延年金现值的计算。

递延年金现值是指若干期后实现的等额收付款的现值之和。相对于递延年金终值的计算，递延年金现值的计算要复杂一些，现假设递延年金有 $m+n$ 期，前 m 期是递延期，没有等额的收付款，后面 n 期开始实现等额的收付款，计算递延年金的现值有两种方法。

a. 这种方法需要将计算过程分为以下两步。

第一步：先将后面 n 期的年金折现到第 m 期期末。

第二步：再将第 m 期期末的年金按照复利现值的计算方法折现到第 1 期期初。下面结合图示说明如下。

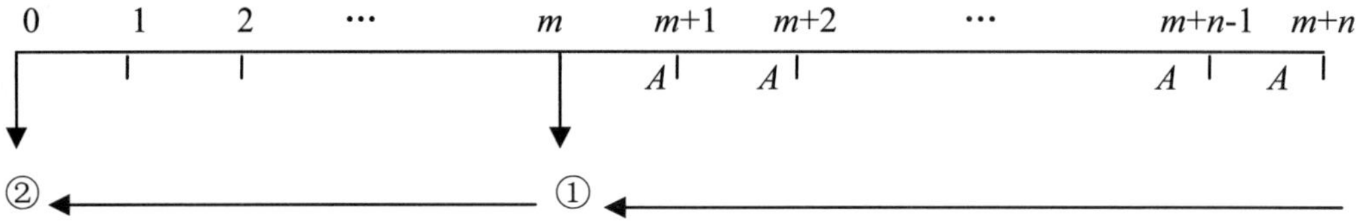

递延年金现值的计算公式为：

$$PVA_n=A\times\frac{1-(1+i)^{-n}}{i}/(1+i)^{m}=A\times PVIFA_{i,n}\times PVIFA_{i,m}=A\times(P/A,i,n)\times(P/F,i,m)$$

b. 这种方法是将 $m+n$ 期的递延年金先按照 $m+n$ 期的后付年金计算出其现值，再减去前 m 期后付年金的现值，这之间的差额即为 $m+n$ 期递延年金的现值。具体计算公式为：

$$PVA_n=A\times\frac{1-(1+i)^{-(m+n)}}{i}-A\times\frac{1-(1+i)^{-m}}{i}=A\times PVIFA_{i,m+n}-A\times PVIFA_{i,m}$$

$$=A\times(P/A,i,m+\mathrm{n})-A\times(P/A,i,m)$$

下面举个例子加深理解。

例 9

王某打算在第 4 年年末开始每年从银行取出 15 000 元支付房屋贷款，直到第 10 年年末结束，银行年存款利率为 5%，那么他现在需要在银行中存入多少元？

第 1 种方法：

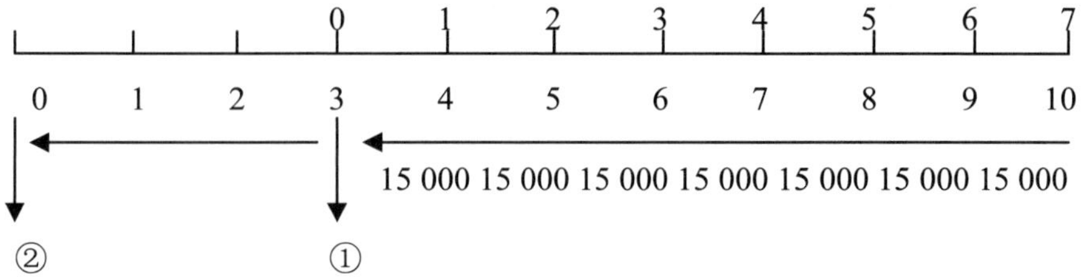

$PVA_{10}=A\times PVIFA_{i,n}\times PVIFA_{i,m}=15\ 000\times PVIFA_{5\%,7}\times PVIFA_{5\%,3}=15\ 000\times 5.786\ 4\times 0.863\ 8=74\ 974.385$（元）

第 2 种方法：

$PVA_{10}=A\times PVIFA_{i,m+n}-A\times PVIFA_{i,m}=A\times PVIFA_{5\%,10}-A\times PVIFA_{5\%,3}=15\ 000\times 7.721\ 7-15\ 000\times 2.723\ 2=74\ 977.5$（元）

由于年金现值系数与复利现值系数存在着一定的误差，所以两种方法的计算结果基本相同。

因此，王某需要现在向银行存入 74 974.385 元。

④永续年金。

永续年金是指没有具体期限，每期实现等额的收款或付款的一种年金，最典型的例子就是优先股股利，因此，永续年金其实是一个期限为无穷大的后付年金。

A．永续年金终值的计算。

既然永续年金是一个期限为无穷大的后付年金，那么就可以由后付年金终值的计算方法来推导永续年金终值的计算公式。

$$FVA_n=A\left[\frac{(1+i)^n-1]}{i}\right]$$

由于永续年金的期限无限大，因此，上式中的 n 趋于无穷大，$\frac{(1+i)^{n}-1}{i}$ 也就趋于无穷大，进而导致永续年金的终值趋于无穷大，所以，我们无法计算出永续年金终值具体是多少。

B. 永续年金现值的计算。

关于永续年金现值的计算公式，仍然要通过后付年金现值的计算方法推导出来。

$$PVA_n=A\left[\frac{1-(1+i)^{-n}]}{i}\right]$$

由于永续年金的期限无限大，因此，上式中的 n 趋于无穷大，进而导致 $(1+i)^{-n}$ 趋于 0，所以永续年金现值的计算公式为：

$$PVA_n=A/i$$

下面举个例子来加深一下对永续年金现值计算的理解。

例 10

李某若想设立一个奖学金基金，每年拿出 8 000 元奖励品学兼优的学生，并坚持永远做下去，银行年存款利率为 4%，那么他现在需要在银行中存入多少元？

$$PVA_n=A/i=8\ 000/4\%=200\ 000\text{（元）}$$

所以，李某现在需要在银行中存入 200 000 元钱，才能够支付每年 8 000 元的奖学金基金。

⑤不等额现金流终值与现值的计算。

前面所讲的年金都是等额现金流的情况，但现实中我们经常会遇到一些每次收款或付款金额不等的情况，这个时候应该如何计算其终止和现值呢？

A．不等额现金流终值的计算。

不等额现金流终值的计算方法就是分别计算每期收款或付款的复利终值并进行加总。下面结合图示进一步说明。

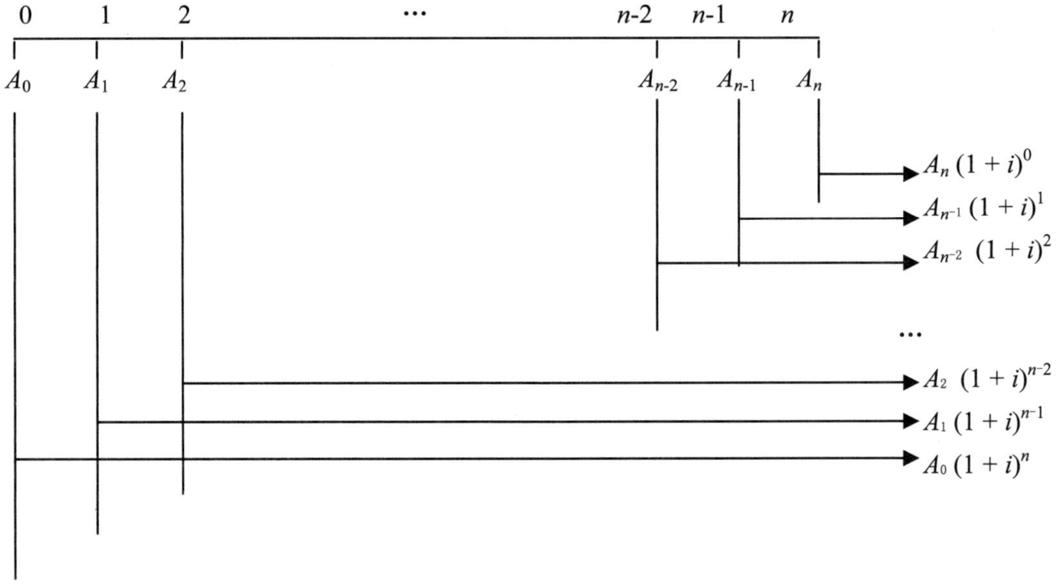

不等额现金流终值的计算公式：

$$FV_n=A_0(1+i)^n+A_1(1+i)^{n-1}+A_2(1+i)^{n-2}+\cdots+A_{n-1}(1+i)^1+A_n(1+i)^0$$

$$=\sum_{t=0}^{n} A_t(1+i)^{n-t}$$

B. 不等额现金流现值的计算。

不等额现金流现值的计算方法就是分别计算每期收款或付款的复利现值并进行加总。下面结合图示进一步说明。

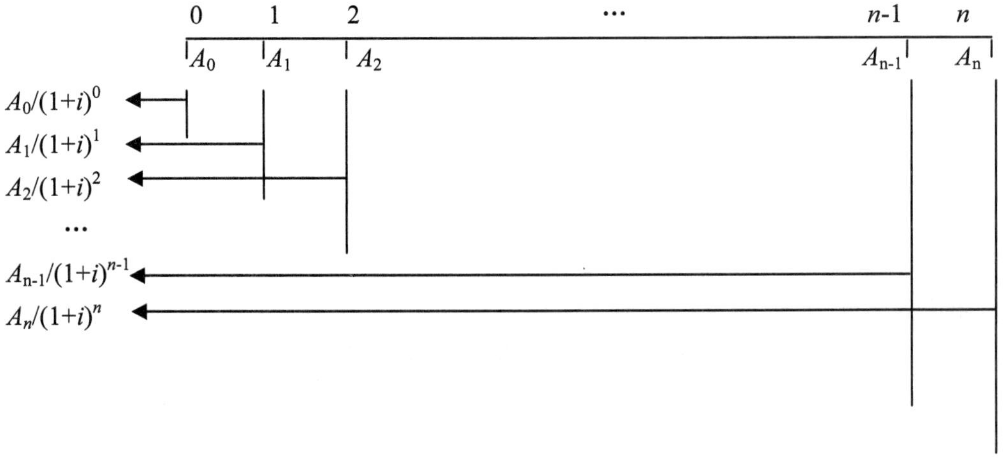

不等额现金流现值的计算公式：

$$PV=A_0/（1+i）^0+A_1（1+i）^1+A_2/（1+i）^2+\cdots+A_{n-1}/（1+i）^{n-1}+A_n/（1+i）^n$$

$$=\sum_{t=0}^{n} A_t（1+i）^t$$

下面举例说明。

例 11

张某每年年末在银行存入一笔资金，银行年存款利率为 4%，计算这笔不等额存款的终值。张某每年存入银行的金额如下表所示。

单位：元

年份	0	1	2	3	4	5
现金流量	10 000	15 000	20 000	25 000	30 000	35 000

$FV_5=A_0（1+i）^5+A_1（1+i）^4+A_2（1+i）^3+A_3（1+i）^2+A_4（1+i）^1+A_5（1+i）^0=$
$10\,000\times FVIF_{4\%,5}+15\,000\times FVIF_{4\%,4}+20\,000\times FVIF_{4\%,3}+25\,000\times FVIF_{4\%,2}+30\,000\times FVIF_{4\%,1}+35\,000\times FVIF_{4\%,0}=10\,000\times 1.216\,7+15\,000\times 1.169\,9+20\,000\times 1.124\,9+25\,000\times 1.081\,6+30\,000\times 1.040\,0+35\,000=110\,453.5$（元）

所以，这笔不等额存款的终值为 110 453.5 元。

例 12

同上例，计算这笔不等额存款的现值。

$PV=A_0/（1+i）^0+A_1/（1+i）^1+A_2/（1+i）^2+A_3/（1+i）^3+A_4/（1+i）^4+A_5/（1+i）^5=$
$10\,000\times PVIF_{4\%,0}+15\,000\times PVIF_{4\%,1}+20\,000\times PVIF_{4\%,2}+25\,000\times PVIF_{4\%,3}+30\,000\times PVIF_{4\%,4}+35\,000\times PVIF_{4\%,5}=10\,000+15\,000\times 0.961\,5+20\,000\times 0.924\,6+25\,000\times 0.889\,0+30\,000\times 0.854\,8+35\,000\times 0.821\,9+119\,550$（元）

所以，这笔不等额存款的现值为 119 550 元。

⑥不等额现金流和年金混合情况下现值的计算。

不等额现金流和年金混合情况下现值的计算方法为：对于年金的部分，用年金的计算方法计算；对于不等额现金流的部分，用复利公式计算，然后将这两部分进行加总即可。

下面举例说明。

例 13

某公司进行了一项新的投资，每年获得的现金流入量如下表所示，利率为 5%，计算这笔现金流量的现值。

单位：元

年份	1	2	3	4	5	6	7	8
现金流量	20 000	20 000	20 000	30 000	40 000	40 000	40 000	40 000

第 1~3 年每年的现金流量相同，可以看成一种年金；第 5~8 年每年的现金流量相同，可以看成一种年金。

$PV=20\,000\times PVIF_{5\%,3}+30\,000\times PVIF_{5\%,4}+40\,000\times PVIF_{5\%,4}\times PVIF_{5\%,4}$
$=20\,000\times 2.723\,2+300\,000\times 0.822\,7+40\,000\times 3.546\,0\times 0.822\,7=54\,464+24\,681+116\,691.76$

=195 836.76（元）

所以，这笔现金流量的现值为 195 836.76 元。

3. 货币时间价值其他方面的计算

在以上货币时间价值的计算中，我们都是已知利率、计息次数及现值来计算终值或已知利率、计息期数及终值来计算现值，但事实上，有些情况是需要我们根据已知的条件来推算出利率或计息次数的。

（1）利率的计算。

利率的计算必须是在现值、终值及计息期数都已知的情况下，这样我们就可以通过一定的公式推算出利率的大小。

①复利中利率的计算。

本金（PV）、终值（FV_n）、计息期数（n）为已知，由复利终值公式：

$$FV_n=PV(1+i)^n=PV\times FVIF_{i,n}=PV\times(F/P,i,n)$$

可得：

$$(1+i)^n=FVIF_{i,n}=(F/P,i,n)=FV_n/PV \quad ①$$

同理由复利现值公式可得：

$$1/(1+i)^n=PVIF_{i,n}=(P/F,i,n)=PV/FV_n \quad ②$$

$$i+\left(\frac{FVn}{PV}\right)^{\frac{1}{n}}-1 \quad ③$$

首先，由①式或②式得到了复利终止系数或现值系数以后，我们可以通过查询复利终止系数表或现值系数表找到对应的值，进而可以得到相应利率值。其次，不通过查询系数表，由③式也可直接获得利率。

②年金中利率的计算。

年金（A）、年金现值（PVA_n）、终值（FVA_n）、计息期数（n）为已知。

A．后付年金利率的计算。

由后付年金终值公式：

$$FVA_n=A\times FVIFA_{i,n}=A\times(F/A,i,n)$$

可得：

$$FVIFA_{i,n}=(F/A,i,n)=FVA_n/A$$

同理，由后付年金现值公式可得：

$$PVIFA_{i,n}=(P/A,i,n)=PVA_n/A$$

• 得到年金终值系数或年金现值系数后，我们可以通过查询年金终值系数表或现值系数表找到对应的值，进而就可以知道相应的利率值。

• 由于有些系数在系数表中难以找到对应的值，要想得到利率值，我们只能通过其他的方法，这种方法被称为内插法。内插法的计算过程为（以年金现值系数为例）：首先，假设年金现值系数为 x，虽然在年金现值系数表中无法找到具体的 x 值，但我们可以找到与 x 值最相近的两个值设为 x_1、x_2，并满足 $x_1<x<x_2$，进而找到 x_1、x_2 对应的利率 i_1、i_2；其次，按照公式 $i=i_1+\frac{x_1-x}{x_1-x_2}\cdot(i_2-i_1)$ 计算出所需的利率，年金终值系数的计算原理与年金现值系数的计

算原理相同。

下面举例说明。

例 14

张某在第一年年初借款 200 000 元购买房屋，每年年末偿还本息 28 000，10 年还清，则借款利率是多少？

$$x=\text{PVIFA}_{i,10}=\frac{\text{PVA}_n}{\text{A}}=\frac{200\,000}{28\,000}=7.14229$$

经查询没有与其对应的值，但可以找到两个与其最接近的值，x_1=7.360 1，x_2=7.023 6，对应的利率为 i_1=6%，i_2=7%，根据公式：

$$i=i_{1+}\frac{x_1-x}{x_1-x_2}\cdot(i_2-i_1)=6\%+\frac{7.360\,1-7.142\,9}{7.360\,1-7.023\,6}\cdot(7\%\text{-}6\%)=6.646\%$$

所以，张某的借款利率为 6.646%。

B. 先付年金利率的计算。

由先付年金终值公式：

$$\text{FVA}_n=A\times(\text{FVIFA}_{i,n+1}-1)=A\times[(F/A,i,n+1)-1]$$

可得：

$$\text{FVIFA}_{i,n+1}=(F/A,i,n+1)=\text{FVA}_n/A+1$$

同理，由先付年金现值公式可得：

$$\text{PVIFA}_{i,n-1}=(P/A,i,n-1)=\text{PVA}_n/A-1$$

同后付年金利率计算的原理相同：首先，在获得了 $\text{FVIFA}_{i,n+1}$ 或 $\text{PVIFA}_{i,n-1}$ 的值之后，查询年金终值系数表或年金现值系数表，如果有对应的值，通过推导出的公式则即可获得利率值；其次，如果年金终值系数表或年金现值系数表没有可以对应的值，则采用上面介绍过的内插法也可获得所需的利率值。

C. 永续年金利率的计算。

由永续年金现值公式：

$$\text{PVA}_n=A/i$$

可得：

$$i=A/\text{PVA}_n$$

③计息期数小于一年的利率计算。

利息有时是以年为单位计算的，有时是以季度、月份或日等为单位计算的，当出现所使用的利率是年利率，但计息期数又小于一年的情况时，我们用以下公式进行利率的换算。

r_m：表示计息期的利率　r：表示年利率　m：表示每年的计息次数　t：计息期数

PV：表示本金

A. 利率与计息期数的公式如下。

$$r_m=r/m \qquad t=m\times n$$

这种情况下复利终止的公式为：$FVn=PV\times(1+r_m)^t$，复利现值公式也同理。

B. 名义利率与实际利率。

当所使用的利率是年利率，而计息期数小于一年，也就是每年计息的次数超过一次时，利率就有了名义利率与实际利率之分。名义利率（r）是指按照复利的方式，每年计息次数超过一次的年利率；实际利率（i）是指一年内实际所获利息总额与本金之比。

下面来推导一下名义利率与实际利率的关系。

第一步：计算出每次计息时的利率 $r_m=r/m$。

第二步：计算出一年末的本利和 $FV=PV\times(1+r/m)^m$。

第三步：计算出一年末实际所获利息总额 $I=FV-PV=PV\times(1+r/m)^m-PV$。

第四步：计算实际利率 $i=[PV\times(1+r/m)^m-PV]/PV=(1+r/m)^m-1$。

实际利率的计算公式为：

$$i=(1+r/m)^m-1$$

在这种情况下复利终止公式不变，还是 $FV_n=PV\times(1+i)^n$。

下面举例说明计息期小于一年的货币价值的计算方法。

例 15

李某购买 A 公司 3 年期债券 50 000 元，年利率为 8%，每 3 个月计息一次，一年计息 4 次，债券到期时李某可以获得多少钱？

$$r_m=r/m=8\%/4=2\%$$

$$t=m\times n=4\times 3=12$$

$$FV_3=PV\times(1+r_m)^t=50\ 000\times(1+2\%)^{12}=50\ 000\times 1.2682=63\ 410\text{（元）}$$

所以，李某在债券到期时可以获得 63 410 元。

例 16

同例 15。

由于此例的计息期数小于一年，所以上例中的年利率为名义利率，我们将其换算成实际利率，即可按照复利终止的公式计算。

$$i=(1+r/m)^m-1=(1+8\%/4)^4-1=8.243\%$$

$$FV_3=PV(1+i)^n=50\ 000\times(1+8.243\%)\approx 63\ 410\text{（元）}$$

所以，李某在债券到期时可以获得 63 410 元。

（2）计息期数的计算。

计息期数的计算必须是在现值、终值及利率都已知的情况下，我们可以通过一定的公式推算出计息期数。计息期数的计算原理与利率的计算原理相同，在这里就不一一介绍了，参看利率的推导过程和方法。下面以后付年金为例说明一下计息期数的计算，主要是讲解一下如何通过内插法计算计息期数。

由后付年金终值公式：

$$FVA_n=A\times FVIFA_{i,n}=A\times(F/A,i,n)$$

可得：

$$FVIFA_{i,n}=(F/A,i,n)=FVA_n/A$$

同理，由后付年金现值公式可得：

$$PVIFA_{i,n}=(P/A,i,n)=PVA_n/A$$

① 得到年金终值系数或年金现值系数后，我们可以通过查询年金终值系数表或现值系数表找到对应的值，进而就可以知道相应的计息期数。

② 由于有些系数在系数表中难以找到对应的值，要想得到计息期数，我们只能通过内插法。内插法的计算过程为（以后付年金现值系数为例）：首先，假设年金现值系数为 x，虽然在年金现值系数表中无法找到具体的 x 值，但我们可以找到与 x 值最相近的两个值，设为 x_1、x_2，并满足 $x_1<x<x_2$，进而找到 x_1、x_2 对应的计息期数 n_1、n_2；其次，按照公式 $n=n_1+\frac{x_1-x}{x_1-x_2}(n_2-n_1)$ 计算出所需的计息期数。

三、风险

我们在分析计算货币时间价值时，是以无风险为假设前提的。但事实上，企业的任何经营活动都是离不开风险的。所以，企业的领导者、决策者及财务人员都要清晰地了解风险的含义、种类及如何衡量风险，以帮助企业做出科学合理的决策，并采取一定的措施来减少企业所面临的风险。

（一）风险的含义

一般说来，在财务学中，风险是指在一定条件下和一定时期内预期结果的不确定性或实际结果偏离预期目标的程度[①]。所以，有时把风险理解为一种不确定性，但严格来说，风险和不确定性是有区别的。风险是指企业的决策者能够预测出企业所进行的经济活动可能出现的结果，以及每种结果出现的概率；不确定性是指企业的决策者无法根据现有的资料预测出企业所进行的经济活动可能出现的结果，或者即使知道了可能出现的结果，但也无法知道每种结果出现的概率，所以，企业无法做出科学合理的判断。但由于风险和不确定性确实很难区分，所以，为了方便研究问题，本书就不对风险和不确定性做严格区分了。

（二）风险的分类

风险根据不同的划分标准，可以划分为不同的类型。下面介绍两种划分方式。

1. 按照投资主体的不同划分

根据投资主体的不同，可以将风险分为市场风险和公司特有风险。

（1）市场风险。

市场风险是指由对所有公司都产生影响的因素所引起的风险，如战争、通货膨胀、经济衰退、利率变化，这些种种因素都会引起市场风险。由于这种风险是对所有的投资者都产生影响，同时，投资者也无法采取投资组合等方式来加以分散，故也将这种风险称为不可分散风险或系统风险。

（2）公司特有风险。

[①] 张玉明. 财务管理：原理、案例与应用[M]. 77，北京：清华大学出版社，北京交通大学出版社，2010.

公司特有风险是指由个别公司所发生的特有事件而引起的风险，如罢工、诉讼失败、经营不善等因素。由于这种风险只是对个别投资者产生影响，而且投资者也可以通过多元化投资将风险加以分散，故将这种风险称为可分散风险或非系统风险。比如，某公司由于某个特殊事件使得其股票价格有所下降，但这只会对投资于这个公司股票的投资者产生影响，而对于未投资于此公司股票的投资者则不会产生影响。

2. 按照风险形成原因的不同划分

按照风险形成原因可以将风险划分为经营风险和财务风险。

（1）经营风险。

经营风险是指由于企业生产经营的原因而引起的风险，进而使得企业的收益具有不确定性。这种风险是任何商业活动都有的，故也称为商业风险。影响企业生产经营的因素有很多：首先，材料供应方面引起的风险，如原材料价格变化、新材料出现；其次，生产方面引起的风险，如产品质量存在问题、设备出现事故；再次，销售方面引起的风险，如市场需求发生变化、市场价格发生变化、消费者偏好发生变化；最后，一些其他方面的因素，如通货膨胀、经济不景气。以上这些因素都会影响企业的生产经营，进而使得企业的收益存在一定的不确定性。

（2）财务风险。

财务风险是指由于企业的举债而引起的风险，从而使得企业的财务成果具有不确定性，故也称为筹资风险。因为要求债务人到期还本付息是债权人的权利，所以，不论企业到期时的财务状况如何，都要履行其对债务人的承诺——还本付息。因此，在企业过高举债的情况下，一旦企业经营不善，就会使企业陷入债务危机，甚至有破产的可能。由此，我们可知维持适当的负债比例对企业来说是至关重要的。所谓适当的比例就是指所借债务既能满足企业生产经营的需要又不会给企业带来过高的风险，因为举债越高，企业所面临的风险越大，经营失败后遭受的损失也越严重；举债越低，企业所面临的风险就相对较低，经营失败后遭受的损失也相对轻一些。因此，企业在筹资时一定要考虑所面临的财务风险，切忌盲目借债。

（三）风险的衡量

企业对其所做的决策会产生何种结果，事先是无法预知的，只能通过预测推测出可能出现的结果。在这种情况下，实际发生的结果与预期的结果可能相同，也可能不同。当出现实际结果与预期结果不同的时候，我们需要某种方式来衡量所出现的偏差即对风险的衡量。由于风险往往与概率的分布相联系，所以我们可以将概率统计中的知识运用到对风险的衡量中。

下面是几种用来衡量风险的方法。

1. 概率

在经济活动中，某一事件在相同的条件下可能发生也可能不发生，我们将这类事件称为随机事件。而概率就是用来衡量这类随机事件发生可能性大小的数值。通常情况下用 P 来表示出事件发生的概率，P_i 表示第 i 种结果出现的概率。一般情况下，将必然事件发生的概率定为 1；将不可能事件发生的概率定为 0；而一般随机事件发生的概率介于 0 和 1 之间。概率必须符合以下两项规则。

①$0 \leqslant P_i \leqslant 1$。

② $\sum_{i=1}^{n} P_i=1$。

以上这两项规定也是我们检验概率计算是否正确的标准，概率越接近 1，说明事件发生的可能性越大。下面举例说明。

例 1

甲公司要进行一项投资，有 A、B、C 三个项目可以选择，具体情况参看下表。

市场状况	概率	A 项目投资收益率	B 项目投资收益率	C 项目投资收益率
较好	0.2	28%	20%	25%
一般	0.6	17%	18%	15%
较差	0.2	10%	15%	12%

每种市场状况出现的概率不同，其中“市场状况一般”这种情况概率最大，说明出现的可能性较大。

2. 期望值

期望值是指将随机变量的各个取值，以其相应的概率为权数计算的加权平均值。它反映的是随机变量各取值的平均水平。其计算公式如下：

$$E=\sum_{i=1}^{n} X_i \cdot P_i$$

E：表示随机变量的期望值　　n：表示有 n 种可能结果　　i：表示第 i 种结果

X_i：表示第 i 种结果随机变量的取值　　P_i ：表示第 i 种结果出现的概率

例 2

接例 1，则 A、B、C 三种投资项目的期望值分别是多少？

$$E_A=\sum_{i=1}^{n} X_i \cdot P_i=0.2\times28\%+0.6\times17\%+0.2\times10\%=17.8\%$$

$$E_B=\sum_{i=1}^{n} X_i \cdot P_i=0.2\times20\%+0.6\times18\%+0.2\times15\%=17.8\%$$

$$E_C=\sum_{i=1}^{n} X_i \cdot P_i=0.2\times25\%+0.6\times15\%+0.2\times12\%=16.4\%$$

项目 A 与项目 B 的期望值是相同的，均大于项目 C 的期望值，那么所具有的风险也会与项目 C 不同。虽然项目 A 与项目 B 的期望值相同，但它们在每种市场状况下的投资收益率是不同的，项目 A 的投资收益率在每种市场状况下的变化不是很大，而项目 B 的投资收益率在每种市场状况下的变化较大，那么项目 A 与项目 B 的风险显然不同，哪个风险更大，我们还需要借助其他衡量风险的方法加以比较。

仅仅依据随机变量的期望值，我们是无法定量地衡量风险大小的，还需要借助统计学中衡量离散程度的指标。

3. 离散程度

（1）标准差。

要想了解标准差的含义，首先应该先明确一个概念——方差。方差是用来表示随机变量各个取值对期望值的离散程度，通常用 $б^2$ 来表示，具体计算公式如下：

$$б^2=\sum_{i=1}^{n}[(X_i-E)^2 \times P_i]$$

标准差同样也是用来衡量随机变量各个取值对期望值的离散程度的，只不过它是方差的平方根，通常用 б 来表示，具体计算公式如下：

$$б=\sqrt{\sum_{i=1}^{n}[(X_i-E)^2 \times Pi]}$$

随机变量各个取值对期望值的离散程度反映了其所面临的风险程度，风险的大小可以通过标准差的大小显示出来，但这里必须要满足一个条件，就是必须是在期望值相等的情况下，标准差的大小才能反映出风险的大小。标准差越大，说明风险越大；标准差越小，说明风险越小。如果在期望值不同的情况下，我们就需要寻找新的指标来衡量风险的大小。下面通过一个例子来说明如何通过标准差来衡量风险的大小。

例 3

接例 1，分析比较 A、B、C 三个项目的风险大小。

$$б_A=\sqrt{\sum_{i=1}^{n}[(X_i-E)^2 \times Pi]}$$

$$=\sqrt{(28\%-17.8\%)^2 \times 0.2+(17\%-17.8\%)^2 \times 0.6+(10\%-17.8\%)^2 \times 0.2}=5.8\%$$

$$б_B=\sqrt{\sum_{i=1}^{n}[(X_i-E)^2 \times Pi]}$$

$$=\sqrt{(20\%-17.8\%)^2 \times 0.2+(18\%-17.8\%)^2 \times 0.6+(15\%-17.8\%)^2 \times 0.2}=1.6\%$$

$$б_C=\sqrt{\sum_{i=1}^{n}[(X_i-E)^2 \times Pi]}$$

$$=\sqrt{(25\%-16.4\%)^2 \times 0.2+(15\%-16.4\%)^2 \times 0.6+(12\%-16.4\%)^2 \times 0.2}=4.6\%$$

项目 A 和项目 B 的期望值相同，项目 A 的标准差大于项目 B 的标准差，说明项目 A 的风险大于项目 B 的风险；由于标准差无法衡量期望值不同时的风险大小，项目 C 的期望值与项目 A 和项目 B 的期望值不同，所以我们无法通过标准来比较项目 C 与项目 A、项目 C 与项目 B 的风险大小。

（2）标准离差率。

标准离差率用标准差与期望值的比值来表示，用 q 来表示，具体计算公式如下：

$$q=\frac{б}{E}$$

标准离差率是在期望值不同的时候，用来衡量风险大小的指标，标准离差率越大，说明风险越大；标准离差率越小，说明风险越小。下面通过一个例子来说明标准离差率如何衡量风险的大小。

例 4

接例 2，比较项目 A 与项目 C、项目 B 与项目 C 风险的大小。

$$q_A=\frac{б_A}{E_A}=\frac{5.8\%}{17.8\%}=32.58\%$$

$$q_B=\frac{б_B}{E_B}=\frac{1.6\%}{17.8\%}=8.99\%$$

$$q_C=\frac{б_C}{E_C}=\frac{4.6\%}{16.4\%}=28.05\%$$

项目 A 与项目 C 的期望值不同，项目 A 的标准离差率大于项目 C 的标准离差率，说明项目 A 的风险大于项目 C 的风险；项目 B 与项目 C 的期望值不同，项目 B 的标准离差率小于项目 C 的标准离差率，说明项目 B 的风险小于项目 C 的风险。

总之，在期望值相同时，用标准差来衡量风险的大小。标准差越大，风险越大；标准差越小，风险越小。在期望值不同时，用标准离差率来衡量风险的大小。标准离差率越大，风险越大；标准离差率越小，风险越小。企业进行投资决策选择的一般原则是：选择投资收益率较高，风险较低的投资方案，也就是选择期望值较大，标准差或标准离差率较小的投资方案。但一般情况下，收益越高，风险就越大；收益越低，风险也就相对较小。因此，企业需要权衡风险与收益之间的关系，结合其他相关因素选出最优的投资方案。

（四）风险偏好

企业在进行投资决策时不仅要考虑风险和收益，还要考虑决策者的风险偏好，不同的风险偏好，决策者的选择也会不同。风险偏好其实是指投资者对待风险的一种态度。一般来说，可以分为以下 3 种：风险爱好者、风险规避者及风险中立者。对于风险爱好者来说，他们喜欢高风险，因为这样也会给他们带来高收益；对于风险规避者来说，在预期收益率相同的情况下，他们会选择风险较小的投资方案；而对于风险相同的情况下，他们会选择预期收益率较高的投资方案。其实，大多数的投资者都是风险规避者；对于风险中立者来说，他们既不喜欢风险也不讨厌风险，所以，在进行投资方案选择时，他们只关心预期收益率的大小，而不关心此投资方案的风险有多大。因此，在进行投资方案选择时，这也是一个需要考虑的因素。

（五）风险与收益

前面说过，企业的各项经济活动都是在一定的风险下进行的，有风险就意味着企业可能会遭受损失，但同时也意味着企业会获得收益。而且，风险越大，在企业这项经济活动失败后所遭受的损失也越大，当然了，如果企业这项经济活动成功的话，它获得的收益也会越大。因此，我们说收益其实是对风险的一种补偿，也正因为有这种利益驱动，才会有如此多的投资者进行这种风险投资。

综上分析，我们可以知道风险与收益的基本关系为：一项经济活动或者可以说一项投资，它的风险越大，它的收益率就会越高；相反，它的风险越小，它的收益率就会相对较低。这是因为在高风险的情况下，投资者会要求较高的收益来对其所面临的高风险进行补偿，而在低风险的情况下，投资者就无权要求较高的收益对其面临的低风险进行补偿。通常情况下，我们用风险报酬来衡量高风险给投资者带来的高于其预期收益的额外报酬。那么风险报酬又是通过什么来衡量的？一般情况下，我们用风险报酬来衡量。所谓风险报酬就是指获得超过货币时间价值的那部分报酬率，所以，我们将一项投资的投资报酬率也就是预期收益率分为两部分，一部分为货币时间价值，也就是无风险报酬率，它是投资者要求的最低报酬率；另一部分是风险报酬率，根据前面所讲风险与收益的关系可知，风险越大，风险报酬率就越大；风险越小，风险报酬率也就越小。用下面的公式和图示来更清晰地表述这三者之间的关系。

预期收益率=无风险报酬率+风险报酬率

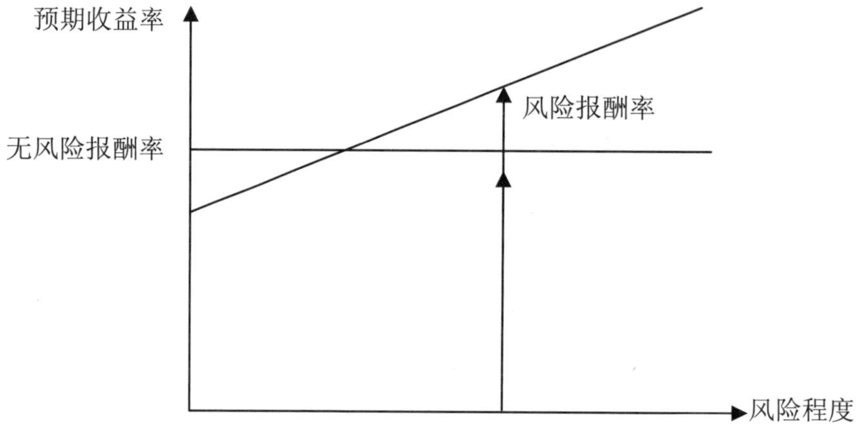

第七章
运筹帷幄——如何编制全面预算

日益激烈的市场竞争要求企业要不断寻求新的管理模式，以求在市场竞争中能够立于不败之地。全面预算管理的引入为企业提供了一种全新的管理模式。企业通过制定切实可行的预算并严格执行，是企业迈向成功的重要保障。下面就来详细介绍一下这种全新的管理模式。

一、全面预算管理基础

（一）全面预算及全面预算管理

1. 全面预算

（1）全面预算的含义。

全面预算是指企业在未来某一特定期间（一般不超过一年或一个经营周期）为实现其经营目标而对全部生产经营活动所做的总体安排。从全面预算的含义可以看出，我们不能把它简单地理解为是一种财务预算，而是应该包括与企业生产经营各个方面相关的各预算的总和。全面预算是以目标利润为导向的，因此，它是企业实现其目标利润的有力保障，具体体现在以下几个方面。

第一，通过编制全面预算能够帮助企业合理分配财力、物力、人力等资源，使企业有限的资源能够发挥最大的效力以实现企业最终的经营目标。

第二，通过编制全面预算可以使企业有效地控制成本费用的开支，同时还可以对现金收支情况进行预测，并通过编制的预计损益表、预计资产负债表可以了解企业的财务状况和经营成果以保证经营目标的实现。

第三，通过编制全面预算可以增进各部门之间的沟通。因为全面预算要求企业所有部门、所有员工都要参与编制，这样就加强了各部门之间的交流，培养了员工的团队精神，这样就使得企业的生产经营活动能够在一个较为和谐的环境中进行，工作也更加有效率，这些都有利于企业实现预期的经营目标。

第四，全面预算编制完成后就成为企业未来生产经营活动的准绳，也就是说，企业的生产经营一定要严格按照所制订的预算进行，如果发现实际执行情况与预算有差异，立刻进行分析并做出相应的调整以期能够朝着预期的方向发展，有效地将企业的生产经营控制在预算范围内。

第五，全面预算是企业业绩考核的依据。全面预算制定以后，要将任务下达到各部门、各员工身上，这就成为各部门及各员工今后工作的目标，企业会将实际执行情况与预算进行比较，判断所下达的任务是否完成，同时，对完成任务的部门或员工给予一定的奖励；对未完成任务的部门或员工给予一定的惩罚，此外还要帮助其分析原因，进行必要的纠正。更重要的是，这种做法有利于激励员工工作的热情，由此形成一个良性循环，是企业内部上上下下同心协力为实现经营目标而努力。

（2）预算与预测、计划及战略的区别。

预算的含义容易与预测、计划及战略相混淆，为了能够更深入地理解预算的含义，我们需要理清预算与预测、计划及战略之间的区别与联系。

①预算与预测的比较。

第一，预测是对未来不可知因素、变量以及结果的不确定性的主观判断，当然，这种主观判断是建立在科学的基础上。具体来说，预测就是根据历史资料以及现在所能获取的信息，结合以往的经验与一定的科学知识为基础，推测出未来的发展情况及结果。而预算则是以预测基础，根据预测所提供的数据为依据对企业未来的经营状况做出规划。所以，预测是预算的前提，没有预测就没有预算。

第二，预测缘于企业所面临的风险。企业根据科学、合理的预测了解到未来经营可能面临的风险，在此基础上，通过进行有效的预算对企业可能面临的风险提出防范措施和补救方案。所以说通过科学的预测并进行有效预算是企业规避风险的重要措施之一。但由于预测本身具有风险性，且其风险的大小取决于据以预测的基础（如环境或变量因素）和方法是否科学牢靠。所以，预测结果的科学性与准确性在一定程度上也就决定了预算质量的高低，进而影响到预算的可行性。

第三，预测只是对未来的一种合理估计，这种估计在未来不一定会发生，而预算则要求企业未来的经营要按照预算的规划进行，若实际情况与预算发生偏离，则需要对其加以分析并进行调整，以求能够实现预期的结果。

②预算与财务计划的比较。

预算从其本质上看属于计划的范畴，但它并不等同于财务计划。首先，预算是包括企业生产经营活动各个方面的预算的总和，主要有经营预算、资本支出预算、财务预算等。所以，财务计划只是其中的一个部分，我们绝不能简单地把预算等同于财务计划，这是对预算概念狭隘的理解。正确理解预算的含义也是成功实施预算的前提。其次，预算的编制是由企业各个部门共同编制的，每个部门在其中的作用都是不可忽视的，而财务计划主要是由财务部门编制的，财务部门在其中起着决定性的作用。最后，预算管理是将预算的编制、执行、监控及评价等结合起来的一种企业管理工具；而计划主要体现的是一种目标设定，很少有管理过程的参与，所以，计划的具体执行及控制也难免会被忽视。

③预算与战略的比较。

企业的战略是指对企业未来的长期发展所做的全局性的总体谋划，是为创造未来而设定的企业成长路径。从企业战略的含义我们可以看出：首先，战略是全局性的总体谋划，显然高于预算，所以，我们可以把预算看成是战略的细化；其次，战略的期间显然较长，而预算的期间较短，一般是一年或一个经营周期，所以，我们可以把战略期间看成是由多个预算期间构成的，这些预算相互衔接共同构成企业的战略；最后，像企业战略这种全局性的总体谋划一般是由企业的决策层来制订的，而预算一般是由责任中心做出预算草案，经多次协调后确定。

2. 全面预算管理

（1）全面预算管理的含义。

全面预算管理是指按照企业制定的经营目标、战略目标、发展目标，层层分解、下达于企业内部各个经济单位，以一系列的预算、控制、协调、考核为内容建立的一整套指标管理控制系统，自始至终地将各个职能部门、责任单位工作的目标同企业经营目标、战略目标、发展目标联系起来，对其分工负责的经济活动全过程进行管理控制，并对实现的绩效进行考评与激励的管理系统。

（2）全面预算管理的特点。

全面预算管理相对于其他管理模式有其自身的特点，其特点主要表现为全员、全方面、全过程这几个方面。全员的意思是说企业的所有员工都要参与到全面预算管理过程中来，每个员工都有各自的任务与责任，这样有利于激励员工，使大家能够齐心协力共同完成企业的目标；全方面是说全面预算管理涉及企业的各个方面，销售、生产、成本、投资、现金流量等，所涉及的每个方面都要编制预算；全过程是说企业的全面预算管理并不单单只是某个环节的预算而是企业的整个生产经营过程的预算。全面预算管理的这些特点正是其相对于其他管理模式的优点，这在一定程度上也保证了企业经营目标的实现。

（二）全面预算管理的前提条件

预算管理确实有利于企业的内部管理，提高企业的经济效益，但是这需要一定的前提条件，具体为以下几个方面。

1. 负责的领导团体

由于全面预算管理涉及企业的方方面面，没有企业上上下下的通力合作，尤其是没有负责的领导者参与指导，全面预算管理就不能有效实施，也就无法达到预期的效果，可见，负责的领导团体在预算管理中的作用至关重要。

企业的领导者在全面预算管理中的作用主要表现在以下几个方面。

（1）企业的领导者要给予预算管理足够的重视，要将预算管理作为企业的核心任务来完成。

（2）企业的领导者要对预算模式、预算方案做出科学决策，并保证预算管理能够正确实施；同时，要对预算结果进行正确分析与评价，这样才有利于保证预算管理能够真正发挥一定的作用。

（3）企业在进行预算管理中难免会遇到风险，这就要求企业的领导者要敢于承担风险，同时也要尽量规避这些风险。

（4）企业的领导者要有协调各部门之间利益冲突的能力，因为各部门之间的利益冲突会损害企业的整体利益，只有各部门之间和谐相处，大家才能齐心协力共同完成企业目标。

2. 创新的管理观念

推行预算管理要建立一套适应新形势的企业管理模式，因此，摆正企业管理地位，更新管理观念至关重要。从摆正位置看，要充分认识到企业决胜在于市场，市场决胜在于管理；同时，还要重新审视计划管理对于企业管理的重要性，做到市场中有计划、计划中有市场，真正树立起市场与计划间的辩证关系。

创新的管理观念，要求在现代企业中树立一种战略管理，是一种资源管理的观念，真正从市场角度出发，强化市场中的计划向导，按市场组织生产、经营和管理；真正认识到企业内部管理的优势在于系统管理、整合资源；真正认识到管理出效益是一种观念，而不仅是流于形式的口号。从而为预算管理打下牢固的思想基础，进而实现企业预算管理的模式创新和管理飞跃。

3. 完善的基础管理工作

企业的预算管理是一种全方位的管理，涉及企业生产经营的方方面面，业务预算自然而然就成为必不可少的一项内容，这就要求业务预算所涉及的各方面都要做到规范。首先，业务预算所涉及的各种业务的开展要做到规范，同时要求作为业务预算基础的业务预测必须与市场相结合；其次，在业务经营与管理的过程中，对能耗降低、设备利用率、工序质量控制以及安全管理制度、职工的用工管理与奖励机制等，都必须做到规范，有据可依。对于强化业务管理，我们可以依据不同企业的业务特点和管理效率，从采购、生产（经营）与销售等几个方面着手，不断降低成本，加速资金周转，保证各项预算指标和企业整体利润目标的实现。

4. 完善的制度体系

预算管理要真正落实并发挥效益，首先必须是一种管理制度与规则，其次才是制度与规则的实施与绩效评价，因此，建立和完善预算管理制度，既是预算管理本身，同时又是将制度从文字落实到行动的前提。完善的制度体系意味着预算管理已成功一半。所以，这点至关重要。

（三）全面预算管理的作用

1. 全面预算管理可以实施目标管理

企业全面管理的特点之一就是全员参与，企业制定出发展目标以后通过预算将其下达到每个员工身上，同时将实现目标所要采取的方法和手段制度化、透明化，使得每个员工在预算期间都有自己所要完成的目标和责任，并且能够了解把握本部门的经济活动与整个企业发展之间的关系，这样有利于激励员工努力完成自己的目标，所以，预算管理发挥了实施目标管理的作用。

2. 全面预算管理可以控制风险

企业的任何生产经营活动都要面临一定的风险，企业需要采取一定的方法或措施尽量减少或规避其所面临的风险，以减少企业未来可能遭受的损失。全面预算管理可以帮助企业在一定程度上减少所面临的风险。其原因为：首先，预算减少了企业的盲目发展，因为预算的基础是计划，而预算能够使企业的各部门提前制订计划，这样就会大大减少企业的经营风险和财务风险；其次，制订预算和执行预算的过程就是企业不断用量化的工具使自身的经营环境、自己拥有的经济资源和企业的发展目标保持动态平衡的过程，所以，全面预算管理可以帮助企业控制风险。

3. 全面预算管理可以协调关系

企业各部门的协调性对于企业的生产经营至关重要，因为只有各部门同心协力，企业的目标才能够实现，而全面预算管理正好为企业的协调性提供了保障。因为全面预算管理要求企业全员参与，而全面预算的编制也是企业内部各部门共同完成的结果，这样就促进了各部门之间的沟通与交流；同时预算使企业的高层管理者能够全面考虑企业整个价值链之间的相互关系，明确各部门的责任，这样可以减少相互间的冲突与矛盾，并不断调动各部门的积极性，最终保证企业目标的实现。

4. 全面预算管理可以强化控制

全面预算管理的特点体现为全员、全方面、全过程，这也就决定了全面预算管理实质上是对全员、全方面、全过程的一种控制。我们从企业资源利用的角度可以看出，目标的确定与预算的编制是事前控制，预算的执行与监控是事中控制，预算的差异分析与评价是事后控制。所以，我们说全面预算管理可以强化控制。

5. 全面预算管理可以改善决策

企业的资源总是有限的，那么如何将有限的资源发挥最大的效用就是企业需要考虑的问题，全面预算管理可以在一定程度上帮助企业解决这个问题。因为预算可以帮助企业进行科学合理的决策，减少企业发展的盲目性，实现了资源的有效配置，使企业有限的资源发挥最大效用。

6. 全面预算管理可以进行绩效评价

预算编制完成后就是企业生产经营的准绳、业绩考评的标准，企业将各部门、各员工的工作完成情况与其相比较，对于完成任务的员工给予一定的奖励，对于没有完成任务的员工给予一定的惩罚，这样有利于激励员工再接再厉。预算管理对企业各部门及其员工的日常活动进行了规范，使企业的经营活动有目标可循，有制度可依，强化了企业内部控制。

二、全面预算管理的组织基础

全面预算管理的组织体系是全面预算管理过程中起主导作用的集合体，同时也是预算运行的主体，它由预算管理委员会、预算专职部门及预算责任网络构成。

（一）预算管理委员会

对于以目标利润为导向的企业预算管理来说，预算管理委员会就是最高管理机构，这也决定了它在组织体系中的核心地位。一般来说，预算管理委员会由企业的董事长或总经理任主任委员，同时吸纳企业内各相关部门的主管，主要包括主管销售的副总经理、主管生产的副总经理、主管财务的副总经理等。各部门主管通过参加预算管理委员召开的预算会议来确定预算的目标及对预算进行调整。

预算管理委员会的主要职责是组织有关人员对目标利润进行预测，审查、研究、协调各种预算事项，具体概括为以下几项。

（1）制定有关预算管理的政策、规定、制度等相关文件。

（2）组织企业有关部门或聘请有关专家对目标利润的确定进行预测。

（3）审议、确定目标利润，提出预算编制的方针和程序。

（4）审查各部门编制的预算草案及整体预算方案，并就必要的改善对策提出建议。

（5）在预算编制、执行过程中发现部门间有彼此抵触现象时，予以必要的协调。

（6）将经过审查的预算提交董事会，通过后下达正式预算。

（7）接受预算与实际比较的定期预算报告，在予以认真分析、研究的基础上提出改善建议。

（8）根据需要，就预算的修正加以审议并做出相关决定。

（二）预算专职部门

预算专职部门的主要职责就是处理与预算相关的日常管理事物，同时直接隶属于预算管理委员会来保证预算机制的有效实施。设立预算专职部门的原因主要体现在以下两方面：首先，预算方案应该是企业的一个全面性生产经营计划，但最初的预算草案是由各相关部门分别提供的，这就需要将这些部门提供的预算草案的进行汇总。关键问题在于预算管理委员会在预算会议上确定的预算草案绝不是各相关部门预算草案的简单汇总，所以，就需要设立一个专门的部门在预算提交和确定之前对其进行初步审查、协调与综合平衡。因此，预算专职部门的第一个主要职责就是负责预算的汇总编制；其次，管理者有时不能及时地发现预算管理中存在的问题，比如，预算额执行过程中，可能存在一些提高经济效益的方法或有些责任单位为完成预算目标可能会采取一些短期行为等，这就需要一个专职部门来及时地发现这些问题并汇报给管理者以求能得到一定改善。因此，预算的执行控制、差异分析、业绩考评等环节不能由责任单位或预算管理委员会来单独完成，必须实行预算责任单位与预算专职部门相互监控的方式，使它们之间产生一定的相互制约，这样才能保证预算管理的有效实施。其预算专职部门的主要职责包括以下几项。

（1）处理与预算相关的日常管理事务。

（2）对各部门提供的预算草案进行初步审查，提出修改的意见。

（3）将审查后的预算草案经过协调和平衡进行汇总编制。

（4）对预算执行过程进行监控，发现问题及时与预算管理委员会沟通，提出合理有效的解决方案，避免由此给企业带来损失，建立起预算管理委员会与执行部门之间的有效沟通。

（5）对实际情况与预算之间的差异进行仔细分析，提出解决方案，并报告预算委员会，及时做出调整。

（6）对预算执行情况做必要的业绩考评。

（三）预算责任网络

预算责任网络又称预算执行组织，是以企业的组织结构为基础，本着高效、经济、权责分明的原则来建立，也就是各级预算责任的执行主体。它由不同的责任中心构成，包括成本中心、利润中心及投资中心。责任中心是企业内部成本、利润及投资的发生单位，这些内部单位具有一定的权限并承担着相应的经济责任，同时，每个责任中心都有相应的责任人，这些责任人被赋予一定的权利，能够对其责任区域进行有效控制。预算责任网络中，不同的责任中心有其不同的特点和职责。

1. 成本中心

成本中心是成本的发生单位，一般情况下是没有收入的。所以成本中心仅有对成本的发生进行控制的权利，却没有对利润情况和投资效果实施控制的权利。因此，成本中心是预算责任网络中最低层次的预算责任单位。

我们可以将成本中心分为标准成本中心和费用中心。标准成本中心是指所生产的产品稳定而明确，同时了解单位产品所需投入的一种责任中心。这种成本中心通常以制造业工厂、车间、工段、班组等为代表。费用中心是指对存在较大不确定性的成本进行控制的责任单位。这种成本中心主要适用于那些产出物不能用财务指标来衡量或者投入和产出之间没有密切关系的单位。这些单位主要包括一般行政管理部门，如会计、人事、劳资、计划；研究开发部门，如设备改造、新产品研制；以及某些销售部门，如广告、宣传、仓储。

要确定成本中心，首先应该明确哪些成本是可控的，哪些成本是不可控的。可控成本指的是成本可以被某些责任单位提前预知、制约并有能力使其能够按着预期的方向发展，也就是说，责任中心可以通过自己的行为改变成本数额的大小，一般变动成本大多是可控成本。

不可控成本指的是不具备上述条件的成本，也就是说，这些成本是不受责任单位制约的，一般固定成本大多是不可控成本。此外，由各个成本中心直接发生的成本，大多属于直接成本，其可控因素较多；而有其他部门分配来的成本，大多属于间接成本，其可控因素较少。具体可以归纳为：责任单位是否可以通过自己的行为影响成本数额的大小？这些成本是不是由成本中心直接产生的？当然，这种划分并不是绝对的，有些成本对这个责任中心来说是不可控的，而对于其他责任中心来说又是可控的，所以，我们还要结合实际情况具体分析来确定成本的可控性。

对于每项需要加以控制的成本费用，责任中心都需要明确主要的责任人，每个责任人只能控制各自责任范围内的可控成本费用。

2. 利润中心

利润中心不但要对收入和成本负责，还要对收入与成本的差额即利润负责，所以它既可以对收入实施控制又可以对成本实施控制。因此，利润中心是预算责任网络中较高层次的预算责任单位，这也就决定了相对于成本中心来说它有较大的自主经营权。利润中心具有生产和销售的职能，可以决定生产什么产品、生产多少、生产资源在不同产品之间如何分配，也可以决定产品销售价格、制定销售政策，最重要的是，它有独立的、经常性的收入来源。所以，要看一个责任单位能否成为利润中心主要看它是否能获取收入，并形成利润。

利润中心根据取得收入的方式可以分为两种类型：一种是自然的利润中心，另一种是人为的利润中心。自然的利润中心是指能够直接对外销售，在市场上进行购销业务自然形成销售收入，从而成为利润的责任单位。人为的利润中心是指不直接对外销售，而主要在企业内部按照内部转移价格出售商品从而形成收入，成为利润的责任单位。比如，企业的生产车间将生产的零部件通过一定的内部转移价格出售给其他生产车间进一步加工，这个生产零部件的生产车间就可以视为人为的利润中心。

利润中心是对利润预算负责的单位，利润预算能否实现关系着总预算能否实现，所以，利润中心在预算执行单位中有着举足轻重的作用。

3. 投资中心

投资中心是指既能控制成本和收入，又能控制占用资产的单位或部门。也就是说，在以目标利润为导向的企业预算管理中，该责任中心不仅要对成本、收入、利润负责，而且还必须对其与目标投资利润率或资产利润率相关的资本预算负责。所以，投资中心是最高层次的预算责任单位。正因为如此，只有具备经营决策权和投资决策权的独立经营单位才能成为投资中心。一般来说，一个独立经营的常规企业就应该是一个投资中心。所以，投资中心应具有比其他责任中心更大的独立性和自主权，它作为企业内部最高管理层，拥有一定的资金支配权，在调配资金余缺时，应研究这些资金投放到哪个方面才是最有利的。这也就决定了投资中心的具体责任人应该是以厂长、经理为代表的企业最高决策层，投资中心的预算目标就是企业的预算目标。

三、全面预算管理模式

每一个企业都要经历初创期、增长期、成熟期、衰退期这一生命周期，根据企业的生命周期可以将预算管理模式分为以资本为起点的管理模式、以销售为起点的管理模式、以成本控制为起点的管理模式和以现金流量为起点的管理模式。对处于不同生命周期阶段的企业，应结合企业所处的市场环境，选择与自身条件相适应的预算管理模式。但不一定只有处于这四个生命周期阶段中的企业才能选择这些预算管理模式，只要企业符合此种预算管理模式的条件，就可以采用这种管理模式。

（一）以资本预算为起点的管理模式

这种预算管理模式以资本投入总量为起点，也就是说以资本预算为起点，进而编制其他各项预算。此种预算管理模式主要适用于初创期的企业，其原因为初创期的企业面临着极大的经营风险，表现在两个方面：首先，初创期的企业要有大规模的投资，这样会导致大量的资本支出与现金支出；其次，作为投资的新产品开发的成败与否与未来的现金流量具有较大的不确定性也会导致投资风险较大。另外，此种预算管理模式还适用于企业集团的投资中心，因为这个单位的主要职责就是进行投资，所以同样可以选择此种预算管理模式。

（二）以销售为起点的预算管理模式

1. 以销售为起点的预算管理模式的含义

这种预算管理模式是以营销部门根据市场情况做出的销售预测为基础编制的销售预算为起点，再采取“以销定产”的原则来编制生产预算、采购预算、成本及费用预算等，最后再根据以上预算编制财务预算。

2. 以销售为起点的预算管理模式的编制流程

（1）企业的营销部门综合考虑市场环境、企业以往的销售业绩与企业的预期利润等，也就是说，充分考虑各种影响因素的基础上对企业产品未来的销售情况做出合理的预测，提出一个切实可行的销售目标。

（2）企业的销售部门以销售预测为基础，考虑企业的实际情况及可能面临的风险，编制企业的销售预算。

（3）企业的各有关部门根据销售预算编制生产预算、供应预算、成本及费用预算。第一，企业的生产部门以销售预算为基础，并考虑期初、期末存货的需要，预测出企业的生产量进而编制出生产预算，为企业的销售提供保证。第二，企业的供应部门以生产预算为基础，分别编制直接人工预算、直接材料预算与制造费用预算。首先，以生产预算为基础，确定要生产预测的生产量所需的工作人员数量，再根据标准工资率、标准单位直接人工工时等对预算期内的人工工时的消耗及相应的人工成本进行确定；其次，同样以生产预算为基础，计算此生产量所需的材料是多少，同时考虑期初、期末存货的需要确定材料采购量和材料支出；最后，确定生产过程中会发生的制造费用，包括固定制造费用和变动制造费用。第三，企业将直接人工预算、直接采购预算和制造费用进行汇总，进而编制出产品成本预算。第四，企业要根据销售预算编制出实现预算中产品销售活动所需的销售费用预算。同时，企业要对进行管理活动所需的费用编制管理费用预算。

（4）企业的财务部门要根据已编制出的销售预算、成本及费用预算编制利润预算。同时，企业还要根据以上的预算编制现金流量预算来帮助企业了解自己资金的情况，出现资金问题时能够及早地进行运作。一般情况下，以上的预算编制中都包含有现金支出的内容。这些都将作为企业编制预计损益表和预计资产负债表的基础。

3. 适用以销售为起点的预算管理模式的企业的原因分析

以销售为起点的预算管理模式主要适用于增长期的企业，其原因分析如下：虽然这一时期企业的产品逐渐被市场接受，市场需求量也在增长，对产品的生产技术也能够较为稳定地把握，但企业仍面临着较大的经营风险，主要表现为以下两个方面。首先，企业的产品是否能够完全被市场所接受，市场所能接受的价格又是多少；其次，处于增长期的企业，在这一时期的主要任务是要提高企业的可持续竞争优势，为成熟期能够取得较好的效益打下基础，同时，不断拓宽企业的市场份额，提高企业的市场占有率来增加企业的销售收入。这些都需要企业投入大量的营销费用，这种营销费用的投入一方面有助于扩大整个市场，另一方面有助于增加本企业的市场占有率，对企业来说是必要的投入，这就有可能导致此时期企业的净现金流为负值，以上这些都会增加企业的经营风险。

所以，采取“以销定产”的原则来编制生产预算、供应预算、成本费用预算等，进而编制财务预算的以销售为起点的预算管理模式可以有效解决这些问题。它以市场为导向来组织自己的生产经营活动，使企业的产品能够符合市场的需求，这样可以有效提高企业的市场应变能力，并且能够为企业营销战略实施提供全方位的管理支持，这恰好符合增长期企业的需要。

（三）以成本控制为起点的预算管理模式

1. 以成本控制为起点的预算管理模式的含义

以成本控制为起点的预算管理模式，顾名思义就是以成本为控制点，预算的编制以成本预算为起点，预算的控制和考核都以成本为目标为依据的一种预算管理模式。

2. 适用以成本控制为起点的预算管理模式的企业的原因分析

以成本控制为起点的预算管理模式适用于市场成熟期的企业，其原因分析如下：处于这一阶段的企业，市场增长较为缓慢，但具有较高且较稳定的销售份额，同时现金流量也为正值，企业的经营风险相对较低。但企业仍然面临着较大市场风险，主要有两个：一是成熟期长短变化所导致的风险；二是成本下降风险。前者是不可控风险，后者是可控风险。也就是说，在既定产品价格的前提下，企业收益大小完全取决于成本这一相对可控因素。这里所说的成本下降风险是指当其他企业的竞争优势全部来自总成本领先战略时对企业收益的威胁。成本控制主要有两方面的含义：一方面，从企业自身角度来说，因为产品的销售价格已经没有更大的浮动空间，所以企业要不断地降低成本，才能获得利润的不断增长；另一方面，从同行业竞争来说，企业只有将自己的成本控制得比其他企业更好，才能获得更大的竞争优势，从而取得较为理想的收益。也就是说，对于成熟期的企业而言，预期利润的高低不完全取决于定价策略，而是取决于成本管理策略。因此，成本控制对于企业来说至关重要，也就是说，以成本控制为起点的预算管理模式对于处在成熟期的企业有重要的指导意义。

3. 以成本控制为起点的预算管理模式的编制流程

以成本控制为起点的预算管理模式其内在的逻辑为：成本预期—现实售价—期望利润，所以，这也就决定了以成本控制为起点的预算管理模式的编制流程。

（1）根据已有的销售价格和企业所要达到的目标利润为基础来确定企业的目标成本，因为在成熟期企业的价格和市场份额是基本确定的，企业的期望利润取决于成本的控制，通过这个就可以倒挤出企业的目标成本。

（2）确定目标成本以后，企业的相关部门就可以以此为基础编制成本预算。

（3）企业各相关部门根据已编制完成的成本预算为基础，以保证实现目标成本为原则来编制采购预算、产品成本预算及费用预算等。

（4）企业根据已编制完成的预算为基础来编制财务预算。

（四）以现金流量为起点的管理模式

以现金流量为起点的管理模式是指企业主要依据其现有的现金流量预算进行预算管理的一种模式。

以现金流量为起点的管理模式适用于衰退期企业，其原因分析如下：首先，企业原有的产品将被市场抛弃，或被其他替代品所替代，销售出现了负增长，市场趋于萎缩；其次，这一时期的财务特征主要是有大量营收账款收回，而潜在的投资项目并未确定，因此产生了大量现金净流量。基于以上原因，如何针对其经营特点，做到监控现金有效收回以及收回的现金如何进行有效利用等，均应成为管理的重点。那么以现金流量为起点的管理模式以现金流入和流出控制为核心，成为成熟期企业的首选，但并不是只有处于成熟期的企业才可以采用这种预算管理模式，因为现金流量对于企业来说十分重要，所以很多企业都采用这种预算管理模式。

四、全面预算管理的内容

（一）全面预算的编制

1. 全面预算的编制期间

我们在编制全面预算时首先应该确定预算的编制期间，预算的编制期间可以是一周、一个月、一个季度、一年、若干年等。将预算期在一年以内的称为短期预算，预算期在一年以上的称为长期预算。短期预算与长期预算各有利弊，短期预算的资料较为可靠，预测结果更贴近实际情况，但缺乏对长期发展的规划；而长期预算虽然考虑长期发展的规划，但预算期间过长使得预测结果可能与实际情况相差甚远，影响预算的执行情况。所以我们在选择预算期间时一定要结合企业的实际情况进行详细分析，选择是短期预算还是长期预算，也可以将短期预算与长期预算相结合，比如，我们可以制订一个长期预算，预算的第一年要详细编制，以后的预算要编制出一个轮廓，随着预算的进行再根据实际情况做出调整。

2. 全面预算的编制程序

全面预算的编制程序有两种，自上而下式与自下而上式。企业可以根据实际情况进行选择。

（1）自上而下式。自上而下式的预算编制程序顾名思义就是由总部制定预算目标，各部门负责预算的编制和执行的一种程序，它是一种传统的预算编制程序。

自上而下式的预算编制程序步骤具体如下。

① 在以目标利润为导向的企业里，股东大会或母公司提出子公司的目标利润。

② 子公司根据母公司提出的目标利润提出本预算期内要完成的任务指标。

③ 子公司内的各经营部门和职能部门根据子公司设定的任务指标结合各自的责任中心定位，提出预算方案。并将预算方案上报给子公司的预算管理部门，经过审核后再上报给子公司的董事会。

④ 子公司的董事会将接到的预算进行汇总后，进行适当的调整再将其上报给母公司。

⑤ 母公司接到子公司的预算后要进行再汇总，并由预算管理委员会进行协调、讨论并与子公司再次确认，然后以总部名义下达给各个子公司。

⑥ 子公司接到总部的预算方案后，经讨论没有问题后下达给各经营单位和各职能部门。

⑦ 各经营部门和各职能部门接到预算指标后，严格按照预算指标进行具体的实施。

（2）自下而上式。自下而上式是与自上而下式相反的一种编制程序。简单地说，就是总部只提出财务目标并负责最终的审批，由各部门具体确认预算责任的一种程序。其具体步骤如下：

① 母公司董事会提出预算编制的指导性原则并提出预算期间的财务目标。

② 子公司根据母公司提出的财务目标结合自身的情况，提出预算期内可以完成的任务目标，并制定相应的预算。

③ 子公司将制定完毕的预算上报给子公司授权的预算管理委员会，经其审批后下达给各经营部门和各职能部门负责具体执行，同时将预算上报给母公司备案。

不论是自上而下式还是自下而上式都是企业上下沟通、反复协调的过程。

3. 全面预算的编制方法

预算的编制方法对于预算的编制来说至关重要，主要有以下几种方法。

（1）固定预算与弹性预算。

①固定预算。固定预算又称静态预算，是指根据预算期内正常的、可实现的某一固定业务量水平，比如生产量、销售量作为唯一基础来编制预算的一种最传统、最基本的方法。也就是说，固定预算不考虑预算期内其他可能发生的情况，只根据唯一固定的业务量来编制预算。

这种预算方法的优点是：它的操作过程比较简便，减少了预算编制的时间，同时也大大降低了预算编制的成本。这种预算方法的缺点是：首先，由于固定预算是以固定业务量作为唯一的编制基础，所以在预算期内，当这一固定业务量可能发生变动时，也不能对其进行调整，仍旧按这一业务量编制预算，缺乏灵活性；其次，当实际发生的业务量与预算选定的业务量发生较大差异时，预算就丧失了它的可比性，使我们不能据此进行分析和考核预算的执行情况，也就发挥不出预算管理的优势。

因此，这种预算方法多用于业务量较为稳定的企业以及一些非营利组织，还用于编制生产预算、成本及费用预算、利润预算等。

②弹性预算。弹性预算又称变动预算或滑动预算，是与固定预算相对应的一种具有伸缩性的预算。它是指在不能准确预测出预算期内业务量水平的情况下，根据业务量、成本和利润之间的依存关系，以预算期内可能发生的各种业务量水平为基础编制出不同预算的一种方法。

弹性预算克服了固定预算的一些缺点，首先，弹性预算不再是以唯一固定业务量水平为基础编制的一种预算，而是以多种业务量水平为基础编制的一组预算，当实际情况与预算发生差异时，不需要对预算做频繁的改动，因为用弹性预算方法编制的预算能够适应不同的经营情况，从而扩大了预算的使用范围；其次，由于我们是根据多种业务量水平编制了一组预算，所以当实际的业务量与预计的业务量不同时，我们可以在预计的多种业务量中选择与实际业务量相一致的业务量，将实际情况与实际业务量相应的预算额做比较，分析和考核预算的执行情况，所以，弹性预算使预算具有比较客观的可比性，发挥出了预算管理的优势。以上这些都是弹性预算的优势，但同时，它也具有一定的缺点。首先，使用弹性预算方法编制预算的工作量较大，同时，增加了预算编制的时间和预算编制的成本；其次，如果编制预算时确定业务量的依存关系发生变化，会增加调整的工作量。

（2）增量预算与零基预算。

①增量预算。增量预算是指以前期预算执行结果为基础，同时考虑预算期内可能引起预算变动的各个因素，其主要就是以前期成本费用水平为基础同时结合预算期的业务量水平，相应地调整原有预算数额的一种传统编制方法。

这种预算方法的优点是：它的编制过程比较简单，因为不需要对预算的内容做较大改变，只需要在原有预算的基础上做一些调整即可。这种预算方法的缺点是：首先，由于增量预算是在前期预算执行结果基础上进行调整，就免不了要受到前期实施的影响，不加分析地保留原有预算的所有项目，不去考虑这些项目中是否存在不合理的因素或是否有必要继续保留这些项目，导致这些不合理的因素或项目继续延续下去，增加了企业不必要的成本费用支出，给企业造成了一定的损失；其次，按原有的项目编制预算，而不考虑未来预算期可能出现的新项目，导致预算的不足，阻碍了企业未来的发展。

②零基预算。零基预算是为了克服增量预算的缺点而设计的。它是指在编制预算期的任何预算项目时，不考虑前期的任何预算执行结果，一切从零开始，重新考虑预算期的业务量水平与成本费用水平，同时结合实际情况与预算期所应该达到的经营目标，进而确定预算期的预算额。

这种预算编制方法的优点是：首先，不受前期预算执行结果的影响，使得不合理的项目和不合理的因素不会延续下去，消除了企业不必要的成本费用支出；其次，可以充分调动员工的积极性，促进各部门精打细算，降低费用支出，提高现有资金的合理利用率；最后，不受前期成本费用的束缚，能够充分考虑有利于企业未来发展的项目，给予充足的预算，有助于企业的发展。这种预算的缺点是：首先，不以前期的预算执行结果为参考，一切从零开始，重新逐个考虑每一个预算项目，使得编制的工作量大，编制时间较长；其次，编制预算的时候会觉得缺少依据，使得大家很难达成一致。

（3）定期预算与滚动预算。

①定期预算。定期预算是指在编制预算时以固定不变的会计期间作为预算期的一种编制方法。

这种预算编制方法的优点是：它能够将预算期间与会计期间结合起来，便于对预算的执行结果进行考核和评价。这种预算编制的缺点是：首先，定期预算一般都要提前两到三个月编制，但是企业很难对整个预算期的生产经营活动做出准确的预算，特别是对预算期的后期，这样就使得数据显得过于笼统，缺乏远期的指导性，不利于预算的执行；其次，定期预算不能依据情况的变化做出调整，这就使得在预算期间企业的生产经营发生重大变化时，就会造成预算的滞后；最后，由于定期预算对于预算期间的限制，使得企业的经营管理者的规划仅局限于本期，而不会考虑企业的未来状况，不利于企业长远利益的发展。

②滚动预算。滚动预算又称永续预算，它主要是针对定期预算的缺点而设计的一种预算编制方法。它是指预算期间始终保持在 12 个月，但不是固定不变的会计期间，而是不断向前滚动的。

滚动预算可分为三种方式。第一种方式，每过一个月，都要根据预算的实际执行情况做出调整，在预算期末再加上一个月的预算，使预算期间总保持在 12 个月；第二种方式，每过一个季度，根据这个季度预算的实际执行情况做出相应的调整，在预算期末再加上一个季度的预算，这样预算期间也始终保持在 12 个月；第三种方式，以季度单位，即一年分为四个季度，先详细编制第一个季度的预算，也就是说每个月都要编制，其他三个季度的预算进行笼统的编制即可，当第一个月的预算执行完以后，根据第一个月的实际执行情况来编制第四个月的预算，第二个月的预算执行完以后，再来编制第五个月的预算，以此类推，这样时间间隔刚好为三个月，一个季度。

这种预算编制方法的优点是：首先，这种方法不以固定的会计期间为预算期间，能够对企业未来的经营状况做出连续不断的规划，从动态中去把握预算，体现了预算的连续性；其次，预算期间仍维持在 12 个月，保持了预算的完整性；最后，滚动预算能够根据前期预算的执行情况结合各种因素可能发生变动时产生的影响，及时调整近期的预算，使预算更加合理，发挥预算应有的指导和控制作用。这种预算编制方法唯一的缺点就是预算编制的工作量较大。

（4）概率预算。

以上这几种预算编制方法都是以预算期间各个变量的预算值都是确定的为前提，但事实上，预算期间内市场变化会比较大，企业的生产经营中也会存在很多不确定的因素，因此，我们很难对各个变量做出准确的估计，只能估计出各个变量变化的范围，然后根据各个变量在这个范围内出现的可能性，也就是概率，计算出各个变量的期望值，进而对预算数进行调整，编制出预算。它其实也是一种弹性预算。

这种预算编制方法的优点是：考虑问题比较全面，将预算期间可能出现的各种情况都包括进来。这种方法的缺点是：各个变量可能出现的范围及概率的估计有一定的困难，这里会有很多人为方面的因素，影响预算的客观性。我们可以依据以往的资料分析各个变量可能出现的范围及概率。

（5）基础预算。

基础预算是指以基础数组作为预算编制的底线，我们可根据实际情况在此基础上适当地增加预算数额，也就是说，编制的预算数额要大于或等于基础数组的数额。在此基础上的每一个增量数组都表示增加的业务量或活动所需要的资源。这里所说的基础数组是指维持最低营运水平所需要的最少资源。

（6）电子预算。

电子预算是为了克服传统预算编制方法的不足而设计的。传统的预算编制都是手工进行的，这样就使得预算编制的工作量较大，编制的时间过长，而且编制的内容也不够全面。在这个竞争激烈的社会里，企业需要不断提高自己的竞争优势才能在市场中占有一席之地，所以面对 21 世纪如此发达的网络经济时代，企业需要采用电子预算方法才能对不断变化的市场环境及时做出调整，以适应竞争的需要，这样才能不断提高企业的竞争力，使企业立于不败之地。

电子预算是由人工智能结合企业组织规则发展起来的一种网络式预算编制方法。它将企业各方面的局部信息整合成具有完整框架的预算体系，从而使预算额编制更加准确、及时、有效。

这种预算编制方法的优点是：首先，电子预算方法下，企业的预算编制具有统一的标准，使得不同部门的预算编制规范化。因为在传统预算编制方法下，不同部门会按照各自的标准编制预算，汇总后就需要不断地进行修改和整合以统一标准，使用电子预算后可以减少企业的调整时间；其次，电子预算方法下，企业某个部门若想修改预算中的某个数据，只需要在预算系统中进行更改即可，同时，还可以马上就获得数据的改变对整个预算的影响，而不需要同各部门进行沟通协调，重新编制预算，减少了企业的工作量；最后，电子预算将企业需要的历史资料进行了汇总，以备企业需要时能够及时获取。

4. 全面预算的内容及具体编制

全面预算是由一系列单项预算组成的有机整体，一个完整的企业全面预算应包括经营预算、资本支出预算、财务预算三大部分，其具体内容如下。

（1）经营预算。

经营预算是指企业发生的与日常业务直接相关的基本生产经营活动的预算。主要包括销售预算、生产预算、直接材料预算、直接人工预算、制造费用预算、产品成本预算、期末产成品存货预算、销售与管理费用预算。

①销售预算。销售预算的主要内容是预计销售量、预计销售单价和预计销售收入。企业销售预算的编制要以销售预测为基础，根据预测的企业未来期间的销售量和销售单价，进而求出企业未来期间的销售收入。其计算公式为：

销售收入 = 销售量×销售单价

销售预算是企业全面预算的编制起点，而取得的销售收入是企业最主要的现金收入，所以，销售预算的编制在整个全面预算的编制中起着至关重要的作用。这也就要求企业所做的销售预算的基础——销售预测一定要科学、准确、合理。所以，企业在预测销售量与销售单价时，一定考虑以往的销售资料，同时结合市场环境变化、产品市场占有率、企业竞争力、国内外的经济形势、企业的促销方式等各方面因素进行综合考虑，使预测的结果能够尽可能地接近事实。下面结合案例说明一下。

例 1

甲企业生产 A、B、C 三种产品，2020 年每个季度预计的销售价格、销售量如下表所示，根据此表编制甲企业 2020 年的销售预算。销售收入中有 70%可以在本期收到现金，其余 30%要在下一年度收回。

甲企业 2020 年各产品的销售预测

项目	A 产品	B 产品	C 产品
预计销售量（件）	10 000	13 000	8 000
销售价格（元）	100	150	200

根据销售收入的计算公式：销售收入=销售量 × 销售单价 可得：

A 产品销售收入= 10 000 × 100 = 10 00 000（元）

B 产品销售收入= 13 000 × 150 = 1 950 000（元）

C 产品销售收入= 8 000 × 200 = 1 600 000（元）

甲企业 2020 年产品销售预算

项目	A 产品	B 产品	C 产品	合计（元）
预计销售量（件）	10 000	13 000	8 000	
销售价格（元）	100	150	200	
预计销售收入（元）	1 000 000	1 950 000	1 600 000	4 550 000
预计现金收入				
年初应收账款	270 000	540 000	510 000	1 320 000
现金销售收入	700 000	1 365 000	1 120 000	3 185 000
现金收入合计	970 000	1 905 000	1 630 000	4 505 000

下一年度的应收账款为 1 000 000×30% + 1 950 000×30% + 1 600 000×30%=1 365 000。

②生产预算。生产预算是在销售预算的基础上编制的。企业预算期间的生产量不但要满足销售的需要，还要保持一定量的存货以备不时之需，这就需要我们在编制生产预算时要同时考虑预算期间期初、期末的存货数量。但确定存货的数量一定要谨慎，过多的存货会造成企业产品的积压，影响企业资金周转；而过少的存货，万一发生产品供不应求时，不能对其及时地进行补充，造成企业产品供应的短缺，会给企业带来一定的损失。所以，生产预算的主要内容是预计销售量、预计期初存货数量、预计期末存货数量及预计生产量，其中预计生产量按如下公式确定：

预计生产量=预计销售量+预计产品期末存货−预计产品期初存货

例 2

接上例，同时各产品预计期初和期末存货数量如下。

预计期初存货数量：A 产品为 1 600
B 产品为 1 800
C 产品为 1 100

预计期末存货数量：A 产品为 1 500
B 产品为 2 000
C 产品为 1 000

根据公式“预计生产量=预计销售量+预计产品期末存货−预计产品期初存货”可知：

A 产品预计生产量=10 000 + 1 500−1 600 = 9 900

B 产品预计生产量=13 000 + 2 000−1 800 = 13 200

C 产品预计生产量=8 000 + 1 000−1 100 = 7 900

甲企业 2020 年产品生产预算　　单位：件

项目	A 产品	B 产品	C 产品
预计销售量	10 000	13 000	8 000
+预计产品期末存货	1 500	2 000	1 000
− 预计产品期初存货	1 600	1 800	1 100
预计生产量	9 900	13 200	7 900

③直接材料预算。直接材料预算是在生产预算的基础上编制的，它不但要考虑生产需用量，同时还要考虑期初、期末材料存货。所以，直接材料预算的主要内容包括预计生产需用量、预计材料期初存货、预计材料期末存货及预计采购量。预计采购量按如下公式计算：

预计采购量=预计生产需用量+预计材料期末存货-预计材料期初存货

其中，预计生产需用量是由预计生产量和单位产品材料用量来确定的，而上一个月或一个季度的材料期末存货就是下一个月或下一个季度材料的期初存货。

例 3

接上例，同时假设各产品所用材料不同，且每种产品只用一种材料，采购直接材料货款中有 70%需要在本年支付，剩余 30%可以在下一年度支付，直接材料需用量、预计材料期初、期末存货数量如下。

单位产品直接材料需用量（千克/件）：

A 产品为 1.5　　B 产品为 1.8　　C 产品为 2.0

直接材料单价（元/千克）：

A 产品为 10　　B 产品为 15　　C 产品为 20

预计材料期初存货（千克）：

A 产品为 2 500　　B 产品为 3 500　　C 产品为 2 300

预计材料期末存货（千克）：

A 产品为 3 800　　B 产品为 4 700　　C 产品为 3 700

甲企业 2020 年产品直接材料预算

单位：件

项目	A 产品	B 产品	C 产品	合计（元）
预计生产量（件）	9 900	13 200	7 900	
单位产品直接材料需用量（千克/件）	1.5	1.8	2.0	
预计生产需用量（千克）	14 850	23 760	15 800	
+预计材料期末存货（千克）	3 800	4 700	3 700	
-预计材料期初存货（千克）	2 500	3 500	2 300	
预计采购量（千克）	16 150	24 960	17 200	
直接材料单价（元/千克）	10	15	20	
直接材料成本（元）	161 500	374 400	344 000	879 900
预计现金支出				
年初应付账款	45 000	105 000	10 000	258 000
直接材料成本（现金支付）	113 050	262 080	240 800	615 930
现金支出合计	158 050	367 080	348 800	873 930

下一年度应付账款为 161 500×30% + 374 400×30% + 344 000×30% = 263 970 元。

④直接人工预算。直接人工预算也是在生产预算的基础上编制的，它的主要内容包括预计生产量、单位产品直接人工小时、直接人工总工时、每小时人工成本及直接人工总成本。

预计直接人工总成本=直接人工总工时×小时工资率

=预计生产量×单位产品直接人工小时×小时工资率

例 4

接上例，同时各产品直接人工小时如下。

单位产品直接人工小时（小时/件）：

A 产品为 1　　　　B 产品为 2　　　　C 产品为 3

甲企业 2020 年产品直接人工预算

单位：元

项目	A 产品	B 产品	C 产品	合计（元）
预计生产量	9 900	13 200	7 900	
单位产品直接人工小时	1	2	3	
直接人工总工时	9 900	26 400	23 700	60 000
每小时人工成本	15	15	15	
直接人工总成本（元）	148 500	396 000	355 500	900 000

⑤制造费用预算。制造费用预算是指对除直接材料与直接人工以外的其他生产费用的计算。按与生产量之间的相关性，可以将制造费用分为固定制造费用与变动制造费用。固定制造费用预算与变动制造费用预算的编制方法是不同的，所以，需要将它们分开编制。

首先，固定制造费用的编制。固定制造费用是指与产品产量不存在依存关系的制造费用，所以，编制固定制造费用时只需根据上一期的实际情况逐项做调整即可。其次，变动制造费用的编制。变动制造费用是指与产品产量存在依存关系的制造费用，所以，我们以生产预算为基础进行编制。但这里需要注意的是，制造费用预算的编制是涉及现金支出的，但折旧费用并不涉及现金的支出，所以，在制造费用预算中计算现金支出时，要将其扣除。

制造费用分配率=预计制造费用÷标准总额

标准总额可以是直接人工总工时，也可以是其他标准总额。

例 5

接上例，以直接人工总工时为标准总额。

甲企业 2020 年产品制造费用预算

单位：元

	费用项目	金额（元）
变动制造费用	间接材料费用	90 000
	间接人工费用	90 000
	维修费	75 000
	水电费	75 000
	其他	35 000
变动制造费用合计		365 000
固定制造费用	折旧费	100 000
	管理人员工资	100 000
	保险费	70 000
	其他	25 000

续表

固定制造费用合计		295 000
合计		660 000
预计现金支出		660 000
-折旧费用		100 000
现金支出合计		560 000

制造费用分配率=预计制造费用/标准总额=660 000/60 000 = 11（元/小时）

甲企业 2020 年各产品制造费用预算

单位：元

项目	A 产品	B 产品	C 产品
制造费用分配率	11	11	11
直接人工总工时	9 900	26 400	23 700
制造费用	108 900	290 400	260 700

⑥产品成本预算。产品成本预算主要是在生产预算、直接材料预算、直接人工预算与制造费用预算的基础上编制的，它的主要内容是反映单位产品成本和总成本，所以，编制产品成本预算可以为预计损益表中的销货成本提供数据。我们在编制完直接材料预算、直接人工预算与制造费用预算以后，将它们进行汇总后就可以得到产品成本预算。

例 6

接上例。

甲企业 2020 年产品成本预算

产量：件

项目	A 产品	B 产品	C 产品	合计（元）
直接材料	161 500	374 400	344 000	
直接人工	148 500	396 000	355 500	
制造费用	108 900	290 400	260 700	
产品总成本	418 900	1 060 800	960 200	2 439 900
预计生产量	9 900	13 200	7 900	
产品单位成本	42.31	80.36	121.54	

同时还可以编制出如下表格。

甲企业 2020 年原材料存货

产量：件

项目	A 产品	B 产品	C 产品	合计（元）
原材料期末存货数量	3 800	4 700	3 700	
单价	10	15	20	
原材料期末存货余额	38 000	70 500	74 000	182 500

甲企业 2020 年产成品存货

产量：件

项目	A 产品	B 产品	C 产品	合计（元）
产成品期末存货数量	1 500	2 000	1 000	
单价	42.31	80.36	121.54	
产成品期末存货余额	63 465	160 720	121 540	345 725

甲企业2020年销售成本　　产量：件

项目	A产品	B产品	C产品	合计（元）
产品单位成本	42.31	80.36	121.54	
销售量	10 000	13 000	8 000	
销售成本	423 100	1 044 680	972 320	2 440 100

⑦销售与管理费用预算。销售与管理费用预算是指对除制造费用以外的其他费用的计算，主要就是销售费用与管理费用。销售费用预算是指为实现销售预算所需费用的预算，它以销售预算为基础，同时我们一定要仔细分析销售收入、销售利润及销售费用三者之间的关系，使销售费用的预计更加合理。管理费用预算是指企业管理部门为支持企业的生产经营活动所发生的各种费用的预算。

例7

接上例。

甲企业2020年销售与管理费用预算　　产量：件

	项目	金额（元）
销售费用	销售人员工资	100 000
	广告费用	100 000
	运输费用	45 000
	其他	30 000
销售费用总计		275 000
管理费用	管理人员工资	100 000
	办公费	55 000
	保险费	50 000
	其他	35 000
管理费用总计		240 000
总计		515 000

（2）资本支出预算。

资本支出预算是指企业不经常发生的一次性业务的预算，主要就是企业长期投资预算，比如，购置/更新固定资产预算、厂房扩建、改建预算等。

（3）财务预算。

财务预算是指反映企业现金收支、经营成果和财务状况的预算，主要包括现金预算、预计损益表、预计资产负债表。

①现金预算。现金预算主要是反映企业预算期间现金收支的详细情况的预算。其主要目的在于使企业管理者能够在资金不足时及时补充资金，资金多余时及时处理资金使资金发挥应有的作用，以保证企业的生产经营活动能够顺利进行。它是以经营预算和资本支出预算为基础编制的。现金预算的主要内容包括现金收入、现金支出、资金的筹集和运用、现金余缺。

第一，现金收入。现金收入主要包括期初现金余额和预算期间的现金收入。其中，预算期间的现金收入包括两个方面：一方面是企业经营取得的收入，主要是销售收入，这个可以从销售预算中获得；另一方面是其他收入，比如处置固定资产取得的收入。

第二，现金支出。现金支出主要是企业在预算期间的各项现金支出。这里的现金支出不仅包括企业在经营方面产生的各项支出，如直接材料、直接人工、制造费用、销售与管理费用，还包括其他方面的支出，如支付税款、支付股利、购买机器设备。

第三，资金的筹集和运用。资金的筹集和运用主要是反映预算期内企业预计要向银行贷款或偿还及支付利息等情况。

第四，现金余缺。如果现金收入与现金支出的差额即净现金流为正时，说明现金的收入大于现金的支出，产生了现金的盈余，企业要充分利用现金盈余使其发挥最大的效应；如果现金收入与现金支出的差额即净现金流为负时，说明现金的收入小于现金的支出，现金不足，企业需要进行资金的筹措以保证生产经营活动正常进行。

例 8

接上例。

甲企业 2020 年现金预算

单位：元

项目	金额（元）
期初现金余额	500 000
+现金收入	
销售收入	4 505 000
现金收入合计	4 505 000
-现金支出	
直接材料	873 930
直接人工	900 000
制造费用	560 000
销售及管理费用	515 000
所得税	400 000
现金支出合计	3 248 930
净现金流量	1 256 070
期末现金余额	1 756 070

净现金流量=现金收入–现金支出

期末现金余额=期初现金余额+净现金流量

所得税的支出是根据预算期的销售情况和利润情况估计所得。

②预计损益表。预计损益表是指反映企业未来期间的收入、成本及利润情况的一种预算报表。损益表的编制可以帮助企业管理者了解企业的盈利情况，据此适时调整其经营策略。预计损益表是在以上各经营预算的基础上编制的，编制方法与一般财务报表中的损益表相同。

例 9

接上例。

甲企业 2020 年预计损益表　　单位：元

项目	金额（元）
销售收入	4 550 000
-销售成本	2 440 100
毛利	2 109 900
-销售及管理费用	515 000
利润总额	1 594 900
-所得税	400 000
净利润	1 194 900

所得税来源于例 8 中表格，销售成本来源于例 6 中销售成本表。

③预计资产负债表。预计资产负债表是指反映预算期间企业各项资产、负债及所有者权益的账户余额的一种报表。它是在预算期期初资产负债表的基础上，经过对经营预算和现金预算中的有关数字进行适当调整，进而得出预计资产负债表。其编制是按照资产负债表的内容和格式而来，主要根据会计等式“资产=负债+所有者权益”来反映这三者之间的关系。由于涉及上一年的资产负债表情况，这里就不举例说明了。

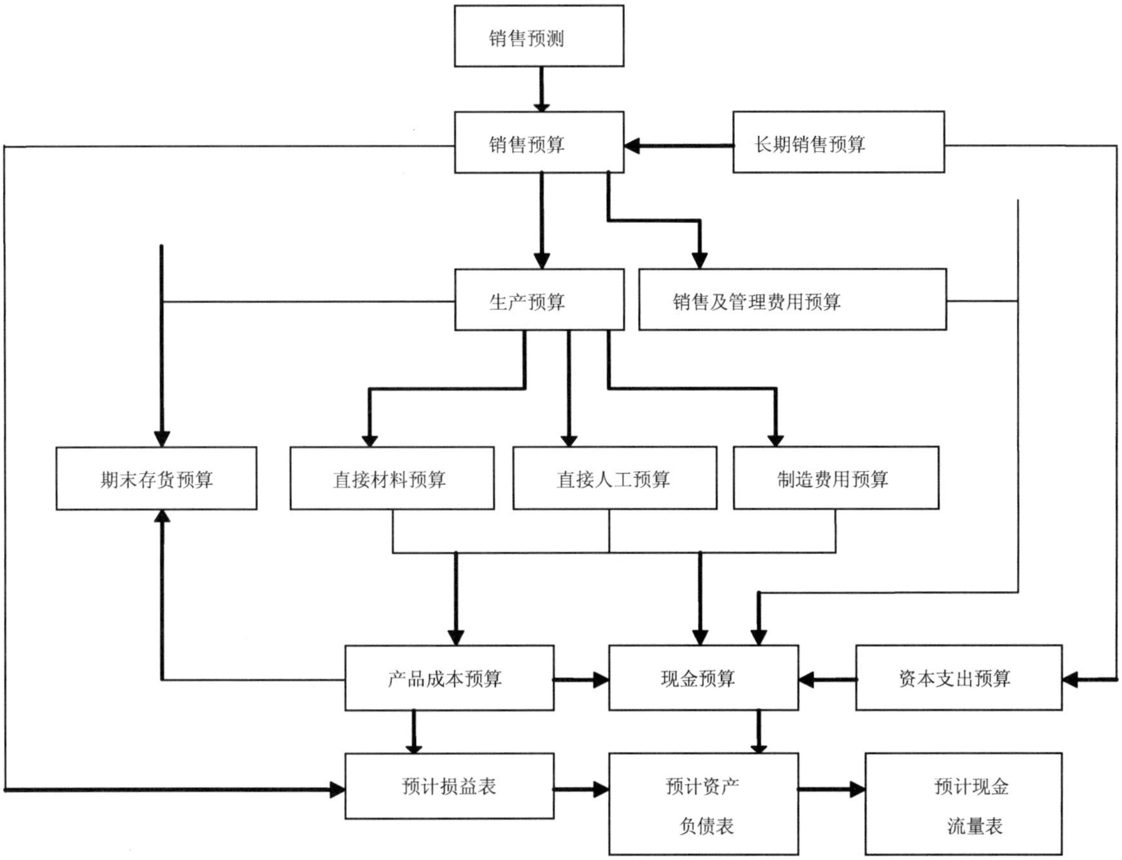

企业全面预算的各项内容是前后衔接、密不可分的，它们紧密配合形成了一个有机的整体。经营预算和资本支出预算是财务预算的编制基础，财务预算是对经营预算和资本支出预算所涉及的现金流的汇总。往往财务预算要在最后编制。全面预算各项内容的关系如下图所示。

5. 全面预算编制时应注意的问题

（1）全面预算的编制要避免短期行为。

全面预算与业绩相关联，企业的管理层很可能因为追求一时的业绩而产生短期行为，但这种行为会严重影响企业的长远发展。所以企业在编制全面预算时一定要避免这种短期行为，从企业的长远利益出发。

（2）全面预算的预算期不要过长。

全面预算的预算期一定不要过长，即使是长期规划也不要超过 3 年。如果预算期过长，会对企业产生束缚，影响企业的发展。比如美国的一些公司，长期计划一般都在 7～8 月之间制定，跨度为 3 年：计划的第 1 年，确实是对当年的预测，由 7 个月的真实业绩和 5 个月的估计值组成；计划的第 2 年是下一个会计年度。这样下来，在一个 3 年的规划里，就有了一个来年预算的早期轮廓，以后年度再根据实际情况做出调整。所以，企业在编制全面预算时预算期一定不要过长。

（二）全面预算的执行与调控

1. 全面预算的执行

全面预算的执行是企业全面预算管理的核心预算环节，只有全面预算执行得好，企业的预算目标才有保证。预算的有效实施，必须充分调动各级责任人的积极性与创造性，并强化其责任意识。同时，在预算的执行环节我们还应该做好预算执行情况真实、完整的记录，为以后预算考评打下基础。

2. 全面预算的调控

全面预算的调控是对全面预算能够正常实施提供有力的保障。首先，预算的编制与预算的执行都需要各责任单位之间的合作，预算的调控起到了一定的协调作用，它能够将企业的人力、物力、财力等资源在各个责任单位之间进行有序的分配；其次，它是对预算的日常执行情况进行监控，由于各种可预知与不可预知因素的影响，企业实际执行情况难免会与企业的预算发生偏离，那么对预算执行情况的监控就是必要的，这样有助于及时发现执行时发生的偏差并及时修正，以保证预算目标的形成。

（三）全面预算的考评

预算在具体执行之后，要对预算的执行情况进行评价，以便企业能够及时了解情况，发现其中的问题并提出相应的解决措施，做到及时纠正存在的问题，以求能够保证企业按照预定的轨道前进，实现企业预期的目标。所以，预算考评这一环节是至关重要的，同时也是必不可少的。

1. 全面预算评价的含义

全面预算的考评是对企业的预算执行情况进行的考核与评价，主要是针对企业内部各责任单位和个人这些具体的预算执行单位和执行者而进行的。

但是，在进行全面预算评价之前，我们首先应该明确由谁来进行全面预算评价，而谁又是全面预算评价的对象。对于企业而言，进行全面预算评价的主体有两个：一个是全面预算管理委员会，它是全面预算评价的最高评价主体，对预算的执行情况做主一个总体的评价；另一个评价主体是企业内部各级部门，它主要对其负责的各责任单位和个人的预算执行情况进行评价。企业全面预算的客体也就是全面预算评价的对象就是企业内部各责任单位和个人。了解企业全面预算评价的含义与其主体和客体后，我们再来了解一下企业为什么要进行预算评价，也就是说全面预算评价的作用究竟是什么。

2. 全面预算评价的作用

（1）全面预算评价能够为企业进行绩效评价提供依据。

全面预算最主要的特点就是"全员"，也就是企业的每个员工都要参加。那么企业会将其预算的任务下发到每个员工，使得每个员工都有其各自的任务目标要完成，企业只需要将其实际的完成情况与其自身的任务目标相比较，就可以知道该员工的工作情况，最重要的是，这种方法比较客观，也比较公正。经过预算的考评也使得每个员工都能了解自己工作中存在的问题，有助于其改进。

（2）全面预算评价可以提升单位业绩，同时对员工起到激励作用。

企业的全面预算评价通常与企业的奖惩制度挂钩。企业在对员工的预算执行情况做出评价以后，对执行情况较好的员工给予相应的奖励；对预算执行情况执行较差的员工给予相应的惩罚。那么其结果就是：得到奖励的员工受到鼓励会再接再厉，继续努力，争取下次还能得到奖赏；而受到惩罚的员工，为了下次不会再受到惩罚，会努力工作，这些都会大大提升单位业绩。由于全面预算考评比较客观，也比较公平，以其作为指标与奖惩制度相结合，对于给予的奖励与惩罚都比较有说服力，所以说，进行全面预算考评可以对员工起到一定的激励作用。

（3）全面预算评价可以为企业预算目标的实现提供保证。

一方面，企业的全面预算要求企业所有员工参与，并给每个员工下达任务目标，同时进行的预算评价又经常与奖惩制度挂钩，这些都对员工产生了一定的约束作用，使得每位员工都非常关心自己的任务目标是否能够完成，这有助于企业预算目标的实现；另一方面，通过预算的考评，企业可以了解到预算的实际执行情况与预算差异，及时纠正偏差，从而保证预算目标的实现。

企业在进行全面预算评价时，首先，应该收集一切与预算执行情况相关的资料，这些都是进行全面评价的基础，没有了这些资料，预算评价就没有了依据，也就无法进行下去。其次，将收集来的实际执行情况的数据与预算进行比较，看是否存在差异，若存在差异，则要分析这些差异是有利差异还是不利差异。这里，有利差异是指实际执行情况要优于预算的差异额；不利差异则是指实际执行情况要劣于预算的差异额。显然，有利差异对企业是有利的，我们应该继续努力扩大这种有利差异；而不利差异对企业来说是非常不利的，我们尽力消除这种不利差异。最后，根据分析，若出现不利差异，一定要进行详细的分析，找出产生这种差异的原因，明确是哪个环节、哪个责任单位出现的问题，积极采取应对措施，消除这种不利差异，以保证企业预算目标的完成。这就是企业利用全面预算管理提升单位业绩，进行管理控制和绩效评价的优势。

第八章
巧借东风——如何掌握融资技巧

在和大家讨论怎样融资之前，先讲一个古老的故事。

很久以前，有一个富甲一方的大财主，财主家有一位长工，他一贫如洗，生活清苦，但这穷小子偏偏爱上了财主家的小姐，按现在流行的话来说，这算得上比较悲剧的一件事了，不过这个长工还算有自知之明，他知道自己上无片瓦之财，下无立锥之地，别说是跟别人门当户对了，就算是养家糊口都是一个大难题，财主怎么可能把女儿嫁给他呢？因此很长时间内，长工都克制着自己，不敢向财主的女儿表明心意。

但是财主的女儿冰雪聪明，早就看出了长工的心思，而且更关键的是，她也看中了长工。于是有一天财主的女儿找了个机会，把长工叫到身边，告诉他：我明白你对我的心意，如果你有心娶我，你可以改变目前的处境。你只需如此如此，便可大功告成……

于是长工依计而行。两天后，长工找到财主，向财主提了个建议：长工向财主借一只母鸡，借期三年。三年期间，每天交一个鸡蛋给财主。三年期满，长工再将母鸡还给财主。当然，这三年时间里母鸡的喂养、管理，都由长工来承担。财主算计了一下，觉得还真是一笔划算的交易，于是同意了长工的提议。

长工带着母鸡来到一片野草坡。他将母鸡放到草坡上，任其在草间寻些草籽和小虫来吃，自己则在草坡上搭了个草棚住了下来，还开了一片荒地，种些谷物。

一开始，因为母鸡还没开始下蛋，日子很艰难，长工咬着牙拿出自己的储蓄到市场上买鸡蛋交给财主。不久，母鸡开始下蛋，每天一个，长工还是每天到市场买一个鸡蛋，而母鸡下的鸡蛋，长工一个都不舍得吃，都留在那里。

长工留着那些鸡蛋，准备用它们来孵小鸡。

到第二年春天，母鸡已经孵出了100多只小鸡。

在老母鸡的带领下，那些小鸡很快长大了。大半的母鸡也开始下蛋、孵蛋了。

又过了一年，长工已经拥有了几百只鸡了。

当然，那些鸡都有一位共同的首领，就是财主家的那只老母鸡。

这时，那只老母鸡还在不停地下蛋、孵蛋，好像要给他的后辈做个榜样似的。

在老母鸡的感召下，长工的那些母鸡们都一只赛一只地拼命下蛋、孵蛋。

第三年，长工将老母鸡归还给财主的时候，长工已经是一千多只鸡的主人了。

长工将财主请到那片野草坡，满坡的鸡顿时让财主大吃一惊。

接着财主又参观了长工的草棚和他这三年开垦出的近百亩荒地。那些地里长着绿油油的苞谷。

“这些都是你的？”财主问。

长工说“当然”。然后，长工就将自己对财主女儿的爱慕和盘托出，希望财主能成全他们。

“如果你答应，我愿将这千只鸡和百亩田作为聘礼。”

财主是个爱财如命的家伙。稍一思索就答应了。

长工和财主的女儿如愿以偿，有情人终成眷属。

故事到这里就讲完了，但留给我们的思考是深远的，如果长工当初没有那只母鸡，也许他一直都是一个不名一文的穷小子，更别提迎娶貌美如花的财主女儿了。融资的本质说穿了就是我们这个故事里借鸡生蛋的活动，从宏观层面看，融资能够将社会上的富余资金转借给那些需要资金的创业者，从个人来说，融资能够使那些才华横溢的创业者跳过漫长的资金原始积累阶段，迅速开始财富创造过程，成为一名成功的企业家。试想一下，如果微软、谷歌的创业者一开始没有风险资金投资给他们，也许这两家公司甚至都无法开张，而我们也无法享受网络科技带给我们的便捷。

当然，现代市场经济活动，融资活动的类型和手段要远比上面这个故事中提到的借鸡生蛋复杂得多，还拿这个故事来说，长工的母鸡如果从财主那边借的话，我们把他叫作外部融资，如果长工是从自己积蓄中省下钱的话，我们就把它叫作内部融资。故事中的长工每天给财主交一只鸡蛋，三年后把母鸡还给财主，相当于分期付息、一次还本的债务融资，但这种融资方式实际上是存在一定风险的，试想一下，由于长工手上只有一只母鸡，如果这只母鸡不幸得病死了或是被黄鼠狼给叼走了，按照长工之前和财主签订的合约，长工将背负一笔沉重的债务，可能就要给财主白打三年工了。实际上，如果这位长工具有现代融资意识的话，他完全可以考虑采取另一种风险更小的融资模式，比如，他可以跟财主签订一个协议，由长工替财主饲养这只母鸡，每个月母鸡下的蛋中拿出一半上交给财主，多生多交，少生少交，剩下的归长工自己。实际上，这就是一种股权融资。如果财主不愿借给长工母鸡的话，长工还可以考虑拿着自己与财主的劳动雇佣契约，作为抵押保证，到当地的钱庄贷款买一只母鸡，这就叫作信贷融资。

一个长工买一只母鸡既然都有这么多种融资方式，对于一个现代市场经济中的企业来说，融资的方式和手段更是千变万化，下面就为大家一一讲解企业常用的各种融资方式和手段。

需要注意的是，在融资的时候，采用何种方式，一定要结合企业自身所属的行业种类、产品性质、财务状况、市场环境等各种因素，综合分析，有选择地使用，这样才能使企业立于不败之地。

一、银行贷款

王伟原来在一家电脑公司做推销员，后来一位当老板的朋友多次鼓动他创业，并许诺如果需要银行贷款可以提供担保。有好友的鼎力相助，他便辞去了收入不菲的工作，自己注册了一家电脑公司并顺利地从当地信用社取得了 30 万元贷款，信用社的服务非常完善，可就是贷款利率比法定贷款利率上浮 30%，另外还要从贷款中扣除两笔莫名其妙的“咨询费”和“理财顾问费”，这样，他实际贷款的年利率达到了 7%以上。

当时，王伟没有过多考虑贷款成本，可由于电脑业竞争激烈，他只能微利经营，到年底一算账，偿还贷款本息后正好不挣不赔，用他的话说，等于白白给信用社打了一年工。

如今市场竞争使经营利润率越来越低，很难取得超常暴利。因此，企业在融资时一定要考虑成本。

（一）银行贷款的分类

银行贷款是指银行以一定利率将资金贷给资金需要者，并约定期限归还的一种经济行为。银行贷款有不同的形式，由于企业贷款的期限不同、保障方式不同、用途不同，因此银行贷款也存在不同的种类。企业信贷融资时可以根据自己的需要按照不同的贷款种类有针对性地申请相应贷款。

（1）按贷款期限分类。按照企业贷款期限分类，银行贷款可以分为短期贷款、中期贷款和长期贷款 3 类。其中短期贷款期限在 1 年以内（含 1 年），中期贷款在 1~5 年间（不含 1 年，含 5 年），长期贷款在 5 年以上（不含 5 年）。

（2）按保障方式分类。按照保障方式，银行贷款可以分为信用贷款、担保贷款和票据贴现。

信用贷款指以借款人的信誉发放贷款。

担保贷款又分为保证贷款、抵押贷款和质押贷款 3 种。其中保证贷款是按照《中华人民共和国担保法》规定的保证方式及第三方承诺在贷款人不能偿还债务时承担一般保证责任或者连带责任而发放的贷款；抵押贷款同样按照《中华人民共和国担保法》规定的以借贷方或第三方的财产作为抵押物而发放的贷款；质押贷款也是按照《中华人民共和国担保法》的质押方式以借贷方式或第三方的动产或权利作为质押而发放的贷款。

票据贴现贷款是指票据持有人在票据到期前将票据转让给银行，并付一定的利息而向银行取得的借款。

（3）按借款用途分类。按借款用途可以将银行贷款分为流动资金贷款、固定资金贷款、科技研发贷款、专项贷款等。

流动资金贷款是指银行针对国有企业流动资金达不到规定比例而发放的补差贷款，是用来弥补企业铺底资金或自有资金缺额的贷款。流动资金贷款具有银行垫付、短期周转而长期使用的特点，其借款取得和收回的办法是银行核定企业所需流动资金的实际数额，只要企业经济效益好，原材料供应充足，产品有市场，企业就可以向银行取得流动资金贷款，银行到期收回，企业可以借旧换新。

固定资金贷款是企业为解决固定资产维修、改造更新和基本建设等固定资产再生产的合理资金需求而向银行申请的贷款，其中包括大修理贷款、技术改造贷款和基本建设贷款。

（二）银行贷款的优缺点

1. 银行贷款的优点

（1）融资速度快。银行贷款一般所需时间较短，可以迅速获取资金。

（2）融资成本低。银行贷款所支付的利息比发行债券所支付的利息低，而且贷款利息可在税前扣除，而且无须支付大量的发行费用。

（3）贷款弹性好。企业可以与银行直接商谈贷款的时间、数量和利率。在贷款期间，如果企业情况发生变化，也可与银行协商，修改贷款数量和条件，以及提前或延期归还贷款。

2. 银行贷款的缺点

（1）财务风险大。企业举借银行贷款，必须定期还本付息，当企业经营不利时，可能会产生不能偿还的风险，甚至会导致破产。

（2）限制条款多。企业与银行签订的贷款合同中，一般都有一些限制条款，这些条款会限制企业的经营活动。

（3）融资数额有限。银行一般不会贷出巨额款项，而且金额越大、时间越长，银行越审慎，限制条款越多，因此，从银行融资有一定的上限。

（三）如何进行银行贷款

1. 借款人提出贷款申请

借款人若需要银行贷款，应当向银行或其经办机构直接提出书面申请，填写《贷款申请书》。申请书的内容包括贷款金额、贷款用途、偿还能力及还款方式，同时还须向银行提交以下材料。

（1）借款人及保证人基本情况。

（2）财务部门或会计师事务所核准的上年度财务报告，以及申请贷款前一期的财务报告。

（3）原有不合理占用贷款的纠正情况。

（4）抵押物、质物清单和有处分权人的统一抵押、质押的证明及保证人拟同意保证的有关证明文件。

（5）项目建议书和可行性报告。

（6）银行认为需要提供的其他有关材料。

（7）固定资金贷款要在申请时附可行性研究报告、技术改造方案或经批准的计划任务书、初步设计和总概算。

2. 银行的审批

（1）立项。

（2）对借款人进行信用等级评估。

（3）进行可行性分析。

（4）综合判断。

（5）进行贷前审查，确定能否贷款。

3. 签订贷款合同

若银行对贷款申请进行审查后，认为各项均符合规定，并同意贷款，便与借款人签订贷款合同。在贷款合同中约定贷款种类、贷款用途、贷款金额、利率、贷款期限、还款方式等事项。贷款合同自签订之日即发生效力。

4. 贷款的发放

贷款合同签订后，双方即可按合同规定核实贷款。借款人可以根据贷款合同办理提款手续，按合同计划一次或多次提款。借款人提款时，由借款人填写银行统一制定的提款凭证，然后到银行办理提款手续。银行贷款从提取之日起开始计算利息。借款人取得借款后，必须严格遵守借款合同，按合同约定的用途、方式使用贷款。

5. 银行贷后检查

贷后检查是指银行在借款人提取贷款后，对其贷款提取情况和有关生产、经营情况、财务活动进行监督和跟踪调查。

6. 贷款的收回与延期

贷款到期时，借款人应按期足额归还贷款本息。通常，银行在短期贷款到期前 1 个星期、中长期贷款到期前 1 个月，向借款人发送还本付息通知单。借款人应及时筹备资金，贷款到期时，一般由借款人主动开出结算凭证，交银行办理还款手续。对于贷款到期而借款人未主动还款的，银行可采取主动扣款的办法，从借款人的存款账户中收回贷款本息。如因客观原因不能按期归还贷款，应按规定提前的天数向银行申请延期，填写延期金额及延期日期，交由银行审核办理。

（四）企业融资的技巧

资金作为一种稀缺资源，并非取之不尽的。为了确保信贷资金的安全和取得良好的贷款收益，银行在贷款时审查非常严格，非常重视企业的资信状况和经营状况，因此，在各种条件相同的情况下，企业应该掌握一定的信贷技巧。一般来说，包括以下几个方面。

1. 建立良好的银企关系

与银行建立良好的关系，是获得银行贷款的关键。企业为了达到这个目的，首先应该具有良好的信誉，因为企业经济效益和信誉的好坏直接关系到银行贷款资金的安全性。为此，企业应该注意抓好资金的日常管理，经常主动地向银行汇报企业的经营状况，使银行充分感受到企业对其的尊重，从而加强对公司的信任度。

2. 分析银行、选择银行

企业要想与银行建立良好的关系，就要了解银行，掌握与银行交往的知识，才能在需要的时候比较容易地获得银行贷款。另一个问题就是选择银行，因为根据中国人民银行规定，企业只能选择一家商业银行开立基本结算账户，不允许多头开立基本账户。因此，企业在选择银行时应该考虑到银行的业务特点、银行规模，以及银行经理能力等因素，以确保自己的最大利益。

3. 写好投资项目的可行性报告

投资项目可行性报告对于能否获得贷款、获得贷款规模的大小具有十分重要的作用，因此，企业必须高度重视可行性报告的撰写。一般需要说明项目符合国家的有关政策，并要重点论证技术上的先进性、经济上的合理性等问题；其次还要把关于企业现状、发展前景、技术能力、生产能力、基础设施、原材料、产品销路等问题做出有力论证，使银行相信其贷出的资金不会存在风险，所以，可行性报告的出发点和落脚点应该放在经济效益上。

4. 合适的贷款时机

贷款时机非常重要，因为银行信贷规模是年初一次性下达，分季安排使用，不允许擅自突破，因此，一般情况下企业申请较大金额的贷款，安排在年末或每季季末是不合适的，较好的做法是提前将企业的用款计划告诉银行。

5. 寻找合适的信用担保

如果申请贷款的企业是中小企业的话，由于中小企业资产较少、风险较大、资信等级较低，故中小企业融资的最大困难在于缺乏有效的信用担保。因此，中小企业要获得银行贷款，一方面可以以中小企业所有者的个人资产提供担保，另一方面也可以寻求国家信用担保机构担保。

二、股票融资

“假如必须等待积累去使某些单个资本增长到能够修建铁路的程度，那么恐怕直到今天世界上还没有铁路，但是，集中通过股份公司转瞬之间就把这件事完成了。”马克思对股票融资有过这样生动的评述。股票市场所能提供的筹资规模和筹资速度是企业依靠自身积累和银行贷款所无法比拟的。在现代市场经济中，所有成功的企业几乎都毫无例外地选择了股票融资的方式，因此，作为一个优秀的企业经营者，必须很好地掌握股票融资的技巧。

（一）什么是股票

股票是股份有限公司在筹集资本时向出资人发行的股份凭证。股票代表着其持有者（即股东）对股份公司的股权。股权是一种综合权利，如参加股东大会、投票表决、参与公司的重大决策、收取股息或分享红利等。同一类别的每一份股票所代表的公司股权是相等的。每个股东所拥有的公司股权份额的大小，取决于其持有的股票数量占公司总股本的比重。股票一般可以通过买卖方式有偿转让，股东能通过股票转让收回其投资，但不能要求公司返还其出资。股东与公司之间的关系不是债权债务关系。股东是公司的所有者，以其出资额为限对公司负有限责任，承担风险，分享收益。

（二）股票融资与其他融资方式的区别及特点

股票融资属于一种直接融资，即资金需求者直接借助市场向社会上有资金盈余的单位和个人筹资，而银行贷款则属于信贷融资，是筹资者通过向银行这样的中介机构进行筹资，融通资金。两者相比有很大不同。

（1）银行提供给企业的融资，对企业而言是它的外部债务，体现的是债权债务关系；而企业通过股票融资筹集的资金是企业的资本金，它反映的是财产所有权关系。

（2）信贷融资是企业的债务，企业必须在到期时或到期前按期还本付息，因而构成企业的财务负担；而股票融资没有到期偿还的问题，投资者一旦购买股票便不得退股。

（3）对提供融资者而言，信贷融资是银行提供给企业的信用，银行提供的借贷资金不论数量多少，都没有参与企业经营管理的权利；而提供股票融资者即成为企业的股东，可以参与企业的经营决策。

（4）从提供融资者收益看，银行的收益是固定（或根据一定的标准浮动）的利息收入，无论企业经营好坏，企业都有义务支付应付的利息；而股票的收益通常是不固定的，它与企业的经营好坏有着密切的关系。

（5）在企业破产清算时，信贷融资和股票融资的清偿顺序不同，银行提供给企业的贷款，不论有无担保，都是对企业的债权，可以在股东之前取得清偿权。

股票融资的优点如下。

（1）有利于股份制企业建立和完善自我约束、自我发展的经营管理机制。

（2）有利于股份制企业筹集资金，满足生产建设的资金需要，而且由于股票投资的无期性，股份制企业对所筹资金不需还本，因此可长期使用，有利于股份制企业的经营和扩大再生产。

股票融资的缺点如下。

（1）必须经有关各方的批准，如各级政府、证监会或上级主管部门等，难度较大。

（2）在融资前就必须公布募集资金的用途，使购并计划提前曝光，有可能增加购并成本。

（3）资金成本较高。一般而言，采用吸收直接投资方式融资所需负担的资金成本较高，特别是企业经营良好和盈利较强时。因为向投资者支付的报酬是根据其出资的数额和企业实现利润的多少来计算的，利润越多，支付报酬越多，企业财务压力越大。

（4）企业控制权容易分散。采用股票方式融资，投资者一般都要求获得与投资数量相适应的经营管理权，这是接受外来投资的代价之一。如果外部投资者的投资较多，则投资者会有相当大的管理权，甚至会对企业实行完全控制，这是股票融资的不利因素。

（三）股票融资的操作步骤

我国法律规定，初次发行股票必须符合下列条件。

（1）发行人必须是股份有限公司。

（2）拟设立股份公司的生产经营方向必须符合国家产业政策和产业导向。

（3）发行人发行的普通股只能有一种。

（4）发行人认购的股本数额不少于公司拟发行股本总额的 35%。在本次发行后，公司的股本总额必须在 5 000 万元以上。

（5）向社会公众发行的股本不少于已发行股本总额的 25%，拟发行股本总额超过 4 亿元的，不得少于 10%。

（6）发行人在最近 3 年内无重大违法行为，财务报表无虚假记载。

（7）中国证监会规定的其他条件。

我国股票发行主要有下列步骤。

（1）发行准备。这一阶段的主要任务是完成股票发行的基础工作。

（2）申请与审批。在完成发行股票的基础工作之后，发行人要向有关部门提出发行申请，并须得到批准。

（3）公开发行股票。经过中国证监会核准后，发行人即可公开发行股票，步骤包括发出发售股票的要约（即招股说明书），投资者向发行人认购，发行人与承销商依据一定的规则确认有效认购的投资者，发行人与认购人相互交付款项与交割股份。

满足一定条件的股票可以上市交易。在一定情况下，上市交易的股票还会被暂停上市或停止上市。上市可以改善公司的财务状况，提高公司的知名度，获得经营上的优势。但同时，公司的控制权处于不稳定状态，且由于信息披露的要求，商业秘密没有保障。上市也需要较高的费用，而且有时股价不能准确反映公司的经营与发展状况。

（四）股票融资也有“技”可寻

股票上市融资，关键是取得监管部门的审批。而在报请监管部门审批之前，企业需要做大量的准备工作，如重组、剥离不良资产。

在主要的文件，如招股说明书中，需要将企业各方面的情况，如公司资料、业务介绍、现有人员及股权情况、关联交易、财务情况、资金用途、股票发售方法等做出详细说明，不能欺骗或误导投资者。

三、债券融资

有这么一个耐人寻味的故事：某一天，在一个十分拥挤却沉默得令人窒息的会场，数百家上市公司代表席地而坐，而对面的“资金高台”上，“直接贷款”“股权融资”“债券融资”三位代表正襟危坐。终于，一位上市公司代表站起身打破缄默，“我们要扩大生产、要兼并重组都离不开资金的支持，你们谁能帮助我们？”“直接贷款”翻了翻自己厚厚的账簿，严肃地说：“你们之前的好多银行贷款尚没有归还，我们不能再增加新的额度。”股权融资这位多年来的“好好先生”十分无奈地举起了意见箱说：“现在股市比较低迷，大多数二级市场投资者不同意你们进行股权再融资，就是过去最受欢迎的IPO兄弟现在也得看着市场脸色再决定发行节奏了。”深感失望的上市公司开始交头接耳、商讨对策。突然，多年来很少有机会在“融资会议”获得发言权的“债券融资”掸了掸麦克风上的尘土，朗声回答：“我可以考虑为你们融资，但是我们要挑选最好的上市公司和最好的项目。”

当然，这只是个虚构的故事，但是它告诉我们，由于直接贷款、股权融资方式本身的局限性，企业在寻求这两种融资方式遇到瓶颈时，可以考虑采取债券融资这种方式，当然，这种方式的使用也有很多技巧，比如故事中提到的，市场是偏爱具有优秀投资前景的公司与项目的，谁也不愿意自己的钱打水漂，但是不可能所有公司都是那么优秀或者至少显示出那么优秀，这时候如何成功推销出自己的债券，获取资金，就是一件颇具技巧的事情了，这也正是我们接下来要为大家介绍的。

（一）初步认识债券融资

债券是企业直接向社会筹措资金时，向投资者发行，承诺按既定利率支付利息并按约定条件偿还本金的债务凭证。债券的本质是债务的证明书，具有法律效力。债券购买者与发行者之间是一种债权债务的关系。债券发行人即债务人，投资者（或债券持有人）即债权人。《公司法》规定，股份有限公司、国有独资公司和两个以上的国有企业或者两个以上的国有独资主体投资设立的有限责任公司，为了筹集生产经营资金，可以发行公司债券。

（二）债券融资的优缺点

债券融资的优点。

（1）债权人不能参加企业盈利分配。

（2）企业债券的发行费不是很高，融资成本比较低。

（3）发行债券，股东对企业的控制权不受损害。

（4）债券本金、利息可在税前分发，可享受税收优惠。

（5）企业可以回收债券，能够发挥财务杠杆作用，也便于调整公司资本结构。

债券融资的缺点。

（1）发行债券的限制条件比长期贷款、融资租赁等的限制条件多。

（2）筹资有一定的限度，我国一般规定发行公司流通在外的债券不得超过公司净资产的40%。

（3）由于债券到期需要还本付息，因此如果此时企业效益不好，还本付息的压力对企业而言可能导致其破产。

（三）债券融资的操作流程

1. 做出决议或决定

股份有限公司、有限责任公司发行公司债券，由董事会制订方案，股东会做出决议；国有独资公司发行公司债券，应由国家授权投资的机构或者国家授权的部门做出决定。

2. 申请发行

公司在做出发行公司债券的决议或者决定后，必须依照公司法规定的条件，向国务院授权部门提交规定的申请文件，报请批准，所提交的申请文件必须真实、准确、完整。向国务院授权的部门提交的申请文件包括公司登记证明、公司章程、公司债券募集办法、资产评估报告和验资报告。

3. 发行公司债券的批准

国务院授权的部门依照法定条件负责批准公司债券的发行，该部门应当自受理公司债券发行申请文件之日起 3 个月内做出决定；不予审批的，应当做出说明。

4. 公告募集办法

发行公司债券申请经批准后，应当公告债券募集办法；在募集办法中应当载明下列事项：① 公司名称；② 债券总额和债券的票面金额；③ 债券的利率；④ 还本付息的期限和方式；⑤ 债券发行的起止日期；⑥ 公司净资产额；⑦ 已发行的尚未到期的公司债券总额；⑧ 公司债券的承销机构。

5. 公司债券的载明事项

公司发行债券，必须在债券上载明公司名称、债券票面金额、利率、偿还期限等事项，并由董事长签名，公司盖章。

6. 公司债券存根簿

公司发行债券应当置备公司债券存根簿。发行记名公司债券的，应当在公司债券存根簿上载明下列事项：① 债券持有人的姓名或者名称及住所；② 债券持有人取得债券的日期及债务的编号；③ 债券总额、债券的票面金额、债券的利率、债券还本付息的期限和方式；④ 债券的发行日期。

7. 发行中不当行为的纠正

国务院授权的部门对已做出的审批公司债券发行的决定，发现不符合法律、法规的，应当予以撤销；尚未发行的，停止发行；已经发行公司债券的，发行公司应当向认购人退还所缴股款并加算银行同期存款利息。

（四）债券融资的技巧

债券融资是企业直接融资的一种重要方式，资金期限较长，使用也比较自由。因此如何对债券产品进行巧妙设计，为企业带来最大的财务效益，就显得尤为关键，下面我们通过一个具体案例对债券发行中比较流行的可转债的一些技巧进行讲解。

（五）案例故事

1. 企业背景

江苏阳光是中国最大的高支薄型面料生产基地，拥有外贸生产自营进出口权。江苏阳光位于我国经济发达地区之一的长江三角洲江阴市东郊，公司主营高档精毛纺呢绒的开发、生产和销售，总资产 14.4 亿元，固定资产 8 亿元，拥有精纺纱锭 2.5 万锭，进口织机 150 台及高档服装生产线，90%以上的设备系目前国际最先进设备，具有年产精毛纺呢绒 900 万米的生产能力，是我国精毛纺行业的龙头企业。

资料显示，江苏阳光集团的股票从 1998 年至 2001 年，4 年间平均每股收益在 0.4 元以上，特别是 1999 年公司实现每 10 股转增 5 股的分配方案后，公司的每股收益水平并未被摊薄，公司具有很好的发展前景。

公司自 1998 年以来，主营业务收入从 5.4 亿元稳步增长到 2001 年的 8 亿元，年均增长率为 12%；利润总额从 1998 年的 7 172 万元增长到 2001 年的 16 060 万元，年均增长率为 11%。

江苏阳光是获得发行可转债资格的上市公司，其中最重要的便是其资本结构与偿债能力。

从公司的偿债能力来看，公司在发行新股后偿债能力有了大大的提高。截至 2001 年 12 月 31 日，公司资产负债率为 6.24%（母公司报表数），流动比率为 3.94，速动比率为 3.17，在同行业中名列前茅，显示公司有充足的偿债能力。而且在江苏阳光 8.3 元可转债发行后，公司的负债率也不超过 45%，说明公司的资本结构是相当适合发行可转债的。

2. 债券发行方式

江苏阳光本次拟发行 8.3 亿元可转债，转债期限 3 年，利率为 1%，利息每年一付，高于当期活期存款年利率 0.72%的水平，投资者如果通过一级市场申购，其持有成本是每单位 1 000 元。

阳光转债发行一年后即进入转股期，投资者可以自由选择将持有的阳光转债换为公司股票，此时公司本次募集资金投资项目已基本开始产生效益，完全建成后，每年可为公司贡献 1.3 亿元净利润，保证公司每股收益和净资产收益稳定增长。

由中国银行无锡分行承担全额不可撤销担保，投资者每年都有固定的收益，对到期末转股的阳光转债，公司偿还本息，而且阳光转债由中国银行提供全额担保，确保投资者没有本金损失的风险。

阳光债券的溢价比率为 7%，保证阳光转债投资者有充足的获利空间。

阳光转债条款规定：阳光转债转股期第一年内，如公司 A 股股票连续 20 个交易日的收盘价高于当期转股价格的 140%，公司有权赎回未转股的阳光转债。

条款还规定：当赎回条件首次满足时，若公司不赎回，当年将不再行使赎回权。如果在江苏阳光转债到期日 1 年，公司股票收盘价连续 20 个交易日低于当期转股价格的 70%时，转债持有人有权将持有的全部或者部分转债以面值的 102%回售给江苏阳光。

3. 经验启示

（1）充分考虑公司财务状况。

江苏阳光 2001 年末资产负债率很低，为 6.24%，公司在发行 8.3 亿元可转债后，预计资产负债率为 42%，一方面公司保持了足够的偿债能力，另一方面公司的财务杠杆运用比较充分，每股收益和净资产收益率都将有较大幅度的上升。

（2）转股期安排的时间恰当。

阳光转债发行一年后即进入转股期，投资者可以自由选择将持有的阳光转债换为公司股票，此时公司本次募集资金投资项目已基本开始产生效益，完全建成后，每年可为公司贡献 1.3 亿元净利润，保证公司每股收益和净资产收益稳定增长。

（3）没有本金损失的风险。

阳光转债年利率 1%，由银行承担全额不可撤销担保，投资者每年都有固定的收益，对到期末转股阳光转债，公司偿还本息，而且阳光转债由中国银行提供全额担保，确保投资者没有本金损失的风险，非常适合投资者保值增值的投资要求，增强了可转债的销售。

（4）转股溢价比例适度，转股价格调整方式对投资者有利。

阳光转债的溢价比率为 7%，在公司股价已经处于历史最低位的情况下，公司设置的溢价比例并不高，保证阳光转债投资者有充足的获利空间。

（5）有效降低阳光转债风险。

阳光转债条款规定：阳光转债转股第一年内，如公司 A 股股票连续 20 个交易日的收盘价高于当期转股价格的 140%，公司有权赎回未转股的阳光转债。

该条款意味着，当公司股价超过转股价，并且在 40%的涨幅之内时，投资者可以通过阳光转债市场价格的上涨来享受这一增长，获得很高的投资收益。

条款还规定，当赎回条件首次满足时，若公司不实施赎回，当年将不再行使赎回权。通过赎回条件的变化，在给予投资者充分选择权和获利空间的情况下，可降低阳光转债被机构或庄家操纵的风险，保证阳光转债的顺利转股。

（6）有利于投资者的回售条款。

如果在江苏阳光转债到期日 1 年内，公司股票收盘价持续 20 个交易日低于当期转股价格的 70%时，转债持有人有权将持有的全部或者部分转债以面值的 102%的价格回售给江苏阳光。

总结起来，江苏阳光根据其项目投入期短、见效快、回报高的特点，选择了合适的发行时期、转股期，同时有效降低了投资者的风险，保证了投资者利益，并选择了中国银行长达 5 年的全额担保，规避了风险。公司发行可转债，有效地利用可转债延迟股权融资的特点，等到投资项目产生效益时计入成本，减缓了对每股收益的摊薄压力。

四、商业票据融资

如果可口可乐公司要买 100 万美元的水，它只拿出 20 万美元的现金，同时交给自来水厂一张纸片：“这就是价值 80 万美元的可口可乐钞票，半年后可以向可口可乐公司贴现。”一个月后，水厂在购买 80 万元消毒液时付出了这张“钞票”，“拿好了，这可是可口可乐‘钞票’哦”……转手 5 次，5 笔买卖全部成交，3 个月后，拥有这张“钞票”的建筑公司急需现金，一家金融公司说“给我这张钞票，我付给你 80 万美元现金”。在扣除 3 个月贴现利息后，金融公司付账，又是 3 个月后，它们向可口可乐公司领取了 80 万美元现金。

这是天方夜谭吗？不，只需将“钞票”两个字换成“票据”。这样的事在西方每天都会发生，因为有了这张票据，3 个月内多了 5 次买卖，虚拟资金增加了 5 次流动——实际上，20 世纪 80 年代，在美国，这样的企业商业票据与银行票据的交易量已相当于整个股票市场的交易量，占货币市场总量的 60%。由于这种票据以银行贴现方式实现，相当于变相的贷款且无须严格评级审批，所以这种融资方式亦被称为半直接融资。

（一）商业票据融资概念及形式

商业票据市场作为短期资金融通场所，在一国货币市场上有重要地位。按照正式定义，商业票据是一种商业信用工具，指由债务人向债权人开出的、承诺在一定时期内支付一定款项的支付保证书，即由无担保、可转让的短期期票组成。对于声誉卓著的大中型企业来说，可以通过发行商业票据直接从货币市场筹集短期货币资金。

根据承兑期限不同，商业票据有两种基本形式，即期票和汇票。

（1）商业期票。指由债务人向债权人开出的、承诺在一定时期内支付一定款项的债务证明书。付款方式包括到期即付款、定日付款、见票后定期付款 3 种。在期票到期前，只要经过债权人在票据背面签署转让证明就可以作为购买手段或支付手段，用于购买商品或支付劳务。

（2）商业汇票。指由债权人或债务人签发，由承兑人承兑，并在到期日向债权人或背书人支付款项的一种票据。其中包括 3 个关系人：债权人、债务人和承兑人。如果按照承兑人不同，又可分为商业承兑汇票和银行承兑汇票。商业承兑汇票是指由收款人开出，经付款人承兑，或由付款人开出并承兑的汇票；而银行承兑汇票是指由收款人或承兑人开出，由承兑申请人向开户银行申请，经银行审查同意承兑的汇票。

（二）商业票据融资优缺点

商业票据融资的优点。

（1）商业信用是一种“自然性筹资”，它伴随商品交易自然产生，无须实体财产做抵押担保品，只以发行公司的声誉、实力、地位做担保。

（2）若没有现金折扣或企业不放弃现金折扣，以及使用不带息应付票据，则企业利用商业信用筹资并不产生筹资成本。

（3）融资成本低、周转快、风险小。利用商业票据融资一般低于银行的贷款利率，获得比较方便快捷，当企业的信用较好时，融资的风险非常小。

商业票据融资的缺点。

（1）期限较短，尤其是应付账款，不利于企业对资金进行统筹运用。

（2）对应付账款而言，若放弃现金折扣，则需负担较高的成本；对应付票据而言，若不带息，可利用的机会极少，若带息则成本较高。

（3）在法治不健全的情况下，若企业缺乏信誉，容易造成各企业之间相互拖欠，影响资金周转。

（三）商业票据融资的操作程序

商业票据的发行有两种形式：一是委托经纪人发行，又称经纪人市场。在经纪人市场上，发行商业票据的企业委托经纪人将商业票据出售给投资者，并支付给经纪人一定的佣金。佣金比例为发行额的0.125%左右，通过经纪人发行的商业票据数量大约占发行量的20%～40%。二是发行公司直接发行，即不通过经纪人，而由发行公司将商业票据出售给现金富余的大公司，该市场发行量占发行量的60%～80%。

并非任何需要短期资金的企业都可以利用发行商业票据筹资。中小企业欲发行商业票据筹集资金，必须具备一定的资格条件。该资格条件包括如下几项。

（1）信誉卓著，财力雄厚，有支付期票金额的可靠资金来源，并保证支付。

（2）非新设立公司。发行商业票据的必须是原有旧公司，新开办的公司不能用此方式筹集资金。

（3）在某一大银行享有最优惠利率的借款。

（4）在银行有一定的信用额度可供利用。

（四）商业票据的融资技巧

商业票据作为一种融资手段和信用工具，在企业之间使用得越来越频繁，如果我们能够在日常的财务处理工作中巧妙运用它，那么它就能为企业带来意想不到的收益。下面就以商业票据中常用的商业承兑汇票为例，讲述如何通过商业承兑汇票来为企业增加利润。

第一种方法是提前抵扣进项税，这种方法主要是票据债务人为商业企业时采用，主要存在于有良好业务合作关系的企业之间。我国税法有关条款规定，商业企业购进货物，需等到所购货物的货款支付完毕以后才能抵扣增值税进项税额，同时又规定，商业企业在开出商业承兑汇票之后即可抵扣进项税额。于是，敏锐的企业财务人员就在这里找到了一个既不违反税法规定又能给企业带来货币时间价值的方法，就是在商业企业购进货物时，向销售方开具商业承兑汇票，即不在“应付账款”科目中核算，而是在“应付票据”科目中核算。因为如果在“应付账款”科目中核算，则企业不能立即抵扣进项税额，但是如果是在“应付票据”科目中核算，那么企业就可以在当期抵扣进项税额了。

第二种方法是避免计提坏账准备，这种方法主要是票据债权人采用。企业会计制度规定，企业应当定期或者至少于每年年度终了，对应收账款进行全面检查，并合理地计提坏账准备。而计提坏账准备会导致管理费用发生变化，从而影响利润的金额。有的企业为了达到一定的指标而企图让利润保持在一定水平，财务人员就有可能会在坏账准备上做文章。为了增加利润，从而减少坏账准备计提的金额。

五、融资租赁

在业界流传着这样一句话：“聪明的企业家绝不会将大量现金沉淀到固定资产的投资中，固定资产只有通过使用（而不是拥有）才能创造利润。”作为企业进行长期资本融通的一种新手段，融资租赁通过“借鸡生蛋”形式，不仅能使企业不必仅靠自己的积累去拥有设备，还可以靠“占用设备”产生效益。目前，我国很多中小企业设备落后、技术水平低，面对激烈的市场竞争，进行设备更新和改造尤为重要，而这需要大笔资金。由于中小企业规模小、信用等级低，盈利不够稳定，要通过银行贷款或境内外上市，很难满足企业对资金的需求。在这种情况下，融资租赁就是一种非常好的方式。

（一）融资租赁的基本概念

创业企业如果需要买入大型设备而自己无法负担一次性支付所需的大量资金的话，可以选择融资租赁。在市场上，有这样一类专门开展租赁活动的公司，他们按照企业的要求融资购买设备，并在合同规定的较长期限内提供给该企业使用，企业每期支付一定的租金，到租赁期满后，企业自动获得该机器设备的所有权，或者是再支付最后一笔费用后就获得所有权。这有点类似于分期付款，是企业取得借入资金的一种方式。

融资租赁不是以资金形式直接购买，而是以付租形式向租赁公司（即出租人）租用设备。融资租赁同经营租赁有很大区别。经营租赁的目的是获得设备使用权，在租期满后设备归还出租公司；融资租赁除了在租期内获得使用权外，租期满后企业还获得设备所有权。因此，融资租赁在资产估价、租金计算方面需要考虑货币的时间价值。同时，设备的租赁期比较长，占资产使用年限的大部分。

（二）融资租赁的优缺点

融资租赁的主要优点。

（1）有利于中小企业融资。一般中小企业因为资信问题，很难从银行取得贷款。现代租赁具有风险共担、利益共享原则，有轻松回收、轻松处理的原则以及能参与经营等，因此对承租企业的资信要求不是很高，对项目的担保要求不是很高，主要是看项目的现金流量是否充足，甚至有许多项目还不要求担保。

（2）节省项目建设周期。融资租赁将融资和采购两个程序合成一个，因此可以提高项目建设的工作效率。由于租赁本身的灵活性和抗风险能力，也减少许多项目建设过程中不必要的繁杂手续，可以使企业早投产，早见效益，抓住机遇，抢占市场。

（3）有利于技术改造。率先使用先进设备，而不用担负由于技术进步使设备落伍淘汰的风险，对企业及时更新技术装备，迅速采取新技术、新工艺、提高产品竞争力和市场占有率十分有利。

（4）避免通货膨胀影响。如果一个企业填制一套生产设备，靠自己积累去采购需要很多时间。在通货膨胀时期，早采购比晚采购费用要低。采用融资租赁可以先得到设备，再用设备产生的效益去还钱，可以说是“借鸡下蛋，卖蛋买鸡”。虽然自己没鸡，照样可以吃鸡和鸡蛋。

融资租赁的主要缺点。

（1）资本成本较高，租金一般高于其他负债筹资手段。

（2）由于租赁期一般较长，在租赁期内企业没有获得所有权，又受制于租赁合同，这时如果市场上有更新更好的设备出现，企业可能无法兼顾设备的更新，不利于企业提高设备装备水平。

（三）融资租赁的操作流程

1. 选择租赁设备及其制造厂商

承租企业根据项目的计划要求，确定所需引进的租赁设备。然后选择信誉好、产品质量高的制造厂商，并直接与其谈妥设备的规格、型号、性能、技术要求、数量、价格、交货日期、质量保证和售后服务条件等。如果承租人对市场行情缺乏了解，也可由租赁公司代为物色租赁设备和制造厂商。

2. 申请委托租赁

承租人首先要选择租赁公司。主要是了解租赁公司的融资能力、经营范围、融资费率等有关情况。选定租赁公司之后，承租人提出委托申请，填写《租赁申请表》或《租赁委托书》交给租赁公司，详细载明所需设备的品种、规格、型号、性能、价格、供货单位、预定交货期以及租赁期限、生产安排、预计经济效益、支付租金的资金来源等事项。租赁公司经审核同意后，在委托书上签字盖章，表明正式接受委托。

3. 组织技术谈判和商务谈判，签订购货合同

在租赁公司参与的情况下，承租人与设备厂商进行技术谈判，主要包括设备造型、质量保证、零配件交货期、技术培训、安装调试以及技术服务等方面。同时，租赁公司与设备厂商进行商务谈判，主要包括设备的价款、计价币种、运输方式、供货方式等方面。承租人与设备厂商签订技术服务协议，租赁公司与设备厂商签订购货合同。

4. 签订租赁合同

租赁公司与承租人之间签订租赁合同，租赁合同的主要条件包括：租赁物件、租赁物件的所有权、租赁期限、租金及其变动、争议仲裁以及租赁双方的权利与义务等。租赁合同的签订表明承租人获得了设备的使用权，而设备的所有权仍属于租赁公司。

5. 融资及支付货款

租赁公司可用自有资金购买设备，但如果其资金短缺，则可以通过金融机构融通资金，或从金融市场上筹集资金直接向供货厂商支付设备货款及运杂费等款项；也可由租赁公司先将款项提供给承租单位，用于预付货款，待设备到货收到发票后，再根据实际货款结算，转

为设备租赁。

6. 交货及售后服务

供货厂商按照购货合同规定，将设备运交租赁公司后转交给承租人，或直接交给承租人。承租人向租赁公司出具“租赁设备验收清单”，作为承租人已收到租赁设备的书面证明。供货厂商应派工程技术人员到厂进行安装调试，由承租企业验收。

7. 支付租金及清算利息

租赁公司根据承租人出具的设备收据开始计算起租日。由于一些事先无法确定的费用（如银行费用、运费及运输保险费等），租赁公司在支付完最后一宗款项后，按实际发生的各项费用调整原概算成本，并向用户寄送租赁条件变更通知书。承租企业应根据租赁条件变更通知书支付租金。租赁公司再根据同金融机构签订的融资合同以及租赁费等收入偿还借款和支付利息。

8. 转让或续租

租赁期届满后，租赁公司按合同规定或将设备所有权转让给承租人，或收取少量租金继续出租。若转让设备所有权，则租赁公司必须向承租人签发“租赁设备所有权转让书”，证明该租赁设备的所有权已归属承租人所有。

（四）融资租赁技巧

虽然融资租赁对企业来说是一种快捷、廉价的融资方式，但是，一些企业融资租赁业务还是比较难以展开，主要是由于信用“瓶颈”。一方面，承租方如果不能及时交付租金，租赁公司将面临巨大的风险；另一方面，租赁公司购买设备的资金主要靠银行贷款，银行对于租赁公司的信用也心存怀疑。

为了解决这些难题，企业在融资租赁时，可以考虑一些创新租赁模式。比如，企业可以设计一系列担保和反担保协议，充分利用银行信用和出租物品的自身价值，使各方形成风险共担、利益共享的价值链。

首先，为了降低承租方违约的风险，承租方可以提供一定比例的保证金，并通过当地有一定实力的银行为其出具保函，保证在承租人违约时，由银行对其租金余额进行担保，这样就保证了租赁公司不会受到损失。

其次，为使银行确保安全，还可以采取两种措施：一是由制造厂商对设备进行回购担保，即在承租人不能履约的情况下，制造商对租赁物进行回购；二是租赁公司将租赁物所有权在开具保函银行为承租人进行反担保。

通过以上运作方式，使租赁公司、承租人、银行、制造商一起承担风险，从而为开具保函的银行和整个项目的安全提供了实实在在的保障。

六、风险投资融资

20 世纪，人类创造了一种经典的风险投资故事版本。

几个毛头小子有了一个好主意，于是每人凑一笔钱，像小孩过家家一样办个公司，这些最初的投资被称为“种子基金”或“种子股”。当公司有了初步的产品后，他们带着自己的商业计划书，与风险投资家开始“谈恋爱”，一旦后者决定投资，他们就将得到自己的“天使投资”。最后，得到“天使”垂青的公司在二板市场上市，其财富放大的倍数常常超出了人们的想象力。这个故事最先发生在美国。

在美国硅谷，云集着近万家高科技企业，它们绝大多数都是由形形色色的学子开办的。围绕着这些公司，又有形形色色的风险投资家在敏锐地捕捉着机会。他们之间开始了一个个相互寻找的故事。有人找到了比尔·盖茨，于是催生了微软这家“巨无霸”公司。有人找到了杨致远，创造了“雅虎”神话。英特尔的电脑芯片，最初只是科学家头脑中的灵感，是风险投资家与科学家共同将这个灵感变成了风靡全球的产品。

1983 年，美国德克萨斯大学澳斯汀分校的两名 MBA 学生第一次发起创业计划大赛。自此，美国各大院校纷纷效仿，十多年来，美国校园里出现了无数学子创业的故事，虽然有成功者，也有失败者，但是学子创业公司给美国经济与社会的发展带来的影响是巨大的。仅以麻省理工学院为例，该校学子与教师创办的公司已达 4 000 多家，据美国波士顿银行的一份研究报告指出，如果把这些公司视为一个独立的国家，那么仅在 1994 年，它的全球销售额就达到 2 320 亿美元，经济实力世界排名第 24 位。

因此，可以毫不夸张地说，没有风险投资，就没有如今迅猛发展的高科技企业，那么，下面就让我们走近风险投资，揭开它那神秘的面纱吧！

（一）何为风险投资

风险投资（Venture Capital）是一种投资于极具发展潜力的高成长性风险企业并为之提供经营管理服务的权益资本。它旨在促使新技术成果尽快实现商品化，在承担很大风险的基础上为融资人提供长期股权投资和增值服务，培育企业快速成长，数年后再通过上市、兼并或其他股权转让方式撤出投资，取得高额投资回报的一种投资方式。与传统的银行贷款等投资方式相比，风险投资不需要任何抵押，它看重的是被投资企业未来的市场潜力，因而具有很大的“赌”的意味。但这种“赌”不是盲目的缺乏理智的投机，而是一种精明、有远见的冒险。由于没有任何财产做抵押，因此，一旦失败将颗粒无收，所以风险是很大的。

（二）风险投资融资的优缺点

风险投资是一种专业投资。风险投资家与一般投资者不同，它们不仅提供创业资金，还利用其丰富的创业经验、综合知识和广泛的社会关系，帮助创新者创业。他们花很大的精力帮助创新企业改造组织结构、制订业务方向、加强财务管理、配备领导成员，从而使创新企业尽快完善起来，很快进入良性发展的状态。

风险投资是一种权益投资。风险投资的目标不在于企业短期经营的利润，而在于企业的增值。重点从所有者权益来考虑，逐步达到权益股份的增值。

风险投资是一种组合投资。风险投资之所以能获利，正因为它是组合投资。通过时间的交替、项目的互补、发展阶段的不同等组合优势，投资于一组项目群，给投资者带来较高的综合收益。

风险投资是一种长期的投资。风险投资的项目运作一般要经过 3～7 年才能完成投资循环，中间通过不同的退出渠道取得投资收益。而且，在此期间通常还要不断地对有发展潜力的项目进行增资。

风险投资是一种有风险的投资。风险投资作为一种特殊的投资工具，主要是支持创新技术与产品，在技术、经济及市场等方面的风险都相当大。根据国外的统计，其成功、一般和失败的比率是各占三分之一，正如我国风险投资前辈成思危先生总结的那样：“投资十个项目，成三败七，坚持长期运作，多半发达。”

（三）风险投资融资的操作流程

风险企业要成功获取风险资本，首先要了解风险投资公司的基本运作程序。一个典型的风险投资公司会收到许多项目建议书。如美国“新企业协进公司”（New Enterprise Associates Inc）每年接到两三千份项目建议书；经过初审筛选出二三百家后，经过严格审查，最终挑出二三十个项目进行投资，可谓百里挑一。这些项目最终每 10 个平均有 5 个会以失败告终，3 个不赔不赚，2 个能够成功。成功的项目为风险资本家赚取年均不低于 35%的回报（按复利计算）。换句话说，这家风险投资公司接到的每一个项目，平均只有 1%的可能性得到认可，最终成功机会只有 0.2%。

风险投资家寻找能使他们获得高额回报（35%以上的年收益率）的公司或机会。有时，要在尽可能短的时间内实现这一目标，通常是 3～7 年。成功的风险投资家有许多宝贵经验，包括选择投资对象，落实投资，对该公司进行监督，带领公司成长，驾驭公司顺利通过难关，促使公司快速发展。虽然每一个风险投资公司都有自己的运作程序和制度，但总的来讲包括以下步骤。

1. *初审*

风险投资家所从事的工作包括筹资、管理资金、寻找最佳投资对象、谈判并投资、对投资进行管理以实现其目标，并力争使其投资者满意。以前风险投资家用 60%左右的时间去寻找投资机会，如今这一比例已降低到 40%。其他大部分时间用来管理和监控已投资的资金。因此，风险投资家在拿到经营计划和摘要后，往往只用很短的时间走马观花地浏览一遍，以决定在这件事情上花时间是否值得。必须有吸引他的东西才能使之花时间仔细研究。因此第一感觉特别重要。

2. *风险投资家之间的磋商*

再大的风险投资公司，相关人员会定期聚在一起，对通过初审的项目建议书进行讨论，决定是否需要面谈，或者回绝。

3. *面谈*

如果风险投资家对企业家提出的项目感兴趣，他会与企业家接触，直接了解其背景、管理队伍和企业，这是整个过程中最重要的一次会面。如果进行得不好，交易便告失败。如果面谈成功，风险投资家会希望进一步了解更多有关企业和市场的情况，或许他还会动员可能对这一项目感兴趣的其他风险投资家参与。

4. *责任审查*

如果初次面谈较为成功，风险投资家接下来便开始对企业家的经营情况进行考察以及尽可能多地对项目进行了解。他们通过审查程序对意向企业的技术、市场潜力和规模以及管理队伍仔细进行评估，这一程序包括与潜在的客户接触、向技术专家咨询，并与管理队伍举行几轮会谈。通常包括参观公司、与关键人员面谈、对仪器设备和供销渠道进行估价。它还可能包括与企业债权人、客户、相关人员以前的雇主进行交谈。这些人会帮助风险投资家做出关于企业家个人风险的结论。

风险投资对项目的评估是理性与灵感的结合。其理性分析与一般的商业分析大同小异，如市场分析、成本核算方法以及经营计划的内容等与一般企业基本相同。所不同的是灵感在风险投资中占有一定比重，如对技术的把握和对人的评价。

5. 条款清单

审查阶段完成之后，如果风险投资家认为所申请的项目前景看好，那么便可进行投资形式和估价的谈判。通常企业家会得到一个条款清单，概括出涉及的内容。这个过程可能要持续几个月。因为企业家可能并不了解谈判的内容，如他将付出多少、风险投资家希望获得多少股份，还有谁参与项目、对他以及现在的管理队伍会发生什么。对于企业家来讲，要花时间研究这些内容，尽可能将条款减少。

6. 签订合同

风险投资家力图使他们的投资回报与所承担的风险相适应。根据切实可行的计划，风险投资家对未来3～5年的投资价值进行分析，首先计算其现金流或收入预测，而后根据对技术、管理层、技能、经验、经营计划、知识产权及工作进展的评估，决定风险大小，选取适当的折现率，计算出其所认为的风险企业的净现值。基于各自对企业价值的评估，投资双方通过谈判达成最终成交价值。

7. 投资生效后的监管

投资生效后，风险投资家便拥有了风险企业的股份，并在其董事会中占有席位。多数风险投资家在董事会中扮演着咨询者的角色。他们通常同时介入好几个企业，所以没有时间扮演其他角色。作为咨询者，他们主要就改善经营状况以获取更多利润提出建议，帮助企业物色新的管理人员（经理），定期与企业家接触以跟踪了解经营的进展情况，定期审查会计师事务所提交的财务分析报告。由于风险投资家对其所投资的业务领域了如指掌，所以其建议会很有参考价值。为了加强对企业的控制，在合同中通常有可以更换管理人员和接受合并、并购的条款。

8. 其他投资事宜

有些风险投资公司有时也以可转换优先股形式入股，有权在适当时期将其在公司的所有权扩大，且在公司清算时，有优先清算的权力。为了减少风险，风险投资家经常联手投资某一项目，这样每个风险资本家在同一企业的股权额在20%～30%之间，一方面减少了风险，另一方面也为风险企业带来了更多管理和咨询资源，而且为风险企业提供了多个评估结果，降低了评估误差。

如果风险企业陷入困境，风险投资家可能被迫着手干预或完全接管。他可能不得不聘请其他能人取代原来的管理班子，或者亲自管理风险企业。

（四）风险投资融资的技巧

企业在写好商业计划书以后，就要准备与风险投资机构联系接触，一般有以下几种方式。

1. 参加有关会议

目前国内有很多专门为增加风险投资机构和企业家联系而举办的会议，一般有一定的主题，如生物医药投资洽谈会、新材料投资会、网络经济投资洽谈会，这类会议的商业性质非常浓。另外就是一些带有学术性、行业性或聚会性的研讨会，例如每年都召开的投资研讨会、风险资本协会年会。这些会议是创业者与风险投资机构见面接触的重要途径。

2. 利用互联网

在互联网上，有成千上万的各种各样的风险投资网站，这些网站构成了网络上丰富多彩的风险投资世界。实际上，在金融行业，风险资本对互联网利用最多，因此，通过互联网搜寻风险投资机构实在太简便了，甚至还有一些网站在互联网上提供了在线申请、在线中介服务。不过，由于在线申请要求创业者提交《商业计划书》摘要甚至全文，因此利用在线申请时一定要持谨慎态度，注意保密。

3. 利用中介机构

在国内，目前已经有大量专门从事风险投资专业中介服务和咨询的机构。它们不但提供商业计划书写作服务，而且还提供简单的信息服务和咨询，甚至包括直接的牵线搭桥、代办融资等中介业务。对那些有一定经济基础的中小企业或创业者而言，利用有专业化经验的风险投资中介机构应该更为理想和简便，因为风险融资涉及许多非常专业的事务，比如股权安排、新公司的管理结构、融资方式、有关可转股债券的法律问题或股票期权的计算问题等，这些一般只有专家才能胜任，如果由创业者自己去办，一方面耗时费力，另一方面很可能出现瑕疵，甚至留下法律上的漏洞。另外，由专业的中介机构进行风险融资，成功率也会更高。其缺点就是中介机构一般要收取基本服务费和业绩提成费，费用相对较高。基本服务费就是在融资成功前，由于其为创业者提供的包括代写商业计划书、信息提供、财务顾问、管理顾问、联系和投资者见面等服务而按职业标准收取的服务费用。业绩提成费是指一旦融资成功，根据融资金额提取的一笔相当于融资总额3%～5%的费用。

4. 利用熟人介绍直接与风险投资机构高层接触

风险投资机构每个月都要收到很多寻求风险资金的中小企业的《商业计划书》，因此，为了增加成功概率，如果由与风险投资公司熟识的人引荐，会更容易引起投资家的注意和兴趣。

第九章
排兵布阵——如何开展投资管理

投资管理涉及很多方面，包括投资对象和投资渠道的选择、如何做出投资决策以及对投资决策的具体实施结果进行评价等，因此企业投资管理就成为一项具有广泛意义的企业理财活动。投资活动的成功与失败在很大程度上决定了一个企业的前途和命运，因此企业的管理层，尤其是做出决策的高层领导，就有必要对企业开展的投资活动进行有效的管理，促使企业投资活动能够达到预期目标，从而分散企业经营风险，加强企业的竞争能力，实现企业最终的经营目标。

一、投资管理基础

（一）企业投资概述

作为企业财务活动的重要组成部分，投资是企业为了实现特定目的而进行的资金投放行为，并贯穿企业经营活动的始终。为了合理安排企业的生产经营活动，并充分利用各种资产，企业应该按照一定程序，合理安排各项投资活动。

1. 投资的概念

作为企业财务活动的重要组成部分，投资是指特定经济主体（包括国家、企业和个人）以现有经济资源的牺牲为前提，而实现拥有或者控制特定经济资源，以提高竞争能力和获取收益的经济活动。

这个定义包含以下几个要点：① 投资总是一定主体的经济行为；② 投资的目的是提高竞争能力和获取收益；③ 投资预期效益是不确定的；④ 投资必须花费现期的一定收入；⑤ 投资所形成的资本有多种形态；⑥ 投资客体和投资方式具有多样性。

2. 投资的分类

投资活动可以按照以下不同的标准进行分类：① 按投资渠道分为对内投资和对外投资；② 按内容（对象）可分为直接投资和间接投资，如实业投资是直接投资，证券投资则是间接投资；③ 按准备持有时间的长短可分为长期投资和短期投资；④ 按投资项目的风险程度分为确定性投资和不确定性投资；⑤ 按影响程度可分为战略性投资、战术性投资和经营性投资。

3. 投资的动机

微观单个企业可根据其特定的短期和长期经营需要实时安排合理的投资活动，从宏观的角度来看，企业进行投资活动的动机主要包括四种：

① 追求经营规模的扩大；② 提高企业资产的利用效果；③ 分散企业投资风险；④ 获取对目标企业的控制权。

4. 投资的决策程序

作为企业财务活动的重要组成部分，有序地开展具体的投资活动是企业达到预期目标的保障，也是企业投资管理活动的关键所在。从企业投资活动的整体角度来看，企业应按照以下步骤进行。

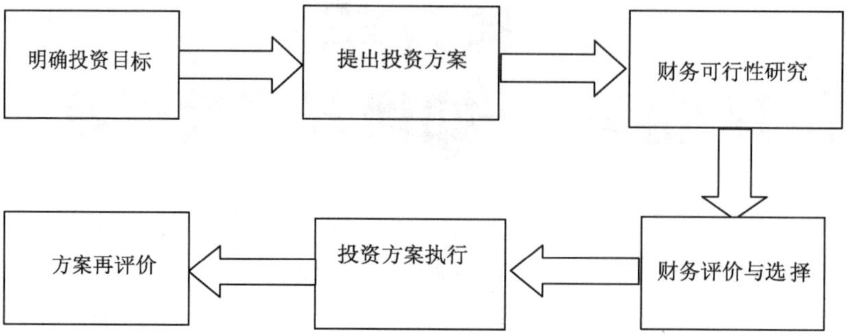

（二）企业投资管理概述

为了确保企业投资活动的顺利进行，并保证达到预期的投资目标，企业要对投资活动整个过程进行管理和控制，因此在日常的管理活动中，企业要重视投资管理。

1. 投资管理的含义

投资管理就是为了获得最大的投资收益，而对企业的各项投资要素或环节进行策划、决策、组织和控制的过程。对企业而言，投资是扩大生产经营、提高竞争能力、实现资本保值增值和增强企业实力的重要途径。一项投资从项目的提出、立项、可行性研究、策划、评估决策、资本投入、投资经营直至实现投资目标，是一个投资管理的运动过程。

2. 投资管理过程

投资管理过程可分为三个部分：确定投资战略的投资规划阶段；选择投资对象的投资决策阶段；实现投资目标的投资实施阶段，其中投资项目规划是投资管理的关键和核心。

3. 投资管理和投资的关系

良好的策略＋适时的投资＝股东价值

企业投资的首要目标是创造股东价值，而这项内容正是经营管理最基本的前提之一，投资与公司的发展息息相关，其中厂房设备和研发等方面的投资将会影响公司未来的发展。公司的股价反映了投资者对其未来现金流量的预期值，因此，所有有助于公司股价增长的投资必定能够降低公司运营成本、提高产品质量，并可增强企业的竞争优势，

看重股东价值并非轻视与公司有利害关系的其他个人或部门，诸如债权人、供应商、员工以及当地社区等。任何与企业利害关系方的利益相对立的经营行为，都将会影响到公司的发展前途，并且最终导致股东的价值受损。但是，股东毕竟是公司的经营管理者，他们会根据公司普通股的实际市场价值判断，以评估经理人的工作绩效。

但公司也不能鲁莽行事，只有在非常谨慎的前提下推行投资策略，资本支出才有利于创造股东价值。类似公司如可口可乐公司、通用电气公司、宝洁。这些公司之所以能持续不断、成功地创造股东价值，正是因为有着明确的经营策略，并因此而建立并保持了良好的竞争优势。相反，那些未经深思熟虑且缺乏良好的经营策略所带动的投资支出，则可能会损害到股东的利益。

现在，来看看以下例子。在 20 世纪 80 年代中期，美国电话电报公司企图进军电脑制造业。经过若干年的亏损后，该公司于 1991 年通过并购安讯公司来扩大对电脑业的投资。然而，投资人员对其现金流量的预期并不看好，从而导致该公司的市价总值减少了 40 亿～60 亿美

元。到 1995 年，当该公司放弃电脑制造业之时，就在消息宣布当天，股票市价总值一下增加了 10.6%，相当于 90 多亿美元的价值。

良好的经营策略，必然会考虑公司的潜在优势，从而使公司得以脱颖而出，战胜所有可能的竞争对手。如果公司经营得力，则可处于领先地位，有效防止竞争者分食市场。宝洁等公司是通过拓展相关产品的领域，使营销与分销成本低于产销单一产品的竞争对手。

但是，无论公司采取何种方式的经营策略建立竞争优势，通常都需要持续不断的资本支出，只有当投资者对公司的经营策略有信心时，这一类支出才会真正带动公司股价的上扬。

二、项目投资评价和决策

投资评价和决策是投资管理中的关键环节，既是投资目标确定后工作的承续，又是具体投资项目计划实施的前提。针对不同的投资目标和计划，企业决策层要运用不同的标准对其进行评价，并最终做出投资与否的决策。本节主要分项目投资和金融投资两部分来说明投资评价和决策的方法及其应用。

（一）项目投资概述

1. 项目投资概念

项目投资是对企业内部生产经营所需要的各种资产的投资，其目的是为保证企业生产经营过程的连续和生产经营规模的扩大。在企业的整个投资中，项目投资具有十分重要的地位。它不仅影响时间长、投资数额多、不经常发生、变现能力差，而且对企业的稳定与发展、未来盈利能力、长期偿债能力都有着重大影响。

2. 项目投资的种类

（1）项目投资按其与企业未来经营活动的关系可分为维持性投资与扩大生成能力投资。

（2）项目投资按其投资对象可分为固定资产投资、无形资产投资和递延资产投资。

（3）项目投资按其对企业前途的影响可分为战术性投资与战略性投资。

（4）项目投资按其相互关系可分为相关性投资和非相关性投资。

（5）项目投资按其增加利润的途径可分为扩大收入投资与降低成本投资。

（6）项目投资按其决策角度可分为采纳与否投资与互斥选择投资。

（二）项目投资决策的一般程序

项目投资决策是一项复杂的系统工程。项目投资的决策依据是以收付实现制计算的与项目投资决策直接相关的现金流量。之所以选择这一依据，主要原因如下：① 采用现金流量有利于科学地考虑时间价值因素；② 采用现金流量使项目投资决策更符合客观实际；③ 采用现金流量考虑了项目投资的逐步回收问题。

选定项目投资决策的依据之后，按以下程序做出投资决策。

1. 估算出投资方案的预期现金流量，估计投资项目的预期现金流量是投资决策的首要环节

↓

2. 估计预期现金流量的风险

↓

3. 确定资金成本的一般水平

（1）对于借入资金，为现实的增量成本

（2）对于自有资金，为机会成本

↓

4. 根据各投资方案的投入与产出关系，选择方案

（三）投资项目的现金流量

1. 现金流量的分类

作为项目投资决策的依据，现金流量是指一个项目所引起的企业现金支出和现金收入变动的数量。

现金流量

- 现金流出量
  - 固定资产投资
  - 无形资产投资
  - 递延资产投资
  - 流动资产投资
- 现金流入量
  - 营业现金流入
  - 回收流动资金
  - 回收固定资产残值
- 现金净流量
  - 通式：现金净流量＝现金流入量-现金流出量
  - 经营期间：现金净流量＝收现收入-付现成本-所得税＝税后收现收入-税后付现成本 +折旧抵减的所得税＝税后利润＋折旧等
  - 终结期：现金净流量＝收现收入-付现成本-所得税＝税后利润＋折旧等＋固定资产净残值收入＋收回垫支的流动资金等

知识链接

1.这里的“现金”是广义的现金，既包括货币资金，也包括与该项目相关的非货币资金的变现价值。

2.如果没有特别说明，现金流入量的时间为期末，现金流出量的时间为期初。

2. 现金流量的估计

在估计投资的未来现金流量时，我们必须将所有现金流量的变动因素都考虑在内，即要考虑所有由于某项决策所产生的现金流量，但不考虑与决策无关的现金流量。

假设我们购买一台电脑，预计使用年限为三年。显然该电脑的成本是一种现金流出。此外，我们还应考虑未购买该电脑时的一些情况。如果原有的电脑仍可使用，则购买新电脑的同时必定要出售旧电脑，于是旧电脑出售所得的收入及产生的所得税增减，都必须纳入预期的现金流量中。还有，如果我们没有购买新电脑，旧电脑即将在三年后出售。那么在购买新电脑后，三年后的旧电脑出售所得收入也就随即消失，这一变化也应纳入预期的现金流量中。

如果各项投资计划相互影响，那么在估计现金流量的时候我们就得格外仔细。比如，我们正在生产销售多种可乐，目前正在开发一种低糖可乐，如果新产品会排挤公司原有的产品，则新产品的销售收入不能全部列为现金流入。相反，如果竞争者很可能推出一种新的可乐，则公司原有产品的销售都会受到影响。那么，原有产品的销售收入减少，就不必纳入新产品的现金流量中。

同时，要考虑投资计划的机会成本，且不属于某项投资所产生的成本就不能计入投资计划中。最后，应注意资本支出决策的重点在于未来，并不考虑已投成本。因为这些成本虽然已经产生，但即使决定不予生产也将无法收回，所以，在是否开始生产的决策中，这些成本不必予以考虑。

从上述例子中可以得出以下结论。

（1）估计某一投资方案相关现金流量时应遵循的原则：只有增量现金流量才是与项目相关的现金流量。

（2）估计某一投资方案相关现金流量时应注意的问题。

① 区分相关成本和非相关成本。

• 相关成本：与特定决策有关的、在分析评价时必须加以考虑的成本，如差额成本、未来成本、重置成本、机会成本等。

• 非相关成本：如沉没成本、过去成本、账面成本等。

• 区分二者的经济意义：避免决策失误，因为若将非相关成本纳入投资方案的总成本，可能会使一个有利的方案变得不利，一个较好的方案可能变为较差的方案。

② 不要忽视机会成本。

• 概念：由于资源稀缺，选择 A 方案就必须放弃 B 方案，投资 B 方案可能获取的收益，即为被选 A 方案的机会成本。

• 性质：机会成本不是一种支出或费用，而是可能失去的潜在收益，机会成本总是针对被放弃的方案，否则就无法计量。

• 经济意义：有助于全面考虑可能采取的各种方案，以便为既定资源寻求最为有利的使用途径。

（3）考虑投资方案对公司其他部门（产品）的影响。

3. 利润与现金流量的关系

现金流量是关键。

虽然良好的经营策略能够影响公司的股价，但投资者真正关心的还是现金流量，因为投资计划影响现金流量，并具有创造股东价值的潜力。

但是，现金流量和会计利润是两个不同的概念。比如，顾客购买商品后，会计便将其列为收入和费用而产生的净利润；但当顾客赊购时，公司只在账面上记录净利润，并未真正收取现金。同样，当公司向供货商赊购货物时，也是先在账面上记录费用，然后才会付现。

由于货币有时间价值的性质，所以股东比较关心的现金流入与流出的状况，而不单单是损益表上的数值。对股东而言，公司所有权的价值取决于目前或未来预期的现金流量。

因此，公司投资分析所要考虑的年度现金流量测量可用下列公式表示：

净现金流量=营业收入－营业成本与费用-所得税+折旧－净营运资本增加额-资本支出总额

净现金流量与净利润是有区别的。营业收入中只扣除营业成本与费用，并不包括利息费用，而利息费用则反映在折现率中。由于现金流量中不包括利息费用，所得税部分也与损益表计算的不同。即通常用营业利益润（营业收入－营业成本与费用）乘以有效税率来计算所得税。

折旧属于非现金费用，因此在计算现金流量时要加上去。折旧之所以影响现金流量，是因为它属于可抵扣所得税的费用。在计算所得税时，折旧只是营业收入的减项，因此在计算出所得税之后必须加上，从而得出正确的现金流量。

将净营运资本（流动资产减去流动负债后的余额）增加额扣除，是为了调节净利润与现金流量之间的差异。举例来说，如果一笔销售收入已经入账，但尚未收到现金，这笔收入则会使应收账款增加。扣除应收账款增加额，就相当于扣除尚未产生的现金收入。同样原因，还会出现扣除存货增加额或加上应付账款增加额。

最后，还要扣除投资支出总额。许多投资计划都是分期投入资金的，这些则属于现金流出，在计算净现金流量时应予以扣除。

现金流量和利润的区别如下。

（1）确定的基础不同。利润按照权责发生制确定；现金净流量根据收付实现制确定。

（2）投资决策中以现金流量作为重点，而把利润的考察放在次要位置。

① 整个投资有效年限内利润总计与现金净流量总计是相等的，所以，现金净流量可以取代利润作为评价净收益的指标。

② 利润在各年的分布受折旧、存货计价、间接费用分配方法、成本计算方法等人为因素的影响，而现金流量的分布不受这些人为因素的影响，可保证评价的客观性。

③ 在投资分析中考察现金流动状况比盈亏状况更重要。

（四）项目投资决策的方法

资本投资项目评价的基本原理：投资项目的收益率超过资本成本时，企业的价值将增加；投资项目的收益率小于资本成本时，企业的价值将减少。投资者要求的收益率即资本成本，是评价项目能否为股东创造价值的重要标准。

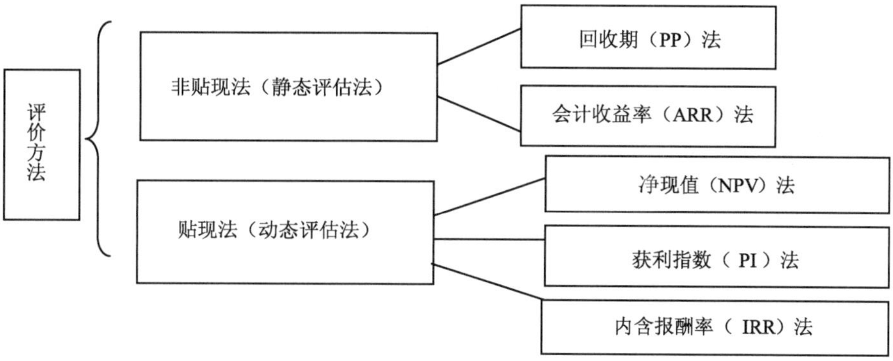

1. 非贴现法简介

（1）回收期法。投资回收期（PP）是指收回初始投资所需要的时间。该方法是从收回投资所需要的时间长度来评价项目的经济可行性。在计算项目投资回收期时，根据其先进流量的特点，有以下两种计算公式。

① 在原始投资一次支出或项目各年的净现金流量相等时：

投资回收期=初始投资额÷年均现金净流量

② 在原始投资不是一次支出或每年现金净流量不相等时：

投资回收期=（T−1）+ 第 T−1 年的累计净现金流量的绝对值÷第 T 年的净现金流量

其中，T 为累计净现金流量开始出现时的年份。

为了克服静态回收期（SPP）不考虑资金的时间价值的缺陷，可以用动态回收期来进行决策。动态回收期是指以投资项目各期已折现的现金流量将全部投资收回所需的时间，即以投资项目所产生的未来现金流量的现值足以抵补初始投资所需要的时间，又称折现的投资回收期（DPP）。计算公式为：

投资回收期=（T－1）+第 T－1 年的累计净现值的绝对值÷第 T 年的净现金流现值

其中，T 为累计净现金流量开始出现时的年份。

投资回收期法尽管计算简便，且易为决策人理解，但它忽视了时间价值，而且没有考虑回收期以后的收益，且容易放弃早期收益少而晚期收益多的项目，导致决策急功近利。因此投资回收期法过去是评价方案最常用的方法，而目前只作辅助方法，主要用来测定方案的流动性而非盈利性。

（2）会计收益率法。会计收益率（ARR）是指投资项目经济寿命内的平均每年获得的税后利润与投资额之比，是反映投资获利能力的相对数指标。会计收益率越大，方案越好。计算公式为：

会计收益率=年平均利润÷原始投资额×100%

式中，年平均利润=各年利润之和÷年数。

会计收益率法的优点是计算时使用普通的会计收益和成本概念，根据会计报表上的数据直接进行，方法简便，应用广泛；但 ARR 只是两个会计数据的比率，从经济意义上讲还不是一个真正的收益率，他忽略了时间价值，没有考虑再投资收益。

2. 贴现法简介

（1）净现值法。

净现值（NPV）法是运用投资项目的净现值进行投资评估的基本方法。净现值等于投资项目未来净现金流量按资本成本折算成的现值，减去初始投资后的余额，其表达式为：

$$\sum_{t=0}^{n}\frac{CFI_t}{(1+i)^t}-\sum_{t=0}^{n}\frac{CFO_t}{(1+i)^t}=\sum_{t=0}^{n}\frac{NCF_t}{(1+i)^t}$$

其中贴现率的确定：

① 根据资金成本确定。

② 根据企业要求的最低资金利润率确定。

③ 净现值法的理论依据。

• 假设预计的现金流入在年末肯定可以实现。

• 假设原始投资按预定的贴现率借入。

• 净现值为正数时，说明偿还本息后该项目仍有剩余的收益，故可行；净现值为 0 时，意味着偿还本息后一无所获；净现值为负数时，表示该项目收益不足以偿还本息，故不可行。

④ 净现值法的决策规则。

• 净现值大于 0 时，表示贴现后现金流入大于贴现后现金流出，该投资项目的报酬率大于预定的贴现率，该投资项目可行。

• 净现值等于 0 时，该投资项目的报酬率等于预定的贴现率，该投资项目可行。

• 净现值小于 0 时，该投资项目的报酬率小于预定的贴现率，该投资项目不可行。

⑤ 案例分析。

企业拟投资于 A 项目，建设期三年，项目动工时需一次投入 300 万元，第二、三年初分别投资 200 万元。第四年初投产时需一次性投入配套资金 100 万元（在项目报废时全额收回）。从第四年开始，每年（末）取得销售收入 500 万元，支付付现成本 260 万元，该项目的营运期为 5 年，到期报废时收回固定资产残值 35 万元。该项目按年限平均法计提折旧（不考虑借款费用资本化问题）。企业适用的所得税率为 25%，企业要求的投资收益率（或资金成本）为 5%。（此处保留两位小数）

项目＼年份	0	1	2	3	4	5	6	7	8
投资	−300	−200	−200						
营运资金				−100					100
销售收入					500	500	500	500	500
付现成本					−260	−260	−260	−260	−260
残值									35
折旧					−133	−133	−133	−133	−133
应纳税所得额					107	107	107	107	107
所得税					−26.8	−26.8	−26.8	−26.8	−26.8
净利润					80.25	80.25	80.25	80.25	80.25
现金净流量	−300	−200	−200	−100	213.3	213.3	213.3	213.3	348.3
折现系数	1	0.9524	0.9070	0.8638	0.8227	0.7835	0.7462	0.7107	0.6768
现值	−300	−190.5	−181.41	−86.3838	175.44	167.09	159.13	151.55	235.71
净现值	¥130.65		¥130.65						

要求：① 计算各年的现金净流量（NCF）；② 计算该项目的净现值（NPV）；③ 根据净现值法判断项目是否可行。

解答：

① 各年的现金净流量（NCF_t）。

其中：年折旧＝(300+200+200−35)÷5＝133（万元）

年税后利润＝80.25（万元）

$NCF_{4\sim7}$＝80.25＋133＝213.25（万元）

或者：

$NCF_{4\sim7}$＝400×(1−40%)−260×(1－40%)+133×40%=213.25（万元）

NCF_8＝137.2＋35＋100＝272.2（万元）

② 计算净现值。

NPV＝［−300−200×PVIF（5%,1)−200×PVIF（5%,2)−100×PVIF(5%,3)］+[137.2×PVIF(5%,4)+…137.2×PVIF(5%,7)+272.2×PVIF(5%,8)]

＝［−300−200×PVIFA(5%,2)］+[−100×PVIF(5%,3)+137.2×PVA(5%,4)×PV（5%,3)+272.2×PV(5%,8)]

＝130.65（万元）

③ 判断可行性。由于 NPV=130.65 大于 0，所以根据净现值法的决策规则，该项目是值得投资的。

（2）获利指数法。

① 含义和计算。获利指数是项目投资后各年净现金流量的现值（产出）与投资额的现值（投入）比。基本原理：使用获利指数作为评价方案的指标。公式为：

获利指数＝投资后各年现金净流量的现值÷投资额的现值

② 决策标准。

• 获利指数大于 1 时，表示贴现后现金流入大于贴现后现金流出，收益超过成本，该投资项目的报酬率大于预定的贴现率，该投资项目可行。

• 获利指数等于 1 时，表示贴现后现金流入等于贴现后现金流出，收益等于成本，该投资项目的报酬率等于预定的贴现率，该投资项目仍可行。

• 获利指数小于 1 时，表示贴现后现金流入小于贴现后现金流出，收益低于成本，该投资项目的报酬率小于预定的贴现率，该投资项目不可行。

③ 评价。

• 优点：便于对独立投资机会获利能力的比较。

• 缺点：不反映投资项目可达到的具体报酬率。

④ 与净现值法的异同。

• 相同点：都需要计算现值，都可用来评价投资方案，但都不反映投资项目本身可达到的具体报酬率。

• 不同点：净现值法下净现值是个绝对数，反映投资的效益；而获利指数法中的获利指数是个相对数，反映投资的效率，便于投资规模不同而又相互独立的投资项目之间的比较。

（3）内含报酬率（IRR）。

① 含义：内含报酬率是方案本身所能达到的报酬率，也就是净现值等于 0 时的折现率。

② 决策标准。

• 投资方案的内含报酬率不低于企业期望的报酬率（资金成本）时，方案可行。

• 投资方案的内含报酬率小于企业期望的报酬率（资金成本）时，方案不可行。

③ 评价。

• 优点：充分考虑了货币的时间价值，概念易于理解。

• 缺点：手工计算的工作量大，但可以通过应用软件（Excel）很快求解。

（4）内含报酬率与净现值法、获利指数法的比较

① 净现值法根据绝对数评价方案，而内含报酬率与获利指数法都是根据相对比率来评价方案，绝对数指标不便于投资规模不同的投资项目之间的比较，而相对数指标可以解决这个问题。但需注意，比率高的方案，其绝对数不一定大，反之也一样。如果两个方案是互斥的，应选择绝对数大的方案；如果两个方案是相互独立的，应先安排相对数大的方案，资金充足时再安排相对数较低的方案。

② 内含报酬率法与获利指数法也有区别。内含报酬率法不必事先选择贴现率，而是根据计算出来内含报酬率来安排独立投资的先后次序，只是最后需要一个切合实际的资金成本或投资报酬率来判断方案是否可行。获利指数法需要一个适合的贴现率将现金流量折为现值，贴现率的高低会影响方案的先后次序，并且计算结果没有揭示方案本身所能达到的收益能力具体有多高。

3. 了解正净现值的来源

大多数企业采用净现值法评价一项投资决策，当净现值为正数时，即被认为是可行的投资方案。但是，由于净现值的得出依赖于现金流入和现金流出的估计值而非实际发生值，所以企业尽可能精确地估计现金流量是非常重要的，这就要求企业管理层，尤其是投资活动管理人员要在执行该计划之前，有必要了解一下为什么会出现正的净现值。

净现值为正数意味着该计划拥有某些竞争优势，这些优势可能来源于规模经济、良好的品牌形象、优异的产品品质、高效率的分销网络，以及其他竞争者目前所无法比拟的优势。

如果我们无法辨识或推断何种竞争优势会导致净现值成为正数，那我们所完成的净现值分析就有可能存在问题。在了解竞争力量之后，可以从两方面来避免在净现值分析时的过度乐观情绪。

首先，对任何一个正的净现值都应该抱着质疑与谨慎的态度。应该思考为什么竞争者没有考虑类似的投资计划。我们当然有可能拥有某些同行业所缺乏的竞争优势，但是否能够指明这一优势，或许有助于提升我们对净现值分析结果的信心。

其次，我们应该尝试去预测竞争者的反应，并将其纳入现金流量预测中。为了做到这一点，我们必须知道有哪些既有和潜在的竞争者，以及他们可能在何时出现何种反应。倘若我们在初期拥有竞争优势，那就必须同时分析考虑同行业竞争者将会效仿的可能性。即使是进入了市场壁垒，如专利保护，我们也应该清楚地了解，同行业的人员可以很容易地效仿、研制出替代产品，我们应有办法保护自己的专利权不受侵害。在激烈的市场竞争中，我们还应知道如何调整自己的营销计划，比如，是否增加广告支出，是否要持续压价销售，以及是否要开发出多元化的产品等。

这些措施最后通常会导致获利下降而现金流量减少，实际上，竞争几乎无可避免地都会产生这种结果。因此，如果净现值分析中出现永远稳定或持续增长的现金流量，而没有考虑

竞争所产生的不利影响，这种结果就令人难以置信了。

4. 现金流量发生时间的重要性——今日的 1 元将比明日的 1 元更加值钱

除了现金流量的金额大小，现金流量的发生时间也是投资者所应关注的重要内容。既然现金可以随时用来投资以获取利润，那么目前收到的所有现金必定会比将来所收到的同等金额的现金更有价值。因为目前收到的现金可用于长时间的投资，这就是通常所说的“货币的时间价值”原理。

为了评估投资计划在各时期的现金流量价值，我们必须先估计类似风险投资所能获得的报酬率，并将这个报酬率看作折现率，计算出未来各期现金流量的现值，然后再将其加总。

【例 1】

假设某项投资计划预计在未来三年内分别产生 5 000 元、10 000 元和 7 000 元的现金流入，那么在 5%的折现率下，这三笔现金流量的现值计算如下：

$$现值=5\ 000\div 1.05+10\ 000\div 1.05^2+7\ 000\div 1.05^3=19\ 879.06\ 元$$

另外，还有两个适用于特殊情况的公式，一个是永续年金，即每年产生的现金流量相同，可持续到永远的投资。假设每年现金流量是 C，折现率是 r，则其现值如下：现值=$C\div r$。第二个是永续增长年金，假设最初每年现金流量是 C_1，每年固定增长率为 g，在这种情况下，其现值可以由下列公式计算：现值=$C_1\div(r-g)$。这两个特殊公式对我们估计某项投资的终值是相当有用的，这里的终值，指的是一项投资在分析期结束时所预计的价值。

知识链接

实际上，以净现值作为投资决策法则的主要优点在于，由于资本市场的作用，正的净现值等于股东财富增加额。

举例说明，假设某公司的资产每年可以产生现金流入 100 元，并可一直持续下去，折现率为 10%，那么根据永续年金的计算公式，该项资产现金流量折现后的价值是 100/0.1=1 000 元。再假设该公司完全以股权融资，共发行 20 股，发行价格是每股 50 元。这样，股票市场对该公司的评价完全准确；资产价值是 1 000 元，股票市场总值也是 1 000 元。

现在，该公司突然宣布一项新的投资计划，将投资 150 元购买可以节省成本的设备，预计每年可以增加 25 元的现金流入并持续到永远。若该计划适用的折现率为 10%，则其净现值是 25/10%−150=100 元。因为净现值为正数，故该计划值得投资。

之后为获取该项计划所需的资金，该公司又宣布新股票即将发行。但是宣布投资计划可能影响公司的股票价格，因此新股票的发行价格未必就是原来的每股 50 元。假设该公司以 P 的价格发行 N 股，不论 P 和 N 如何变化，所获得的资金都应该是 150 元，即 $N\times P$=150 元。

由于该公司完全以股权融资，因此资产市价总值应等于股票市价总值，也就是下列等式成立：

$$100\div 10\%+25\div 10\%=(20+N)\times P$$

又 $100\div 10\%=20\times 50$，且新股票的发行收入 $N\times P=150$，所以上式可转换成：

$$20\times 50+25\div 10\%=20P+150$$

移项后成为下列形式：

$$-150+25\div 10\%=20(P-50)$$

等式左边是新投资计划的净现值，右边则是原有股东的财富变动额。因此，这个等式意味着在该项投资计划宣布之时，股东财富增加额正好等于该计划的净现值。

这个例子说明了我们之所以要根据净现值法来做投资决策的原因；倘若公司的目标是增加股东财富，那么只有采纳净现值为正数的投资计划，就可以做出符合这个目标的决策。但是，这种观点必须以高效率的股票市场为前提。换句话说，投资者必须能够了解新投资计划的价值，新股票的发行价格 P 才能够充分反映投资计划的净现值。

三、投资决策方法的应用

在前述内容中，我们说明了投资决策的依据和方法，本节将以固定资产更新决策为例对上述的依据和方法进行实例说明，使读者更好地理解和掌握投资评价和决策方法。

随着固定资产的有形损耗，旧设备、旧装置往往消耗大，维修费用多，加大企业的生产成本；随着科学技术的进步，固定资产的无形损耗越来越大，当高效率、低能耗的技术装备出现时，尽管旧设备仍可继续使用，但企业也会对原有固定资产进行更新。因此，固定资产更新决策便成为企业项目投资决策的一项重要内容。

（一）固定资产更新决策主要研究的问题

（1）决定是否更新，即决定是继续使用旧资产还是更换新资产。

（2）如需更新，决定选择什么样的资产来更新。

二、更新决策的现金流量分析——主要是对现金流出量的分析

一般来说，更换新资产不改变企业的生产能力，不增加企业的现金流入，故更新决策的现金流量分析主要是现金流出量（应扣除到期时收回的残值收入）。

1. 如果使用旧资产

（1）现在不能收回变现价值（作为继续使用旧资产的现金流出，还是冲减新设备的支出），相当于以变现价值取得旧资产。

（2）各年所支付的当年运行成本（现金流出）。

（3）到期时收回的残值（现金流入，一般较少）。

2. 更换新资产

（1）现在购置新资产的支出（现金流出）。

（2）各年所支付的当年运行成本（现金流出）。

（3）到期时收回的残值（现金流入，一般较少）。

（4）由于使用新资产而提高的收入（现金流入，一般较少）。

（三）更新决策方法

1. 可供选择的方法与适用条件

方法	适用条件
差额现金流量法	年限相同
平均年成本法	一般均可，特别是年限不同时

2. 差额现金流量法

差额现金流量法是购置新资产而收回资产变现的价值，冲减新设备的现金流出，以计算现金流出差额的方法。

3. 平均年成本法

（1）基本原理：将继续使用旧资产与更换新资产的平均年成本进行比较，取其小者。

（2）平均年成本的计算。

① 不考虑再投资收益的影响时：

平均年成本=未来使用年限内现金净流（出）量总额/使用年限

② 考虑再投资收益的影响时：

平均年成本=未来使用年限内现金净流量的兑现值÷年金现值系数

=购置成本÷年金现值系数+年运行成本−残值的现值÷年金现值系数

=（购置成本−残值的现值）÷年金现值系数+年运行成本

=未来使用年限内现金净流量的总终值÷年金终值系数

（3）使用平均年成本法应注意的两个问题。

① 平均年成本法把继续使用旧资产和更换新资产看作两个互斥的方案，将旧资产的变现价值作为取得该资产的购置成本，而没有作为购置新资产的一项现金流入。

② 平均年成本法假设旧资产将来更换时，可以按原来的平均年成本找到可代替的新资产。如果有明显证据表明此假设不成立，则在计算平均年成本时应将未来更换后的成本纳入分析范围之内，计算出综合平均年成本后再行比较，并据以决策。

（四）把握重置投资的时机和方式

公司的机器设备在其耐用期限内，随时都有被替代的可能。公司管理人的职责之一，就是决定何时给机器更新换代，决定机器设备的选择，而这类资本支出常被称为重置投资。虽然重置投资是以净现值来评估分析，但需要注意以下几点。

假设公司目前使用的是一台旧型印刷机，现打算重购新的高速机型来代替，即假设新旧印刷机的剩余耐用年限相同，在这种情况下，我们使用新设备生产的现金流量，减去继续使用旧设备所产生的现金流量，以此来分析这个重置投资计划。

计划最初的现金流出等于新印刷机的成本减去旧机器税后处理所得收入。倘若新旧设备的性能相同，则不论重置与否，两者的收入会完全相同，至多只是运作成本有所区别。其次，新旧设备折旧所产生的折旧节税效应也可能会有差异。另外，在投资计划结束时，现金流量等于新设备税后处理所得减去旧机器税后处理所得。如果计算结果显示出现金流量差异的净现值是正数，那就表明有必要执行这项重置投资。

同时，我们还需考虑其他相关问题。立即购置新设备或许优于继续使用旧设备，但延期这个重置投资也可能优于立即购置新设备。如果技术发展迅速，预期制造商很快就会推出价格更便宜且操作成本更低的新机型，那么延期重置投资可能就是一个比较理想的选择。

（五）所得税与折旧对投资决策的影响

在估计现金流量时另一个不容忽视的内容，便是考虑各项所得税的影响数。在投资计划开始和结束时，这部分尤其重要，而在整个执行过程中，折旧和折旧税后的情况都应予以考虑。

在投资计划结束的时候，如果资产售价与账面价值不符，那就会出现所得税影响数。在投资计划开始时，还得考虑各项投资抵减。在我国的所得税法中，有关于投资抵减的规定，这时公司就可以将该年度投资金额的一定比例拿来扣减所得税。

在投资计划执行期间，我们必须考虑折旧节税效应所产生的影响。在计算净利润时必须将折旧从收入中扣除，但折旧属于非现金费用，因此在计算现金流量时还是必须要将其全部重新加上，或者，我们也可以从收入中减去营业费用，从而计算出所得税，然后再加回折旧节税效应。

例如：假设某年度公司的收入是100元，现金营业支出为60元，折旧是20元，税率是25%，净现金流量可计算如下：

$$(100-60-20)\times(1-25\%)+20=35\text{ 元}$$

$$(100-60)\ \times(1-25\%)+25\%\times20=35\text{ 元}$$

1. 税后成本与税后收入

（1）税后成本：税后成本=实际支付×（1−所得税率）

（2）税后收入：税后收入=收入金额×（1−所得税率）

2. 折旧的抵税作用

折旧可以减少所得税的作用称为“折旧税抵”“税收挡板”或“税盾”。

3.税后现金流量的三种计算方法

（1）根据现金流量的定义计算：

税后现金流量=营业收入−付现成本−所得税

（2）根据年末营业结果计算：

税后现金流量=税后利润+折旧

（3）根据所得税对收入和折旧的影响计算（最常用）：

税后现金流量=税后收入－税后成本+税负减少

=收入×（1−所得税率）−实际支付×（1−所得税率）+折旧×所得税率

（六）认识研发的价值

对许多公司而言，研发是重要的投资项目之一，研发支出往往也是公司经营策略之一。公司拥有的任何优势都有可能逐步被竞争者所取代，因此公司必须设法保持并强化其竞争优势。研发方面的投资可帮助公司建立市场壁垒，是保持竞争优势不可或缺的必要手段。

研发费用支出是很难评估的。许多公司并未将其看作一项资本支出来分析，而是直接以销售额的某个百分比来决定。这种做法或许较为实用，但就资金在各研究发展方向的分配方面，就不能提供一个明确的参考准则。

研发支出之所以很难用传统的现金流量折现法来评估，是因为研发涉及许多未来的决策，现在进行研发投资未必就可以产生未来的现金流入，而依据现在投资所产生的研发成果，可以决定是否应该继续深入研究、产销新产品。可以说，研发的重点就是投资于学习，而未来的决策则视学习成果而定。

理想的研发计划是不必事先投入大量资金，而将小部分资金分配到不确定性较高的研发计划中，便可以获得有关技术可行性和市场接受度的信息。在有关产品的发展潜力已被确定之后，才需要投入较多资金。

我们还应该特别注意研发所产生的已投成本。倘若研究结果显示情况不佳，那公司就不应该继续进行研发投资。研发可能会获得丰厚的报酬，并因此成为绝佳的选择。换言之，研发的价值就在于让我们及早避开缺乏开发潜力的领域，不至于在其中浪费大量资金。但是，研发支出一旦发生，就形成了既定事实，所以不应该在是否还要继续的决策上犹豫不定。

知识链接

海外投资——汇率的体现

跨国公司在国际市场上进行投资时，其现金流量的计算分别采用不同的货币而进行。因此，我们应该用母公司所在地或是各投资所在地的货币，相应地计算出现金流量的现值。其基本规则是现金流量和折现率之间必须保持一致。

第一种做法是将境外现金流量全部换算成境内货币，再用境内货币所适用的折现率来处理。这种做法是直接将境外的现金流量换算成境内货币，然后再用比较熟悉的境内资金成本来折现。但是，这种做法涉及对未来汇率的预测，而预测汇率的变化并非一件容易的事情。

第二种做法是继续用外币来计算现金流量，用外币所适用的折现率来计算净现值，然后以即期汇率将其折算成人民币。这种做法的优点在于不需要预测未来的汇率，但引申出另外一个问题是，必须估计外币的资金成本。

如果国际资本市场富有效率，则上述两种方法都会得到相同的结果。如果我们可以对不同时期的国外资金成本有比较好的估计，则第二种做法的优点之一，就在于外币资金成本反映了预期的汇率波动，使我们可以对汇率进行预测。

四、证券投资及风险管理

证券投资是公司在证券交易市场上购买有价证券的经济行为，由于证券市价波动频繁，证券投资的风险往往较大，如何达到风险与报酬的均衡是证券投资的主要财务问题。本节主要就债券投资和股票投资进行说明。

（一）证券投资与项目投资的区别

（1）证券投资的内容：债券、股票和基金等。

（2）与项目投资的区别。

① 性质不同：项目投资为直接投资；证券投资为间接投资。

② 分析方法不同：项目投资需事先创造出备选方案，然后分析研究各方案的可行性及优劣次序，据以决策；证券投资是在证券市场中选择适宜的证券并组成证券组合作为投资方案，然后分析研究各方案的可行性及优劣次序，据以决策。

（二）债券投资决策

1. 债券的价值

将债券投资上未来收取的利息和收回的本金折为现值，即可得到债券的内在价值，只有债券价值大于其购买价格时，该债券才值得投资。影响债券价值的因素主要是债券的票面利率、期限和所采用的折现率等因素。

（1）债券估价基本模型。

典型的债券类型具有固定的票面利率、每期支付利息、到期归还本金，这种债券模式下债券价值计量的基本模型是：

$$V_b=\frac{I_1}{(1+R)}+\frac{I_2}{(1+R)^2}+\cdots+\frac{I_n}{(1+R)^n}+\frac{M}{(1+R)^n}$$

式中，V_b 表示债券的价值。

I 表示债券各期的利息。

M 表示债券的面值。

R 表示评估债券价值所采用的贴现率，即所期望的最低收益率。

（2）市场利率的敏感性。

债券一旦发行，其面值、期限、票面利率都相对固定了，市场利率成为债券持有期间影响债券价值的主要因素。市场利率是决定债券价值的贴现率，市场利率的变化会造成系统性的利率风险。

① 市场利率的上升会导致债券价值的下降，反之则上升。

② 长期债券对市场利率的敏感性会大于短期债券，在市场利率较低时，长期债券的价值远高于短期债券，反之则低。

③ 市场利率低于票面利率时，债券价值对市场利率的变化较为敏感，反之则不太敏感。

2. 债券投资的收益率

（1）债券收益的来源。

债券投资的收益是投资于债券所获得的全部投资报酬，这些投资报酬来源于三个方面。

① 利息收益。

② 利息再投资收益。

③ 价差收益。

（2）债券的内部收益率。

债券的内部收益率，是指按当前市场价格购买债券并持有至到期日或转让日，所产生的预期报酬率。在债券估价模型中，如果用债券的购买价格 P 代替内在价值 V_b，就能求出债券的内部收益率。即用该内部收益率贴现所决定的债券内在价值，刚好等于债券的目前购买价格。

债券真正的内在价值是按市场利率贴现所决定的内在价值，当按市场利率贴现所计算的内在价值大于按内部收益率贴现所计算的内在价值时，债券的内部收益率才会大于市场利率，这正是投资者所期望的。

（3）应用。

① 到期收益率反映债券投资按复利（或单利）计算的真实收益率，是选购债券的标准，到期收益率高于（或不低于）投资人要求的报酬率时，投资于该债券可行，按债券价值决策的结论与之一致。

② 每年计息一次、到期一次还本并按平价发行，债券的到期收益率等于其票面利率。如果具备了其中的任意两条而不同时具备余下的第三条，债券的到期收益率则不一定等于其票面利率。

③ 如果不是每年计息一次或不是到期一次还本，总可以找到一个恰当的发行价格，使债券的到期收益率等于其票面利率。

（三）股票投资决策

股票是投资者拥有公司股份资本所有权的证书并凭借其取得股利的有价证券，股票持有者对股份公司的重大决策权、盈利分配要求权、剩余财产求索权和股份转让权。

1. 股票的价值

投资于股票预期获得的未来现金流量的现值，即为股票的价值或内在价值、理论价格。购买价格小于内在价值的股票，是值得投资者投资购买的。

股份公司的净利润是决定股票价值的基础。股票给持有者带来未来的收益一般是以股利形式出现的，因此也可以说股利决定了股票价值。

股利决定股票价值并不是对公司净利润决定股票价值的否定，股东分得的股利来自公司盈利，未分配的股利构成留存收益，留存收益是经营不善年份股利支付的来源，公司的净利润最终会以股利形式分配给股东，不论是正常支付还是清算支付。

（1）股票价值的估价模型。

假定某股票未来各期股利为 D_t（t 为期数），R_s 为估价所采用的贴现率即所预期的最低收益率，股票价值的估价模型是：

$$R_s=\frac{D_1}{P_0}+g$$

优先股是特殊的股票，每期在固定的时点上支付相等的股利，并且没有到期日，未来的现金流量是一种永续年金，其价值计算为：

$$V_s=\frac{D_1}{(1+R_s)}+\frac{D_2}{(1+R_s)}+\cdots\frac{D_n}{(1+R_s)^n}+\cdots$$

（2）股票的预期报酬率及其作用。

P_0 代表普通股目前市价，P_t 代表普通股第 t 年底的市价；D_0 代表最近刚支付的股利，D_t 代表第 t 年底的股利。

① 股票的（年）预期报酬率的计算

$$R=\frac{D_1}{P_0}+\frac{P_1-P_0}{P_0}$$

② 股票预期报酬率的作用：股票预期报酬率高于投资人要求的最低报酬率（R_s）时，可行。

知识链接

公式中预期的股价和报酬率，往往和后来的实际发展有很大差别，预测的误差影响每股的绝对值，但往往不影响其优先次序，故对决策正确性的影响一般不大，这种情况下的预测和分析仍是有用和必要的。

2. 股票投资的收益率

与债券投资相同，股票投资的收益也由股利收益、股利再投资收益、转让价差收益三部分组成。

（1）股票的内部收益率。

股票的内部收益率是在股票投资上未来现金流量贴现值等于目前的购买价值时的贴现率。股票的内部收益率高于投资者所要求的最低报酬率时，投资者才愿意购买该股票。股票投资内部收益率由两部分构成：一部分是预期股利收益率 D_1 / P_0，另一部分是股利增长率 g。用公式表示如下：

$$V_s=\frac{D}{R_s}$$

（2）市盈率决定的收益率。

由于预计未来股利的困难，极大地限制了股票价值估价模型使用的广泛性。在实务中，可以利用市盈率大致估计股票投资的内部收益率。

① 市盈率是股票目前市价与每股盈余的比值。它反映投资者为取得对每股盈余的要求权而愿意支付的代价，即购买价格是每股盈余的倍数。由于股票的购买价格就是在股票上的投资额，每股盈余则表示在该股票上应当取得的投资收益（包括股利收益和留存收益），那么市盈率的倒数就表示一种在股票投资上的收益率。用 PE 表示市盈率，有：

$$投资收益率\ R=\frac{1}{市盈率（PE）}=\frac{EPS_0}{P_0}$$

注意：用市盈率来估计股票投资的收益率有两个基本前提，第一，本期的公司盈余全部用来发放股利，即利润留存率为零；第二，由利润留存决定的股利增长率 g 也为零。

② 用市盈（比）率估计股价。

股票价格=该股票市盈率×该股票每股收益

股票（相对）价值=行业平均市盈率×该股票每股收益

知识链接

用市盈率估计股票风险

（1）行业平均市盈率在 10~11 之间，企业的市盈率在 5~20 之间是比较正常的，过高或过低的市盈率都不是好兆头。

（2）一般认为，股票的市盈率比较高，表明投资者对公司的未来充满信任，这种股票的风险较小，但应注意不是越高越好。

（3）市盈率超过 20 的股票，是不正常的，很可能是股价下跌的前兆，风险相当大。

（4）市盈率在 5 以下的股票，前景比较悲观，风险较大。

（5）预期的通胀或提高利率，会使市盈率普遍下降，反之上升；公司预期的利润增长，会使市盈率上升，反之下降；债务比重大的公司市盈率较低。

3. 股票投资的特殊应用——并购

并购一家公司时，可以支付现金，也可以实施股票交换。现金交易，就是并购公司用现金买下被并购公司的普通股。而股票交易，就是并购公司发行新股票以交换被并购公司的股票，使得所有被并购公司的原有股东全部成为合并公司的股东。

（1）在现金交易中，并购的净现值较容易计算。

【例 2】

假设甲公司买下乙公司，则这一并购的收益就等于合并后的公司价值减去合并前两家公司的市价总值，合并的成本则是支付给乙公司的现金减去乙公司原有的市价，而收益与成本之间的差额即为合并的净现值。假设甲、乙两公司在合并之前的市场价值都是 1 亿元，而合并后的公司价值则是 2.5 亿元，那么这一合并产生的收益即是 0.5 亿元。若甲公司同意支付 1.15 亿元的现金给乙公司，则合并的成本是 0.15 亿元（1.15 亿元-1 亿元），而净现值为 0.35 亿元（0.5 亿元-0.15 亿元）。

（2）若是股票交易，就需要并购公司将合并公司的股票交换给被并购的公司股东，因此并购的成本取决于合并公司的价值。

【例 3】

假设前述的两家公司以换股方式来合并，两者原先都是发行 100 万股，合并条件是一股换一股，因此乙公司原有的股东将拥有合并公司 50%的股权。由于合并公司 50%的股权相当于 1.25 亿元，因此合并的成本是 0.25（1.25 亿元-1 亿元）亿元，而净现值为 0.25（0.5 亿元-0.25 亿元）亿元。从上述分析可看出，甲公司的股东在换股交易中所享受到的合并收益，高于采用现金交易的情况。

但是，如果合并公司的价值低于预期，则换股交易的合并成本会随之改变，而现金交易的合并成本却维持不变。假设合并公司的价值只有 2.1 亿元，合并的收益降为 0.1 亿元，现金交易的合并成本仍为 0.15 亿元，因此对甲公司原有的股东相当不利。另一方面，如果是换股交易，则合并公司 50%的股权也只相当于 1.05 亿元，因此合并的成本只有 0.05 亿元，而净现值则为 0.05（0.1 亿元-0.05 亿元）亿元。

上述例子强调的重点是，合并的净现值取决于支付给被合并公司的金额或价值。若以现金支付，则其支付金额不变；若以股票支付，其支付的价值则取决于合并公司的市场价值。

（3）理解并购收益。

原则上，评估并购计划和评估资本支出计划并无任何差别。两者都是先估计现金流量变动额，用适当的折现率予以折现，再扣除最初投入的成本。只要净现值为正数，那就可以实施这些计划。

如果要评估并购所产生的收益，常用的方法是先评估合并后的公司价值，再扣除各公司在并购之前的市场价值。计算出并购的收益后，并购的成本就随之出现，其数值等于并购公司所付出的金额减去并购公司在并购前的市场价值。接下来，我们就可以计算出净现值，也就是并购的收益减去其成本。

虽然这种评估方法在原则上并没有什么不妥的地方，但在实际操作中可能会因为高估并购后公司的价值，从而高估了并购收益。分析人员很可能看好并购后的发展，进而毫无根据地高估未来现金流量。再者，如果是由低风险的公司并购高风险的公司，则分析人员也可能用前者的资金成本来计算并购后现金流量的现值，因而高估了并购后的公司价值。

解决这些问题的关键，在于先以被并购公司在并购前的市场价值为基准，再加计确切的并购收益。并购收益则代表了并购公司经营层所能创造的价值，而并购的成本仍旧是并购公司所负担的溢价。

增值法可以促使公司的经营管理者仔细评估，预计如何获得并购收益，以及可产生效益的时间。在商业银行、石油和电信等行业的大型并购案中，预期的收益通常都包括大幅度缩减重复的设施和人力。但经营管理层必须仔细评估实现这些收益所需要的时间，以及其中可能出现的障碍。用增值法来计算并购的净现值，可以帮助公司的经营管理者注意到这些事项。

（四）证券投资的风险

获取投资收益是证券投资的主要目的，证券投资的风险是投资者无法获得预期投资收益的可能性，按风险性质划分为系统性风险和非系统性风险。

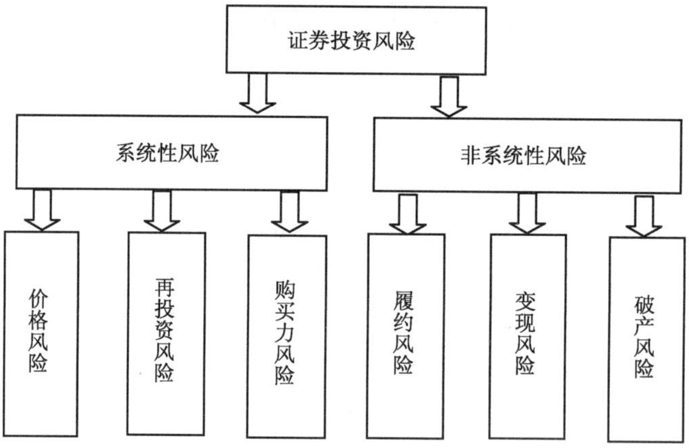

1. 系统性风险

证券的系统性风险，是由于外部经济环境因素变化引起整个证券市场不确定性加强，从而对市场上所有证券都产生影响的共同性风险。系统性风险影响到市场上的所有证券，无法通过投资多样化的证券组合加以避免，也称为不可分散风险。系统性风险表现为价格风险、再投资风险和购买力风险。

（1）价格风险。

价格风险是由于市场利率上升而使证券价格普遍下跌的可能性。资本是一种商品，利率是资本使用权的价格，它受资本供求关系的制约。资本需求量增加，市场利率上升；资本供应量增加，市场利率下降。证券市场是一个资本市场，价格风险来自证券市场买卖双方供求关系的不平衡。

当证券持有期间的市场利率上升，证券价格就会下跌，证券期限越长，投资者遭受的损失越大。流动性附加率，是对投资者承担利率变动风险的一种补偿，期限越长的证券，要求的流动性附加率就越大。

（2）再投资风险

再投资风险是由于市场利率下降而造成的无法通过再投资而实现预期收益的可能性。

为了避免市场利率上升的价格风险，投资者可能会投资于短期证券，但短期证券又会面临市场利率下降的再投资风险，即无法按预定报酬率进行再投资而实现所要求的预期收益。

（3）购买力风险。

购买力风险是由于通货膨胀而使货币购买力下降的可能性。证券投资是一种货币性资产，通货膨胀会使证券投资的本金和收益贬值，名义报酬率不变而实际报酬率降低。购买力风险对具有收款权利性质的资产影响很大，债券投资的购买力风险远大于股票投资。如果通货膨胀长期延续，投资者会把资本投向实体性质资产以求保值，对证券资产的需求减少，引起证券价格下跌。

2. 非系统性风险

证券的非系统性风险，是由于特定经营环境或特定事件变化引起的不确定性，从而对个别证券产生影响的特有性风险。非系统性风险源于每个公司自身特有的营业活动和财务活动，与某个具体的证券相关联，同整个证券市场无关。非系统性风险可以通过持有证券投资多样化来抵消，也称为可分散风险。

非系统性风险是公司特有风险，从公司内部管理的角度考察，公司特有风险的主要表现形式是公司经营风险和财务风险。从公司外部的证券市场投资者的角度考察，公司经营风险和财务风险的特征无法明确区分，公司特有风险是以履约风险、变现风险、破产风险等形式表现出来的。

（1）履约风险。

履约风险是指证券发行者无法按时兑付证券利息和偿还本金的可能性。履约风险是投资于收益固定型有价证券的投资者经常面临的，多发生于债券投资中。履约风险产生的原因可能是公司产品经销不善，也可能是公司现金周转不灵。

（2）变现风险。

变现风险是证券持有者无法在市场上以正常的价格平仓出货的可能性。持有证券的投资者，可能会在证券持有期限内出售现有证券投资于另一项目，但在短期内找不到愿意出合理价格的买方，投资者就会丧失新的投资机会或面临降价出售的损失。在同一证券市场上，各种有价证券的变现能力是不同的，交易越频繁的证券，其变现能力越强。

（3）破产风险。

破产风险是在证券发行者破产清算时投资者无法收回应得权益的可能性。当证券发行者由于经营管理不善而持续亏损，现金周转不畅而无力清偿债务或其他原因导致难以持续经营时，可能会申请破产清算。破产保护会导致债务清偿的豁免、有限责任的退资，使得投资者无法取得应得的投资收益，甚至无法收回投资本金。

3. 站在股东的立场看投资风险

股东通过能够反映该项投资计划风险的折现率，将未来预期的现金流量予以折现，以评估公司的投资计划。因此，公司经理若想了解股票市场对新投资计划的评价，就必须站在股东的立场来评估投资计划的风险。

股东通常都持有一个由若干种证券和其他资产所构成的投资组合。因此，在评估个别投资计划的风险时，应考虑的重点不是该计划本身所具有的风险，而是整个投资组合的风险变化。这一点极为重要，因为股东可以凭借其持有分散的投资组合来降低总风险。由于各种风险性质产生的报酬并非完全相关，因此同时持有若干种风险性资产时，一部分的报酬率波动会互相抵消，从而使整个投资组合的风险低于个别资产的风险。

任何资产的总风险都包括两部分。

一部分是非系统风险，也称可分散风险，其构成了个别资产报酬率波动性的一部分，但这部分在投资组合报酬率波动性中所占的比重微乎其微。因此，我们认为在投资组合中，可以分散这种风险。

另一部分的风险是系统风险，也称不可分散风险。虽然各种资产的报酬率并非完全相关，但通常还是具有某种程度的关联，原因是商业循环和共同面对的世界经济环境等因素或多或少地影响着各种资产的报酬。因此，即使是分散的投资组合也无法完全消除这类共同因素所产生的风险。对投资组合而言，系统风险是指无法再行降低的报酬率波动。分散的投资组合所具有的风险，大部分是系统风险，非系统风险很少，甚至可以完全抵消。对个别资产而言，系统风险指该资产对分散的投资组合所产生的影响，其结果取决于一般经济因素对该证券资产报酬率的影响。个别资产兼有系统风险与可分散风险，一旦纳入投资组合之后，其中可分散风险的重要性便会随即降低。

系统风险与非系统风险的差别之所以如此重要，原因在于经理人与股东可能对风险持有不同的看法。经理人的前途与公司有着密切的联系，而股东却可能借由分散投资来降低对公司的依赖。因此，经理人可能比股东更重视可分散的风险。例如，公司经理可能更希望投资计划能够让公司的经营领域分散，促使现金流量持续稳定，从而使投资者可以轻易地借助分散投资组合来达到预期目标。因此，股票市场对公司的评价，并非取决于可分散风险，关键在于投资计划的系统风险。

知识链接

实施灵敏度分析

在计算出投资计划的净现金之后，管理者还应该考虑一下各种可变因素对利润的影响，这就是灵敏度分析。你所预测的计算结果可能来自多个方面的假设，诸如有关产品的价格、运营成本、资金成本、额外投资需求以及期末价值等各种因素。当然，这些假设难免会有一些偏差或是错误，但它们对于净现值来说影响较大。因此，我们有必要对各项假设在有偏差时所产生的影响进行评估。

灵敏度分析涉及许多可能的方法。首先，我们可以逐一改变各种假设，观察这一改变对净现值的影响。另一方面，由于对投资计划期末价值的预测常常不太精确，所以对于某些投资计划我们必须格外谨慎地加以审核。

投资计划的预期资金成本也可能会出现明显的误差，期限较短的计划所受影响有限，因为现金流量只在最初的几年发生，资金成本的高低对净现值的影响不大。但是，对现金流量中在后期的长期计划来说，其净现值可能会随着资金成本的变动而有大幅增减。

灵敏度分析的第二种方法就是找出在净现值为正数时，各假设所对应的极大值或极小值。例如，我们可以找出使净现值为正数的最低产品价格或最高运营成本比率。

有时候，我们可以排除某些极端的数值，却无须设法估计出其精确数值。比如，分析人员可能无法确定产品价格，但可以确定单价不会低于 10 元。如果在单价为 10 元时，投资计划的净现值仍为正数，我们便可以推断其净现值应该为正数。

另一种比较复杂的方法是模拟。这是针对各种假设分别决定其概率分布，再从既定的概率分布中随机抽取出个别数值，然后逐一计算出该组数值所对应的净现值。这种方法的优点是其可以同时改变各种假设，从而了解净现值的可能范围。尽管模拟过程可能相当复杂，但一些世界知名公司，都使用这种方法评估研发计划。

第十章
论功行赏——如何决策利润分配

大家做出努力之后有公道的回报，在利益分配方面比较公平。这是我们的诀窍。

——熊晓鸽

我觉得我这个团队是我最大的财富，我就最珍惜这个。

——史玉柱

要成为一位成功的领导者，不单要努力，更要听取别人的意见，要有忍耐力，提出自己意见前，更要考虑别人的意见，最重要的是创出新颖的意念……作为一个领袖，第一，最重要的是责己以严，待人以宽；第二，要令他人肯为自己办事，并有归属感。机构大必须依靠组织，在二三十人的企业，领袖走在最前端便最成功。当规模扩大至几百人，领袖还是要去参与工作，但不一定是走在前面的第一人。要大便要靠组织，否则，便迟早会撞板，这样的例子很多，百多年的银行也一朝崩溃。

——李嘉诚

一、如何分配“果实”

这里所说的“果实”是指企业所获得的利润，在市场经济条件下，利润是反映企业经营绩效的核心指标，也是企业利益相关者进行利润分配的基础。企业的利润分配主要是确定企业的净利润如何让在分发给投资者和用于再投资这两方面进行分配。利润分配是一项十分重要的工作，它不仅影响企业的筹资和投资决策，而且涉及国家、企业、投资者、职工等多方面的利益关系，涉及企业长远利益和近期利益、整体利益和局部利益等关系的处理和协调。

（一）保证企业利润分配正常进行

在利润分配中必须遵循以下原则。

1. 兼顾各方利益原则

在“果实”的分配中，必须兼顾国家、企业投资者和经营者几方面的利益。根据这一原则，企业实现的利润必须按税法规定的所得税税率计算缴纳所得税，税后利润再在企业、投资者和职工之间进行分配，以维护各方面的主体利益。

2. 积累和消费相结合的原则

企业税后利润的分配要体现把积累和消费正确地结合起来的要求。要防止片面强调积累，不顾消费的行为，也要纠正片面强调消费，挤占积累的行为。

3. 非有盈余不得分配原则

非有盈余不得分配原则是公司分配利润的重要原则和前提之一。公司当年无盈利，原则上不得分配股利；公司即便有盈余，若有亏损还须先行弥补亏损，不得将亏损递延；弥补亏损后还须先提取法定公积金，最后才能就剩余利润，即盈余向股东分配股利。这一原则的目的在于贯彻资本充实原则，维护公司财产基础及信用能力以保证公司和债权人的利益。

4. 分配自由原则

新《公司法》规定允许股东约定不按照出资比例分取红利或不按照出资比例优先认缴出资；允许股份有限公司章程规定不按持股比例分配股利。在新规定下，公司章程可以基于公司的经营情况，以最合理的方式约定股利分配方式，充分体现了公司的契约性性质。

（二）“果实”分配的内容和顺序

为巩固公司资本基础，保护债权利益，维护交易安全和社会公益，各国公司法以强行法的形式规定了公司利润的分配顺序。根据新《公司法》第一百六十七条，公司利润分配的顺序如下。

1. 弥补企业亏损

根据我国现行财务和税收制度的规定，企业发生的年度亏损，可以用下一年度的税前利润弥补，下一年度税前利润不足弥补的，可以延续在 5 年内用税前利润弥补；超过 5 年仍不足弥补的亏损，可用税后利润弥补。

2. 缴纳所得税

企业实现的利润总额，首先应该按照国家税法的规定依法向国家缴纳所得税。

3. 分配税后利润

税后利润应按以下基本程序进行分配。

公司向投资者（股东）分配利润（分派股利），应按规定的顺序进行。按我国《公司法》的有关规定，利润分配应按下列顺序进行。

（1）以税后利润弥补历年所留亏损。公司的法定公积金不足以弥补以前年度亏损的，在提取法定公积金之前，应当先用当年利润弥补亏损。

（2）提取盈余公积金。盈余公积金是企业从税后利润中提取的积累资金，是企业用于防范和抵御风险，保证企业稳定经营和长期发展的必要条件。它实质上属于所有者权益，为投资者所有。盈余公积金包括法定盈余公积金和任意盈余公积金。

非股份制企业应提取法定盈余公积金：现行制度规定按税后净利润的 10%提取，当法定盈余公积金累计额为公司注册资本的 50%以上的，可以不再提取。法定盈余公积金主要用于弥补企业亏损、转增资本或向投资者分配利润。转增资本或向投资者分配利润后，企业留存的法定盈余公积金不得低于企业注册资本的 25%。股份制企业除提取、建立法定盈余公积金外，还应在向普通股股东分配利润前，经股东或股东大会决议，从税后利润中提取任意盈余公积金。

股份制企业除提取、建立法定盈余公积金外，还应在向普通股股东分配股利前，经股东或股东大会决议，从税后利润中提取任意盈余公积金。

（3）向投资者分配利润。企业当年实现的税后利润，在弥补亏损，提取公积金以后，剩下的利润可以用于对投资者分配利润。

就股份制而言，首先应支付优先股股利，其次提取任意盈余公积金，最后向企业普通股股东支付普通股股利。如果企业当年无盈利，一般不得分配利润。但股份有限公司当年无利润的，在经股东大会特别决议后，可以按不超过股票面值 6%的比例用积累的公积金分配股利。

二、股利与股利政策

股利作为股份有限公司对其股东支付的报酬，是公司就税后利润对股东的一种分配。通常情况下，股利会增加股东的财富，其价值大小取决于可由它带来的未来预期现金流量；但股利可能带来的未来预期现金流量，除了与公司的经营状况有关，还往往与股利的支付方式相关；因此公司是否要支付股利、以什么方式支付股利、支付的股利率是多少以及支付股利的程序如何等都属于公司股利政策的内容。公司的股利政策决定了流向投资者与留存在公司里以便未来再投资的资金比例和数量，这不仅会影响股东的财富和公司的筹资问题，更重要的是，它会向公司利益相关人传递公司的相关信息，进而影响他们在资本市场的决策，并最终通过资本市场影响公司的长远利益。所以公司的股利政策无论对公司的管理者还是公司的股东而言，都是非常重要的。

（一）股利理论

关于股利与股票市价间的关系，存在着不同的观点，并形成了不同的股利理论。股利理论主要包括股利无关论、股利相关论、所得税差异理论及代理理论。

1. 股利无关论

股利无关论（也称 MM 理论）认为，在一定的假设条件限定下，股利政策不会对公司的价值或股票的价格产生任何影响。一个公司的股票价格完全由公司的投资决策的获利能力和风险组合决定，而与公司的利润分配政策无关。该理论是建立在完全市场理论之上的。假定条件包括如下几项。

（1）市场具有强式效率。

（2）不存在任何公司或个人所得税。

（3）不存在任何筹资费用（包括发行费用和各种交易费用）。

（4）公司的投资决策与股利决策彼此独立（公司的股利政策不影响投资决策）。

（5）投资者与公司管理人员对企业未来的投资机会可以获得同样的信息。

（6）投资者对鼓励收益与资本利得收益具有同样的偏好。

该理论认为：股利政策对公司的市场价值（或股票价格）不会产生影响；投资者并不关心股利的分配；股利的支付比率不影响公司的价值。根据这种理论，企业的价值是由资产的盈余和投资政策所决定的，股利仅仅是由公司投资方案所决定的一个被动的剩余额。

【案例分析】股利政策的财务效应

资产负债表　　　　单位：万元

现金	1 000 万元	负债	400 万元
长期资产	9 000 万元	股东权益	6 000 万元（+NPV）
投资项目（初始投资额 1 000 万元 NPV）		—	
资产总计	10 000 万元（+NPV）	负债与权益总计	10 000 万元（+NPV）

该公司可以将 1 000 万元的现金作为现金股利分配给公司股东，也可以将其用于项目投资。如果该公司将现金用于股利分配，它需要通过发行普通股的方式筹措 1 000 万元的资金

用于项目投资。（注意：公司不能依靠增加负债获得1 000万元的投资资金，因为这样做公司的资本结构将发生变化）

如果公司利用1 000万元的现金进行项目投资而不是用于股利分配，则该公司股东权益的价值为6 000万元（+NPV）。如果公司将1 000万元的现金用于股利发放，而依靠增发新股筹措到项目投资所需的资金，则该公司老股东（即不包括因购买价值1 000万元的新股而成为公司股东的那部分新股东）的股东权益价值为：

老股东权益价值=股东收益价值-新股东收益价值
=6 000万元（+NPV）-1 000万元
=5 000万元（+NPV）

与前一种情况相比，老股东的收益价值减少了1 000万元，但同时他们得到了1 000万元的现金股利，所以其实际价值未受影响。

在满足MM各项假设的前提下，不论公司的股利政策如何，股东都可以通过二级市场操作来实现自己所希望的现金使用和分配方案，因此，公司股利政策并不会影响股东对现金的需求和使用，股东可自行决定股利政策。

2. 股利相关论

股利相关论认为，企业的股利政策会影响股票价格。主要观点包括以下几个方面。

（1）股利重要论。股利重要论（又称“一鸟在手”理论）认为，用留存收益再投资给投资者带来的收益具有较大的不确定性，并且投资的风险随着时间的推移会进一步增大，因此，投资者更喜欢现金股利，而不愿意将收益留存在公司内部，而去承担未来的投资风险。

最早关于股利政策研究的理论是“一鸟在手”理论（Bird-in-the-hand）。1938年，威廉姆斯（Williams）运用股利贴现模型（Dividend Discount Model）对股利政策进行研究，形成了早期的“一鸟在手”理论。随后，林特勒（Lintner）、华特（Walter）和戈登（Gordon）等又相继对此进行了研究。在“一鸟在手”理论的形成和完善过程中，戈登的贡献无疑是最大的。戈登关于股利政策方面的代表性著述有1959年在《经济与统计评论》上发表的《股利、盈利和股票的价格》、1962年出版的《投资、融资和公司价值》以及1963年在《财务学刊》上发表的《最优投资和财务政策》等。而1963年的《最优投资和财务政策》一文，标志着“一鸟在手”理论的最终形成。“一鸟在手”理论源于谚语“双鸟在林，不如一鸟在手”。该理论认为，对投资者来说，现金股利是抓在手中的鸟，而公司留存收益则是躲在林中的鸟，随时可能飞走。相对于股利支付而言，资本利得具有更高的不确定性。根据风险和收益对等原则，在公司收益一定的情况下，作为风险规避型的投资者偏好股利而非资本利得，股利支付的高低最终会影响公司价值。但从“一鸟在手”理论的推导过程中可以发现，早期关于股利政策的研究无一例外均和证券估价联系在一起，并未作为一个专门的研究领域独立出来，从而无法凸显出股利政策理论的学术价值和地位。

（2）信号传递理论。信号传递理论认为，在信息不对称的情况下，公司可以通过股利政策向市场传递有关公司未来盈利能力的信息，从而影响公司的股价。一般来讲，预期未来盈利能力强的公司往往愿意通过相对较高的股利支付水平，把自己同预期盈利能力差的公司区别开来，以吸引更多的投资者。

（3）所得税差异理论。所得税差异理论认为，由于普遍存在的税率的差异及纳税时间的差异，资本利得收入比股利收入更有助于实现收益最大化目标，企业应当采用低股利政策。

（4）代理理论。代理理论认为，股利政策有助于减缓管理者与股东之间的代理冲突，股利政策是协调股东与管理者之间代理关系的一种约束机制。

较多地派发现金股利至少具有以下几点好处。

（1）公司管理者将公司的盈利以股利的形式支付给投资者，则管理者自身可以支配的“闲余现金流量”就相应减少了，这在一定程度上可以抑制公司管理者过度扩大投资或进行特权消费，从而保护外部投资者的利益。

（2）较多的派发现金股利，减少了内部融资，使得公司进入资本市场寻求外部融资，从而公司可以经常接受资本市场的有效监督，这样便可以通过资本市场的监督减少代理成本。

（二）股利支付方式和程序

1. 股利支付方式

股份制企业股利支付方式一般有现金股利、股票股利、财产股利和负债股利等，后两种方式应用较少。我国有关法律规定，股份制企业只能采用现金股利和股票股利两种方式。

（1）现金股利。

现金股利是以现金支付的股利，它是股利支付的主要方式，也是目前常用的股利分派形式。现金股利发放的多少主要取决于企业的股利政策和经营业绩。企业选择现金股利方式的条件主要有：企业有充足的、可以支付的现金，资产流动性较强；企业有较强的外部筹资能力；现金股利的支付不存在债务契约的约束等。由于现金具有较强的流动性，且现金股利还可以向市场传递一种积极信息，因此，现金股利的支付有利于支撑和刺激企业的股价，增强投资者的投资信心。现金股利的发放会对股票价格产生直接的影响，在股票除息日之后，一般来讲股票价格会下跌。公司支付现金股利除了要有累积盈余外，还要求有足够的现金以供发放股利。

（2）股票股利。

股票股利是公司以增发的股票作为股利的支付方式。可以用于发放股票股利的，除了当年的可供分配利润外，还有公司的盈余公积金。发放股票股利时，一般应按股权登记日的股东持股比例来分派，将股东大会决定用于分配的盈余公积金和可供分配的利润转成股本，并通过股票交易中心的计算系统按比例增加各个股东的持股数量。对于不满一半的股利，则采用现金来分派或通过股东之间将不满一半的份额相互转让来解决。

股票股利对公司来说，并没有现金流出，也不会导致公司的财产减少，而只是将公司的留存收益转化为股本。但股票股利会增加流通在外的股票数量（股数），同时降低股票的每股价值。它不会改变公司股东权益总额，但会改变股东权益的构成结构。从表面上看，分配股票股利除了增加所持股数外好像并没有给股东带来直接收益，事实上并非如此。因为市场和投资者普遍认为，公司如果发放股票股利往往预示着公司会有较大的发展和成长，这样的信息传递不仅会稳定股票价格甚至可能使股票价格上升。另外，如果股东把股票股利出售，变成现金收入，还会带来资本利得在纳税上的好处。

公司采取股票股利方式有以下优点：① 节约公司现金；② 降低每股市价，促进股票的交易和流通；③ 日后公司要发行新股票时，可以降低发行价格，有利于吸引投资者；④ 传递公司未来发展前景的良好信息，增强投资者的信心；⑤ 股票股利在降低每股市价的时候会吸引更多投资者成为公司的股东，从而使公司股权更为分散，这样就能防止其他公司恶意控制。

2. 股利支付程序

股份有限公司向股东支付股利的程序主要包括：股利宣告日、股权登记日、除权除息日和股利支付日。

（1）股利宣告日：企业董事会将股利支付情况予以公告的日期，公告中将宣布每股支付的股利、股权登记期限和除权除息日期以及股利支付日期。

（2）股权登记日：有权领取股利的股东资格登记截止日期。只有在股权登记日前在企业股东名册上存在的股东，才有权分享股利。

（3）除权除息日：即指领取股利的权利与股票相互分离的日期。在除权除息日前，股利权从属于股票，持有股票者即享有领取股利的权利；除权除息日始，股利权与股票相分离，新购入股票的人不能分享股利。这是因为股票买卖的交接、过户需要一定的时间，为了避免可能发生的冲突，一般规定在股权登记日之后的第一个交易日为除权除息日。自此日起，企业股票的交易称为无息交易，其股票称为无息股。这就是说，一个新股东要想取得本期股利，必须在股权登记日之前购入股票，否则即使持有股票也无权领取股利。

（4）股利支付日：即向股东发放股利的日期。

（三）股利政策

1. 剩余股利政策

剩余股利政策是指公司生产经营所获得的净收益首先应满足公司的资金需求，如果还有剩余，则派发股利；如果没有剩余，则不派发股利。剩余股利政策的理论依据是 MM 理论股利无关论。该理论是由美国财务专家米勒（Miller）和莫迪利亚尼（Modigliani）于 1961 年在他们的著名论文《股利政策，增长和股票价值》中首先提出的，因此被称为 MM 理论。该理论认为，在完全资本市场中，股份公司的股利政策与公司普通股每股市价无关，公司派发股利的高低不会对股东的财富产生实质性的影响，公司决策者不必考虑公司的股利分配方式，公司的股利政策将随公司投资、融资方案的制定而确定。因此，在完全资本市场的条件下，股利完全取决于投资项目需用盈余后的剩余，投资者对于盈利的留存或发放股利毫无偏好。

剩余股利政策的决策步骤如下。

（1）根据公司的投资计划确定公司的最佳资本预算。

（2）根据公司的目标资本结构及最佳资本预算，预计公司资金需求中所需要的权益资本数额。

（3）尽可能用留存收益来满足资金需求中所需增加的股东权益数额。

（4）留存收益在满足公司股东权益增加需求后，如果有剩余再用来发放股利。

【案例分析】融资与股利分配决策

航通股份公司 2019 年的税后净利润为 8 000 万元，由于公司尚处于初创期，产品市场前景看好，产业优势明显。确定的目标资本结构为负债资本为 70%，股东权益资本为 30%。如果 2020 年该公司有较好的投资项目，需要投资 6 000 万元，该公司采用剩余股利政策，则该公司应当如何融资和分配股利？

首先，确定按目标资本结构需要筹集的股东权益资本为：

$$6\,000\times 30\%=1\,800（万元）$$

其次，确定应分配的股利总额为：

$$8\,000-1\,800=6\,200（万元）$$

因此，航通股份公司还应当筹集负债资金：

$$6\,000-1\,800=4\,200（万元）$$

【案例分析】剩余股利政策

假定某公司某年提取了公积金、公益金后的税后净利润为800万元，第二年的投资计划所需资金1 000万元，公司的目标资本结构为权益资本占60%、债务资本占40%，那么，按照目标资本结构的要求，公司投资方案所需的权益资本数额为：

$$1\,000\times 60\%=600（万元）$$

公司当年全部可用于分配股利的盈余为800万元，可以满足上述投资方案所需的权益资本数额并有剩余，剩余部分再作为股利发放。当年发放的股利额即为：

$$800-600=200（万元）$$

假定该公司当年流通在外的只有普通股100万股，那么每股股利即为：

$$200\div 100=2（元）$$

选择剩余股利政策，意味着公司倾向保持理想的资本结构。

剩余股利政策的优点是：留存收益优先保证再投资的需要，从而有助于降低再投资的资金成本，保持最佳的资本结构，实现企业价值的长期最大化。其缺点是：如果完全遵照执行剩余股利政策，股利发放额就会每年随投资机会和盈利水平的波动而波动。即使在盈利水平不变的情况下，股利也将与投资机会的多寡呈反方向变动：投资机会越多，股利越少；反之，投资机会越少，股利发放越多。而在投资机会维持不变的情况下，则股利发放额将因公司每年盈利的波动而同方向波动。剩余股利政策不利于投资者安排收入与支出，也不利于公司树立良好的形象。剩余股利政策一般适用于公司初创阶段。

2. 固定或持续增长股利政策

固定或持续增长股利政策是保持公司股利长期固定在某一水平上不变，只有当公司认为未来盈余将会显著地、不可逆转地增长时，才提高年度的股利发放额，使股利的支付在一定时期内达到稳中有升的趋势。因此，该股利政策又称为阶梯式的股利政策，主要适用于经营比较稳定的企业。

采用这一股利政策的主要优点如下。

（1）稳定的股利政策向市场传递着公司正常发展的信息，有利于树立公司的良好形象，增强投资者的信心，稳定股票价格。

（2）稳定的股利政策有利于投资者安排股利的收入和支出，特别是那些依靠股利维持消费的投资者尤为如此。

（3）股利稳定的股票有利于投资者购买。

该种股利政策尽管是有着股利稳定的优点，但也存在以下缺陷。

（1）股利的支付与企业的盈余脱节，使股利的分配水平不能反映企业的盈利水平。

（2）当企业的盈余较低或现金紧张时仍要支付固定的股利，可导致企业资金短缺，加大企业的财务压力，甚至陷入财务困境。

3. 固定股利支付率政策

固定股利支付率政策是指公司先确定一个股利占净利润（公司盈余）的比率，然后每年都按此比率从净利润中向股东发放股利，每年发放的股利额都等于净利润乘以固定的股利支付率。这样，净利润多的年份，股东领取的股利就多；净利润少的年份，股东领取的股利就少。也就是说，采用此政策发放股利时，股东每年领取的股利额是变动的，其多少主要取决于公司每年事先的净利润的多少及股利支付率的高低。我国部分上市公司采用固定股利支付率政策，将员工个人的利益与公司的利益捆在一起，从而充分调动广大员工的积极性。

主张采用此政策的人认为，通过固定的股利支付率向股东发放股利，能使股东获取的股利与公司实现的盈余紧密联系，以真正体现“多盈多分，少盈少分，无盈不分”的原则，只有这样，才算真正公平地对待了每一个股东。

另外，采取此政策向股东发放股利时，实现净利润多的年份向股东发放的股利多，实现净利润少的年份向股东发放的股利少，所以不会给公司带来固定的财务负担。其缺点主要是由于股利波动容易使外界对公司产生经营不稳定的印象，不利于股票价格的稳定与上涨。

4. 低正常股利加额外股利政策

低正常股利加额外股利政策是公司事先设定一个较低的经常性股利额，一般情况下，公司每期都按此金额支付正常股利，只有企业盈利较多时，再根据实际情况发放额外股利。

低正常股利加额外股利政策的理论依据是“一鸟在手”理论和股利信号理论。

该政策将公司派发的股利固定地维持在较低水平，则当公司盈利较少或需用较多的保留盈余进行投资时，公司仍然能够按照既定的股利水平派发股利，体现了“一鸟在手”理论。而当公司盈利较大且有剩余现金，公司可派发额外股利，体现了股利信号理论。公司将派发额外股利的信息传播给股票投资者，有利于股票价格的上扬。

低正常股利加额外股利政策的优点如下。

（1）低正常股利加额外股利政策赋予公司一定的灵活性，使公司在股利发放上留有余地和具有较大的财务弹性，同时，每年可以根据公司的具体情况，选择不同的股利发放水平，以完善公司的资本结构，进而实现公司的财务目标。

（2）低正常股利加额外股利政策有助于稳定股价，增强投资者信心。由于公司每年固定派发的股利维持在一个较低的水平，在公司盈利较少或需用较多的留存收益进行投资时，公司仍然能够按照既定承诺的股利水平派发股利，使投资者保持一个固有的收益保障，这有助于维持公司股票的现有价格。而当公司盈利状况较好且有剩余现金时，就可以在正常股利的基础上再派发额外股利，而额外股利信息的传递则有助于公司股票的股价上扬，增强投资者信心。

可以看出，低正常股利加额外股利政策既吸收了固定股利政策对股东投资收益的保障优点，同时又摒弃其对公司所造成的财务压力方面的不足，所以在资本市场上颇受投资者和公司的欢迎。

低正常股利加额外股利政策的缺点：

（1）由于年份之间公司的盈利波动使得额外股利不断变化，或时有时无，造成分派的股利不同，容易给投资者以公司收益不稳定的感觉。

（2）当公司在较长时期持续发放额外股利后，可能会被股东误认为是“正常股利”，而一旦取消了这部分额外股利，传递出去的信号可能会使股东认为这是公司财务状况恶化的表现，进而可能引起公司股价下跌的不良后果。

低正常股利加额外股利政策主要适用于经营状况和利润不稳定的企业，以及盈利水平随着经济周期而波动较大的公司或行业。

（四）影响股利政策选择的因素

公司在制定股利政策时，必须充分考虑股利政策的各种影响因素，从保护股东、公司本身和债权人的利益出发，才能使公司的收益分配合理化。

（1）各种限制条件。

一是法律法规限制。为维护各方的利益，法律法规对公司的利润分配顺序、留存盈利、资本的充足性、债务偿付、现金积累等方面都有规范，股利政策必须符合这些法律规范。二是契约限制。公司在借入长期债务时，债务合同对公司发放现金股利通常都有一定的限制，股利政策必须满足这类契约的限制。三是现金充裕性限制。公司发放现金股利必须有足够的现金，能满足公司正常的经营活动对现金的需求。否则，则其发放现金股利的数额必然受到限制。

（2）宏观经济环境。

经济的发展具有周期性，公司在制定股利政策时同样受到宏观经济环境的影响。比如，我国上市公司在形式上表现为由前几年的大比例送配股，到近年来现金股利的逐年增加。

（3）通货膨胀。

当发生通货膨胀时，折旧储备的资金往往不能满足重置资产的需要，公司为了维持其原有的生产能力，需要从留存利润中予以补足，可能导致股利支付水平的下降。

（4）市场的成熟程度。

实证研究结果显示，在比较成熟的资本市场中，现金股利是最重要的一种股利形式，股票股利则呈下降趋势。我国因尚系新兴的资本市场，和成熟的市场相比，股票股利成为一种重要的股利形式。

（5）投资机会。

公司股利政策在较大程度上要受到投资机会的制约。一般来说，若公司的投资机会多，对资金的需求量大，往往会采取低股利、高留存利润的政策；反之，若投资机会少，资金需求量小，就可能采取高股利政策。另外，受公司投资项目加快或延缓的可能性大小影响，如果这种可能性较大，股利政策就有较大的灵活性。比如有的企业有意多派发股利来影响股价的上涨，使已经发行的可转换债券尽早实现转换，达到调整资本结构的目的。

（6）偿债能力。

大量的现金股利的支出必然影响公司的偿债能力。公司在确定股利分配数量时，一定要考虑现金股利分配对公司偿债能力的影响，保证在现金股利分配后，公司仍能保持较强的偿债能力，以维护公司的信誉和借贷能力。

（7）变现能力。

如果一个公司的资产有较强的变现能力，现金的来源较充裕，其支付现金股利的能力就强。而高速成长中的、盈利性较好的企业，如其大部分资金投在固定资产和永久性营运资金上，他们通常不愿意支付较多的现金股利而影响公司的长期发展战略。

（8）资本成本。

公司在确定股利政策时，应全面考虑各条筹资渠道资金来源的数量大小和成本高低，使股利政策与公司合理的资本结构、资本成本相适应。

（9）投资者结构或股东对股利分配的态度。

公司每个投资者投资目的和对公司股利分配的态度不完全一致，有的是公司的永久性股东，关注公司长期稳定发展，不大注重现期收益，他们希望公司暂时少分股利以进一步增强公司的长期发展能力；有的股东的投资目的在于获取高额股利，十分偏爱定期支付高股息的政策；而另一部分投资者偏爱投机，投资目的在于短期持股期间股价大幅度波动，通过炒股获取价差。股利政策必须兼顾这三类投资者对股利的不同态度，以平衡公司和各类股东的关系。如偏重现期收益的股东比重较大，公司就需用多发放股利方法缓解股东和管理者的矛盾。另外，各因素起作用的程度对不同的投资者是不同的，公司在确定自己的股利政策时，还应考虑股东的特点。

（五）股利政策的选择

前述几种股利政策各有利弊，上市公司选取股利政策时，必须结合自身情况，选择最适合本公司当前和未来发展的股利政策。其中居主导地位的影响因素是，公司目前所处的发展阶段。公司应根据自己所处的发展阶段来确定相应的股利政策。

公司的发展阶段一般分为初创阶段、高速增长阶段、稳定增长阶段、成熟阶段和衰退阶段。由于每个阶段的生产特点、资金需要、产品销售等不同，股利政策的选取类型也不同。

在初创阶段，公司面临的经营风险和财力风险都很高，公司急需大量资金投入，融资能力差，即使获得了外部融资，资金成本一般也很高。因此，为降低财务风险，公司应贯彻先发展后分配的原则，剩余股利政策为最佳选择。

在高速增长阶段，公司的产品销售急剧上升，投资机会快速增加，资金需求大而紧迫，不宜宣派股利。但此时公司的发展前景已相对明朗，投资者有分配股利的要求。为了平衡这两方面的要求，应采取正常股利加额外股利政策，股利支付方式应采用股票股利的形式，避免现金支付。

在稳定增长阶段，公司产品的市场容量、销售收入稳定增长，对外投资需求减少，EPS值呈上升趋势，公司已具备持续支付较高股利的能力。此时，理想的股利政策应是稳定增长股利政策。

在成熟阶段，产品市场趋于饱和，销售收入不再增长，利润水平稳定。此时，公司通常已积累了一定的盈余和资金，为了与公司的发展阶段相适应，公司可考虑由稳定增长股利政策转为固定股利支付率政策。

在衰退阶段，产品销售收入减少，利润下降，公司为了不被解散或被其他公司兼并重组，需要投入新的行业和领域，以求新生。因此，公司已不具备较强的股利支付能力，应采用剩余股利政策。

总之，上市公司制定股利政策应综合考虑各种影响因素，分析其优缺点，并根据公司的成长周期，恰当地选取适宜的股利政策，使股利政策能够与公司的发展相适应。

三、股票分割与股票回购

（一）股票分割

股票分割又称股票拆细，即将一张较大面值的股票拆成几张较小面值的股票。股票分割对公司的资本结构不会产生任何影响，一般只会使发行在外的股票总数增加，资产负债表中股东权益各账户（股本、资本公积、留存收益）的余额都保持不变，股东权益的总额也保持不变。

股票分割给投资者带来的不是现实的利益，但是投资者持有的股票数增加了，给投资者带来了今后可多分股息和更高收益的希望，因此股票分割往往比增加股息派发对股价上涨的刺激作用更大。

股票分割的作用有以下几点。

（1）股票分割会在短时间内使公司股票每股市价降低，买卖该股票所必需的资金量减少，易于增加该股票在投资者之间的换手，并且可以使更多的资金实力有限的潜在股东变成持股的股东。因此，股票分割可以促进股票的流通和交易。

（2）股票分割可以向投资者传递公司发展前景良好的信息，有助于提高投资者对公司的信心。

（3）股票分割可以为公司发行新股做准备。公司股票价格太高，会使许多潜在的投资者力不从心而不敢轻易对公司的股票进行投资。在新股发行之前，利用股票分割降低股票价格，可以促进新股的发行。

（4）股票分割有助于公司并购政策的实施，增加对被并购方的吸引力。

（5）股票分割带来的股票流通性的提高和股东数量的增加，会在一定程度上加大对公司股票恶意收购的难度。

（6）股票分割在短期内不会给投资者带来太大的收益或亏损，即给投资者带来的不是现实的利益，而是给投资者带来了今后可多分股息和更高收益的希望，是利好消息，因此对除权日后股价上涨有刺激作用

【案例分析】股票分割

范例一：陈小姐拥有 1 000 股波音公司（BA）的股票，当公司宣布 2:1 股票分割后，陈小姐原有的 1 000 股股票便会变为 2 000 股。

$$1\ 000\times(2\div1)=2\ 000\text{ 股}$$

如果 1 股股票原先价格是 40 美元，那么分割后的价格便为:

$$40\times(1\div2)=20\text{ 美元}$$

基本上股票的总市值还是一样的（即原来的 40 美元/股×1 000=40 000 美元与分割后的 20 美元/股×2 000=40 000 美元相等）。在股票未分割前它的价值是 40 000 美元（1 000 股×40 美元），分割后它的总价值还是 40 000 美元（2 000 股×20 美元）。

范例二：洪小姐拥有 400 股娇生（JNJ）公司的股票，当娇生将其股票分割为 5∶4 后，洪小姐原有的 400 股股票便会变为 500 股。

$$400\times(5\div4)=500\text{（股）}$$

如果 1 股股票原先的价格是 50 美元，那么分割后的价格便为：

$$50\times(4\div5)=40\text{（美元）}$$

基本上股票的总市值还是一样的。在股票未分割前它的价值是 20 000 美元（400 股 ×50 美元）。分割后它的总价值还是 20 000 美元（500 股 ×40 美元）。

范例三：柯太太拥有 600 股惠普（HWP）科技公司的股票，当惠普将其股票分割为 1∶2 后，柯太太原有的 600 股股票便会变为 300 股。

$$600\times(1\div2)=300\text{（股）}$$

如果 1 股股票原先价钱是 50 美元，那么反向分割后的价钱便为：

$$50\times(2\div1)=100\text{（美元）}$$

基本上股票的总数还是一样的。在股票未分割前它的价值是 30 000 美元（600 股 ×50 美元），分割后它的价值还是 30 000 元（300 股 ×100 美元）。

（二）股票回购

股票回购是指上市公司利用现金等方式，从股票市场上购回本公司发行在外的一定数额的股票的行为。公司在股票回购完成后可以将所回购的股票注销。但在绝大多数情况下，公司将回购的股票作为“库藏股”保留，不再属于发行在外的股票，且不参与每股收益的计算和分配。“库藏股”日后可移作他用，如发行可转换债券、雇员福利计划等，或在需要资金时将其出售。

2018 年 11 月 9 日，证监会、财政部、国资委联合发布《关于支持上市公司回购股份的意见》，拓宽了回购资金来源、适当简化实施程序、引导完善治理安排，鼓励各类上市公司实施股权激励或员工持股计划，强化激励约束，促进公司夯实估值基础，提升公司管理风险能力，提高上市公司质量。2019 年 1 月 11 日晚，沪深交易所正式发布《上市公司回购股份实施细则》。

1. 股票回购的动机

股票回购具有多重动机：一是防止兼并与收购；二是推动股市振兴；三是维持或提高每股收益和股票价格；四是为期权激励提供条件。

2. 股票回购的最终目的

股票回购的最终目的是有利于增加公司的价值。① 公司进行股票回购的目的之一是向市场传递股价被低估的信号。股票回购的市场反应通常是提升了股价，有利于稳定公司股票价格。② 当公司可支配的现金流明显超过投资项目所需的现金流时，可以用自由现金流进行股票回购，有助于增加每股盈利水平。股票回购减少了公司自由现金流，起到了降低管理层代理成本的作用。③ 避免股利波动带来的负面影响。当公司剩余现金是暂时的或者是不稳定的，没有把握能够长期维持高股利政策时，可以在维持一个相对稳定的股利支付率的基础上，通过股票回购发放股利。④ 发挥财务杠杆的作用。如果公司认为资本结构中权益资本的比例较高，可以通过股票回购提高负债比率，改变公司的资本结构，并有助于降低加权平均资本成本。⑤ 通过股票回购，可以减少外部流通股的数量，提高了股票价格，在一定程度上降低公司被收购的风险。

【案例分析】花旗集团股利政策

花旗集团（Citicorp）是花旗银行的母公司，由于巨额房地产贷款损失和一些其他问题，于 1991 年宣布暂停其股利支付。据透露，银行监管者开始着手结束银行的监管活动，并迫使花旗银行暂停股利支付，直到其资本复原。到 1993 年，花旗集团的状况大为改善。

从 1990 年末到 1993 年末，该集团控制的资本从 160 亿美元升至 235 亿美元并且其产权资本比率达到 6.8%（最低要求为 4%）。现在花旗集团正在考虑重新开始支付股利。

在暂停股利支付前两年，花旗集团的股利分配方案如下：1990 年度第一季度现金股利为 0.405 美元，第二、三、四季度现金股利皆为 0.445 美元；1991 年前三个季度现金股利分别为 0.25 美元，从 1991 年的第四季度开始暂停支付现金股利。

花旗集团过去数年的每股盈余和 1994 年 4 月以后数年的预期每股盈余（用 F 表示）如下表。

单位：美元

年份	1988	1989	1990	1991	1992	1993	1994F	1995F
每股盈余	4.87	1.16	0.57	-3.22	1.35	3.53	6.00	6.50

花旗集团和可对比银行的有关信息

银行	净值与资产比率（%）			股利支付率（%）			股利收益率（%）
	1991 年	1992 年	1993 年	1991 年	1992 年	1993 年	
花旗银行	4.4	5.2	6.5	—	—	—	—
纽约银行	7.4	8.6	8.9	131	36	32	1.7
美国商业银行	7.0	8.6	9.2	25	31	29	4.1
银行家信托公司	5.3	5.3	4.9	34	33	26	5.1
大通银行	5.5	6.8	8.0	38	35	63	4.1
化工银行	5.2	7.1	7.4	955	31	24	4.2
摩根银行	5.9	6.9	7.4	36	32	29	4.3
国民银行	5.9	6.6	6.3	195	33	33	4.0

注：股利收益率=4×最近一季季度股利÷每股价格

资料来源：王化成.《财务管理教学案例》. 北京：中国人民大学出版社.

根据上述案例资料，分析回答下列问题。

（1）1990 年花旗集团的股利支付率为多少？

（2）为什么花旗集团在 1991 年的第一个季度要削减股利，当时它是否应当暂停股利支付？

（3）1992 年可对比银行的平均股利支付率为多少？1993 年呢？

（4）你认为在 1994 年春季，当花旗集团宣告发放现金股利时，市场将如何反应？这一信息传递可信吗？

（5）假定花旗集团的股票价格为 39 美元，如果该公司希望它的股票能提供“平均股利收益率”，那么它应宣告的每季股利是多少？

答案：

（1）1990 年花旗集团平均现金股利=0.435 美元，1990 年花旗集团股利支付率

=0.435/0.57=76.32%

（2）因花旗集团 1989 年起其盈余就大幅下降，每股盈余 1989 年为 1.16 美元，1990 为 0.57 美元，1991 年开始出现亏损，且其产权比率在同行业中最低，仅为 4.4%（最低要求为 4%），而同行业平均数为 5.825%。在这种情况下，花旗集团确应考虑暂停支付现金股利，以使集团资本得以复原，降低财务风险，扭转经营不利局面。

（3）1992 年可对比银行平均股利支付率=33%，1993 年为 33.7%。

（4）花旗集团的股票将出现利好反应，股价有可能上扬，其股票交易量上涨，交易活跃。这一信息传递很可信，因为据预测花旗集团 1994 年的每股盈余将高达 6 美元，集团的产权比率因盈余大增也会得到提高，将高于 1993 年末的 6.8%，资本结构更趋合理。

（5）可对比银行平均股利收益率=3.93%，每季股利=39×3.93%÷4=0.38 美元

2. 股票回购的方式

（1）按照股票回购的地点不同，可分为场内公开收购和场外协议收购两种。场内公开收购是指上市公司把自己等同于任何潜在的投资者，委托在证券交易所有正式交易席位的证券公司，代自己按照公司股票当前市场价格回购。在国外较为成熟的股票市场上，这一种方式较为流行。据不完全统计，整个 80 年代，美国公司采用这种方式回购的股票总金额为 2 300 亿美元左右，占整个回购金额的 85%以上。虽然这一方式的透明度比较高，但很难防止价格操纵和内幕交易，因而，美国证券交易委员会对实施场内回购的时间、价格和数量等均有严格的监管规则。场外协议收购是指股票发行公司与某一类（如国家股）或某几类（如法人股、B股）投资者直接见面，通过在店头市场协商来回购股票的一种方式。协商的内容包括价格和数量的确定，以及执行时间等。很显然，这一方式的缺陷就在于透明度比较低，有违于股市“三公”原则。

（2）按照筹资方式，可分为举债回购、现金回购和混合回购。举债回购是指企业通过向银行等金融机构借款的办法来回购本公司股票。其目的无非是防御其他公司的敌意兼并与收购。现金回购是指企业利用剩余资金来回购本公司的股票。如果企业既动用剩余资金，又向银行等金融机构举债来回购本公司股票，称之为混合回购。

（3）按照资产置换范围，划分为出售资产回购股票、利用手持债券和优先股交换（回购）公司普通股、债务股权置换。债务股权置换是指公司使用同等市场价值的债券换回本公司股票。例如 1986 年，Owen Corning 公司使用 52 美元的现金和票面价值 35 美元的债券交换其发行在外的每股股票，以提高公司的负债比例。

（4）按照回购价格的确定方式，可分为固定价格要约回购和荷兰式拍卖回购。

前者是指企业在特定时间发出的以某一高出股票当前市场价格的价格水平，回购既定数量股票的要约。为了在短时间内回购数量相对较多的股票，公司可以宣布固定价格回购要约。它的优点是赋予所有股东向公司出售其所持股票的均等机会，而且通常情况下公司享有在回购数量不足时取消回购计划或延长要约有效期的权力。与公开收购相比，固定价格要约回购通常被认为是更积极的信号，其原因可能是要约价格存在高出市场当前价格的溢价。但是，溢价的存在也使得固定价格回购要约的执行成本较高。

荷兰式拍卖回购首次出现于 1981 年 Todd 造船公司的股票回购。此种方式的股票回购在回购价格确定方面给予公司更大的灵活性。在荷兰式拍卖的股票回购中，首先公司指定回购

价格的范围（通常较宽）和计划回购的股票数量（可以上下限的形式表示）；而后股东进行投标，说明愿意以某一特定价格水平（股东在公司指定的回购价格范围内任选）出售股票的数量；公司汇总所有股东提交的价格和数量，确定此次股票回购的“价格—数量曲线”，并根据实际回购数量确定最终的回购价格。

（5）可转让出售权回购方式。所谓可转让出售权，是实施股票回购的公司赋予股东在一定期限内以特定价格向公司出售其持有股票的权利。之所以称为“可转让”是因为此权利一旦形成，就可以同依附的股票分离，而且分离后可在市场上自由买卖。执行股票回购的公司向其股东发行可转让出售权，那些不愿意出售股票的股东可以单独出售该权利，从而满足了各类股东的需求。此外，因为可转让出售权的发行数量限制了股东向公司出售股票的数量，所以这种方式还可以避免股东过度接受回购要约的情况。

3. 股票回购的主要目的

（1）反收购措施。股票回购在国外经常是作为一种重要的反收购措施而被运用。回购将提高本公司的股价，减少在外流通的股份，给收购方造成更大的收购难度；股票回购后，公司在外流通的股份少了，可以防止浮动股票落入进攻企业手中。

（2）改善资本结构。这是改善公司资本结构的一个较好途径。利用企业闲置的资金回购一部分股份，虽然降低了公司的实收资本，但是资金得到了充分利用，每股收益也提高了。

（3）稳定公司股价。过低的股价，无疑将对公司经营造成严重影响，股价过低，使人们对公司的信心下降，使消费者对公司产品产生怀疑，削弱公司出售产品、开拓市场的能力。在这种情况下，公司回购本公司股票以支撑公司股价，有利于改善公司形象，股价在上升过程中，投资者又重新关注公司的运营情况，消费者对公司产品的信任增加，公司也有了进一步配股融资的可能。因此，在股价过低时回购股票，是维护公司形象的有力途径，同时也是建立企业职工持股制度的需要。公司以回购的股票作为奖励优秀经营管理人员、以优惠的价格转让给职工的股票储备。

股票回购对公司利润的影响：当一个公司实行股票回购时，股价将发生变化，这种变化是两方面的叠加，首先，股票回购后公司股票的每股净资产值将发生变化。在假设净资产收益率和市盈率都不变的情况下，股票的净资产值和股价存在一个不变的常数关系，也就是净资产倍数。因此，股价将随着每股净资产值的变化而发生相应的变化，而股票回购中净资产值的变化可能是向上的，也可能是向下的。其次，由于公司回购行为的影响及投资者对此的心理预期，将促使市场看好该股而使该股股价上升，这种影响一般总是向上的。

【案例分析】股票回购的影响

假设某公司股本为10 000万股，全部为可流通股，每股净资产值为2.00元，让我们来看看在下列三种情况下进行股票回购，会对公司产生什么样的影响。

（1）股票价格低于净资产值。假设股票价格为1.50元，在这种情况下，假设回购30%即3 000万股流通股，回购后公司净资产值为15 500万元，回购后总股本为7 000万元，则每股净资产值上升为2.21元，将引起股价上升。

（2）股票价格高于净资产值，但股权融资成本仍高于银行利率。在这种情况下，公司进行回购仍是有利可图的，可以降低融资成本，提高每股税后利润。假设前面那家公司每年利润为3 000万元，全部派发为红利，银行一年期贷款利率为10%，股价为2.50元。公司股权融资成本为 12%，高于银行利率 10%。若公司用银行贷款来回购 30%的公司股票，则公司利润变为 2 250 万元（未考虑税收因素），公司股本变为 7 000 万股，每股利润上升为 0.321 元，较回购前的 0.3 元上升 0.021 元。

（3）其他情况。在非上述情况下回购股票，无疑将使每股税后利润下降，损害公司股东（指回购后的剩余股东）的利益。因此，这时股票回购只能作为股市大跌时稳定股价、增强投资者信心的手段，抑或是反收购战中消耗公司剩余资金的“焦土战术”，这种措施并不是任何情况下都适用。因为短期内股价也许会上升，但从长期来看，由于每股税后利润的下降，公司股价的上升只是暂时现象，因此若非为了应付非常状况，一般无须采用股票回购方式。

第十一章
以小博大——如何开展资本运营

在别人都恐惧的时候，你就该贪婪，当别人都贪婪的时候，你就该恐惧！

——巴菲特

每一个商务时代，都会铸造一大批富翁，而每一个富翁的铸造都是当别人不明白时，他明白他自己在做什么，当别人不理解时，他理解他自己在做什么，所以当别人明白时他已经成功了，当别人理解时他已经富有了。

——李嘉诚

一、资本运营基础

（一）资本运营的含义

资本运营又称资本运作、资本经营，是企业界创造的概念，它指利用市场法则，通过资本本身的技巧性运作或资本的科学运作，实现价值增值、效益增长的一种经营方式。简言之就是利用资本市场，通过买卖企业和资产而赚钱的经营活动和以小变大、以无生有的诀窍和手段。

资本运营是企业实现资本增值的重要手段，是企业发展壮大的重要途径。纵观当今世界大多数企业的发展历程，资本运营都发挥了至关重要的作用。在我国，近年来不少企业也将资本运营纳入企业发展战略，并获得了成功。越来越多的企业已经认识到既要重视生产经营，又要注重资本运营，资本运营和生产经营共同推动着企业的发展。可以预见资本运营在我国发展进程中将会发挥越来越大的作用。所以企业家能够成功运营资本对企业的发展至关重要。

（二）资本运营的特征

资本运营和商品经营、资产经营在本质上有着紧密的联系，但它们之间也存在着区别，不能将资产经营、商品经营与资本运营相等同。资本运营具有如下三大特征。

1. 资本运营的流动性

资本是能够带来价值增值的价值，资本的闲置就是资本的损失，资本运营的生命在于运作，资本是有时间价值的，一定量的资本在不同时间具有不同价值，今天的一定量资本，比未来的同量资本具有更高的价值。

2. 资本运营的增值性

实现资本增值，这是资本运营的本质要求，是资本的内在特征。资本的流动与重组的目的是实现资本增值的最大化。企业的资本运营，是资本参与企业再生产过程并不断变换其形式，参与产品价值形成运动，在这种运动中使劳动者的活劳动与生产资料物化劳动相结合，资本作为活劳动的吸收器，实现资本的增值。

3. 资本运营的不确定性

资本运营活动，风险的不确定性与利益并存。任何投资活动都是某种风险的资本投入，不存在无风险的投资和收益。这就要求经营者要力争在进行资本经营决策时，必须同时考虑资本的增值和存在的风险，应该从企业的长远发展着想，企业经营者要尽量分散资本的经营风险，把资本分散出去，同时吸收其他资本参股，实现股权多元化，优化资本结构来增强资本的抗风险能力，保证风险一定的情况下收益最大。

资本运营除了上述三个主要特征，还具有资本运作的价值性、市场性和相对性的特征。

资本运营是可以白手起家的事业。有很多人都有独立创业的美好愿望，但是万事开头难，传统事业一开始就需要大笔资金投入。这往往使很多人很难迈出第一步。资本运营也可以说是为想白手起家的人量身定制的创业机会。无论在创业初期还是在整个创业过程中都不需要投入大量资金，并且在无须开设店铺的情况下就可以开始建立自己的销售体系，开发自己的销售市场，实现自己独立创业的愿望。

（三）资本运营和生产经营的关系

1. 资本运营和生产经营的联系

资本运营和生产经营密不可分，都属于企业经营范畴，二者之间存在着极为密切的联系。

（1）目的一致。二者都是以资本增值为最终目的。

（2）相互依存。生产经营以资本为前提条件，如果没有资本，生产经营就无法进行；如果不进行生产经营活动，资本增值就无法实现。因此资本运营要为发展生产经营服务，并以生产经营为基础。

（3）相互渗透。企业进行生产经营的过程就是资本循环周转的过程。

2. 资本运营与生产经营的区别

（1）经营对象不同。资本运营的对象是企业的资本及其流动，资本是可以带来增值的价值。资本运营侧重的是企业经营过程的价值方面，追求的是资本增值。而生产经营的对象则是产品及其生产销售过程，经营的基础是厂房、机器设备、产品设计、工艺、专利等。生产经营侧重的是企业经营过程的使用价值方面，追求的是产品数量、品种的增多和质量的提高。

（2）经营领域不同。资本运营主要是在资本市场上运作，资本市场既包括证券市场，也包括非证券的长期信用资本的借贷，广义上还包括非证券的产权交易活动。而企业生产经营涉及的领域主要是产品的生产技术、原材料的采购和产品销售，主要是在生产资料市场、劳动力市场、技术市场和商品市场上运作。

（3）经营方式不同。资本运营要运用吸收直接投资、发行股票、发行债券、银行借款和租赁等方式合理筹集资本；要运用直接投资、间接投资和产权投资等方式有效地运用资本，合理地配置资本，盘活存量资本，加速资本周转，提高资本效益。生产经营主要通过社会需求、以销定产、以产定购、技术开发、研制新产品等方式，达到增加产品品种、数量，提高产品质量，提高市场占有率，增加产品销售利润的目的。

所以，在市场经济条件下，企业家既要精通生产经营，又要掌握资本运营，并把二者密切结合起来，生产经营是基础，资本运营要为发展生产经营服务。通过资本运营，搞好融资、并购和资产重组等活动，增加资本积累，实现资本集中，目的是要扩大生产经营规模，优化生产结构，提高技术水平，以便更快地发展生产经营。只有生产经营搞好了，生产迅速发展了，资本运营的目标才能实现。

资本运营也是复制成功的事业。“没有资金也没有经验，或者有资金没经验，有经验没资金”是很多想创业的人无法突破的瓶颈，对于很多想成功的人来说，经验和方法往往是最需要也是最缺乏的。而在传统的事业里，需要我们自己长时间去摸索，中间容易走很多弯路，甚至出现致命的失误。“这个世界上不缺少任何行业，唯一缺少的就是有人能够毫无保留地并且能主动教你的行业”。而资本运营是以成功复制成功的事业，成功者将他们的系统经验毫无保留地教给新的朋友，从而有效地去避免失误，大大提高了成功的概率，所以行业中有一句至理名言：照着别人去做！

二、资本运营的基本类型

（一）扩张型资本运营

资本扩张是指在现有的资本结构下，通过内部积累、追加投资、吸纳外部资源即兼并和收购等方式，使企业实现资本规模的扩大。根据产权流动的不同轨道可以将资本扩张分为三种类型。

1. 横向型资本扩张

横向型资本扩张是指交易双方属于同一产业或部门，产品相同或相似，为了实现规模经营而进行的产权交易。横向型资本扩张不仅减少了竞争者的数量，增强了企业的市场支配能力，而且改善了行业结构，解决了市场有限性与行业整体生产能力不断扩大的矛盾。

2. 纵向型资本扩张

处于生产经营不同阶段的企业或者不同行业部门之间，有直接投入产出关系的企业之间的交易称为纵向资本扩张。纵向资本扩张将关键性的投入产出关系纳入自身控制范围，通过对原料和销售渠道及对用户的控制来提高企业对市场的控制力。

3. 混合型资本扩张

两个或两个以上相互之间没有直接投入产出关系和技术经济联系的企业之间进行的产权交易称之为混合资本扩张。混合资本扩张适应了现代企业集团多元化经营战略的要求，跨越技术经济联系密切的部门之间的交易。它的优点在于分散风险，提高企业的经营环境适应能力。

（二）收缩型资本运营

收缩型资本运营是指为了追求企业价值最大化以及提高企业运行效率，企业把自己拥有的部分资产、子公司、内部某一部门或分支机构转移到公司之外，从而缩小公司的规模。它是对公司总规模或主营业务范围而进行的重组，其根本目的是追求企业价值最大以及提高企业的运行效率。收缩型资本运营通常是放弃规模小且贡献小的业务，放弃与公司核心业务没有协同或很少协同的业务，宗旨是支持核心业务的发展。当一部分业务被收缩掉后，原来支持这部分业务的资源就相应转移到剩余的重点发展的业务上，使母公司可以集中力量开发核心业务，有利于主流核心业务的发展。收缩型资本运营是扩张型资本运营的逆操作，其主要实现形式如下。

1. 资产剥离

资产剥离是指把企业所属的一部分不适合企业发展战略目标的资产出售给第三方，这些资产可以是固定资产、流动资产，也可以是整个子公司或分公司。资产剥离主要适用于以下几种情况：① 不良资产的存在恶化了公司财务状况；② 某些资产明显干扰了其他业务组合的运行；③ 行业竞争激烈，公司急需收缩产业战线。

2. 分拆上市

分拆上市指一个母公司通过将其在子公司中所拥有的股份，按比例分配给现有母公司的股东，从而在法律上和组织上将子公司的经营从母公司的经营中分离出去。分拆上市有广义和狭义之分，广义的分拆包括已上市公司或者未上市公司将部分业务从母公司独立出来单独上市；狭义的分拆指的是已上市公司将其部分业务或者某个子公司独立出来，另行公开招股上市。分拆上市后，原母公司的股东虽然在持股比例和绝对持股数量上没有任何变化，但是可以按照持股比例享有被投资企业的净利润分成，而且最为重要的是，子公司分拆上市成功后，母公司将获得超额的投资收益。

3. 股份回购

股份回购是指股份有限公司通过一定途径购买本公司发行在外的股份，适时、合理地进行股本收缩的内部资产重组行为。通过股份回购，股份有限公司达到缩小股本规模或改变资本结构的目的。股份公司进行股份回购，一般基于以下原因：一是保持公司的控制权；二是提高股票市价，改善公司形象；三是提高股票内在价值；四是保证公司高级管理人员认股制度的实施；五是改善公司资本结构。股份回购与股份扩张一样，都是股份公司在公司发展的不同阶段和不同环境下采取的经营战略。因此，股份回购取决于股份公司对自身经营环境的判断。一般来说，一个处于成熟或衰退期的、已超过一定的规模经营要求的公司，可以选择股份回购的方式收缩经营战线或转移投资重点，开辟新的利润增长点。

三、企业并购

（一）企业并购概述

1. 并购的含义

企业并购可以定义为一个企业通过产权交易，用合并方式吞并其他企业，或用购买其他企业产权的方式取得绝对控股地位而使其他企业成为其全资子公司或控股子公司，以谋求价值增长的一种经济行为。

企业并购是企业产权变动的基本形式，是实现企业扩张和发展的基本途径，并购的实质是一个企业取得另一个企业的财产、经营权或股份，并对另一个企业发生支配性的影响，即并购企业利用自身的各种有利条件，如品牌、市场、资金、管理、文化等优势，让存量资产变成增量资产，使呆滞的资本运动起来，实现价值创造。

2. 兼并

兼并有吞并、吸收、合并之义，具体是指一家企业以现金、证券或其他形式购买取得其他企业的产权，使其他企业丧失法人资格或改变法人实体，并取得对这些企业决策控制权的经济行为。

兼并作为企业扩张的一种经济行为，主要有以下四种形式。

（1）承担债务式兼并。在资产和债务等价的情况下，兼并方以承担被兼并方债务为条件接收其资产。

（2）购买式兼并。兼并方出资购买被兼并企业的资产。

（3）吸收股份式兼并。被兼并企业的所有者将被兼并企业的所有净资产作为股金投资兼并方，成为兼并方企业的一个股东。

（4）控股式兼并。一个企业通过购买其他企业的股权，达到控股，实现兼并。其实，兼并是企业合并中的吸收合并，与吸收合并相对应的是新设合并，即两个或者两个企业通过合并同时消亡，在此基础上形成一个新公司，由其承担原各企业的全部资产和负债的合并形式。

3. 收购

收购是指企业用现金、债券或股票购买另一家企业的全部或部分资产或股权，以获得该企业的控制权。收购与兼并都以企业产权为交易对象，都是增强企业实力的外部扩张策略。但不同的是，在兼并中，被合并企业作为法人实体不复存在；而收购可以是部分产权转让，被收购企业仍可作为法人实体存在，其产权流动较兼并和平。

（二）并购的分类

1. 根据买方公司与目标公司所属行业的关系不同分类

公司并购可以分为横向并购、纵向并购和混合并购。

（1）横向并购。横向并购，是指商业上竞争对手间进行的并购。例如，生产同类商品的公司或者是在同一市场领域出售相互竞争商品的公司之间进行的并购。

（2）纵向并购。纵向并购，是指买方公司并购与其生产经营紧密相关的前后顺序产生、营销过程的公司，以形成纵向生产经营一体化。纵向并购又可分为前向并购和后向并购两种形式。前向并购是向其最终用户的并购，如一家纺织公司与使用其产品的印染公司的合并。后向并购是向其供应商的并购，如一家钢铁公司与铁矿公司的合并。

（3）混合并购。混合并购是从事不相关类型的经营活动企业的并购行为。其一般又可分为产品扩张型、市场扩张型和纯混合型三种。

2. 根据买方公司战略的不同分类

公司并购可以分为基于成长战略的并购、基于行业整合的并购和基于重组获利的并购。

（1）基于成长战略的并购。企业成长主要有两种途径：内源式成长和外源式成长。尽管内源式成长能够获得发展过程的外部收益，有利于培养企业家精神，但是由于内源式成长不仅缓慢，而且会面对某些项目中途失败的风险，也就是对不成功的内部发展所进行的投资很难得到补偿。因此，通过并购等外源式成长成为企业实现扩张的必然选择。

（2）基于行业整合的并购。这是指以促使产业集中，优化产业组织，提升产业结构，最终增进企业绩效为目标的并购。

（3）基于重组获利的并购。也有人称此种并购为财务型并购。提高资本效率、淘汰落后是这种金融买家的宗旨。

3. 根据并购的出资方式划分

并购又可分为出资购买资产式并购、出资购买股票式并购、以股票换取资产式并购和以股票换取股票式并购。

（1）出资购买资产式并购。并购企业使用现金购买目标公司全部或绝大部分资产以实现并购，以现金购买资产形式的并购，通常能做到等价交换，交割清楚，没有后遗症或纠纷。

（2）出资购买股票式并购。并购企业使用现金、债券等方式购买目标公司一部分股票，以实现控制后者经营权的目的。

（3）以股票换取资产式并购。并购企业向目标公司发行自己的股票以交换目标公司的大部分财产。

（4）以股票换取股票式并购。并购企业直接向目标公司发行并购公司的股票，以换取目标公司的大部分股票。一般而言，交换的股票数量应至少达到并购企业能控制目标公司的足够表决权数。通过此项安排，目标公司就成为并购企业的子公司，亦可通过解散而并入并购企业。

四、借壳上市

所谓“壳资源”是指上市公司具备发行股票、增资扩股的资格和能力，之所以“壳资源”具有较高的价值，称为一种资源，是因为在 A 股上市资格是一种稀缺资源，受到上市额度和上市节奏的制约。而上市确实能够帮助企业筹集大量低成本资金，有助于分散风险，提升企业知名度，享受税收优惠等。

寻找“壳资源”的目的是借壳上市，即非上市企业收购一家上市公司，完成“买壳交易”，然后再由上市公司收购买“壳”企业的优良资产或进行资产置换，从而将非上市公司的主体注入上市公司中，实现非上市公司间接上市的目的。

借壳上市作为一种资产重组的特殊方式，是实现企业价值增长的有效手段。但是，要真正能够通过买壳上市创造价值，在运作中需要把握三个角度的问题。

1. 选择理想的“壳资源”

选“壳”最重要，好的“壳资源”是创造价值的基础。一般选“壳”时，买壳企业都要考虑“壳资源”规模的大小、股本结构、市场价格、行业状况、财务状况等。理想的“壳资源”应当具备下列条件：一是与收购企业的主营业务相关联，这样易于融合，协同效应迅速而明显；二是股权结构和负债比例合理，不至于造成收购困难和“壳资源”包袱沉重；三是“壳资源”的资产质量相对较好，“壳”的政策约束较少，，可以增强获利能力，减少交易成本。

2. 资产置换的优化和整合

在非上市公司买“壳”后，要大刀阔斧地变革和整合“壳资源”，一般是将“壳”内的旧的不良资产出售或置换出来，将非上市公司有发展潜力和获利能力强的优良资产注入“壳”公司，同时还可能伴有其他资产重组行为，从而彻底调整“壳”公司资产结构，使“壳”公司发生质变，焕发生机。

3. 利用配股时机再次提升企业价值

当“壳”公司正常运行后，利用适当的时间实施配股或增发新股，完成增量资产对存量资产的再次调整与整合，进一步改善“壳”公司的资产质量和获利能力。

【案例分析】中远集团上市操作过程

中国远洋运输集团公司（简称中远集团）成立于 1961 年，属国有大型企业集团。航运业是集团的核心业务，目前公司拥有 600 艘船，1 700 万载重吨，在世界航运企业中名列第三，其集装箱船队在世界上名列第四。中远的规模及其市场份额较其主要国内竞争对手确实具有压倒性的优势。面临激烈的市场竞争，中远集团提出了“下海、登陆、上天”的新发展战略，将公司从航运企业向综合性物流业方向发展，并着重将房地产业作为集团多元化拓展的重点。

1. 决心买壳

在分析国内资本市场环境后，结合自身的发展情况，中远决定通过“买壳上市”拓宽筹资渠道，通过重组、并购扩大自己的规模。其原因有两个：一是时间快，“买壳上市”所具有的时间优势十分明显，可以为中远集团迅速采取资本运作、资本经营的外部增长方式赢得宝贵的时间；二是不受上市额度的限制，通过“买壳上市”迅速以合法、有效的方式超越这种限制。

2. 精心选壳

企业能否通过买壳利用上市公司股本扩张的融资渠道顺利获取资金，盘活现有资产，“壳资源”的选择至关重要。中远集团为何选择众诚，主要在于众诚的五大优势。

一是独特的区位优势。众诚实业地处上海浦东陆家嘴金融贸易开发区繁华地段，公司所有资产集中分布在浦东新区的陆家嘴地区和外高桥保税区，因此它既有巨大的升值潜力，又对中远集团实施“登陆”战略参与浦东金融、贸易及国际航运交流具有重要的现实意义。

二是众多的优惠政策。众诚实业可以享受浦东新区众多优惠政策，如享受减免税、退税的优惠政策。这些优惠政策不仅促进中远集团在这一地区的发展，又能通过今后对该上市公司的注资及资产重组，扩大集团内企业间接分享这些优惠政策，提高集团整体的经济效益和市场竞争能力。

三是较好的资产质量作为一家房地产类“壳”公司，众诚拥有高档商住楼及大面积土地储备，其资产质量及经营的连续性远好于其他此类上市公司。

四是良好的财务状况。众诚实业当时的资产财务状况很适合并购整合工作的开展，公司的资产负债率一直保持在较低的水平，较低的资产负债率为收购方利用杠杆效应举债创造了条件，公司资产流动性极佳，资产流动性强对于收购方具有很强的吸引力，这使收购方在进行资产整合时可以采取较有魄力的处置方法，不必担心财务上的流动性风险。

五是较高的社会知名度。众诚实业是为浦东开发而组建的规范性公司，其投资的第一个大项目众诚大厦曾创下浦东新区同类大厦的三个第一，中远集团可借收购之机提高自身在资本市场上的知名度。

3. 运作买壳

通过精心设计的买“壳”三步运作。

第一步，组建收购主体公司。为了使收购风险控制在一定范围之内，也为了使收购及以后的资产重组工作能有一个精干的管理层和灵魂的管理运作机制，中远集团在中远（香港）置业有限责任公司已获巨大成功的基础上，决定在上海专门为收购众诚实业成立一家收购主体公司——中远（上海）置业有限公司。

第二步，步步为营，从相对控股到绝对控股。中远在操作时精心设计了分两步到达绝对控股的机会，因为如果第一次花费巨资绝对控股后发现被收购企业内部存在一些事先未能预料并且难以解决的问题时，将会使收购工作难以展开，想要撤回将面临巨大的风险并将蒙受惨重的经济损失。按照稳健原则，先相对控股，然后在中远进入众诚董事会进行资产重组并产生明显效果时再增持股份。

第三步，增持股份，获取价值增长。众诚在中远的整合下，经营状况明显改善，此时中远置业继续投入大量资金，控股比例的提高使其充分享受因众诚业绩大幅改善所带来的综合收益，通过对众诚的控股、重组，中远集团在资本市场打开了一条前景广阔的直接融资渠道，上市公司“壳”所具备的筹资功能在中远的后续资本运营中得到充分发挥。

五、杠杆收购与管理层收购

（一）管理层收购的概念

杠杆收购（leveraged buy-out，LBO）是企业兼并的一种特殊形式。杠杆收购是指收购方以目标公司的资产或将来的现金流入作为担保，大量向金融机构借款，或发现高利率、高风险的债券来筹集资金，用于收购目标公司的全部或部分股权的行为。

管理层收购（management buy-out，MBO）是杠杆收购的一种特殊形式。当杠杆收购的实施主体是目标企业内部的管理层时，一般意义上的杠杆收购便成了管理层收购。当收购主体是目标企业的员工时，称为员工收购（employee buy-out，EBO）。由于管理层收购在激励内部人员积极性、降低代理成本、改善企业经营状况等方面起到了积极作用，因而它成为20世纪七八十年代流行于欧美国家的一种企业收购方式。

（二）管理层收购目标公司应具备的条件

（1）有良好的经营团队。公司的管理层比较稳定，在较长时间内基本上没有发生变化，拥有经验丰富的经营管理经验，并在主观上有进行管理层收购的愿望。

（2）有较大的管理效率提升空间。企业具有较大的降低生产经营成本、提高经营利润的潜力空间和能力。

（3）企业的产品具有稳定的需求，具有比较充足且稳定的现金流生产能力。

（4）企业债务比较少，有高价值资产，融资能力比较强。

（三）MBO 的主要特征

1. 投资银行的参与

MBO 操作中不仅涉及国家及企业所有者、管理者、员工等各方面的利益，而且涉及企业定价重组、融资、上市等资本运作事项，其中涉及众多的财务、法律等问题。由于 MBO 操作的复杂性，MBO 在国外一般是在投资银行的总体策划下完成的，是通过企业的资本运作实现的。

2. 管理层主导

主要投资者是目标公司内部的经理和管理人员，他们往往对本公司非常了解，并有很强的经营管理能力。他们通常会设立一家“壳”公司，并以该“壳”公司的名义来发行债券以募集收购所需的资金。MBO 完成之后，再将该“壳”公司与目标公司合并，这样债务就进入被合并后的公司。通过 MBO，他们的身份由单一的经营者角色转变为所有者与经营者合一的双重身份。

3. 杠杆性

MBO 主要是通过借贷融资完成的，这就要求目标公司的管理者要有较强的组织和运作资本的能力。这种借贷具有一定的融资风险性，同时，沉重的债务又形成一定的债务约束。一旦形成 MBO，以后企业经营失败，管理人员将背上沉重的债务负担，甚至有可能赔进其全部个人财产，并失去现有的职位。这种债务负担约束使管理人员尽力去改进公司的赢利能力并增强公司的竞争力，这对企业的运行质量无疑会有很大的提高。

4. 金融创新

MBO 融资过程中，常常涉及一些金融创新，如各种各样的级次债券、可转换债券、可转换优先股等。

5. 整合与增值潜力

MBO 的目标公司往往是具有巨大资产潜力或存在“潜在的管理效率空间”的企业，通过投资者对目标公司股权、控制权、资产结构以及业务的重组，达到节约代理成本、获得巨大的现金流入、给投资者超过正常收益回报的目的。

6. 资本运营

MBO 完成后，目标公司可能由一个上市公司变为一个非上市公司。一般来说，这类公司在经营了一段时间后，又会寻求成为一个新的上市公司并且上市套现。另外一种情况是，当目标公司为非上市公司时，MBO 完成后，管理者往往会对该公司进行重组整合，待取得一定的经营业绩后，再寻求上市，使 MBO 的投资者获得超常的回报。

六、资本收缩与分拆上市

与企业并购扩张相比，资本收缩是价值创造的反向思维，这是“以退为进”辩证思想在经营调整和战略规划上的运用。积极放弃有悖于企业长远发展战略、缺乏一定成长潜力的业务和资产，培植主导产业和关联度强的产业链，对于企业来讲，恰恰是发挥竞争优势、实现价值增长的灵丹妙药。

（一）资本收缩的形式

1. 资产剥离

资产剥离是指企业将现有的某些部门、产品生产线、固定资产等出售给其他企业，并取得现金或有价证券回报的一种资本收缩行为。

2. 股份回购

股份回购是指股份有限公司通过一定的途径买回本公司发行在外的股份的行为。这是一种大规模改变公司资本结构的方式。股份回购有两种基本方式：一是公司将自由支配现金分配给股东，这种分配不是支付红利，而是购买股票；二是公司认为资本结构中股本成分太高，用发售债券的款项购回本公司的股票。

3. 企业分立

企业分立是指一个母公司将其在子公司中所拥有的股份，按母公司股东在母公司中的持股比例分配给现有母公司的股东，从而在法律上和组织上将子公司的经营从母公司的经营中分离出去的行为。在分立过程中，不存在股权和控制权向母公司和其股东之外第三者转移的情况。

企业分立可以培养更多的企业家，企业分立也往往是资本市场的利好消息，带动股价上扬。企业分立也是一种反收购的手段。但企业分立只不过是资产契约的转移，其本身并不能使经营业绩得到根本的改进，完成分立活动还要经过复杂的税收和法律程序，这其中包含着极高的法律和会计成本。

（二）资本收缩的动机和效果

1. 适应经营环境变化，调整经营战略

任何一个企业都是在动态的环境中经营。资本收缩正是一种适应环境变化的有效手段，是企业所采取的发展战略的一部分。1998 年，百事公司决定专注于汽车及零食方面的生意，因此分拆旗下的连锁餐厅，包括必胜客、肯德基等，组成全球化餐饮公司并上市，分拆后的百事饮食业务，已由互相竞争变成互相协调和促进。

2. 提高管理效率

资本收缩可以集中经营优势产业，提高母公司的整体运营水平和管理效率，从而为企业的股东创造更大的价值。资本收缩与企业分立常常能够创造出一个简洁、高效、分权化的组织架构。

3. 提高资源利用效率

通常资本收缩与企业分立的基本原因有两个：第一，那部分资产作为购买方的一部分比作为售出方的一部分更有价值；第二，那部分资产强烈干扰了售出方其他的盈利活动。通过剥离或分立的方式，一方面可以变现已经实现的收益，提高企业股票的市场价值，让市场更有效地评价剥离或分立部分资产的运营效益；另一方面，可以通过剥离与分立筹集营运资金，获得发展其他机会所需的财务和管理资源。

（三）分拆上市

分拆上市是指将部分资产或业务从母公司中独立出来，另行公开招股上市的行为。

我国企业分拆上市近年来发展迅速，典型的案例有：同仁堂旗下同仁堂科技的分拆上市，联想集团（香港）旗下神州数码在香港创业板的分拆上市等。

【案例分析】同仁堂分拆上市的解析

2000 年 2 月 22 日，同仁堂第一次股东大会通过议案，同意投资 1 亿元（账面值）与其他发起人共同发起设立北京同仁堂科技发展股份有限公司，注册资本 1.1 亿元。同仁堂以制药二厂、中药提炼厂等实物资产及部分现金投入折股 1 亿股，占总股本的 90.9 %；大会明确表示新公司争取在香港创业板上市。2000 年 3 月 22 日，北京同仁堂科技发展股份有限公司在京宣布成立。2000 年 10 月 31 日，同仁堂控股的北京同仁堂科技发展股份有限公司（同仁堂科技）在香港创业板挂牌交易。

此次同仁堂科技通过保荐人中银国际在香港创业板配售股份 7 280 万股（不含超额配售部分），公司所持股份预计占同仁堂科技总股本 54.07%，发行定价区间从原先估计的 2.4~2.8 港元提升到 3.28 港元。开始配售的第一天，仅在香港地区就已经获得 3~4 倍的超额认购。跳空 4 港元开盘后不久就冲高到 5.2 港元，当日收在 4.3 港元，上涨 30%多，成为市场上的一个新亮点，在低迷多时的香港市场，同仁堂科技可谓表现非凡。如果根据市场价格计算同仁堂科技的投资收益，即使按照 3.28 港元的发行价，同仁堂的投资增值超过了 2 亿元，按当时同仁堂科技的年净利润最少达到 4 600 万元。因此，同仁堂成为中国资本市场 1 000 多家上市公司中成功完成分拆子公司上市的第一家。

同仁堂 A 股所得到的并不仅仅是巨额财富，更重要的是相伴而来的同仁堂从中国走向世界所需要的经验、资源和渠道。事实上，同仁堂科技的高速增长必将对同仁堂 A 股向现代化、国际化大企业转型产生重大影响，这是同仁堂A股持续高速增长最需要的，其价值是金钱所无法衡量的。

分拆上市指一个母公司通过将其在子公司中所拥有的股份，按比例分配给现有母公司的股东，从而在法律上和组织上将子公司的经营从母公司的经营中分离出去。分拆上市有广义和狭义之分，广义的分拆包括已上市公司或者未上市公司将部分业务从母公司独立出来单独上市；狭义的分拆指已上市公司将其部分业务或者某个子公司独立出来，另行公开招股上市。分拆上市后，原母公司的股东虽然在持股比例和绝对持股数量上没有任何变化，但是可以按照持股比例享有被投资企业的净利润分成，而且最为重要的是，子公司分拆上市成功后，母公司将获得超额的投资收益。顾名思义，分拆上市是将上市公司中具有独立赢利能力和稍加整合就具有上市机制的部分，运作其上市的过程和结果。

为什么说同仁堂是分拆上市呢？第一，同仁堂科技的非现金资产与业务都是从同仁堂A股分拆出来的；第二，公开发行前同仁堂A股持有同仁堂科技90.9%的股份，公开发行后同仁堂A股持有同仁堂科技54.7%的股份。

（一）同仁堂的分拆上市成功的表现

（1）分拆上市对母公司的财务状况产生积极的影响。

同仁堂A股和同仁堂科技已先后公布2001年年报，同仁堂科技实现利润1亿多元，合并报表后，同仁堂A股实现盈利2亿多元。而在同仁堂科技分拆上市时，其利润只有3 000万元。一年间，同仁堂的收入涨幅超过50%，利润的增长速度超过30%。

（2）分拆上市带来制度创新。

分拆上市是同仁堂科技取得优良业绩的根本原因，因为实行分拆之后，公司进行制度创新的动力更大，对高层管理人员的激励作用也更大，它从根本上解决了企业活力的问题，平衡了集团、A股公司、同仁堂科技以及公司内部的利益关系。

同仁堂科技上市后，同仁堂集团、同仁堂A股和同仁堂科技之间的股权关系依然是控股关系，但A股公司的持股比例由90%下降到54.7%。最重要的变化是在管理关系上，同仁堂集团、A股公司和科技公司之间不再是垂直管理和上下级关系，而是平行管理，三家公司的总经理分别对各自的董事会负责，而不再对集团负责。香港创业板与A股市场的监管要求毕竟不同，分拆上市后，在监管所带来的压力下，管理要求及对高管的激励都不同。同仁堂科技的变化传递给同仁堂A股。

改变管理关系后直接带来了管理理念上的变化，管理理念的变化又导致营销体系的创新，而营销体系的创新又激励了高层管理人员的创造性和积极性。对于同仁堂这样一个既有品牌、技术，又有产品的公司，可以说是个“什么也不缺”的公司，依靠现有的核心竞争力就能够保持每年10%左右的稳步增长。专家指出，同仁堂唯一需要改变的就是营销创新。而制度创新也带来了母公司效益的提高。

（3）分拆上市可以拓展新的市场空间。

同仁堂始创于1669年，“同仁堂”金字招牌享誉中外。随着现代社会的发展，新技术、新工艺广泛应用于制药行业，消费者越来越要求中成药能够实现高效、安全、小剂量，这对传统中药构成带来了巨大的挑战。由于剂型、疗效、药剂学基础理论等得不到国际承认，中药一直被排斥在国际医药主流市场之外。据统计，全球植物药年贸易额约150亿美元，而中国的中成药仅占其中的3%~5%。面对激烈的市场竞争，同仁堂必须做的选择就是将优秀的传统中药产品打入国际医药主流市场。基于此，同仁堂科技应运而生。

2001 年 10 月 7 日，同仁堂科技与和记黄埔及京泰实业签约，在香港成立了同仁堂和记（香港）药业发展有限公司，总投资达 2 亿港元。据了解，同仁堂和记将利用同仁堂品牌、技术实力以及和记黄埔谙熟国际中药市场的优势，在香港建立符合国际标准的新药研究开发和销售中心。按国际 GMP 标准开发天然药物、中药及保健新产品，并对有市场前景的传统中药进行二次开发，同时积极开拓销售渠道，将产品推广至国际医药主流市场。

（4）分拆上市有利于注入高新技术内涵。

目前上市公司发展高科技业务已成为一种潮流。同仁堂科技在香港创业板上市后，除进一步发展现有的中药现代化业务外，主要的投资立向是开拓生物制药领域。2001 年 5 月，同仁堂科技与德国麦尔海生物技术公司投资 500 万美元，共同组建了同仁堂麦尔海生物技术有限公司。该公司以脂质体技术为基础，建立相应的生物技术生产基地，生产经营生物技术产品，并推进新产品的产业化。

（二）同仁堂成功拆分上市的原因

（1）同仁堂拆分上市适时担起了中药现代化的重任，赢得了民心。

中药现代化已经提了许多年，但目前我国中药的国际市场占有率不足 5%。部分中药企业包括上市公司相继开发了一些现代化的中药，取得了许多成果，但始终无法改变我国在中药现代化领域的被动处境。究其原因有三：一是这些企业都没有享誉全球的品牌影响力；二是目前的中药现代化实践尚未融入国际医药发展的主流；三是没有雄厚的处方储备，难以推陈出新。

正是在这样的背景下，同仁堂分拆组建同仁堂科技，以其中药界的领袖地位，借助香港的资本和科技优势，大举进军国际医药主流市场，可谓众望所归。

（2）同仁堂一贯采取稳健经营战略，公众形象良好。

同仁堂科技主要由同仁堂分拆出来的制药二厂、中药提炼厂、进出口公司、科研中心四部分组成，集中了同仁堂现有的片剂、冲剂、胶囊等先进的剂型产品，并声明该公司将成为同仁堂开发现代化中药、利用境外资本的唯一载体。同仁堂长期以来坚持稳健的经营作风，这次分拆组建同仁堂科技绝不是一时冲动。

（3）在中药行业中，同仁堂具有较明显的技术优势。

同仁堂科技的宗旨是“以科技为先导，实现中药现代化和国际化的目标，在保持天然药物特色、保持中药特色的基础上，积极利用国内外先进技术和科技成果，不断开发出科技含量高、疗效作用强、预期效益好、有自主知识产权、符合准入国标准的新产品，并积极介入生物工程药品等健康产业新领域”。根据这一宗旨，同仁堂科技提出了产品现代化、剂型多样化、质量国际化、工艺工程化、生产规范化、经营规模化的业务目标。在传统中药的市场地位牢不可动的前提下，集中优势开拓现代中药，将为同仁堂开创广阔的利润增长空间和发展势头。

同仁堂进行中药现代化，比任何中药企业都更具优势。“同仁堂”是享誉全球的中药第一品牌。在境外，同仁堂就是中药，中药就是同仁堂，有些国家和地区的药商，不论经营的是传统中药还是现代中药，都希望能借“同仁堂”的招牌开拓市场。只以这三个字，同仁堂就拥有了境外多家大型药店的股份。这样的品牌影响力无疑是同仁堂推进中药现代化最有力的武器。

（4）同仁堂科技在香港创业板上市，为中药现代化创造了有利条件。

香港在资金、信息、管理、国际营销、知识产权保护等方面拥有巨大优势，同仁堂科技计划在港建立科研开发基地、生产基地，以香港为基础构建全球性的营销网络。随着这些项目的完成，同仁堂将形成符合国际标准的中药科研、生产、市场推广的现代化、科学化体系。

（5）在同仁堂的分拆上市过程中，中介机构发挥了不可替代的作用。

同仁堂分拆上市的整个资本运作过程中，中介机构起着非常重要的作用。其中，天银律师事务所张圣怀律师为同仁堂科技的改组设立及H股发行上市的中方主办律师，香港方面是郭叶律师行，国际协调人（包销商）为中银国际亚洲有限公司，包销商律师为顾恺仁律师行，核数师为安达信公司，物业估值师为利骏行测量师有限公司。在确定分拆方案的问题上，各方中介机构以其各自的专业知识为同仁堂充当智囊团，对同仁堂最终选定方案和分拆上市成功起着决定性的作用。正是有了各方中介机构的通力合作，才成就了这个在资本运营史上值得浓书重抹一笔的历史性事件。

在中介机构的上市辅导之后进行了资产重组，使得科技发展有限公司本次发行及上市符合《公司法》和《证券法》规定的实质条件。

①科技发展有限公司主要从事医药技术开发、技术咨询、技术服务；制造、销售中成药、生物制剂、中药饮片（限零售）；电子商务（未取得专项许可的项目除外），其生产经营符合国家产业政策。

②科技发展有限公司发行的股份仅限于普通股一种，同股同权，同股同利。

③科技发展有限公司设立时发起人认购的科技发展有限公司的全部股份为11 000万股，科技发展有限公司本次申请增资发行7 280万股社会公众股（H股）。本次发行后科技发展有限公司发起人持有的股份占科技发展有限公司股本总额的54.7%。

④科技发展有限公司主发起人在近二年内没有重大违法行为。

⑤科技发展有限公司二年内连续盈利，且最近二年内财务会计文件无虚假记载。

同仁堂成功拆分上市的案例启示我们，一家企业想要成功拆分上市必须具备天时、地利、人和的条件，选择恰当的时机，主动出击，作为一家上市公司要首先提高自身企业的价值和盈利能力，注意树立企业良好的社会形象，使投资者对企业有足够的市场信心，从而产生良好的预期。当然公司要加强治理结构的创新等各个方面的制度创新，时刻以创新激励自身，确定要分拆上市之后就要有序地进行，做好充足准备，包括选择分拆方案、选择中介机构、资产重组、选择合作伙伴等各个方面。

第三篇

管理者必备的税务筹划与风控

随着我国社会主义市场经济的不断发展和完善，税收的地位和作用变得越来越重要，比如税收可以保证获取财政收入、调节收入分配、调节经济结构、调节需求总量、有助于资源的配置等。同时，改革开放以来，税制改革的步伐从来没有停歇过。由于税收是针对第一次国民分配的再分配，因此，对企事业单位的生产经营活动有着直接或间接的影响。换句话说，税收环境是企业进行生产经营的重要外部环境之一，是整个经营环境中的重要组成部分。也就是说，我们的经济、生活等各方面都离不开税收。美国著名政治家、发明家本杰明·富兰克林曾说过：世界上只有两件事情是不可避免的，一是死亡，二是税收。因此，税收成为企业不可避免要进行的一项活动，管理者也开始越来越多地关注单位税收情况，掌握必要的税收知识就成为管理者的迫切要求。

面对浩瀚的税收知识，本篇从税制改革、税制体系、合同与发票管理、节税技术、防范涉税法律风险、税务规划等角度讲解管理者需要掌握的税务知识，帮助管理者做好税收战略与税务管理部署。

第十二章
税收“大家庭”——如何掌握现行税制

什么是真正的自由？只有理解规则的人才拥有真正的自由。

有游戏的地方就会有规则。无论参与者情愿还是不情愿，只要想玩游戏就必须了解并遵守游戏规则。如果把市场经济活动比作一场游戏，那么税收制度就是用来规范游戏的众多规则之一。市场个体要想在税收制度的规则约束下实现最大的自由，就必须了解、熟稔“游戏规则”，找到自己的位置，把“游戏规则”看透，并为己所用，只有这样才能在“游戏”中如鱼得水、左右逢源。因此，参与市场竞争，第一步也是非常重要的一步，就是熟稔“游戏规则”，了解我国现行税收法律和制度，掌握国家开征的各个税种的政策。

一、税收“大家庭”概况

税收就像一个“大家庭”，根据征税对象的不同，可被划分为不同的种别。目前我国的税收制度共设有 18 种税，不同的征税对象是一个税种区别于另一个税种的主要标志。税种的名称一般也以征税对象来命名，如对增值额课税的税种，称为增值税，对资源课税的税种，称为资源税等。我国现行的 18 个税种按照其性质和作用大致可以分为下列五类。

类别	税种
货物和劳务税类	增值税、消费税、关税
所得税类	企业所得税、个人所得税、土地增值税
财产税类	房产税、车船税
资源税类	资源税、城镇土地使用税
行为目的税类	印花税、契税、车辆购置税、耕地占用税、环境保护税、烟叶税、城市维护建设税、船舶吨税

我国现行税制以货物与劳务税类、所得税类为主体税种，这两类税在税收收入总额中占较大比重，在经济活动中调节范围较宽，作用广泛，并且其税收制度相对稳定。财产税类、资源税类和行为目的税类在整个税制结构中处于辅助地位，它们在税收收入总额中所占比重较小，在某一经济领域内课征，牵扯面小，可以根据经济发展需要因地制宜地设置。

18 个税种中，企业所得税、个人所得税、车船税、耕地占用税、烟叶税已经分别由全国人民代表大会制定了法律。增值税、消费税、关税、土地增值税、房产税、资源税、城镇土地使用税、印花税、契税、车辆购置税、城市维护建设税已经由国务院制定了行政法规。船舶吨税由海关制定了暂行办法。

知识链接

我国税款的征收与缴纳

税款征收是国家税收征收机关依照税收法律、法规规定将纳税人应纳税款征缴入库的一系列税收管理活动的总称。税务机关是税款征收的主体，同时法律也赋予了海关、财政部门征收税款的权力，如海关部门负责关税和船舶吨税的征收，同时负责代征进口环节的增值税和消费税；在我国部分地区，契税和耕地占用税由财政部门征收管理。这可以看作我国征税管理权的横向划分，从纵向来看，我国的税收管理制度实行的是分税制财政管理体制。根据分税制财政管理体制的要求，我国省以下税务机构分为国家税务总局和地方税务局。《征管法》第五十三条规定：“国家税务总局和地方税务局应当按照国家规定的税收征收管理范围和税款入库预算级次，将征收的税款缴入国库。”

在分税制财政管理体制下，我国的税种可以被划分为中央税、地方税、中央和地方共享税。中央税属于中央政府固定收入，由国家税务总局征收管理，如消费税、关税等为中央税。地方税属于各级地方政府的财政收入，由地方税务局征收管理，如城市维护建设税、城镇土地使用税等为地方税。中央与地方共享税属于中央政府和地方政府的共同收入，目前由国家税务总局征收管理。

税款征收过程从纳税人的角度来看就是税收缴纳的过程。纳税人发生了属于国家税务总局系统管理范围的业务就应当向国家税务总局系统缴纳税款，发生了地方税务局系统管理范围的业务就应当向地方税务局系统缴纳税款。

二、税收“大家庭”成员状况

（一）货物和劳务税类

货物和劳务税类是指以货物和劳务服务为征税对象，以货物和劳务的进口额或销售后实现的销售额、营业额为计税依据的一个税类。现行税制体系中，增值税、消费税和关税都属于货物和劳务税类。

1. 增值税

增值税是以货物和应税劳务（加工、修理修配劳务）为征税对象，以货物进口额、销售额以及应税劳务营业额为计税依据，运用税款抵扣原则征收的一种流转税。

知识链接

如何理解“增值额”

为理解增值额，我们先来看一个简单的例子。

农民种棉花并将棉花卖给织布商，织布商又把布料卖给印染商，先后经过五道工序，最后，制成衣服并销售出去。下表给出一系列假设数字。

生产者	购买	销售	增值额	增值税（假设税率为 10%）
农民	0	200	200	20
织布商	200	300	100	10
印染商	300	350	50	5
服装生产商	350	650	300	30
服装销售商	650	800	150	15
合计			800	80

农民通过自己的辛勤劳动，收获棉花并将其销售，获得收入 200 元，可以说农民生产棉花的增值额为 200 元；织布商为购买棉花支付了 200 元，按照 300 元将生产出来的布匹销售，可以说织布商生产布匹的增值额是 100 元，以此类推，印染商印染布匹的增值额为 50 元，服装生产商生产服装的增值额为 300 元，服装销售商销售服装的增值额为 150 元。

每一个阶段，增值额是企业销售额与生产中物质要素购买额之间的差额。可见就一个环节而言，增值额是产出减去投入后的余额。就一个产品而言，增值额之和就是商品价值之和。本例中各环节累计增值额是 800 元，也就是服装的最终销售价格。

虽然增值税看上去是在货物、应税劳务的每一流转环节都按照销售额、营业额全额计征，但实际上每一环节缴纳的增值税都是本环节按全额计算的应纳增值税额（销项税额）扣减掉上一环节已纳增值税额（进项税额）后得到的金额，所以增值税实质上是对征税对象生产和流通中各环节的新增价值征税，所以叫作“增值税”。

知识链接

购进抵税法

从理论上讲，增值税的计税依据应该是货物和应税劳务在流转过程中的增值额，但是在实际商业活动中，生产流通过程中货物和应税劳务的新增价值或附加值是很难准确计算的。为了便于对增值部分征税，我国将增值税设计为价外税的形式，并采用购进抵税法。

购进抵税法，即在货物和应税劳务的每一流转环节都需以销售货物或提供应税劳务的不含税销售额全额为计税依据，按规定税率计算出增值税额（又称销项税额），然后扣除取得该货物或接受应税劳务时所支付的增值税款（也称进项税额），其差额就是增值部分应交的税额。

增值税实行的是价外税形式，因此，每一环节的销项税额（其实也就是下一环节的进项税额）是在增值税专用发票中注明的，它由购买方支付，由最终消费者负担。一般纳税人销售货物和提供劳务，应当向购买者开具增值税专用发票，并在上面分别注明销售额和销项税额。买方可以凭发票上所注明的增值税税额在计算其应纳增值税税额时抵扣。

一个企业，如果其主要经营业务是生产、销售货物或者提供加工修理修配劳务，那么这个企业就会成为增值税的纳税人。此处的货物是指除土地、房屋和其他建筑物等一切不动产之外的有形动产，包括电力、热力和气体在内。

由于我国纳税人众多，还有部分纳税人的财务制度不够健全，运用税款抵扣法将带来征管困难，因此，为了便于征收管理，我国将增值税的纳税人划分为一般纳税人和小规模纳税人。一般纳税人采用税款抵扣法核算增值税，适用的基本税率分别为 13%、9%、6%三档，销售额未达到规定标准或企业财务制度不健全的企业、非企业单位及个人是小规模纳税人。我国对小规模纳税人采取简易计征办法，不适用税款抵扣法，为使两类纳税人税负公平，小规模纳税人不适用基本税率，而是采用 3%的征收率。

一般纳税人应纳税额计算公式为：

应纳税额=当期销项税额−当期进项税额

当期销项税额=当期销售额×适用税率

当期进项税额=当期购进额×适用税率

公式中的销售额、购进额都必须是不含增值税的销售额和购进额。含税销售额（购进额）与不含税销售额（购进额）的换算关系如下：

不含增值税的销售额（购进额）=含增值税的销售额（购进额）÷（1+适用税率）

小规模纳税人应纳税额计算公式为：

应纳税额=不含增值税的销售额×适用征收率

不含增值税的销售额=含增值税的销售额÷（1+适用征收率）

我国采取以增值税专用发票计税，凭专用发票抵扣的增值税管理办法。因此，增值税专用发票就成为增值税征管的关键链条，一旦这个链条发生问题，就会造成税款的大量流失。为了加强增值税专用发票的管理，国家对增值税专用发票的领购、使用和保管做出了一系列规定，对违反这些规定的行为，特别是对利用增值税专用发票从事违法犯罪活动制订了严厉的惩处措施，从罚款、没收非法所得到有期徒刑等。

税务部门还运用现代信息技术，通过实施“金税工程”，将所有的增值税专用发票纳入“增值税管理信息系统”，进行严密监控，保护增值税的安全。

纳税申报途径新，金税工程信息灵。
税务机关精细管，偷骗抗税罪不轻。
诚信纳税万事顺，共享和谐好心情。

2. 消费税

知识链接

消费税背后的"消费品"

我国的消费税不是对所有的消费品都征税，而是根据产业政策和消费政策仅选择部分消费品进行征税。被列入征税范围的消费品，或者是对人体或生态环境有害的消费品（如烟、酒、鞭炮焰火），或者是非生活必需的奢侈消费品（如化妆品、贵重首饰及珠宝玉石、高尔夫球及球具、游艇、高档手表），或者是政府为节约资源限制其过量消费的消费品（如成品油、木制一次性筷子、实木地板），或者是政府限制集团消费和特殊消费的消费品（如小汽车、摩托车）等。

消费税是在对货物普遍征收增值税的基础上，选择少数消费品，对在我国境内从事生产、委托加工和进口这类应税消费品的单位和个人征收的一种税。增值税的纳税环节涉及应税货物的生产、批发、零售、进口各个流转环节，而消费税基本是单环节征收。应税消费品在生产环节或进口环节征税之后，再继续转销该消费品不再征收消费税。有个别消费品（主要是金银首饰）的纳税环节在零售环节，但在零售环节以前的诸环节都不征收消费税。有一个例外的情况就是卷烟的纳税环节涉及生产和批发两个环节。自 2009 年 5 月 1 日起，国家调整了香烟的消费税政策，在卷烟的批发环节加征了一道从价消费税。

消费税不同于其他货物和劳务税的一个重要特征就是它的计征方式非常灵活，包括从价定率计征、从量定额计征和复合计征三种方式。从价定率计征是以应税消费品的销售额为计税依据，按照适用税率计算应纳税额。从量定额计征是以应税消费品的销售数量为计税依据，按照适用税额标准计算应纳税额。复合计征方法即将从价定率和从量定额两种方式相结合。现行消费税制中，只有卷烟、粮食白酒、薯类白酒采用复合计征方法。

三种计征方法决定了消费税的两种税率形式：比例税率和定额税率。例如化妆品、实木地板、高档手表采用比例税率的形式，分别为 30%、5%、20%；黄酒、柴油等分别按单位重量或单位体积确定单位税额，采用定额税率的形式，分别为 240 元/吨、0.80 元/升。

消费税具体税目、税率如下表所示。

消费税税率（税额）表

税　目	税率（税额）
一、烟	
1.卷烟	
（1）甲类卷烟，调拨价在 70 元/条（不含增值税）以上（含）	56%加 0.003 元/支（生产环节）

续表

税　目		税率（税额）
（2）乙类卷烟，调拨价在 70 元/条（不含增值税)以下）		36%加 0.003 元/支（生产环节）
（3）商业批发		11%+0.005 元/支（批发环节）
2.雪茄烟		36%（生产环节）
3.烟丝		30%（生产环节）
二、酒		
1.白酒	粮食白酒	20%加 0.5 元/斤（500 克）或 0.5 元/500 毫升
	薯类白酒	
2.黄酒		240 元/吨
3.啤酒		
（1）甲类啤酒，出厂价（含包装物和包装物押金）≥3000 元		250 元/吨
（2）乙类啤酒，出厂价（含包装物和包装物押金）<3000 元		220 元/吨
4.其他酒		10%
三、高档化妆品		15%
四、贵重首饰及珠宝玉石		
1.金银首饰、铂金首饰和钻石及钻石饰品		5%
2.其他贵重首饰和珠宝玉石		10%
五、鞭炮、焰火		15%
六、成品油		
1.汽油		
（1）含铅汽油		1.52 元/升
（2）无铅汽油		1.52 元/升
2.柴油		1.20 元/升
3.航空煤油		1.20 元/升
4.石脑油		1.52 元/升
5.溶剂油		1.52 元/升
6.润滑油		1.52 元/升
7.燃料油		1.20 元/升
七、摩托车		
1.气缸容量（排气量，下同）在 250 毫升（含 250 毫升）以下的		3%
2.气缸容量在 250 毫升以上的		10%
八、小汽车		
1.乘用车		
（1）气缸容量（排气量，下同）在 1.0 升（含 1.0 升）以下的		1%
（2）气缸容量在 1.0 升以上至 1.5 升（含 1.5 升）的		3%
（3）气缸容量在 1.5 升以上至 2.0 升（含 2.0 升）的		5%
（4）气缸容量在 2.0 升以上至 2.5 升（含 2.5 升）的		9%
（5）气缸容量在 2.5 升以上至 3.0 升（含 3.0 升）的		12%

续表

税　目	税率（税额）
（6）气缸容量在3.0升以上至4.0升（含4.0升）的	25%
（7）气缸容量在4.0升以上的	40%
2.中轻型商用客车	5%
3.超豪华小汽车（零售环节）	10%（在乘用车和中轻型商用客车基础上加征）
九、高尔夫球及球具	10%
十、高档手表	20%
十一、游艇	10%
十二、木制一次性筷子	5%
十三、实木地板	5%
十四、电池	4%
其中：无汞原电池、金属氢化物镍蓄电池、锂原电池、锂离子蓄电池、太阳能电池、燃料电池和全钒液流电池	免征
十五、涂料	4%
其中：施工状态下挥发性有机物（VOC）含量低于420克/升（含）	免征

在计算应纳消费税税额时，三种计征方式下各自的税额计算公式如下。

（1）从价定率计征。

应纳消费税税额＝应税消费品销售额×适用税率

（2）从量定额计征。

应纳消费税税额＝应税消费品销售数量×适用税额标准

（3）复合计征。

应税消费税税额=应税消费品销售额×适用税率+应税消费品销售数量×适用税额标准

> 涓涓细流，失不足惜，但汇流成海，能负万乘之舟；
> 厘厘税金，微不足道，然集腋成裘，可强一国之势。

3. 关税

关税是海关依法对进出境货物、物品征收的一种税。关税的征税对象是准许进出境的货物和物品。货物是指贸易性商品，物品是指入境旅客随身携带的行李物品、个人邮递物品、各种运输工具上的服务人员携带进口的自用物品、馈赠物品以及其他方式进境的个人物品。关税的纳税人包括进口中国特许进口的货物的收货人、出口中国准许出口的货物的发货人和中国准许进境物品的所有人。从中国境外采购进口的原产于中国境内的货物，也应当缴纳进口关税。

关税的税率分为进口关税税率、出口关税税率两个部分。

我国对进口商品基本上都实行从价定率方式征收，从1997年7月1日起，对部分商品实行从量税、复合税、滑准税，复合税是对某种进口商品同时使用从价和从量计征的一种计征关税的方法，滑准税是一种关税税率随进口商品价格由高到低而由低到高设置即征关税的方法。进口关税税率设置最惠国税率、协定税率、特惠税率、普通税率和关税配额税率等多种税率。进口税率的选择适用是根据货物的不同原产地而确定的，适用最惠国税率、协定税率、特惠税率的国家或地区的名单，由国务院税则委员会决定。目前中国的进口关税税率主要使用最惠国税率，并通过差别税率体现国家的经济、外贸政策。

我国仅对 20 种商品出口征税，税率 20%~40%，在一定期限内可实行暂定税率。

关税的基本计税方法是：以进出口货物的价格、数量为计税依据，按照适用税率、税额标准计算应纳税额。

（1）从价税应纳税额的计算。

应纳税额=应税进（出）口货物数量×单位完税价格×适用税率

（2）从量税应纳税额的计算。

应纳税额=应税进（出）口货物数量×单位货物税额

（3）复合税应纳税额的计算。

应纳税额=应税进（出）口货物数量×单位货物税额+应税进（出）口货物数量×单位完税价格×适用税率

（4）滑准税应纳税额的计算。

应纳税额=应税进（出）口货物数量×单位完税价格×滑准税税率

（二）所得税类

所得税类是在收入分配环节按照企业取得的利润或者个人取得的收入征收的一个税类，对所得多的多征税，所得少的少征税，无所得的不征税，这类税收能够很好地体现量能负担的原则，有效地缩小社会贫富差距，促进社会公平。我国现行所得税类包括企业所得税、个人所得税和具有所得税性质的土地增值税。

1. 企业所得税

企业所得税是对我国境内的企业和其他取得收入的组织的生产经营所得和其他所得征收的一种税。

在中华人民共和国境内，企业和其他取得收入的组织（以下统称企业）为企业所得税的纳税人。缴纳企业所得税的企业分为居民企业和非居民企业，分别承担不同的纳税责任。居民企业是指依照中国法律法规在中国境内成立，或者依照外国（地区）法律成立但实际管理机构在中国境内的企业，包括除依照中国法律成立的个人独资企业、合伙企业以外的公司、企业、事业单位、社会团体、民办非企业单位、基金会、外国商会和农民专业合作社以及取得收入的其他组织。非居民企业是指依照外国（地区）法律法规成立，实际管理机构不在中国境内，但在中国境内设立机构、场所的，或者在中国境内未设立机构、场所，但有来源于中国境内所得的企业。

企业所得税的征税对象是企业所得，包括销售货物所得，提供劳务所得，转让财产所得，股息、红利等权益性投资所得，租金所得，利息所得，特许权使用费所得，接受捐赠所得，其他所得。

我国企业所得税税率采取比例税率的形式，基本税率为 25%，适用于居民企业和在中国境内设有机构、场所且所得与机构场所有关联的非居民企业；此外，企业所得税还有一档低税率 20%，适用于在中国境内未设立机构、场所的，或者虽设立机构、场所但取得的所得与其所设机构、场所没有实际联系的非居民企业，实际中减按 10%的税率征收。符合条件的小型微利企业，减按 20%的税率征收企业所得税。国家需要重点扶持的高新技术企业，减按 15%的税率征收企业所得税。

企业所得税是所有税种中涉及内容最广、计算难度最大的税种。本节将通过几个涉税公式的分析来阐明影响企业所得税的各个因素，从而使读者对企业所得税有基本、直观地了解。

公式 1：应纳税额=应纳税所得额×适用税率-减免税额-抵免税额

本公式表明：应纳企业所得税的计算，取决于应纳税所得额、税率、减免税额和抵免税额四个因素。一般情况下，减免税额和抵免税额大部分企业涉及较少，因此，应纳税所得额和税率两个因素是关键。税率是计算应纳税额的比例，除少数优惠规定外，均为 25%的固定税率。应纳税所得额是计算企业所得税的计税依据，是企业所得税的核心内容。

公式 2：应纳税所得额=收入总额-不征税收入-免税收入-各项扣除-允许弥补的以前年度亏损

应纳税所得额的计算涉及五个因素。收入总额既包括了企业的基本收入，也包括了企业的特殊收入。各项扣除金额是指与企业取得收入相关的成本、费用、税金、损失和其他支出等金额。成本，即生产经营成本，是指纳税人为生产经营所发生的各项直接费用和间接费用。费用，即纳税人为生产经营所发生的销售费用、管理费用和财务费用，在会计中称之为期间费用。税金，是指企业发生的除企业所得税和允许抵扣的增值税以外的企业缴纳的各种税金及其附加，即企业按规定缴纳的消费税、城市维护建设税、关税、资源税、土地增值税、房产税、车船税、土地使用税、印花税、教育费附加等。损失，是指企业在生产经营活动中发生的固定资产和存货的盘亏、毁损、报废损失，转让财产损失，呆账损失，坏账损失，自然灾害等不可抗力因素造成的损失以及其他损失。其他支出，是指除成本、费用、税金、损失外，企业在生产经营活动中发生的与生产经营活动有关的、合理的支出。

纳税人发生年度亏损的，可以用下一纳税年度的所得弥补；下一纳税年度的所得不足弥补的，可以逐年延续弥补，但是延续弥补期最长不得超过 5 年。5 年内不论盈利或亏损，都作为实际弥补期限计算。这里所说的亏损，不是企业财务报表中反映的亏损额，而是企业财务报表中的亏损额经主管税务机关按税法规定核实调整后的金额。

公式 3：应纳税所得额=企业的会计利润总额±按税法规定调整的项目金额

本公式中，企业的会计利润总额，是指纳税人按照会计制度的规定和计算方法计算的一个会计年度的经营成果。由于我国财务会计制度的规定与税收法规的规定在某些项目上存在差异，因此，在计算企业所得税应纳税所得额时，还必须按照税收法规的规定在会计利润的基础上进行纳税调整。税收调整项目金额具体有两点：一是纳税人的财务、会计处理与税收规定范围不一致而予以调整的金额；二是纳税人的财务、会计处理与税收规定标准不一致而予以调整的金额。例如企业取得的国债利息收入，按照会计规定属于投资收益，但是税法上规定国债利息收入属于免税收入，这样就出现了纳税人的财务、会计处理与税收规定范围不一致的情况，企业就必须调减收入类项目的金额；又比如，税法规定，企业发生的与生产经营活动有关的业务招待费支出，按照发生额的 60%扣除，但最高不得超过当年销售（营业）收入的 5‰。这样就出现了纳税人的财务、会计处理与税收规定标准不一致的情况，企业必须调减费用损失类项目的金额。在实践中，由于企业所得税是按年计征，下一年度的 1 月～5 月是企业所得税的汇算清缴时限，因此，企业所得税的清算一般都是以企业的会计利润总额为基数，在此基础上进行差异调整后来确认企业所得税的应纳税所得额。

2. 个人所得税

个人所得税是以自然人取得的各类应税所得为征税对象而征收的一种所得税，是政府利用税收对个人收入进行调节的一种手段。凡在中国境内有住所，或者无住所而在中国境内居住满一年的个人，从中国境内和境外取得所得的，以及在中国境内无住所又不居住或者无住所而在境内居住不满一年的个人，从中国境内取得所得的，均为个人所得税的纳税人。个人所得税的纳税人不仅涉及中国公民，也涉及在华取得所得的外籍人员和中国的港、澳、台同胞，还涉及个体户、个人独资企业和合伙企业的投资者。

3. 土地增值税

土地增值税是指转让国有土地使用权、地上的建筑物及其附着物并取得收入的单位和个人，以转让取得的收入为计税依据向国家缴纳的一种税。土地增值税主要由房地产开发企业缴纳。

计算土地增值税的公式为：应纳土地增值税＝增值额×税率

公式中的“增值额”为纳税人转让房地产所取得的收入减除扣除项目金额后的余额。

纳税人转让房地产所取得的收入，包括货币收入、实物收入和其他收入。扣除项目包括取得土地使用权所支付的金额，开发土地的成本费用、新建房及配套设施的成本费用或者旧房及建筑物的评估价格，与转让房地产有关的税金、财政部规定的其他扣除项目等。

土地增值税实行四级超率累进税率。

（1）增值额未超过扣除项目金额50%的部分，税率为30%。

（2）增值额超过扣除项目金额50%、未超过扣除项目金额100%的部分，税率为40%。

（3）增值额超过扣除项目金额100%、未超过扣除项目金额200%的部分，税率为50%。

（4）增值额超过扣除项目金额200%的部分，税率为60%。

上面所列四级超率累进税率，每级“增值额未超过扣除项目金额”的比例，均包括本比例数。

计算土地增值税税额，也可按增值额乘以适用的税率减去扣除项目金额乘以速算扣除系数的简便方法计算，具体公式如下。

（1）增值额未超过扣除项目金额50%。

土地增值税税额=增值额×30%

（2）增值额超过扣除项目金额50%，未超过100%。

土地增值税税额＝增值额×40%－扣除项目金额×5%

（3）增值额超过扣除项目金额100%，未超过200%。

土地增值税税额=增值额×50%－扣除项目金额×15%

（4）增值额超过扣除项目金额200%。

土地增值税税额=增值额×60%－扣除项目金额×35%

公式中的5%、15%、35%为速算扣除系数。

纳税人应当自转让房地产合同签订之日起7日内向房地产所在地主管税务机关办理纳税申报，并在税务机关核定的期限内缴纳土地增值税。

（三）财产税类

财产税类是指以纳税人拥有或支配的财产为课税对象的税种体系。这里的财产是指经过人类劳动所创造的物质财富，包括动产和不动产两大类。从世界各国税收实践看，税法一般把土地和土地上的各种附属物、设施，室外的车船等都列入征税范围，对室内财产及无形资产一般则不予征税。我国现行税制中属于财产税的税种包括房产税和车船税。

1. 房产税

房产税是以房产为征收对象，按照房屋的计税余值或租金收入，向产权所有人征收的一种财产税。房产税的纳税人是房屋的产权所有人，具体包括房屋产权所有人、房产承典人、房产代管人或使用人。在实际生活中，并不是所有的房产都要缴纳房产税，房产税只限于城市、县城、建制镇和工矿区的经营性房屋。

房产税的征税方式有从价计征和从租计征两种。

(1)所谓从价计征，是指按照房产原值一次减除10%~30%后的余值为计税依据计算缴纳，具体减除幅度，由省、自治区、直辖市人民政府规定。税率为年税率1.2%。年应纳税额=应税房产原值×（1-扣除比例）×1.2%。

（2）所谓从租计征，是指以房产租金收入为计税依据计算缴纳应纳税额。税率为12%。应纳税额=租金收入×12%。

具备房屋功能的地下建筑，也应当缴纳房产税。

2. 车船税

车船税是以车船为征税对象，向拥有车船的单位和个人征收的一种税。车船税的纳税人是在我国境内车船的所有人或者管理人。这里的车船，主要是指依法应当在车船管理部门（公安、交通、农业、渔业、军事等）登记的车辆和船舶。其中，车辆是指机动车，主要包括载客汽车、载货汽车、三轮汽车、低速货车、摩托车、专项作业车和轮式专用机械车；船舶是指机动船和非机动驳船。

车船税采用有幅度的定额税率，即根据车辆的不同类型和船舶的不同吨位分别规定一个最低到最高限度的定额税额，同时授权省、自治区、直辖市人民政府在规定的税额幅度内，根据当地的实际情况自行确定本地区的适用税额。

车船税具体税目、税率详见下表。

税目	计税单位	每年税额	备注
载客汽车	辆	60元～660元	包括电车
载货汽车、专项作业车	自重吨位	16元～120元	包括半挂牵引车、挂车
三轮汽车、低速货车	自重吨位	24元～120元	
摩托车	辆	36元～180元	
船舶	净吨位	3元～6元	拖船和非机动驳船分别按船舶税额的50%计算

车船税应纳税额计算公式：

应纳税额=应纳税车辆数量或者自重吨位×适用税额标准

应纳税额=应纳税船舶净吨位×适用税额标准

（四）资源税类

资源税类是对从事资源开发或者使用城镇土地者征收的一类税，包括资源税和城镇土地使用税，它体现了国有资源的有偿使用，并可以对纳税人取得的资源级差收入进行调节。

1. 资源税

资源税是对在我国从事应税矿产品开采和生产盐的单位和个人征收的一种税，我国征收资源税是为了保护和促进自然资源的合理开发与利用，适当调节自然资源级差收入。

资源税按照产品类别从量定额计征，实行等级幅度税额标准。其税目、税率表详见下表。

税　目		税额幅度
一、原油		8～30元/吨
二、天然气		2～15元/千立方米
三、煤炭		0.3～5元/吨
四、其他非金属原矿		0.5～20元/吨（克拉或立方米）
五、黑色金属矿原矿		2～30元/吨
六、有色金属矿原矿		0.4～30元/吨
七、盐	固体盐	10～60元/吨
	液体盐	2～10元/吨

纳税人具体适用的资源税税额标准，由财政部和国务院有关部门根据纳税人所开采、生产应税产品的资源状况，在税法规定的税额标准幅度以内确定。应纳税额计算公式：

应纳税额=应税产品课税数量×适用税额标准

2. 城镇土地使用税

土地是人类宝贵的自然资源。为了合理利用城镇土地，调节土地级差收入，提高土地使用效益，加强土地管理，我国对土地实行税收调控。在我国境内的城市、县城、建制镇和工矿区使用国有土地的单位和个人都应当缴纳城镇土地使用税。

城镇土地使用税以纳税人实际占用的土地面积为计税依据，依照规定税额计算征收。城镇土地使用税适用有地区差别的幅度定额税率，每平方米年税额如下。

（1）大城市1.5元至30元。

（2）中等城市1.2元至24元。

（3）小城市0.9元至18元。

（4）县城、建制镇、工矿区0.6元至12元。

一个地区具体的税额标准由市、县人民政府根据实际情况，在省、自治区、直辖市人民政府按照市政建设状况、经济繁荣程度等条件确定的适用税额幅度内制定。

城镇土地使用税按年计算，分期缴纳，纳税人用多少年的土地，就得缴纳多少年的税。特殊用地，国家规定可以免税。如对人民军队、人民团体、国家机关的用地，宗教寺庙、公园、名胜古迹自用的土地，市政街道、广场、绿化地带等公共用地，直接用于农、林、牧、渔业的生产用地，免征城镇土地使用税。

（五）行为目的税类

税务趣闻：

传奇的"印花税"

印花税作为一个古老的税种，1624年创始于荷兰。公元1624年，荷兰政府发生经济危机，财政困难。当时执掌权力的统治者摩里斯（Maurs）为了解决财政上的需要，想用增加税收的办法来解决支出困难，但又怕人民反对，便要求政府的大臣们出谋献策。众大臣议来议去，就是想不出两全其美的妙法来。于是，荷兰的统治阶级就用公开招标的办法，以重赏来寻求新税设计方案，谋求敛财之妙策。印花税，就是从千万个应征者设计的方案中精选出来的“杰作”。可见，印花税的产生较之其他税种，更具有传奇色彩。

印花税的设计者可谓独具匠心。他观察到人们在日常生活中使用契约、借贷凭证之类的单据很多，连绵不断，所以，一旦征税，税源将很大；而且，人们还有一个心理，认为凭证单据上由政府盖个印，就成为合法凭证，在诉讼时可以有法律保障，因而对缴纳印花税也乐于接受。正是这样，印花税被资产阶级经济学家誉为税负轻微、税源畅旺、手续简便、成本低廉的“良税”。

行为目的税类是指国家为了特定目的或者针对纳税人的特定行为而征收的一类税收。其特点是税种多，税源分散、政策性强、调解范围明确，税负直接，难以转嫁，属于地方财政收入来源。我国现行税制中行为目的税类包括印花税、契税、车辆购置税、耕地占用税、烟叶税、城市维护建设税、固定资产投资方向调节税（暂缓征收）、船舶吨税。这类税收是政府为了达到特定目的，对特定对象进行调节而设置的。如车辆购置税是国家为了筹集用于提供道路、交通等公共产品的资金而征收的；耕地占用税是为了保护耕地，对占用耕地建房或从事非农业建设的行为进行调控而征收的；城市维护建设税是为了加强和维护城市建设，扩大和稳定城市维护建设资金来源而开征的一种税；船舶吨税的开征主要是为了港口建设维护及海上干线公用航标的建设维护等。

1. 印花税

印花税是对经济活动和经济交往中书立、领受税法规定的应税凭证征收的一种税。根据应税凭证的不同性质，印花税分别按合同金额依比例税率或者按件定额计算应纳税额。比例税率有 1‰、0.5‰、0.3‰和 0.05‰四档，比如购销合同按购销金额的 0.3‰贴花，加工承揽合同按加工或承揽收入的 0.5‰贴花，财产租赁合同按租赁金额的 1‰贴花，借款合同按借款金额的 0.05‰贴花等；权利、许可证等按件定额贴花 5 元。

证券交易印花税，又叫股票印花税，是从普通印花税中发展而来的，是专门针对股票交易发生额征收的一种税。按照税法规定只对卖出方（或继承、赠予 A 股或 B 股股权的出让方）征收，基本税率为 1‰。

2. 契税

契税以出让、转让、买卖、赠予、交换发生权属转移的土地、房屋为征税对象征收，承受的单位和个人为纳税人。出让、转让、买卖土地房屋的计税依据为成交价格，赠予土地、房屋的计税依据由征收机关核定，交换土地、房屋的计税依据为交换价格的差额。税率为 3%～5%。纳税人应当自纳税义务发生之日起 10 日内办理纳税申报，并在契税征收机关核定的期限内缴纳税款。

3. 车辆购置税

车辆购置税是对购置汽车、摩托车、电车、挂车、农用运输车等应税车辆的单位和个人征收的一种税。车辆购置税实行从价定率的方法计算应纳税额，计税依据为纳税人购置应税车辆而支付给销售者的全部价款和价外费用（不包括增值税），税率为 10%。国家税务总局参照应税车辆市场平均交易价格，规定不同类型应税车辆的最低计税价格。

税法规定，车辆购置税选择单一环节，实行一次征收制度，纳税人购置应税车辆的，应当自购置之日起 60 日内申报纳税并一次缴清税款。若购置的是已纳车辆购置税的车辆，如二手车，就不需再缴纳了。

4. 耕地占用税

耕地占用税是国家对占用耕地建房或者从事其他非农业建设的单位和个人，依据实际占用耕地面积、按照规定税额一次性征收的一种税。

耕地占用税适用地区差别定额税率，以县为单位，按各地区人均占有耕地面积的多少和经济发展情况，规定高低不同的耕地占用税适用税率。一般来讲，经济发达、人口稠密、人均耕地较少、土地位置较好、非农业建设占用耕地问题突出的地区，耕地占用税定额税率就高一些；反之，经济发展水平相对较低、人口较少、人均耕地较多的地区，耕地占用税定额税率就低一些。

耕地占用税暂行条例规定的税额分四个档次。

（1）全县人均耕地不超过 1 亩的，单位税额为每平方米 10 元至 50 元。

（2）全县人均耕地超过 1 亩但不超过 2 亩的，单位税额为每平方米 8 元至 40 元。

（3）全县人均耕地超过 2 亩但不超过 3 亩的，单位税额为每平方米 6 元至 30 元。

（4）全县人均耕地超过 3 亩的，单位税额为每平方米 5 元至 25 元。

5. 城市维护建设税

城市维护建设税是对缴纳增值税、消费税的单位和个人征收的一种税。它以纳税人实际缴纳的增值税、消费税为计税依据，根据区别纳税人所在地的不同，分别按 7%（在市区）、5%（在县城、镇）和 1%（不在市区、县城或镇）三档税率计算缴纳，缴纳时间分别与增值税、消费税同步。

6. 烟叶税

烟草业是一个传统行业，我国过去对烟叶征收农林特产税，在 2006 年全面取消农业税的背景下，为了调节烟叶生产，保护烟叶生产地政府的财源，国家在取消农林特产税之后，将烟叶税单独列出，开征了烟叶税。

在中华人民共和国境内收购烟叶的单位为烟叶税的纳税人。烟叶税的计税依据是烟叶收购金额，收购金额=收购价款×（1+10%），税率为 20%，应纳税额的计算方法是：应纳税额=烟叶收购金额×税率。

7. 船舶吨税

船舶吨税是对在中国港口行驶的外国籍船舶、外商租用的中国籍船舶，以及中外合营企业使用的中外国籍船舶征税。它可以看作一国船舶使用了另一国的助航设施而向该国缴纳的一种税费。船舶吨税也有“灯塔税”之称。

船舶吨税的纳税人为拥有或租有进出我国港口的国际航行船舶的单位和个人。船舶吨税以船舶注册净吨位为计税依据，按船舶净吨位和使用期确定定额累进税额标准，根据纳税人的不同，分别适用一般累进税额标准和优惠累进税额标准，计税公式为：应纳税额=应税船舶净吨位×税额标准-速算扣除数。

三、企业税收

（一）企业都缴什么税

企业缴纳的税款是以企业所得税为代表的直接税和增值税为代表的间接税为主要税收。其中企业所得税是在中华人民共和国境内，企业和其他取得收入的组织（以下统称企业）为企业所得税的纳税人，依照本法的规定缴纳企业所得税。并以企业每一纳税年度的收入总额，减除不征税收入、免税收入、各项扣除以及允许弥补的以前年度亏损后的余额，为应纳税所得额；增值税是以在中华人民共和国境内销售货物或者加工、修理修配劳务（以下简称劳务），销售服务、无形资产、不动产以及进口货物的单位和个人，为增值税的纳税人，并按照及交易中的增值额进行征税。

除此之外，根据不同的特定征税范围，企业还应缴纳以土地及其附带的建筑为征税对象的土地增值税、以特定消费品为征税对象的消费税、以房屋使用、船舶使用、车辆使用为征税对象的房产税、车船税；对车辆购置进行征税的车辆购置税等。

（二）企业纳税申报与税款缴纳

企业作为纳税人或扣缴义务人，应当按照法律、行政法规规定或者在税务机关依照法律、行政法规规定确定的申报期限内办理纳税申报。企业办理纳税申报时，需要报送纳税申报表、财务会计报表以及税务机关根据实际需要要求纳税人或扣缴义务人报送的其他纳税资料。税务机关要求纳税人报送的其他纳税资料，一般来说包括与纳税有关的经济合同、协议书，固定工商业户外出经营税收管理证明，境内外公证机关出具的有关证件等。

企业应当按照规定的期限办理纳税申报。如确有困难，需要延期的，应当在规定的申报期限内向主管国家税务机关提出书面延期申请，经主管国家税务机关核准，在核准的期限内办理。企业因不可抗力情形，不能按期办理纳税申报或者报送代扣代缴报告的，可以延期办理。但是，应当在不可抗力情形消除后立即向主管国家税务机关报告。纳税人申报期限的最后一日如遇公休假日可以顺延，以公休假日的次日为申报期限的最后一日。

纳税人未按照规定的期限办理纳税申报和报送纳税资料的，或者扣缴义务人未按照规定的期限向税务机关报送代扣代缴、代收代缴税款报告表和有关资料的，由税务机关责令限期改正，可以处 2 000 元以下的罚款，情节严重的，可以处 2 000 元以上 10 000 元以下的罚款。

纳税申报主要有两种形式。一种是直接到税务机关办理。这是一种最直接最常见的方式，操作起来也很简单。另一种是按照规定采取邮寄、数据电文或其他方式申报及报送事项。当纳税人、扣缴义务人在纳税申报期限内，因各种原因不能或不方便到税务机关办理纳税申报的，便可以采取邮寄的方式办理纳税申报或报送事宜。采取邮寄申报的，以邮出地的邮戳日期为实际申报日期。数据电文形式是近年来新兴的现代化通信手段或方式，这种高速、快捷的信息传递方式已越来越多地应用于税务管理。采用数据电文的方式进行纳税申报或报送代扣代缴、代收代缴税款报告表，大大节省了时间，提高了效率。采用数据电文形式，收件人（此处指税务机关）指定特定系统接收数据电文的，该数据电文进入该特定系统的时间，视为申报、报送到达的时间；未指定特定系统的，该数据电文进入收件人的任何系统的首次时间，视为到达时间。

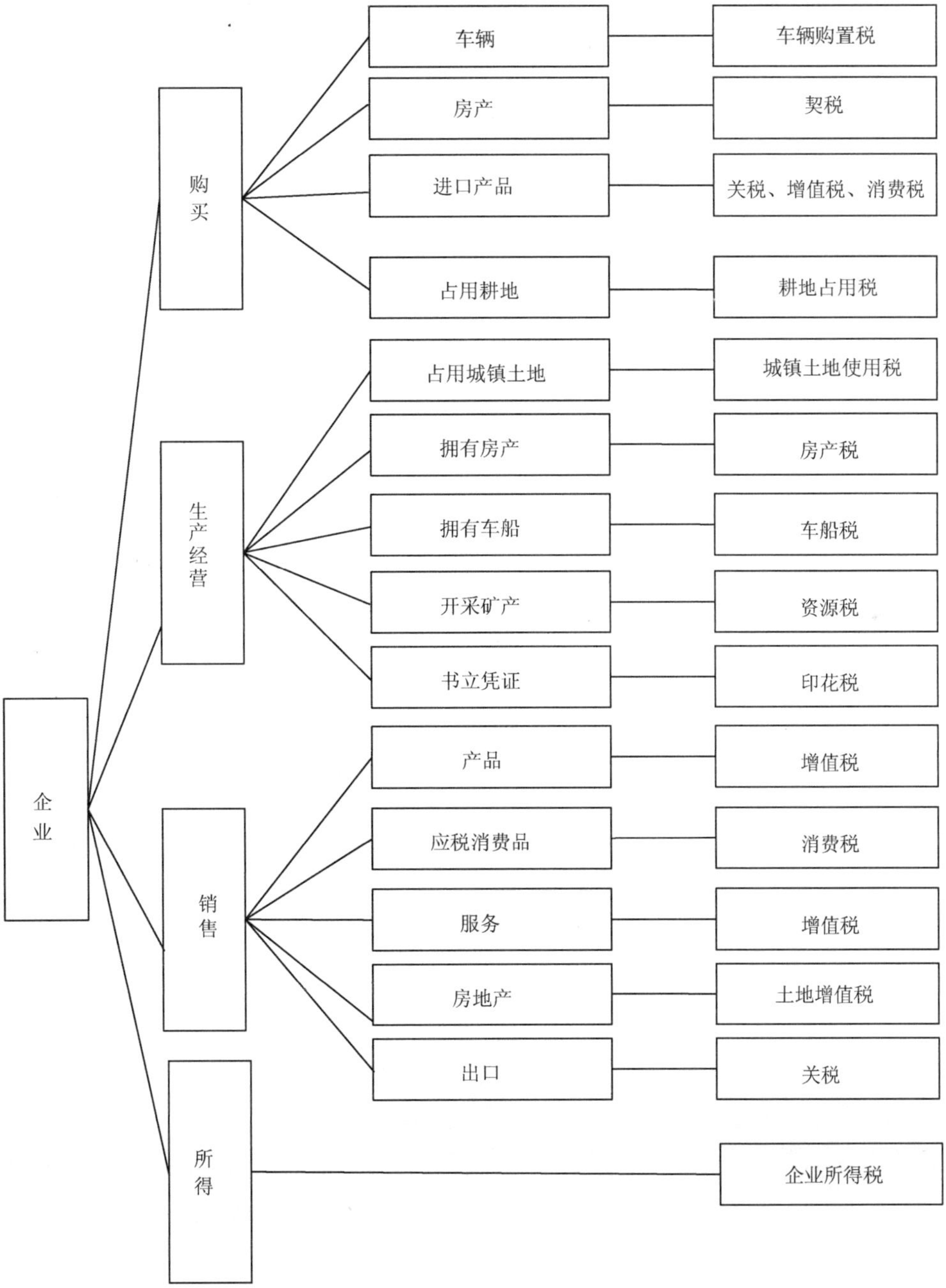
企业
购买
车辆
车辆购置税
房产
契税
进口产品
关税、增值税、消费税
占用耕地
耕地占用税
生产经营
占用城镇土地
城镇土地使用税
拥有房产
房产税
拥有车船
车船税
开采矿产
资源税
书立凭证
印花税
销售
产品
增值税
应税消费品
消费税
服务
增值税
房地产
土地增值税
出口
关税
所得
企业所得税

第十三章
精耕细作——如何管理合同和发票

公元前202年，刘邦与项羽在荥阳相持不下，于是签订停战条约，双方约定“中分天下，割鸿沟而西者为汉，鸿沟而东者为楚”，条约签订后，项羽解而东归。刘邦却不依约西归，而是“用留侯、陈平计，乃进兵追项羽”。将项羽围于垓下，后项羽兵败，却拒渡乌江，自刎而死。

项羽这位帅哥太悲剧了，好不容易签了个合同，却没好好审查一下当事人的资格，签订的时候也没有担保。合同的约束力、签约方式、履约问题的防范等，项羽都没有考虑到，他不失败才怪呢。

合同和发票，都是企业经营管理过程中的关键证据。其重要性不言而喻，如果领导者不重视，很可能发生像项羽一样自刎乌江的悲剧。

一、合同的涉税管理

（一）合同与税收的关系

经济合同通常是企业从事经济活动的基础和前提，无论哪种合同，其目的都是将整个业务过程通过合同形式约定下来，并共同遵守。因此，合同决定了业务过程，业务过程又决定了税收。所以，合同是产生税收的经济根源，经济合同一旦履行，必将产生纳税义务。

合同与税收有着密切的关系，但是企业在签订经济合同时往往只关注双方的权利、义务及法律风险，却很少关注涉税条款的描述。

负责起草合同的律师或企业有关部门往往并不知晓税法是如何规定的。纳税人与税务机关的许多纳税争议均源于经济合同中涉税条款的不明确。税收政策多如牛毛，一旦税务机关认定错误，纳税人的合法权益将得不到保护。如果不对经济合同的涉税条款事前审核将给公司带来重大损失。在现实生活中，因为合同的原因垫付或多缴税款的问题时有发生，因而企业在生产经营过程中应重视。

对经济合同涉税条款的规范还有利于事前税收筹划，例如，某企业将闲置的厂房对外出租，如果租赁合同中没有将房租、设备租金和场地使用费合理划分，将会导致多缴房产税；许多促销合同中的“赠送”行为，常被税务机关视同销售征税；甚至招商引资合同中也有无效的减免税条款，而得不到履行。这样的案例，经常发生。下面举例说明。

【案例分析】分开签订合同依法节约税金支出

某企业为增值税一般纳税人，某年1月将600平方米的房屋出租给一个商贸公司，租金为每平方米200元（包括水电费）。每月租金为12万元。当月商贸公司用电10 000千瓦时，购进价每度为0.6元；用水3 000吨，购进价每吨为3元。

根据税法规定，该企业应该缴纳的增值税为120 000×9%=10 800（元）。

应该缴纳房产税为 120 000×12%=14 400（元）。

合计为 14 400 + 10 800=25 200（元）。

企业通过筹划，与该商贸公司分别签订金额为 105 000 元的房屋租赁合同和金额为 15 000 元的转售水电合同，分别核算收入，则每个月可以节省增值税和房产税为 15 000×（9%+12%）=3 150（元）

一年下来可以节约税金 37 800 元。

【案例分析】房屋与设备分开签订租赁合同可以节约税金

某国有企业由于生产经营困难，打算连同厂房、设备一起出租给一个民营企业，双方谈定厂房连同设备一年的租金是 1 000 万元，然后双方签订了租赁合同。

租赁合同大致内容是：甲方是国有企业，乙方是民营企业，甲方同意将厂房连同设备租给乙方，乙方支付厂房和设备租金一年为 1 000 万元，签订合同后，乙方先付一半的租金，年底再付另一半的租金。

这个合同没有充分考虑税收税法的规定。

如果甲方按照现在的合同，将厂房连同设备一起出租，意味着甲方要交的房产税为 1 000 万元乘以 12%，即 120 万元；缴纳增值税为 1 000 万元乘以 9%，即 90 万元，房产税与增值税合计为 210 万元。

如果甲方将该合同改为两个合同：厂房出租合同和设备出租合同，以每年 200 万元的租金出租厂房，而出租设备的租金为每年 800 万元，虽然两项租金合计仍为 1 000 万元，但最终纳税总额却因将合同改为厂房与设备这两个出租合同而相应地发生明显改变。

厂房作为不动产出租，甲方缴纳的房产税为 200 万元乘以 12%，即 24 万元；缴纳的增值税不变，仍为 90 万元，这样甲方就节省房产税 96（120 万元–24 万元）万元。

【案例分析】签订三方合同可以节约税金

某建设单位要建设一锅炉房，合同总价款为 1 000 万元，其中锅炉价格 600 万元。某施工企业承建了此项业务，并和建设单位签订了承包合同。施工企业应缴纳的增值税为 1 000 万元乘以 9%，等于 90 万元。

这 1 000 万元的总造价中，包括锅炉价格 600 万元。若签订三方合同，施工企业负责施工，总合同价款为 400 万元；锅炉厂负责供应锅炉，合同价款为 600 万元。则施工企业应缴纳的增值税为 400 万元乘以 9%，等于 36 万元。

在锅炉厂缴纳的税金没有变化的前提下，施工企业的税负由 90 万元降低到 36 万元，降低率为 60%，实属可观。

从上述三个例子可以看出，合同与税收有着密切的关系。企业在签订销售合同时，不仅要注重合同的格式，着重研究法律文书的表达方式，以避免引起法律纠纷，还应当充分了解税务规定，避免因合同的原因垫付或多缴税款。因此，在合同管理制度中要保证如下两点。

（1）所有合同，签订前，必须经财务进行涉税审查，并提出涉税审查意见。

（2）非经财务部税审同意并签字的合同，任何单位不得对外签订，合同专用章管理部门不得改单。

（二）合同的订立

1. 合同当事人资格审查

合同当事人是指符合法律规定的条件设立并履行或变更、终止合同关系的合同主体。合同当事人是谁？这个看似不应成为问题的问题，在实际的经济生活中却引发了不少纠纷和争议。不少合同当事人还是持“谁签合同，谁就是当事人”的浅显认识，在并未理清签约人与真正的合同另一方当事人之间的关系的情况下订立合同，最终使合同无效或掉进别人设下的陷阱之中。因此，认准对方合同当事人，弄明白自己到底和谁订立合同，并学会审查对方当事人订立合同的资格，这对每一位准备订立合同的当事人来说是非常重要的，否则稍有不慎便会掉进陷阱或导致风险产生。

根据我国合同法的规定，自然人、法人和其他组织均可以成为合同当事人。但这并不意味着所有的自然人、法人和其他组织都可以实施订立合同的行为。当事人订立合同，应当具有相应的民事权利能力和民事行为能力。

（1）合同当事人应具有民事权利能力。

民事权利能力是指法律赋予民事主体享有民事权利和承担民事义务的资格。凡是我国的自然人、法人、其他组织以及在中国的外国自然人、法人、其他组织和无国籍人，均可根据中国法律成为合同当事人。

（2）合同当事人应具有民事行为能力。

民事行为能力，是民事主体以自己的行为取得民事权利、承担民事义务的资格。合同当事人所具有的订立合同的行为能力，又称合同能力。合同能力分为公民的合同能力、法人的合同能力和非法人团体的合同能力。

在公民的合同能力中，完全民事行为能力人具有完全缔约能力。限制民事行为能力人有权与他人订立合同，但其订立的合同因性质不同而产生不同的效力，如有的属于效力待定的合同，需要经其法定代理人追认才能生效。无民事行为能力人在原则上不允许其参与订立合同。

企业法人应当在核准登记的经营范围内从事经营，也就是说，其只能在经营范围内享有合同能力。出于鼓励企业发挥经营自主权，扩大生产和交换以及保障交易安全的目的，当事人超越经营范围订立合同的，人民法院不因此认定合同无效。但法人要受到一定的限制：第一，不得超越法人章程规定的范围；第二，不得违反国家限制经营、特许经营以及法律、行政法规禁止经营的规定。

非法人团体，如合伙企业、事业单位、科技团体等，允许其订立与其能够支配的经费或财产相适应的以及与其经营范围有关的合同，并有其在这一范围内与其所属的法人承担连带责任，但未经其所属的法人授权，其不得以其所属的法人名义订立合同。

2. 合同必须具备的条款

合同条款是指当事人达成合意的具体内容。合同一般应包括以下条款：当事人的名称或姓名、住所；标的；数量；质量；价款或报酬；履行期限、地点和方式；违约责任；解决争议的方法。不同类型的合同对主要条款的要求各不相同。如果一个合同，根据其性质，应当具备上述所有条款，缺乏这些条款，将会导致合同不能成立；而如果根据其性质，只需具备其中的某些条款，即使缺乏另一些条款，合同仍能成立。

3. 合同订立过程中的法律责任

在现实生活中，合同的失效、不能成立等，往往并不仅仅是因为当事人意思表示不一致造成的，如要约或承诺传递失实、标的物错误、承诺发出后于生效前要约人死亡，或如一方反悔等，都会是合同失效或不能成立，而这又往往会导致一方当事人的损失。

在合同订立过程中，会出现一些陷阱，而这些陷阱正是有这些应当承担缔约过失责任的当事人制造的。这些陷阱并不容易发现，有时候即便注意到了，却因为“道高一尺，魔高一丈”而功亏一篑。但是，不小心落入陷阱并不意味着要自己来承担损失。《合同法》赋予了受害方追究对方缔约过失责任的权利。以下是一些常见的典型案例。

（1）假借订立合同，恶意进行磋商。

借订立合同之名，行损害对方或第三人利益之实的行为。如一方为了窃取竞争对手的技术秘密，假意与之洽谈技术合作之事，待目的达到，即终止双方的谈判，致使双方的技术转让或合作合同不能成立。

市场上空调行情看涨，A 公司为独占市场，假意与同行 B 公司联系，称自己有空调存货若干欲出售，诱使 B 公司与自己谈判；同时，A 公司又与几大空调生产商签订了空调销售协议，取得了这几个品牌在这一地区的独家经销权。然后，再制造事端，造成与 B 公司谈判破裂。待到酷暑来临，A 公司空调热销大发其财，B 公司则丧失商机，望洋兴叹。

（2）在订立合同的过程中隐瞒重要事实或者提供虚假情况。

所谓隐瞒重要事实或者提供虚假情况的行为即欺诈行为。

【案例分析】隐瞒或提供虚假情况订立合同

A 农资公司找到 B 化工厂询问该厂是否生产磷肥，若可以生产则欲购买 50 吨。B 化工厂本来根本无磷肥生产许可证，也无相应生产条件，但为取得这份合同，B 化工厂谎称自己有生产能力，诱使 A 农资公司与自己签订了磷肥购销合同。此后 B 化工厂在无专业设备和技术人员的情况下，土法上马制造了几十吨质量低劣、无法使用的“磷肥”，使许多农民在购买了这批化肥后，生产遭受了巨大损失，农资公司也因此声誉扫地。

（3）其他违背诚实信用原则的行为。

如双方已达成合意，一方已在书面合同上签字，另一方却拒绝签字盖章；因一方没有去办理法定手续致使合同不成立或不能生效。

【案例分析】签订合同保护权益

A 电子研究所开发新型电子稳压器，并申请了专利。B 公司为不劳而获这份新技术，假意与 A 研究所进行这项专利技术转让协议的谈判。在谈判中却将专利技术的有关图纸、数据私自复印并进行仿制生产，然后借口这项技术已落后而退出谈判。一个月后，B 公司仿制的电子稳压器推向市场，销路非常好，却使 A 研究所遭受重大损失，其原因在于 A 研究所未能签订合同保护自己的权益。

4. 谨慎签订格式合同

格式合同，又称定式合同，是指双方当事人采用格式条款缔结的合同。而格式条款是指一方当事人为了重复使用而预先拟定，并在订立合同时未与对方协商的条款。相对于相对人而言，格式合同中提供格式条款的当事人往往拥有占优势的经济实力和地位，使得格式和合同具有垄断性。

少数格式条款合同提供方所处的垄断地位使得另一方当事人不得不“丧权签约”，这种情况广泛存在于许多公用事业领域（如邮电、交通、能源、烟草等）。不少格式合同制作方往往在合同条款中设置圈套，利用另一方当事人对合同知识的不了解，为自己将来逃避责任打下埋伏。在格式合同中设置解释权便是典型例子。

采用格式条款来规定合同权利义务，能使交易更加便捷和方便，与此同时，我们还要注意防范格式合同中的陷阱和风险。在签订合同前，仔细审查合同条款，防患于未然。合同的每个字甚至每个标点，都要认真推敲，反复琢磨，力求合同条款完备、准确、不生歧义，防止对方对合同条款玩文字游戏，随意曲解。重大合同可以请律师帮助签订，也可以到公证机关进行公证。

（三）合同效力

1. 合同签订的法律效力

合同签订之后，在满足一定条件的前提下合同即成立，成立后的合同并不自动生效，只有符合了法定的条件合同才能生效，不符合法定条件或者法定条件有瑕疵的合同将面临无效和被撤销的危险，从而使得订立合同的目的落空。

合同生效，是指已经成立的合同因符合法律规定的要件而对当事人具有法律约束力。

无效合同，是指欠缺合同生效要件，虽已成立却不能依当事人意思发生法律效力的合同。合同无效时自始无效，其不具备合同生效要件，自合同成立时即为无效，未曾发生过法律效力。合同部分无效，不影响其他部分效力的，其他部分仍有效。

可撤销合同，是指已经生效，但当事人可行使法律赋予的撤销权使其溯及力无效的合同。可撤销合同的类型主要涉及当事人意思表示不真实的合同。可撤销合同成立后已发生效力，其无效仅在依法行使撤销权时才可能发生。可撤销合同在未被撤销之前已发生法律效力，当事人受其约束。

合同无效或被撤销后，当事人不受合同内容的约束，合同已经履行的，应终止履行，没有履行的，不再履行。同时还会发生返还财产、赔偿损失等法律后果。

2. 合同效力的风险

（1）与非完全民事行为能力人订立合同时的风险。

由于无行为能力人和限制行为能力人在年龄和智力上的不足，在一般情况下，他们做出的设立、变更、终止民事法律关系的行为很难受到法律的承认。而这恰恰被不少合同当事人所忽视。

【案例分析】合同无效的风险

甲镇某中学与该镇木器加工厂联系一批课桌椅。加工厂老板因有急事外出，便临时叫自己有精神病的妻子签订了这份“课桌椅生产协议”，承诺在8月20日以前交货。至8月20日，学校发现加工厂还未组织生产，遂要求加工厂立即组织生产并支付违约金，加工厂老板却以妻子患精神病，其订立的合同无效为由拒绝，课桌椅也迟迟未能生产，以致严重影响教学。

（2）与代理人签订合同时的风险。

随着经济快速发展，社会分工日趋精细，代理人这种接受委托、代表委托人的利益专门从事某项工作，并由委托人承担一切法律后果的社会角色在社会中日益为人们所熟悉。社会公众对代理人的信誉认同度较一般人而言高得多。这正是许多欺诈者设下代理人陷阱的原因之一。

【案例分析】代理人陷阱

某市印染厂职工张某取走了一份加盖公章的空白介绍信，张某在介绍信上写“兹介绍我厂业务经理张某前往贵处联系业务，请予接洽”的内容，而后持此介绍信与某市化工厂经销部联系购销合同，经销部工作人员仅凭介绍信就相信张某并与之签订了一份合同，但付款后久久不见对方发货，到印染厂一问才知上当。

（3）合同中免责条款带来的风险。

合同的免责条款，是指当事人约定免除或者限制其未来责任的合同条款。免责条款是经当事人协商、同意的合同的组成部分，具有约定性，它的提出必须是明示的，一是免责事项，是指在什么情况下产生免责问题；二是免责范围，是指责任的类型和大小。如铁路运输合同中约定，托运人如未向承运人说明托运货物所需的特殊包装、装卸方式的，若发生托运货物因包装、装卸原因造成损坏，承运方概不负责。这便是典型的免责条款。

免责条款在对特定责任的约定的豁免性，是免责条款陷阱形成的前提。现实经济生活中，为平衡双方权利义务关系，很多合同都约定了相应的免责条款，为日后一旦发生争议时如何确定责任提供依据。很多人正是看中了免责条款可以将责任“推卸”得一干二净的好处，在合同中大量设置免责条款。

3. 合同效力的风险防范

（1）前期准备要充分。

前期准备的充分性是降低风险的有效方法。在签订合同时，要做好市场调查、签约主体资格审查和信用审查等工作。

市场调查包括市场经营环境、商品可供量、消费者可购买力及流通渠道等多方面的调查。

签约主体资格审查应注意从法人是否依法领取企业法人执照，法人的职能部门及没领取营业执照的所属部门是以谁的名义对外订立合同等方面加以考察。同时，还应对签约经办人的资格进行审查。

信用审查则要求当事人对对方的技术力量、人员素质、工商登记的注册资金和银行账户实有资金情况进行审查。

另外，对方当事人的生产能力、生产场所、原材料准备情况也是信用审查的重要内容之一。

（2）注重合同性质的合法性和条款的完备性。

当事人在订立合同时，首先应注意合同内容的合法性，若签订了违法合同，则不能得到法律的认可。其次，合同条款要尽量做到齐全、清楚、确切、穷尽。力求将合同条款制定完备。为做到这点，第一，合同条款应引入制约，使双方权利、义务大致平衡，不致一方权利毫无保障而显失公平的合同条文出现；第二，合同条款文字应表述清楚，不可含糊其辞或造成歧义；第三，文字意思应穷尽，不要一味追求提纲挈领，需要列举的事项务必一一列举，以防漏掉重要部分。

（3）保证合同签订程序和手续的合法性。

一般情况下，合同经过要约、承诺阶段即告成立，当事人应加以履行。但法律有关规定对一些特殊的合同要求特殊的程序履行手续，只有履行完毕这些手续，合同才真正具有法律效力，如房地产、土地使用权转让协议、特定物的抵押协议等。这类合同在订立时，当事人一定要遵照法律有关规定，前往有关主管部门审核批准或经过有关部门登记备案，切不可贪图便利。

（4）做好签字工作。

在合同签字时，应对合同内容再一次进行严格确认，确认重点是：合同示范文本或参考文本中的项目及当事人认为应反映的内容是否都已得到反映；合同文字有无写错、印错之处；签字人是否有签字能力和签字权限，是否自己署名、盖章。

（5）合同陷阱的事后补救。

虽然当事人可能做到了应有的谨慎，但恶意相对人总会找到一方当事人不注意的地方设置陷阱，导致一方当事人处于不利境地。在此情况下，当事人也不应惊慌失措，而应积极从法律中寻求帮助，通过法律途径维护自身合法权益。

（四）一般合同中的涉税条款

1. 价格条款

在价格条款中要注意以下方面。

（1）价格是否包含税金。

（2）合同收付款除合同订明价款以外，是否包括其他款项，如包括其他款项应送财务部门审核。

（3）适当利用模糊金额。

有些合同在签订时无法确定计税金额，如技术转让合同中的转让收入，规定按销售收入的一定比例收取，或是按其实现利润多少分成；再如，财产租赁合同，只是规定了月（天）租金标准而无租赁期限等。对这类合同，《印花税暂行条例》及其实施细则规定，可在签订时先按 5 元贴花，以后结算时再按照实际的金额计税，补贴印花。

【案例分析】合同的执行时限

某设备租赁公司欲和某生产企业签订一租赁合同。如果在签订合同时明确规定年租金为 365 万元，则两企业均应缴印花税为 3 650 元。

如果两企业在签订合同时规定每天的租金为 1 万元，而不确定租赁合同的执行时限，则根据上述规定，两企业只需各自先缴纳 5 元印花税，余下部分等到最终结算时才缴纳。这样，企业通过延缓纳税，获得了货币资金的时间价值。

2. 结算方式条款

在结算方式条款中要注意以下方面。

（1）是否明确了收付款的方式。

（2）赊销合同是否有明确的赊销时间段或者赊销天数。

（3）分期收款合同是否有明确的付款期和每次付款金额或者百分比。

（4）按进度付款的合同是否明确了确定进度的方法。

交易双方采取的结算方式不同，其纳税义务发生的时间也不同。

要想获得结算方式上的税收利益，必须要将结算方式体现在合同中。如根据税法规定，纳税人在采取赊销和分期付款结算方式销售货物时，纳税义务的发生时间是合同约定的收款日期的当天。因此在签订合同时，企业要做好签约前的准备工作，明确合同条款，尤其是要明确结算方式以及准确的收款时间，这样不仅可以获得税收利益，还可以加强对购买方的监督。企业应组织有经验的、与销售有关（财务部门）的人员参与合同谈判。在谈判过程中，应加强履约管理，实时监测购买方的生产经营状况及现金流转情况，做到对购买方的情况了如指掌，避免陷入被动的催收货款的状态。如果对方生产经营出现问题，应及时利用代位权或请求人民法院行使撤销权等权利保护自己的利益。在履行合同后，应加强后合同管理，如建立与购买方的长期联系、履行后合同义务等。

如果企业有相应的资源，可以成立法律委员会（或小组），逐条审议合同条款，以使合同更有利于己方。如将预收的一部分货款改为定金方式，这样可以加大购买方的违约责任，从而有利于货款的收回；在求得采购方谅解的基础上，采用货款不到不开发票的方式；在购销合同中，注明按付款额开具销售额，余款作为借款；在销售合同中订立“所有权保留条款”，以此确保企业的利益，尤其当企业无法按合同收回货款时，订立“所有权保留条款”不仅可以避免税款的损失，而且可以保护销售方的利益。

3. 发票条款

在发票条款中要注意以下方面。

（1）是否明确了对方有按税务规定提供发票的义务。

（2）是否明确了在取得对方提供的发票以后才能支付款项（预付款合同除外）。

4. 税务责任条款

在税务责任条款中，要注明：由于对方提供的票据不符合规定给本公司造成的损失，由对方承担赔偿责任。

5. 其他

一般合同中的涉税条款还应注意以下方面。

（1）是否包括了销售和服务两项服务。

（2）是否包括了适用不同税率的服务。

（3）是否包括了非现金结算支付的方式。

如果包括不同的经济事项，应当分开核算，签两张合同。

依据印花税的相关规定，同一张凭证，因载有两个或两个以上经济事项而适用不同税目税率，如分别记载金额的，应分别计算应纳税额，相加后按合计税额贴花；如未分别记载金额的，按税率高的计税贴花。例如，加工承揽合同的计税依据是加工承揽收入的金额，对于由受托方提供原材料的加工、定做合同，凡在合同中分别记载加工费金额和原材料金额的，应分别按“加工承揽合同”“购销合同纳税”，两项税额相加数，即为合同应贴印花；若合同中未分别记载，则就全部金额依照加工承揽合同计税贴花，无论加工费和辅助材料金额是否分别记载，均以辅助材料与加工费的合计数，依照加工承揽合同计税贴花。对委托方提供的主要材料或原料不计税贴花。根据该项规定，在签订加工承揽合同时，如果由受托方提供原材料，则应在合同中分别记载加工费和原材料金额，同时在总额不变的情况下，应该尽可能压缩加工费金额，增加原材料金额。

【案例分析】分开核算以减少印花税

振兴铝合金门窗厂与安居建筑安装企业签订了一份加工承揽合同。合同中规定：振兴铝合金门窗厂受安居建筑安装公司委托，负责加工价值50万元的铝合金门窗，加工所需原材料由振兴铝合金门窗厂提供。振兴铝合金门窗厂收取加工费及原材料费共计45万元，并提供零配件，价值5万元。

（1）未分开核算时，双方各自应纳印花税为250元。

（2）如果振兴铝合金门窗厂将所收取的加工费金额与原材料金额分别核算，则能达到节税的目的。如收取费用45万元，列明其中加工费为10万元，原材料费为35万元，则双方各自应纳印花税为180元。

分开核算，双方各自节税70元。

（五）常见合同的涉税管理

企业重要的经营活动大多需要运用合同规范管理，企业与利益相关者关系的确立与规范也应当以合同明确。如投资者之间要签订企业设立合同，企业才能生产；企业要与政府部门（财政、税务、工商等）以签订合同的形式，明确管理与被管理的关系；企业要与普通员工（中层以下经营、管理人员）签订劳动合同，才能形成合法的劳动关系；企业通过与高管人员（董事长、总经理等）签订经营责任书这种合同，保障经营任务的完成；最重要的是，企业要与市场上的各类合作者（供应商、客户以及其他）签订各类业务开展经营活动。

1. 采购合同

对于采购合同，一般要把握的原则是：尽可能延迟付款，善于利用“借鸡生蛋再还鸡”的技巧：具体来说。应从以下几个方面着手：未付出货款，先取得对方开具的发票；使销货方接受托收承付与委托收款结算方式，尽量让对方先垫付税款；采取赊销和分期付款方式，使供货方垫付税款，而自身获得足够的资金调度时间；尽可能少用现金支付货款等。

采购合同一般常用的条款是：全部货款付完后，由供货方开具发票。然而在现实生活中，由于质量问题、标准差异等原因，经常会出现销售折让，无法全部付清款项。而根据合同是无法取得发票的，这样也就无法抵扣，从而会影响税负，多缴税款。若将条款改为“按实际支付金额，由供货方开具发票”，则问题就简单多了。

2. 销售合同

企业产品销售收入实现时间，在很大程度上决定了企业纳税人销售货物或者应税劳务的纳税义务发生时间，纳税义务发生时间又会有不同的税收负担。而不同的销售结算方式，决定着产品销售收入的实现时间不同，其纳税义务的发生时间也不同，适用的税收政策往往也不同。因此在签订销售合同时，必须遵循以下一些基本原则。

（1）未收到货款不开发票。

（2）尽量避免采用托收承付与委托收款的结算方式，防止垫付税款。因为采取这两种结算方式销售货物的纳税义务发生时间，为发出货并办妥托收手续的当天。

（3）在赊销方式或分期收款结算方式中，避免垫付税款。

（4）尽可能地采用支票、银行本票和汇兑结算方式销售产品。

（5）多用折扣销售刺激市场，少用销售折扣刺激市场。根据税法规定，采取折扣销售方式，如果销售额和折扣额在同一张发票上体现，那么可以用销售额扣除折扣后的余额为计税金额。税法为纳税人采取折扣销售提供了节税空间。而销售折扣不得从销售额中扣除。因此，企业在确定销售额时，应把折扣销售和销售折扣严格区分。

（6）把握好销售折让的税务处理方法。

（7）采用预收货款能为企业创造税收屏蔽效应。

对于销售合同，一般约定将发出商品全额作为销售处理。货物发出时纳税义务即发生，应当缴纳增值税。有些商品发出后许多年才能够收回货款，甚至出现坏账、呆账，这样销货方在签订合同时，应签署下列条款：以实际支付数额作为销售收入，开具增值税发票，未支付部分作为借款，按期支付利息。同时，销货方还应注意将包装物押金、运费和货物销售款项分开签订合同，这样可以适当降低税负。

3. 劳务合同

目前，劳务报酬合同中比较常见的条款是：甲方支付全部劳务报酬，费用由乙方自负。其实，这种条款不利于节税。最好的劳务合同模式应该是由甲方承担相关费用，乙方获得净报酬。

这里涉及劳务报酬合同的设计技巧。很多人在签订劳务报酬合同时只注意法律含义，往往忽略其税收含义，因而自己多缴了税款也不知道。如果费用由乙方自负的话，从合同字面上看，好像可以获得很大收益，但扣除掉应纳税款及各项费用开支后，实际所得却远远下降。作为领导者，没有必要掌握这些税款的精确计算，但一定要有合同的涉税意识。

从企业方来说，如果企业承担相关费用，企业的实际支出没有增加，甚至还有可能有所减少。

（1）对企业来说，提供住宿比较方便，伙食问题一般也容易解决，因而这方面的开支对企业来说可以比个人自理时省去不少，企业的负担不会因此而增加多少。

（2）企业承担相关费用，相应的，支付给对方的报酬也减少，对方所需缴纳的个人所得税也就变少了。如果合同规定由企业缴纳税款，那么企业可以用少付的报酬进行弥补。

（3）费用的分散及减少使得企业列支更加方便。

对于劳务报酬合同，应从以下几个角度进行考虑。

一是，合同上最好将费用开支的责任归于企业一方，如交通费、住宿费、伙食费等，因为这样可以减少个人劳务报酬应纳税所得额，由于这部分费用从减少的应得报酬中得到补偿，显然不会增加企业额外负担。

二是，我国税法对劳务报酬所得实行的是 20%的比例税率，但对一次收入奇高的，实行加成征收。超额累进税率的一个重要特点就是随着应纳税所得额的增加，应纳税额占应纳税所得额的比重越来越大。而分散收入就可以达到节税的目的。

三是，在合同中一定要明确税款由谁支付，税款支付方不同，最终得到的实际收益也会不一样。

在劳务报酬合同中比较容易忽视上述几方面的内容。

4. 技术研发合同

目前技术市场出具的合同有两种：一种是《技术转让合同书》，规定其适用于非专利技术转让合同、专利技术转让合同、专利申请转让合同等文本的签订；另一种是《技术服务合同书》，它是“对于专项技术的技术培训、技术指导、业务训练签订的技术培训合同”。同样作为合同书，由于一个是技术转让项目收入，可享受免税优惠；另一个是技术服务合同收入，包括培训、服务项目的收入等不能享受免税政策。

因此，领导者必须严格区分“技术转让合同”与“技术服务合同”，并清楚划分技术转让收入和服务项目收入。

5. 企业产权重组合同

在企业合并行为中，应注意产权支付方式的选择问题，吸收合并时，兼并方既可以用现金支付，也可以用其证券（如普通股、公司债券）支付。如果兼并方用现金或其公司债券支付，则被兼并方股东收到现金时就要立即纳税。但如果被兼并方股东收到兼并方股票时可以免税，待股票出售后方计算损益，作为资本利得课税。因此，支付股票对被兼并公司的股东而言，可以得到延迟纳税和减轻税负的优惠。不过，两种不同的支付方式也分别对应不同的折旧方法。如果兼并企业采用股票方式支付，那么兼并中取得的资产将按该资产原来的折旧基础计提折旧；如果兼并企业采用债券或现金支付方式，则兼并中所取得的资产将支付价格作为计提折旧的基础。一般而言，支付价格往往高于被兼并资产折旧基础上的账面价值，这个差额又会对企业税负产生重大影响。折旧额越大，应税所得越小，则企业就可少纳所得税，这就是“折旧抵税”的作用。因此应该对两种支付方式的获利情况进行比较。当然以股票方式支付折旧基础账面价值较高的资产是最佳选择。

6. 筹资合同

企业内部集资和企业之间拆借资金方式产生的节税效果最好，金融机构借款次之，自我积累方式效果最差。通过企业的内部融资和企业之间拆借资金，这两种行为涉及的人员和机构较多，容易寻求降低融资成本、抵销纳税利润规模、提高投资规模效益的途径。金融机构借款次之，借款利息一般可以在税前冲减企业利润，从而减少企业所得税。自我积累方式由于资金的占有和使用融为一体，税收难以分割或抵销。而且从税负和经济效益的关系来看，自我积累资金要经过很长时间才能完成，同时，企业投入生产和经营后，产生的全部税负由企业自负。负债筹资则不一样，它不需要很长时间就可以筹足，投资产生效益后，出资机构实际上也要承担一定的税收，所以，负债筹资的财务杠杆效应主要体现在节税及提高效益资本收益率等方面。其中节税功能反映为负债利息记入财务费用抵减应税所得额，从而相对减少应纳税额。

因此在签订筹资合同时，应着重考虑筹资利息。

7. 印花税涉税合同

在实际操作中，签约当事人在能够明确计税金额的条件下，不最终确立，这样不仅可以延缓纳税，也可以减少因实际金额与预定金额不符而引起的多缴税款。对于一些合同在签约时须确定计税金额，无论合同是否兑现或是否按期兑现，均应计算纳税额并贴花。对于已履行并贴花的合同，所载金额与合同履行实际结算金额不一致的，一般按合同所载金额作为应税金额，当事人就会多负担一笔印花税税款。因而在合同设计时，应充分考虑这种情况，确定比较合理、比较保守的金额。除此之外，当事人还可以采取其他办法弥补多贴印花税票的损失，可在合同中规定：“如果一方有过错导致合同不能履行或不能完全履行，有过错方负责赔偿对方多缴的税款。”这样，税收负担问题就很好地解决了。

根据印花税政策规定，建筑安装施工单位将自己承包的建设项目分包或者转包给其他施工单位所签订的分包合同或者转包合同，应按照新的分包合同或者转包合同下所记载的金额再次计算应纳税额。为此，应尽量减少签订承包合同的环节，以最少的可能书立应税凭证，以达到节约部分应缴税款的目的。同样，对于应税凭证，凡是由两方或两方以上当事人共同书立的，其当事人各方均为印花税的纳税人，筹划方法就是尽量减少书立使用各种凭证的人数，使更少的人缴纳印花税，使当事人总体税负下降，从而达到少缴税款的目的。

8. 土地增值税涉税合同

土地增值税涉税合同中，房地产转让收入变少的话，会减少纳税人转让的增值额。分散转让收入是非常重要的方法。假如某企业拟出售其拥有的一幢房屋以及土地使用权，房屋里的各种设备安装齐全。估计市场价格是 800 万元，其中各种设备的价格约为 100 万元。如果该企业和购买者在签订合同时，将全部金额以房地产转让价格的形式在合同上体现，则增值额无疑会增加 100 万元。而土地增值税适用的是四级超率累进税率，增值额越大，适用的税率越高，相应地应纳税额也就会增大，如果当事人签订合同时在合同上载明 700 万元房地产转让价格，同时另签订一份附属办公设备购销合同，则问题便可迎刃而解。这样不仅可以使增值额变小，且由于购销合同适用 0.03%的印花税税率，比产权转移书据适用的 0.05%税率要低，从而实现节税目的。

二、发票的涉税管理

（一）发票的基本常识

1. 发票的概念与本质

交易的双方在交易后（特殊条件下也包括交易前和交易中），其中一方（主要是收款方但有时也包括付款方）会开给对方一张用以记载这一交易事项主要内容（如交易双方的名号、交易时间、交易对象、交易数量和金额等）的商事凭证，这个商事凭证就是发票。

比较规范的说法是，发票是指一切单位和个人在销售产品、商品，提供劳务、服务以及从事其他经营业务活动时，对外收付款项或发生资金转移时所提供给对方的各种凭证。简言之，发票就是记录经营业务活动的凭证。

一般而言，在“一手交钱一手交货” 的交易状态下，发票一经开出，就意味着买卖双方的一次“合意”行为的达成。一些发票上还要求签具对方姓名、回单及意见，更可以看出这种协约的性质。发票不同于生意准备状态下所签订的那种合同，那表明这一项生意的达成或阶段性的达成，到了“秋后算账”的结算或程度。发票也不像领货单、有价证券，那只是一种尚未实现的交易。大多数的发票表明一项交易的彻底完结，银货两清、互不赊欠。我们终于可以说，这项交易达成了，可以记账了，可以计税了。

当然，在异地交易、托收承付的交易、付款与送货交叉进行的交易、货到发货或货到付款的交易中，发票的开具并不意味着交易的达成和货款的收讫，这就需要发票经历一个旅行过程。

总的来说，发票是对交易过程的瞬间实录。从交易到核算，它是严密监督、现场反映交易完成的一个过程。取得合法且内容真实的发票的过程，就是证明自己的交易合法化的一个过程。

2. 发票在交易和核算中的作用

首先，发票标志着一种物权、使用权、所有权甚至机会或资格的合法位移。

其次，发票可以用来向各自的东家“报销”。

再次，发票是企业列支各种成本和费用的原始凭证之一，可以作为一种核算要件为会计记账起到参考、辅助和佐证的作用。

最后，由于发票具有记录交易过程的作用，发票及相关凭证、账簿就成为国家稽征税款的一份重要资料。发票的管理也成为税务部门纳税管理的重点。

【案例分析】警惕酒店给的"小惠"

陈先生是诺兰阳光有限责任公司的销售部经理，由于要和客户进行业务交流，所以经常在外地吃饭住宿。某日，陈先生与客户洽谈业务之后，在一家酒店设宴款待客户，但在付款索要发票时，被酒店收款员拒绝。酒店收款员以客户自带烟和酒水，酒店利润很少，和给予一定金额的优惠为由拖延。陈先生一再坚持说，不开发票就不能向总部报销，最后收款员竟然用一些金额差不多的开给其他顾客的发票顶替。陈先生忍无可忍，拨打 12366 向税务部门进行投诉。

对于企业来说，开出多少金额发票，就要按发票所列金额纳税。一些企业不愿纳税，也就不愿开发票。一个典型的商业行为：商家不愿给顾客开发票，代之以一定的让利。如果顾客不索要发票，一般会得到商家 5%左右的价格让利。这是什么原因呢？原来我国代理业、服务业的增值税税率是 6%，消费者不索要发票就相当于商家可能会规避 6%的增值税，所以商家为了规避税收，就会以让利的方式"鼓励"消费者不索要发票，这样商家就不反映销售收入，于是连企业所得税也顺便规避了。

3. 发票的种类

发票有两大系统，一是企业使用的发票，由税务部门负责监制。由于税务局分为国家税务总局和地方税务局，所以企业使用的发票就由国家税务总局和地方税务局共同负责监制。国家税务总局监制属于国税系统的发票，如增值税发票等；地方税务局监制属于地税系统的发票，如服务业发票等。二是国家机关、事业单位使用的发票，由财政部门负责监制，如北京市财政局监制的北京市银钱统一收据等。

普通发票按行业划分有工业发票、商业批发发票、商业零售发票、加工业发票、收购发票、服务业发票、广告业发票、建筑业发票等；另有一些特殊行业专用发票，如保税区保税货物销售、机动车销售、旧车销售、机动车维修、粮食销售、木材销售等。年应税销售额在规定以下的小规模纳税人应使用定额发票，纳税人可根据业务需要选择使用。

一些大型企业，还可以向税务机关申请，在税务机关的监制下，印制本企业使用的发票，如某某商场商业零售发票等。

（1）增值税专用发票。

增值税专用发票既是增值税的基本内容之一，也是增值税实现规范化的一项重要基础工作，同时也是增值税改革的重要组成部分。这是因为增值税专用发票既发挥着普通发票的作用，又不同于普通发票，具有自己的特殊性。

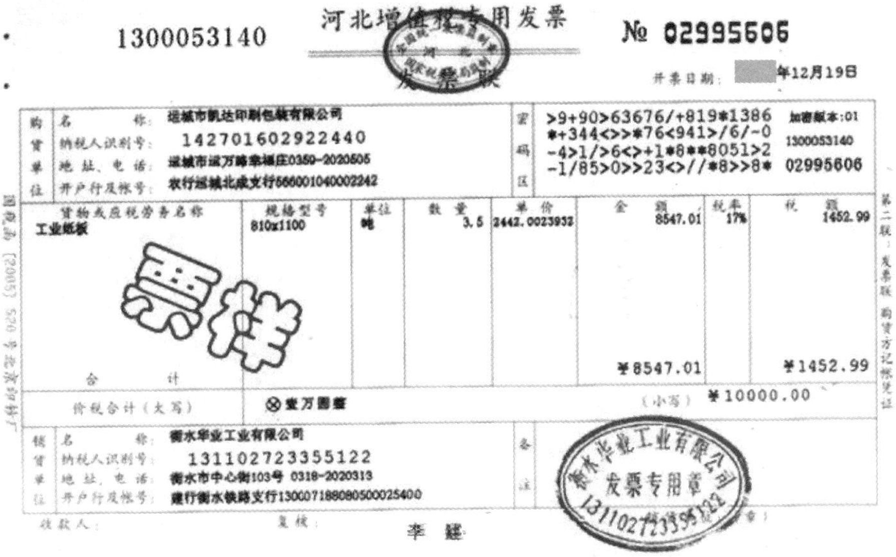

1300053140　　河北增值税专用发票　　№ 02995606

发票联

开票日期：[redacted]年12月19日

购货单位	名称：运城市凯达印刷包装有限公司 纳税人识别号：142701602922440 地址、电话：运城市远万路幸福庄0359-2020505 开户行及帐号：农行运城北成支行566001040002242	密码区	>9+90>63676/+819*1386 *+344<>>*76<941>/6/-0 -4>1/>6<>+1*8**8051>2 -1/85>0>>23<>//*8>>8*	加密版本:01 1300053140 02995606

货物或应税劳务名称	规格型号	单位	数量	单价	金额	税率	税额
工业纸板	810x1100	吨	3.5	2442.0023932	8547.01	17%	1452.99
合计					￥8547.01		￥1452.99
价税合计（大写）	⊗壹万圆整				（小写）￥10000.00		

销货单位	名称：衡水华业工业有限公司 纳税人识别号：131102723355122 地址、电话：衡水市中心街103号 0318-2020313 开户行及帐号：建行衡水铁路支行13000718808050002540	备注	

收款人：　复核：　开票人：李强　销货单位：（章）

第二联：发票联　购货方记帐凭证

对购销双方来说，专用发票既是纳税的依据，又是扣税的凭证。即专用发票是销售方记载销项税额和购货方记载进项税额并进行税款抵扣的合法凭证，而普通发票则不具备这一功能。增值税专用发票的特殊性，还表现在它可以将一种货物从最初生产到最终消费之间的各个环节连接起来，并将该货物所承担的全部税款传递到最终消费者身上。具体体现在：按照专用发票上注明的税额，逐环节征税、逐环节扣税，可以明确、清楚、简便地把税额从一个经营环节传递到下一个经营环节，直到把货物销售给最终消费者，从而将税款也逐环节地传递到最终消费者身上。

（2）专业发票。

《发票管理办法》第四十二条规定，对国有邮政、铁路和民航等单位的专业发票，经国家税务总局或者国家税务总局省、自治区、直辖市分局批准，可以由国务院有关主管部门或者省、自治区、直辖市人民政府有关主管部门自行管理。

因此，我们见到的车票、船票、机票、购买邮票证明单等都是发票，没有税务机关的监制章，但也是合法的凭证，可以作为报销、费用列支依据。

（3）非经营收入发票。

非经营收入发票是指用于单位收取按税收法律、法规规定不征收增值税税款的情况。具体包括：业务收取与应税行为无关的补偿性费用、违约金、押金；业户收取投资利润、股息、红利等。但与应税行为有关的价外费用不能混同非经营收入发票。

比如公司收回3个月前借给另一公司的款项、公司收回租赁合同到期押金、客户送货车撞坏了公司玻璃、公司收取500元赔偿金。此时，公司可以开具税务机关监制的收款收据、申请到税务机关开具通用发票或者税务机关代开统一发票。

（二）发票的开具

1. 开具发票的一般要求

销售部张经理到外省出差，准备推广公司的新产品。他带了一些产品，还带了公司的发票，准备销售产品时开具。到月底，他把使用过的和没使用已过期的发票扔掉了。张经理的做法正确吗？

首先，办理工商登记和税务登记后的单位和个人，在领取税务登记后，可以向主管税务机关申请领取发票。在发生经营业务后，收款方应按规定填开发票。

根据发票管理办法，开发票的一般要求如下。

（1）整本启用，不得拆开分散使用发票。

（2）在规定的区域内填开，不得跨市、县填开发票。未经批准，不得跨规定使用区域携带、邮寄、运输空白发票。

（3）按号码顺序并逐栏填开，不得跳号、漏项或简略填开发票。

（4）按规定时限填开，不得提前或推后填开发票。

（5）全份一次性填开，不得单联分开填写发票，不得出现大头小尾现象。

（6）如实填开发票，不得变更品名，发票金额要按实际发生额填写，不得多开或少开。

（7）按发票版限额填开，不得超面额填开发票。

（8）开具发票要加盖收款方财务印章或发票专用章，填开人员要签写姓名。

（9）不得转借、转让、代开发票。

（10）按专业发票规定范围填开，不得自行扩大使用范围。

（11）按规定报告发票使用情况并设置发票登记簿。

（12）发票开具后，如发生退款退货的，必须先收回原发票并注明“作废”字样。如发生销售折让的，在收回原发票并证明“作废”后，重新开具发票。

在开发票时，字迹要清晰，开出的发票要符合业务的要求，例如：取得服务收入，就应该开服务发票，不能开增值税发票；从一般纳税人那儿取得商品销售收入就应该开增值税发票而不能开服务发票。同时要注意，客户名称、日期、货物名称、品牌填写是否正确；人民币大写有无错误。如果是剪切发票，要注意剪切联是否正确。

【案例分析】发票上字迹缺失易引纠纷

现在的财务制度日趋完善，许多发票都是机器打印出来的，可是机打的发票墨迹有深有浅，有的存放一段时间就会褪色，使发票上的字迹模糊不清，给买卖双方都带来很多不便，容易引发纠纷。

张先生是某公司的采购人员，3 月 6 日他在一家电器有限公司购买 4 台彩色喷墨打印机，价格为 3 600 元。10 月 15 日其中一台在公司使用过程中出现问题，因打印机仍在“三包”期内，他找到该品牌打印机售后服务部门请求修理，售后服务要求张先生提供购货发票，当张先生拿出发票后，发现购货发票上的品名及规格型号、单位、数量、单价、金额、合计、开票日期等均无字迹，几乎成了空白发票。售后服务部门拒绝为其维修。张先生非常着急，立即找到该电器有限公司说明情况，工作人员又以负责人外出，不能作主为由拒消费者于门外。

类似事情比较多，该单位的财务人员也反映，经常有用发票结账的问题，机打发票字迹极易褪色，尤其是一些高速公路费和加油站开具的发票，往往过不了一两个月，发票上的字迹就已经模糊不清，有时为辨认上面的字迹，需要同时几个人反复观看，既浪费时间也浪费精力，实在看不清的发票也只能作废。甚至有的发票上，只能看清一个圆，而看不清对方单位的名称，此类发票根本不能入账。

发票妥善保管，用票单位和个人按规定应将发票的存根联统一装订保管并作为记账依据。

没有使用的发票或已过期的发票按规定上交主管税务机关。购货方索取的发票一旦丢失，一般销售方不再愿意开具，最多只能提供证明或发票存根联复印件。

发票一般有入账时间的规定，往年的发票一般不允许在当年账簿列支，但对于漏记的费用，如差旅费、会议费等，一般在年度汇算清缴之前，能够取得合法的票据凭证的，可以在年度汇算清缴时进行扣除。

2. 增值税专用发票的开具要求

增值税专用发票比普通发票的监管更为严格，相对于普通发票，增值税专用发票的开具还有一些其他要求。

（1）专用发票的开具时限。

规定专用发票的开具时限，是为了避免企业占用国家税金，因为专用发票是兼记销货方销项税额和购货方进项税额的合法凭证。如果购货方没有办妥收款手续而提前开出发票，购货方即可根据获取的发票抵扣税款，这样在销货方还未发生纳税义务而购货方已能够抵扣税款之间存在的时间差，势必造成上一个环节税款尚未缴纳，下一个环节税款已抵扣的现象。提前抵扣的税款属于国家税收预支，即企业占用国家资金。

为避免发生上述问题，专用发票应当在发生纳税义务并办妥收款手续后开具，不得提前或滞后。专用发票的具体开具时限根据结算方式的不同可分为以下几种情况。

① 采用预收货款、托收承付、委托银行收款结算方式，为货物发出的当天。

② 采用交款提货结算方式的，为收到货款的当天。

③ 采用赊销、分期付款结算方式的，为合同约定的收款日期的当天。

④ 将货物交付他人代销的，为收到受托人送交的代销清单的当天。

⑤ 设有两个以上机构并实行统一核算的纳税人，将货物从一个机构移送到其他机构用于销售，按规定应当征收增值税的，为货物移送的当天。

⑥ 将货物作为投资提供给其他单位或个体经营者的，为货物移动的当天。

⑦ 将货物分配给股东的，为货物移送的当天。

（2）不得开具专用发票的情形。

一般纳税人销售货物（包括视同销售货物在内）、提供应税劳务，以及根据规定销售应当征收增值税的非应税劳务，必须向购买方开具专用发票，并在发票上注明不含税的销售额和销项税额。但有下列情形的，不得开具专用发票。

① 向消费者销售应税项目。

② 销售免税项目。

③ 销售报关出口的货物，在境外销售应税劳务。

④ 将货物用于非应税项目。

⑤ 将货物用于集体福利或个人消费。

⑥ 将货物无偿赠送给他人（如果受赠者为一般纳税人，可以根据受赠者的要求开具专用发票）。

⑦ 提供非应税劳务（应当征收增值税的除外）、转让无形资产或销售不动产。

⑧ 向小规模纳税人销售货物。

⑨ 急售商店代销的寄售物品以及典当行业销售的死当物品。

3. 对违反专用发票使用规定的处理

（1）对违反专用发票日常保管规定的处理。

对企业违反《增值税专用发票使用规定》及日常保管规定而发生发票丢失或被盗的，应于丢失或被盗的当日书面报告主管税务机关，并通过《中国税务报》刊登遗失公告，声明遗失的专用发票作废。主管税务机关对丢失专用发票的企业除按有关规定给予处罚外，还要根据情节轻重，给予半年内不得使用、领购专用发票，并收缴结存的专用发票的处罚。对企业申报丢失的专用发票，如虚开、代开的，该企业还应承担偷税、骗税的连带责任。

（2）对不按规定填开以及代开、虚开专用发票的处理。

对不按规定开具专用发票的，一律不能作为税款抵扣凭证。对已开具专用发票的销售货物，应及时足额通过销售账户核算并纳税，凡未按规定计入销售账户核算并纳税的，一律按偷税处理。对代开、虚开专用发票的，一律按票面所列货物的使用税率全额补征税款，并按《税收征管法》的规定给予处罚。这里所说的代开，是指一般纳税人为与自己没有发生直接购销关系的他人开具专用发票的行为；虚开，是指在没有发生任何购销货物事实的前提下，为他人或为自己、让他人为自己或者介绍他人开具专用发票的行为，其目的是骗取税款抵扣的凭证或骗取出口退税。对代开的专用发票，一律按票面所列货物的使用税率全额补征税款，并按《税收征管法》的规定给予处罚。对纳税人取得代开、虚开的专用发票，不得作为增值税合法的抵扣凭证抵扣进项税额。对虚开专用发票数额特别巨大、情节特别严重、给国家利益造成特别重大损失的，根据有关法律可以处以无期徒刑或死刑，并处以没收财产的处罚。

4. 开具发票常见的违法行为

假发票的使用既侵吞了国家利益，也会给纳税人的正常经营带来损失。近几年来发生的重大税收案件，几乎每起都与发票有关。以下列举了一些常见的开具发票的违法行为。

（1）大头小尾。一张发票分开填写，金额大的留给客户报销、抵税，金额小的留给自己申报纳税。

（2）张冠李戴。发票的内容与实际经营内容不符，原来不能报销的物品、不能入账的费用，也堂而皇之地以各种管理费用和礼品的名义入账。

（3）拒开发票。几乎每个消费者都有过购物被拒开发票的经历。这种情况一般多发生在与私营业主或个体户打交道时。你不主动索要发票，对方是不会主动给你的，就是你主动索要发票，对方还可能以发票刚好用完或暂缺发票为由拒绝提供发票。

（4）地下交易。在车站、码头、地铁等公共场所，常有票贩子兜售空白发票，包括交通业、零售业、旅游业、餐饮业等各行业发票，种类齐全。

（5）以假乱真。通过现代印刷技术，伪造的假发票与真发票非常相似，难辨真伪，如服务业发票或定额发票，虽有防伪标识，但真假肉眼难辨。

（6）开票公司。有些地方出现了专营发票业务的公司，人称“开票公司”。公司既没有固定场所，也没有正规业务，仅利用手中的发票，只要顾客交手续费，就可以随意填开。

（三）发票的鉴别

在管理发票的过程中，领导者应注意发票的合法性、真实性、开具的内容，避免取得虚开、代开、借开的发票，保证列支的合法性。这样，既可以取得抵税效益，有可以防范财务风险和税务风险。

1. 发票的形式审查

（1）普通发票真伪鉴别方法。

发票监制章是识别发票真伪的重要法定标志。全国统一启用的新版发票“发票监制章”，其形状为椭圆形，上环刻制“全国统一发票监制章”字样，下环刻制“某某税务局监制”字样，中间刻制国税、地税机关所在地的省、市全称或简称，字体为正楷，印色为大红色，紫外线灯下，呈橘黄色荧光反应，套印在发票联的票头正中央。可用发票防伪鉴别仪器识别防伪油墨是否是统一的防伪油墨。

（2）增值税专用发票真伪鉴别方法。

鉴别增值税专用发票的真伪，首先应了解其防伪措施，然后采取特定的审查方法来鉴别其真伪。对照光线审查增值税专用发票的发票联和抵扣联，看是否使用国家税务总局统一规定带有水印图案的防伪专用纸印制。用紫外线灯鉴别荧光防伪标志“SW”。

（3）对照审查发票法。

对照审查发票法将用票单位的实际使用情况与“发票领购簿”及发票领用存的情况核对，审查私印发票、丢失发票、转借发票、虚开发票、代开发票、使用作废发票和超额经营填开发票的问题。

（4）票面逻辑推理法。

根据发票各个栏目所列的内容之间、发票与用票单位有关经济业务之间的关系进行分析审核，从中发现问题。发票所列各项内容之间，有其内在的逻辑关系和规律性，如果违背了这些规律，就说明发票存在问题。如增值税专用发票中购销双方的名称与税务登记号有着直接的对应关系；根据销售货物或劳务的名称可以确定适用税率；根据计量单价、数量、单位、金额、税率和税额之间的逻辑关系可以推断金额和税额的计算错误等。发票与企业的购销业务有着直接的联系，而购销业务与企业存货数量及货币资金（包括债权、债务）的增减变化有着一定的对应关系，利用这一逻辑关系就可以审查发票使用有无问题。取得发票的金额与存货、费用增加额、货币资金减少额、流动负债增加额呈同步变化趋势；填开发票的金额与存货减少额、货币资金或应收债权增加额呈同步变化趋势。如果企业取得和填开的发票与购销业务之间的关系违背了上述规律，在数量、金额上的逻辑关系不符，就有可能存在问题，需要进一步审查核实。

【案例分析】维修单背后的“秘密”——假发票

某市地税稽查局对某公司某年度纳税申报情况进行检查时发现，在“现金日记账”中，11 月 27 日贷方发生额记录一笔业务，支出维修费 154 820.3 元，摘要栏内只有“支出”两个字，单从现金日记明细账中看不出具体的业务内容。税务检查人员觉得这笔账含糊不清，便查阅了 11 月的现金支出凭证，从这张凭证上也看不出有什么可疑的地方。

其原始凭证只有一张单位公章非常模糊的维修发票，开出日期为 11 月 3 日，发票号为 NO.3725991，内容为：维修材料及人工费。从表面上看，这笔业务除了违反现金管理办法外似乎无其他涉税问题。

稽查人员来到市国税局查询号码为 3725991 的发票是被什么单位购去了。很快就查到这张发票流向市中区某汽车修理厂。该发票的存根联和记账联只有 24 元，汽修厂的法定代表人、会计、经办人员均证明只收了该公司一个配件款 24 元，绝对没有收入不入账的现象，只是由于不懂税法，给了对方一份空白发票。

稽查人员依照法定程序对该公司的法定代表人、财务科长、出纳进行了询问，经过耐心细致的教育，他们说出了该笔款项流入“小金库”的事实。

经查，“小金库”金额达876 107.61元，形成“小金库”的资金来源主要是收取的部分房屋租金收入和虚列成本费用的各项支出，其中就包含这笔计入管理费用中的汽车维修费支出，资金支出大多为发放奖金、吃喝招待和一些无法报销的费用。稽查人员终于解开了这张维修单背后的各个疑点，并做出了相应的处理。

（5）其他方法。

除以上方法之外，还可以拨打税务机关提供的电话（如12366）按提示查询，或登录国、地税网站进行查询。地税的征收分局和国税的主管税务机关也都可以受理发票的鉴定。

2. 发票的实质审查

当然形式假，伪造的发票肯定是假发票；那么形式真，但业务假或者所列金额不真实的发票，算不算假发票呢？

（1）注意发票的内容。

注意发票的内容是否准确、完整。比如，一个企业经理到外地开会，他从酒店拿回来的发票，既可能写会议费，也可能写餐费，当然还可能写住宿费。这时就要详细检查发票的内容是否与真实业务一致，有无虚假业务。不同的费用项目其账务处理结果是不一样的。如果发票开的是餐费，一般作为业务招待费；如果开的是会议费，只要提供参加会议的人员名单、会议主题、会议时间等，就可以实现税前全部列支。

【案例分析】领导签字露了偷税“马脚”

某印刷厂接到了许多书籍印刷订单，产品运输大增。该公司原有的几辆货车日夜兼程也满足不了运输的需要。因此，该公司经理又雇了三辆货车，专门帮忙跑运输。但令该经理头痛的是，那三辆货车的车主都不能提供运输发票，印刷厂在运输业务上没法抵扣增值税进项税款，没法抵扣就得多纳税。

该公司的财务人员给他出了个主意：叫那三辆货车的司机加油时，以印刷厂的名义向加油站索取增值税专用发票，然后把发票交给总经理，这样，印刷厂就可以凭借专用发票抵扣增值税进项税款了。几个月下来，288 000元金额的专业发票经总经理签字入账后，总共抵扣了进项税款48 960元（288 000元×17%）。

国税局对印刷厂进行税务检查时，该厂进项税额中油料抵扣过多的现象引起了稽查人员的怀疑。在检查发票时，总经理在发票上的签字记录引起了他们的注意。总经理为了区别雇车运输和自备车运输，特别在雇车运输货物的所有油料专用发票上签上“雇车运输到某地，同意报销。”这一举动暴露了这些专用发票都是由雇车运输户提供的。而按照规定，运输户只能提供运输发票，不能提供增值税专用发票。

该公司因此受到了“补缴税款48 960元，并处以所偷税款1倍的罚款”的处理。

（2）避免取得虚开、代开发票和失控发票。

所谓虚开发票，是指商品的销售金额与实际交易数额不符。

所谓代开发票，是指销售方与发票开出方不一致。比如，A卖商品给B，却由C给B开。

【案例分析】从第三方拿票，有真实交易也算偷税

4月7日，A省滨海县国家税务总局稽查局收到B省大河县国家税务总局的协查函，委托协查大河某贸易有限公司虚开增值税专用发票的案件，受托方纳税人是滨海县某煤矿，涉嫌取得虚开的增值税专用发票，全额价税合计574 959.42元。

经查，A省滨海县某煤矿于去年2月24日，从B省大河县某贸易有限公司取得增值税专用发票6份，货物名称是矿用工字钢和电器配件，总购货金额491 418.30元，税率17%，税额83 541.12元，价税合计574 959.42元。此批货物分别于前年12月和去年3月全部验收入库，且进项税额83 541.12元已于去年3月通过认证并抵扣应纳税款，但实际发货人不是大河县某贸易有限公司，而是中间商黄某。

滨海县国税局稽查局在进行调查以后，认定该煤矿的行为属于偷税。4月15日，滨海县国税稽查局对该煤矿下达税务行政处理决定书、税务行政处罚事项告知书、税务行政处罚决定书，要求该煤矿补缴所偷增值税83 541.12元、滞纳金16 456. 60元、罚款83 541.12元。

所谓失控发票，包括以下几种情况。

（1）一般纳税人企业丢失被盗金税卡中未开具的发票。

（2）企业购买了增值税专用发票，税务机关联系、查找又无下落，企业已经“失踪”，该企业未申报纳税的发票。

（3）已经开具的专用发票销货方未按时抄报税。

“失控发票”本身就是真的专用发票，认证通过当然不存在问题，现在税务机关的金税工程，在开具发票月份的次月起一个月以后才能发现问题，这种时间差使得企业对“失控发票”难以及时发现。

第十四章
税收筹划——如何学会节税

最令人气愤的是要比自己的邻居多缴税。

——威廉·配第

的确如此，人都有这样的心理。但如何做到依法纳税、科学节税，却是一件既节省税收，又正大光明的事情。领导当然希望能够学到如何节税的技法。那么，下面将揭开领导最想知道的节税谜底。

一、认识税收筹划

（一）税收筹划的概念

税收筹划是指在纳税行为发生之前，在不违反法律、法规（税法及其他相关的法律、法规）的前提下，通过对纳税主体（法人或自然人）的经营活动或投资行为等涉税事项做出事先安排，以达到少缴税或递延缴纳税收的一系列谋划活动。

知识链接

辨别偷税与税收筹划

小张问经理："税收筹划不就是少缴税，少缴税不就是偷税吗？"经理回答："偷税是指一些纳税人故意伪造、变更、隐瞒、擅自销毁账簿和凭证，在账簿上多列支出，或者不列、少列收入，或者采用虚假的纳税申报手段，从而不缴或者少缴税款的行为。偷税是对一项实际发生的应税行为的否定，属于法律上明确禁止的行为，被征收机关查明属实，纳税人就要为此承担相应的法律责任，受到制裁。而税收筹划只是对某项应税经济行为的实现形式和过程在事前进行一些安排，其经济行为符合减轻纳税的相关法律规定。"

（二）税收筹划的原则

1. 合法性原则

税收筹划只能在法律许可范围内进行，由于税收筹划与偷税、骗税存在本质的区别，纳税人只有在深刻理解、准确掌握税法及相关法律的基础上，税收筹划才有可能成功，否则税收筹划可能违法，受到法律的制裁。

2. 成本效益原则

纳税人进行税收筹划后，在取得部分税收利益时，会为该筹划方案付出额外的费用，以及因选择该筹划方案而放弃其他方案所损失的收益。当新发生的费用或损失小于取得的利益时，该项筹划方案才是成功的，当费用或损失大于取得的利益时，该筹划方案就是失败的。所以我们应充分考虑利用税收筹划进行方案的最佳设计，来选择总体收益最大的方案。

3. 风险原则

由于税收筹划与国家政策、经济环境及企业自身活动的不断变化有关，我们在制定和实施税收筹划时，并不能确定该筹划是否能成功，效果如何。我们要承担投入风险、失败风险，所以我们要在筹划时要随时做出相应调整，尽力去管理风险和控制风险，尽可能降低风险发生的概率，获取可能大的税收收益。

4. 筹划性原则

税收筹划应在纳税义务发生之前进行，并指导经济活动的运行，应当全局权衡利弊得失，充分考虑筹划方法的可行性，不影响企业生产经营的正常运行。

二、税收筹划的影响因素和基本方法

（一）税收筹划的影响因素

1. 税制因素

（1）纳税人身份的可转换性。

纳税人是指税法上规定的直接负有纳税义务的单位和个人。不同的税种，规定的纳税人也不尽相同，企业可以通过选择成为某税种的纳税人或者避免成为某税种的纳税人，进行税收筹划，如企业可以通过筹划选择成为增值税一般纳税人或小规模纳税人。

（2）适用税率的差异性。

在我国不同的税种有不同的税率，同一税种不同的税目也可能有不同的税率。不同比例税率的差别，以及全额累进税率和超额累进税率为企业进行税收筹划提供了良好的客观条件。

（3）计税依据的可调整性。

计税依据是计算应纳税所得额的标准，是根据税法规定所确定的用以计算应纳税额的依据。一般从价计算的税收以计税金额为计税依据，从量计算的税收以征税对象的重量、容积、体积、数量为计税依据。企业可以通过一定方式减少自己的计税金额，减轻税负，最大化利润。

（4）优惠政策的选择性。

我国税法有大量的优惠税收政策，企业可以通过一定的努力使自己具备享受优惠税收政策条件，从而实现减轻税收负担的目的。

2. 企业自身因素

（1）企业利润最大化的驱使。

随着经济的不断发展，企业要在激烈的竞争环境中获得利润，不仅要扩大生产规模，提高劳动生产率，增加收入，还要采用新技术、新工艺，降低生产成本。在一定条件下，收入的增长、成本的降低都会达到其限度。但企业负担各种税的减少，将会增加企业净利润。

（2）企业获取货币时间价值的动力。

企业通过延迟纳税，相当于从国家获得一笔无息贷款，企业将延迟的税费投入再生产或其他投资项目可以获得其他收益。

（二）税收筹划的基本方法

1. 利用纳税人身份的差异

通过对纳税人身份的合理界定或转化，使企业承担的税收负担尽量减少或降低到最小限度，或者直接避免成为某税种的纳税人。如企业通过选择小规模纳税人或一般纳税人，企业所得税纳税人或个人所得税纳税人使企业税负最低。

2. 利用税率差异

目前我国实行的税率有定额税率、比例税率、累进税率。企业通过经营业务或应纳税所得额的改变，尽量使用低税率。

3. 利用税目差异

企业应通过规范操作将一些不征税收入、免税收入、适用低税率收入从企业主营业务收入中分解出来，降低企业税负。

4. 利用纳税时间差异

通过延迟纳税，获得货币的时间价值。

5. 利用税收优惠政策

通过减税、免税政策节税，即企业在充分了解国家优惠政策的前提下，积极利用减税、免税优惠政策，降低税负。

（三）税收筹划的步骤

1. 熟练把握有关法律规定

（1）具备必要的法律知识，依法纳税是税收筹划的前提。

（2）了解主管部门对筹划行为“合法”的界定。

2. 结合本企业的情况和筹划要求制定税收筹划方案并实施

世界上只有死亡和税收是确定的事情，企业纳税也是天经地义的事情，但企业应该怎样纳税，纳多少税，需要企业结合自己实际情况和企业所处的阶段制定相应的方案，在合理、合法的基础上最小化企业成本。

三、经营活动中的税收筹划

（一）采购活动的税收筹划

物资采购是企业进行生产经营活动的起点，物资采购渠道的不同，纳税人所承担的税收是不一样的，主要影响增值税的扣除项目和所得税的应税所得，从而影响企业当期现金流出量和未来现金流量。

1. 物资采购渠道的选择

国内物资采购渠道可以划分为从增值税一般纳税人和小规模纳税人两种渠道购进。

对于小规模纳税人，由于其获得的增值税专用发票不能用于抵扣，从一般纳税人购买货物其进货中所含的税额高于小规模纳税人，因此，一般小规模纳税人从小规模纳税人处购货是合算的。

对于增值税一般纳税人企业，从一般纳税人企业购进货物包含的进项税可以抵扣；从小规模纳税人企业购进货物所包含的增值税不可以抵扣。但由于在现实生产经营中，小规模纳税人的售价金额低于一般纳税人，所以一般纳税人该如何选择呢？企业应从进项税能否抵扣，价格、质量、何时、何种方式付款结合货币的时间价值等多方面综合考虑，选择企业采购成本最小的购货渠道。

【案例分析】巧用增值税差异性政策

甲公司是增值税一般纳税人，本月月初计划购进原材料生产玩具，预计月末销售玩具不含税价格 20 000 元，现有三种方案可以选择。

方案一：从一般纳税人乙企业购进，购进价 10 000 元（不含税）；则本企业当期应纳增值税为 20 000 × 13%−10 000 × 13%=1 300（元）。

方案二：从可以开具增值税专用发票的小规模纳税人购进，购进不含税价 9 500 元（增值税征收率为 3%），则本企业当期应纳增值税为 20 000 × 13%−9 500 × 3%=2 315（元）。

方案三：从不能开具增值税专用发票的小规模纳税人购进，购进价 9 000 元；则本企业当期应纳增值税为 20 000 × 13%=2 600（元）。

从缴纳税款的角度讲，似乎方案三缴纳税款最多，但由于其进货价格比方案二和方案一低，实际负担是最小的，并且取得了货币时间价值。

2. 物资采购时间的选择

增值税一般纳税人购进货物或应税劳务，其进项税额申报抵扣时间，应按以下规定执行。

（1）工业生产企业购进货物（包括外购货物所支付的运输费用），必须在购进的货物已经验收入库后，才能申报抵扣进项税额，对货物尚未到达企业或尚未验收入库的，其进项税额不得作为纳税人当期进项税额予以抵扣。

（2）商业企业购进货物（包括外购货物所支付的运输费用），必须在购进的货物付款后才能申报抵扣进项税额，尚未付款或尚未开出商业承兑汇票的，进项税额不得作为纳税人当期进项税额予以抵扣。

（3）一般纳税人购进应税劳务，必须在劳务费用支付后，才能申报抵扣进项税额。对接受应税劳务，但尚未支付款项的，其进项税额不得作为纳税人当期进项税额予以抵扣。

企业应该在合法的申报期限内，既考虑货币时间价值，又考虑增值税进项税的抵扣要求进行筹划：对于工业企业及时验收入库；商业企业和一般纳税人购进劳务在限定时间内及时付款。

3. 购货运费的选择

运费的高低直接影响企业生产和经营的效益，增值税一般纳税人支付的运费可以抵扣进项税额，收取运费应交纳增值税，企业可以通过选择代垫并向购买方收取或自己负担运费等方式进行税收筹划。

【案例分析】巧用运费抵扣进项税

A 企业是增值税一般纳税人，2020 年 5 月 3 日购入一批货物，价格 500 万元（不含税），2020 年 6 月 29 日向 B 企业销售货物 600 万元，A 负责运货到 B 企业，运费 10.9 万元现有以下方式可以选择。

方案一：运输公司将运输发票开给 A 企业。A 企业应纳税额：

增值税销项税额=[600+（10.9÷1.09）]×13%=79.3（万元），

增值税进项税额=500×13%=65（万元）

应纳增值税额=79.3−65=14.3（万元）

城建税金及附加和教育费附加=14.3×10%=1.43（万元）

主营业务利润=600+10.9÷1.09−500−1.43=108.57（万元）

方案二：运输公司将运输发票开给 B 企业。A 企业应纳税额：

增值税销项税额=600×13%=78（万元），

增值税进项税额=500×13%=65（万元）

应纳增值税额=78−65=13（万元）

城建税金及附加和教育费附加=13×10%=1.3（万元）

主营业务利润=600−500−1.3=98.7（万元）

由以上结果可以看出，选择方案二，A 企业少交增值税 1.3 万元，少交城建税金及附加和教育费附加 0.13 万元，方案二为最佳方案。

（二）生产活动中的税收筹划

生产经营活动涉及产品生产方式的选择和大量成本费用的核算，通过税收筹划，能有效降低企业生产经营成本，提高企业市场竞争力。

1. 产品加工方式：委托加工还是自行加工

委托加工的应税消费品与自行加工的应税消费品的计税依据不同。委托加工的应税消费品由受托方在向委托方交货时按同类货物的销售价格代收代缴税款，委托方用于连续生产应税消费品的，所纳税款可以按规定抵扣。《消费税暂行条例实施细则》规定："委托加工的应税消费品收回直接销售的，不再征收消费税。"通常情况下，在委托方收回委托加工的应税消费品要以高于成本的价格出售。不论委托加工费大于或小于自行加工成本，只要收回的应税消费品的计税价格低于收回后直接出售的价格，委托加工应税消费品的税负就会低于自行加工的税负。对于委托方来说，其产品对外销售价高于收回委托加工应税消费品的计税价格部分，实际上并未缴税。同时，消费税作为加内税，企业在计算应税所得时，将消费税作为扣除项目，进而影响企业的净利润。

【案例分析】灵活使用加工方式

灵翔卷烟厂是一家卷烟生产企业。2010 年 11 月 2 日接到一笔 4 000 万元甲类卷烟的生产订单，对此，有以下三种方式可以选择。

① 全部卷烟各生产流程均由企业自行完成。

② 全部生产流程委托其他企业加工，收回后直接销售给客户。

③ 委托其他企业将烟叶加工成烟丝，收回后本企业再进一步加工成卷烟。

三个方案，哪一个可为企业带来最大税后利益呢？

方案一：全部卷烟各生产流程均由企业自行完成。原材料（烟叶）购入价格 500 万元，加工成本、分摊费用 340 万元，售价 4 000 万元（含消费税价），生产 0.2 万箱。

灵翔卷烟厂应缴消费税：4 000×56%+0.2×150=2 270（万元）

灵翔卷烟厂应缴企业所得税：（4 000−500−340−2 270）×25% =222.5（万元）

税后利润：890−222.5=667.5（万元）

方案二：全部生产流程委托其他企业加工，收回后直接销售给客户。烟叶成本不变，委托加工费用 340 万元。灵翔卷烟厂收回后直接销售给客户，售价 4 000 万元。

受托加工卷烟企业代收代缴消费税：[（500+340+0.2×150）÷（1−56%）]×56% =1 107.27（万元）

灵翔卷烟厂收回卷烟直接销售时不需再缴纳消费税。

灵翔卷烟厂应缴企业所得税：（4 000−500−340−1 107.27）×25% =513.18（万元）

税后利润：2 052.73−513.18 =1 539.55（万元）

方案三：委托其他企业将烟叶加工成烟丝，收回后本企业再进一步加工成卷烟。委托加工原料（烟叶）价格 500 万元，双方协议加工费 170 万元。加工烟丝收回后，灵翔卷烟厂继续加工成甲类卷烟，加工成本、分摊费用 170 万元，卷烟售价 4 000 万元（含消费税价）。

受托加工烟丝企业代收代缴消费税：[（500+170）÷（1−30%）] ×30% = 287.14（万元）

灵翔卷烟厂销售卷烟时应缴消费税：4 000×56%+0.2×150−287.14=1 982.86（万元）

灵翔卷烟厂应缴企业所得税：（4 000−500−170−287.14−170−1 982.86）×25%= 222.5（万元）

税后利润：890−222.5=667.5（万元）

从计算比较可以看出，在各种相关因素相同的情况下，完全委托加工（收回后不再加工，直接销售）的消费税税负比自行加工方式低 1 162.73 万元。尽管多缴了 290.68 万元企业所得税，但总体上，企业多获得税后利润 872.05 万元。

由此可见，在各相关因素相同情况下，自行加工方式的税后利润最小，税负最重。

2. 期间费用与生产成本的筹划

企业生产经营中的期间费用包括销售费用、管理费用、财务费用，这些费用的大小直接影响着企业的应纳税所得额。扣除项目有的据实扣除，有的在限额内扣除，有的加计扣除，企业应当明确国家相关政策，在依法纳税的前提下进行税收筹划。

（1）对于限额扣除的项目，在最大化的限额内扣除。税法有扣除标准的费用项目包括职工福利费、职工教育经费、工会经费、业务招待费、广告费和业务宣传费、公益性捐赠支出等。

【案例分析】巧用税前扣除标准

科林公司计划在 2020—2021 年两年投入宣传费用 2 400 万元，预计本年销售收入 6 000 万元，2021 年销售收入将超过本年。企业围绕宣传费用开支 2 400 万元，该企业应如何支出宣传费？

2020 年广告费最高扣除限额：6 000×15%=900 万元，即如果科林公司在 2020 年的广告费超过 900 万元，超过部分将做 2020 年的应纳税所得额的调增项目，不得在当年抵扣，企业损失了货币时间价值。所以，该公司在 2020 年应列支的广告费最高金额 900 万元，其余 1 500 万元留在 2021 年列支。

（2）对于某项成本费用，能够在存货与资本化对象之间进行选择，企业应该尽可能选择计入存货成本，可以加快其税前扣除速度。

【案例分析】成本费用尽量选择在当期扣除

某企业于2020年2月25日采购一台设备，价值200万元，随同该设备购入的还有相关零部件，价值50万元。该企业为增值税一般纳税人，增值税税率13%。

方案一：零部件随同设备计入固定资产。方案二：零部件作为低值易耗品入账。

在2020年，方案一可以在企业所得税前扣除的折旧费为：

$$[(200+50)\div(5\times12)]\times10=41.67（万元）$$

在2020年，方案二可以在企业所得税前扣除的折旧费为：

$$[200\div(5\times12)]\times10+50=83.33（万元）$$

所以，企业应该尽可能选择计入存货成本。

3. 固定资产的筹划

（1）固定资产维修费用的筹划。固定资产的维修与改良的税收处理不同。相比较而言，维修费用能够尽快实现税前扣除，而改良支出需要计入固定资产，通过折旧实现税前扣除。

《企业所得税法实施条例》第六十九条规定，固定资产的大修理支出，是指同时符合下列条件的支出：第一，修理支出达到取得固定资产时的计税基础的50%以上；第二，修理后固定资产的使用年限延长2年以上。固定资产的大修理支出必须作为长期待摊费用按规定摊销，不得直接当期税前扣除。

【案例分析】维修支出尽量选择在当期扣除

甲企业对旧生产设备进行大修，大修过程中所耗材料费100万元，增值税17万元，支付工人工资2万元，总花费119万元，而整台设备原值为200万元。

总的修理支出大于设备原值的50%，按照税法规定，凡修理支出达到取得固定资产时的计税基础的50%以上的，一律作为大修理支出，按照固定资产尚可使用年限分期摊销。因此应将119万元费用计入该设备原值，在以后的使用期限内逐年摊销。当总的修理支出小于100万元时，就可以视为日常维修处理，一次性在所得税前扣除。

（2）固定资产购入还是租入的税收筹划。

【案例分析】设备租赁与购买的选择

乙企业由于扩大生产，急需一台生产设备。此设备可以通过经营性租赁租入，也可以购置。企业所得税率25%，贴现率10%。那么，在决策时有两个方案。

方案一：经营性租赁租入，每年租金15万元，假定每年年末支付，共租5年。

$$净现值=-15\times PVIFA(5,10\%)\times(1-25\%)=-15\times3.791\times(1-25\%)=-42.7（万元）$$

方案二：购入该设备，买价60万元，5年提完折旧，每年12万元。

$$净现值=-60+12\times25\%\times PVIFA(5,10\%)=-60+12\times3.791\times25\%=-48.6（万元）$$

可见，方案一净现值小于方案二，所以企业应选择方案二，即购入该设备。

（三）销售活动中的税收筹划

销售的顺利实现是企业再生产顺利进行的保证，通过对销售成本和收入税收筹划，可以有效提高企业产品竞争力。

1. 销售身份的选择

一般纳税人与小规模纳税人在税率和计税方法存在差异，在销售收入相同的情况下，我们应该选择哪一个呢？

【案例分析】灵活选择增值税纳税人身份（一）

甲企业销售 113 万元（含税）商品，当期购进 56.5 万元（含税）原材料，该企业应交增值税税额为多少？

在该企业为一般纳税人的情况下：

应交增值税税额=113÷（1+13%）×13%−56.5÷（1+13%）×13%=6.5（万元）

在该企业为小规模纳税人的情况下：

应交增值税额=113÷（1+3%）×3%=3.29（万元）

该企业应选择小规模纳税人身份。

【案例分析】灵活选择增值税纳税人身份（二）

甲企业销售 113 万元（含税）商品，当期购进 90.4 万元（含税）原材料，该企业应交增值税税额为多少？

在该企业为一般纳税人的情况下：

应交增值税税额=113÷（1+13%）×13%−90.4÷（1+13%）×13%= 2.6（万元）

在该企业为小规模纳税人的情况下：

应交增值税税额=113÷（1+3%）×3%=3.29（万元）

该企业应选择一般纳税人身份。

综合上述情况，我们应该找出一个纳税平衡点，含税销售额无差别平衡点增值率的计算：设 V 为增值率，S 为含税销售额，P 为含税购进额，并假定一般纳税人适用税率为 13%，小规模纳税人适用税率为 3%。

$$一般纳税人增值率\ V=(S-P)\div S$$

$$一般纳税人应纳增值税=S\div(1+13\%)\times 13\%-P\div(1+13\%)\times 13\%$$
$$=S\times V\div(1+13\%)\times 13\%$$

$$小规模纳税人应纳增值税=S\div(1+3\%)\times 3\%$$

两种纳税人纳税额相等时，即 $S\times V\div(1+13\%)\times 13\%=S\div(1+3\%)\times 3\%$，得 V=21.03%。

当 V≤21.03%时，一般纳税人税负低于小规模纳税人，选择一般纳税人可以实现节税目标；当 V≥21.03%时，小规模纳税人税负低于一般纳税人，选择小规模纳税人可以实现节税目标。

	一般纳税人税率	小规模纳税人税率	无差别平衡点增值率
销售额和购进额（含增值税）	13%	3%	25.32%
	9%	3%	35.27%
	6%	3%	51.46%

续表

	一般纳税人税率	小规模纳税人税率	无差别平衡点增值率
销售额和购进额（不含增值税）	13%	3%	23.08%
	9%	3%	33.33%
	6%	3%	50%

企业可以计算本单位产品的增值率，根据上表选择企业增值税的纳税人身份。如果企业增值率低于无差别平衡点增值率，通过合并企业等方式选择一般纳税人模式；如果企业增值率高于无差别平衡点增值率，通过分立分公司或子公司方式选择小规模纳税人模式。

2. 促销方式的选择

由于现在大多数产品处于买方市场，商家为了盈利，会采取各种促销方式，吸引顾客，但各种促销方式的税收负担不同，企业的销售成本也不同。因此，企业应结合自己实际情况和国家相关政策，设计最佳促销方案，达到节税增效的目的。

【案例分析】巧用促销方式节税

某超市为增值税一般纳税人，假定每销售100元商品，其平均商品成本为60元。年末商场决定开展促销活动，拟定“满100送20”，即每销售100元商品，送出20元商品。具体方案有如下几种。

方案一：顾客购物满100元，商场送8折商业折扣优惠。

企业销售100元商品收取80元，只需在销售票据上注明折扣额，销售收入可按折扣后的金额计算，假设商品增值税率为13%，企业所得税税率为25%，则：

应纳增值税=[80÷（1+13%）]×13%−[60÷（1+13%）]×13%=2.30（元）

应纳企业所得税=[80÷（1+13%）−60÷（1+13%）]×25%=0.575（元）

税后净收益=[80÷（1+13%）−60÷（1+13%）]−0.575 =17.124（元）

方案二：顾客购物满100元，商场赠送折扣券20元（不可兑换现金，下次购物可代币结算）。

应纳增值税=[100÷（1+13%）]×13%−[60÷（1+13%）]×13%=4.60（元）

应纳企业所得税=[100÷（1+13%）−60÷（1+13%）]×25%=8.85（元）

税后净收益=[100÷（1+13%）−60÷（1+13%）]−8.85 =26.55（元）

但当顾客下次使用折扣券时，商场就会出现按方案一计算的纳税及获利情况，因此与方案一相比，方案二仅比方案一多了流入资金增量部分的时间价值而已，也可以说是“延期”折扣。

方案三：顾客购物满100元，商场送加量，顾客可再选购价值20元商品，实行捆绑式销售，总价格不变。

按此方案，商场为购物满100元的商品实行加量不加价的优惠。商场收取的销售收入没有变化，但由于实行捆绑式销售，避免了无偿赠送，因而加量部分成本可以正常列支。

应纳增值税=[100÷（1+13%）]×13%−[60÷（1+13%）]×13%−[12÷（1+13%）]×13%=3.22（元）

应纳企业所得税=[100÷（1+13%）−60÷（1+13%）−12÷（1+13%）]×25%=6.19（元）

税后净收益=[100÷（1+13%）−60÷（1+13%）−12÷（1+13%）]−6.19=18.59（元）

在以上方案中，在方案一中，再把20元的商品作正常销售，相关计算如下：

应纳增值税=[20÷（1+13%）]×13%-（12÷（1+13%）]×13%=0.92（元）

应纳企业所得税=[20÷（1+13%）-12÷（1+13%）]×25%=1.77（元）

税后净收益[20÷（1+13%）-12÷（1+13%）]-1.77=5.31（元）

按上面的计算方法，方案一最终可获税后净利为18.59元。但方案一的再销售能否及时实现具有不确定性，并且存货占用资金的成本，影响企业再生产的顺利进行。企业可以通过销售方式的选择，最大化利润。

3. 销售模式的选择：视同买断代销还是收取手续费代销

（1）视同买断的代销，即委托方按合同协议价款收取代销货款，实际售价由受托方决定，实际售价与合同协议价之间的差额，由受托方所有。

（2）收取手续费的代销，即受托方按委托方协议规定的价格销售代销商品，不得自行改变售价，委托方按协议规定的比例向受托方支付代销手续费。

【案例分析】灵活选择销售方式实现节税

甲股份有限公司（以下简称甲公司）是玩具生产企业，增值税一般纳税人。现要销售一批玩具，有以下两种方案可以选择。

方案一：甲公司于2020年11月1日委托乙商场代销玩具100件，合同协议价格80元／件（不含税）。乙商场每件售价100元（不含税）对外出售。甲企业收到代销清单。

方案二：乙按协议价20%向甲玩具企业收取手续费，合同协议价格100元/件。

方案一中，甲企业应交增值税额=8 000×13%=1 040（元），乙企业应交增值税=10 000×13%-8 000×13%=1 300-1 040=260（元）。

方案二中，甲企业应交增值税额=10 000×13%=1 300（元），乙企业应交增值税=0，乙应交增值税=2 000×6%=120（元）。

方案二与方案一相比，甲公司收入不变，应交税金减少140元。乙公司收入不变，应交税金减少140元。

4. 销售结算方式：直接收款、委托代销还是分期收款

从税收角度看，企业选择的销售结算方式不同，将导致应税收入确认时间和企业缴税时间不同，产生货币时间价值也不同。

《增值税暂行条例》规定：① 采取直接收款方式销售货物，不论货物是否发出，均为收到销售额或取得索取销售额的凭据，并将提货单交给买方的当天；② 采取托收承付和委托银行收款方式销售货物，为发出货物并办妥托收手续的当天；③ 采取赊销和分期收款方式销售货物，为按合同约定的收款日期的当天；④ 采取预收货款方式销售货物，为货物发出的当天。但生产销售、生产工期超过12个月的大型机械设备、船舶、飞机等货物，为收到预收款或书面合同约定的收款日期的当天。⑤ 委托其他纳税人代销货物，为收到代销单位销售的代销清单的当天；未收到代销清单及货款的，其纳税义务发生时间为发出代销货物满180天的当天。

【案例分析】巧用不同销售方式

甲企业是一家玩具生产企业，预计于2010年10月10日向乙商场销售一批玩具，销售价款合计100万元（不含税），双方都是增值税一般纳税人。现有几下几种方式可选择。

方案一：直接收款销售，即在2010年10月10日，无论是否收到货款，甲企业都应确认应税收入，计算缴纳增值税和企业所得税。该方案可以保证企业及时收到货款，回笼资金，避免呆坏账的出现。如果玩具市场需求广，甲企业还可以采用预售货款方式销售，提前获得一笔资金而不用确认应税收入。

方案二：委托代销，即甲企业将玩具委托给乙商场代销，合同约定价100万元，甲企业支付乙商场2万元代销手续费，同时甲企业减少1.5万元销售费用。预计甲企业于12月初收到乙商场的代销清单。在10月10日由于没有收到代销清单，甲企业不用确认收入和计算缴纳应缴税款，在收到乙商场的代销清单时计算纳税。

方案三：分期收款销售商品，即甲企业与乙商场签订购销合同时，约定分别在11月10日和12月10日收取货款。由于双方购销合同约定的收款日期在2010年11月10日，则甲企业在10月10日发货时，不用缴纳税款，在11月10日确认收入缴纳税款。此方式虽然不能减少税款总额，但可以延迟缴纳税款，企业获得此笔税款的时间价值。

5. 兼营不同税率应税项目的税收筹划

纳税人兼营不同税率的应税项目，应分别核算各自的销售额，避免从高适用税率的情况；但企业应结合自己的实际情况，有时合并计算也会带来节税效果。

（1）不同税率的产品。

【案例分析】巧用兼营政策（一）

某房地产开发企业，2020年11月商品房销售收入为1.5亿元，其中普通住宅的销售额为1亿元，豪华住宅的销售额为5 000万元。税法规定的可扣项目金额为1.1亿元，其中普通住宅的可扣除项目金额为8 000万元，豪华住宅的可扣除项目金额为3 000万元。

方案一：不分开核算。

增值额与扣除项目金额的比例为（15 000−11 000）÷11 000×100%＝36%，适用30%的税率，该企业应缴纳土地增值税为（15 000−11 000）×30%＝1 200（万元）。

方案二：分开核算。

普通住宅：增值额与扣除项目金额的比例为（10 000−8 000）÷8 000×100%＝25%（适用30%的税率），应缴纳土地增值税为（10 000−8 000）×30%＝600（万元）。

豪华住宅：增值额与扣除项目金额的比例为（5 000−3 000）÷3000×100%＝67%（适用40%的税率），应缴纳土地增值税为（5 000−3 000）×40%－3000×5%＝650（万元）。

有上述计算结果，我们可以看出，普通住宅和豪华住宅合计应交土地增值税1 250万元，分开核算比不分开核算多交土地增值税50万元。

但将上述可扣除项目金额改变之后，情况会怎么样呢？

假设税法规定的可扣项目金额为1.1亿元，其中普通住宅的可扣除项目金额为9 000万元，豪华住宅的可扣除项目金额为2 000万元。

方案三：不分开核算。

增值额与扣除项目金额的比例为（15 000-11 000）÷11 000×100%＝36%（适用30%的税率），该企业应缴纳土地增值税为（15 000-11 000）×30%＝1 200（万元）。

方案四：分开核算。

普通住宅：增值额与扣除项目金额的比例为（10 000-8 500）÷8 500×100%＝17.64%<20%。

土地增值税优惠政策：纳税人建造普通标准住宅出售，增值额未超过扣除项目金额的20%的，免税。本企业该普通住宅应缴纳土地增值税为0元。

豪华住宅：增值额与扣除项目金额的比例为（5 000-2 500）÷2 500×100%＝100%（适用40%的税率），应缴纳土地增值税为（5 000-2 500）×40%-2 500×5%＝875（万元）。

普通住宅和豪华住宅合计应交土地增值税875万元，分开核算比不分开核算少交土地增值税325万元。

所以，企业在计算合并还是分开核算时，应结合本企业的具体情况，选择合适的核算方式，最小化企业税负。

（2）提供不同税率的服务。

【案例分析】巧用兼营政策（二）

某五星级酒店在2020年11月取得住宿收入52万元，餐饮收入50万元，游艺收入20万元，销售纪念品收入30万元，商务办公收入2万元，收入总计154万元。该酒店没有分开核算。

由于该酒店没有分开核算，从高适用税率，则该酒店当月应交增值税销项税=（52+50+20+30+2）×9%=13.86万元。

如果该酒店分开核算，则当月应交增值税销项税=（52+50+20+2）×6%+20×9%=9.24元。

6. 产品定价筹划

产品的价格并不是越高越好，尤其是对一些实行累进税率的产品，可能因为定价高1元，而使企业适用高税率，增加企业税负。

【案例分析】产品定价“临界点”筹划

某一房地产开发商于2020年3月取得一块土地，价格为1635万元，用于开发普通住房项目，共发生建安成本1500万元（不含税价），房地产开发费用为220万元，2020年底建成开始对外销售，预计2021年4月份完成对外销售，整个楼盘预计对外销售总价款为5 450万元（含税价）。试计算这家房地产开发商应缴纳的土地增值税及企业所得税（其他小税种忽略不计）。

解析：应纳增值税=(5450-1635-43.6)÷(1+9%)×9%=311.4（万元）

税金及附加=311.4×10%=31.14（万元）

扣除项目金额=（1635+43.6+1500）×（1+30%）+31.14=4163.32（万元）

增值额=5 450/(1+9%)－4163.32=836.68（万元）

增值率=836.68÷4163.32×100%=20.10＞20%

应纳土地增值税额=836.68×30%=251.00（万元）

应纳企业所得税额=[5 450/(1+9%)-（1635+43.6+1500+220+31.14）]×25%=505.07（万元）

税后利润额=5 450/(1+9%)−1635−1500−43.6−220−31.14−505.7=1064.56（万元）

该房地产公司进行税收筹划安排，将整个楼盘对外总销售价格调整为 5 341 万元（含税价），其他情况不变。

解析：当销售总价格调整为 5341 元，该开发商纳税情况如下：

应纳增值税=(5341−1635−43.6)/（1+9%）×9%=302.4（万元）

税金及附加=302.4×10%=30.24（万元）

扣除项目金额=（1635+43.6+1500）×（1+30%）+30.24=4162.42（万元）

增值额=5 341/(1+9%)−4162.42=737.58（万元）

增值率=737.58÷4162.42×100%=17.72≤20%

故而，免征土地增值税额。

应纳企业所得税额=[5 341/(1+9%)−（1635+43.6+1500+220+30.24）]×25%=370.29（万元）

税后利润额=5 341/(1+9%)−1635−43.6−1500−220−30.24−370.29=1100.87（万元）

7. 成套产品销售方式

当企业进行成套产品销售时，应注意成套产品中应税项目、免税项目、非应税项目所占商品比重，如果非应税项目、免税项目所占比重大，最好分开核算，防止适用高税率。

如现行消费税政策规定：纳税人兼营不同税率的应税消费品，应当分别核算不同税率应税消费品的销售额和销售数量，未分别核算不同税率的，从高适用税率。消费税的纳税环节主要在生产环节和进口环节，个别消费品（金银首饰、钻石、钻石饰品）在零售环节。合理利用政策，减低税负。

【案例分析】分开核算的节税筹划

舒琳化妆品厂生产化妆品、护肤护发用品、小化妆工具等。近期推出化妆品套装，每套消费品由下列产品组成：眉彩一支（50 元）、指甲油一瓶（10 元）、乳液两瓶（40 元）、护发素一瓶（15 元）、香皂一块（5 元）、化妆工具一套（20 元）。每套全价 140 元（不含税价）。

舒琳化妆品厂销售套装应交消费税=140÷（1−30%）×30%=60（元）

经财务人员与公司协商，改变做法，舒琳化妆品厂先将这些商品销售给商家，同时配比好各种商品的数量，并按不同商品的销售额分别核算，开具发票。最后，商家按照配比好各种商品的数量包装销售。

舒琳化妆品厂销售套装应交消费税=（50+10）÷（1−30%）×30%=25.7（元）

消费税的纳税环节主要在生产环节，所以商家不再交税。舒琳化妆品厂每套化妆品节税 60−25.7=34.3（元）。

企业应在日常活动中做到分开销售，分开核算，减低税负。

（四）合同签订中的税收筹划

企业在生产经营中签订的合同主要包括购销合同、加工承揽合同、建设工程勘察设计合同、建筑安装工程承包合同、财产租赁合同、货物运输合同、仓储保管合同、借款合同、财产保险合同、技术合同等。在签订合同之前有意识地进行税收筹划，有利于降低企业税收负担和经营成本。合同签订的税收筹划主要涉及增值税和印花税的税收筹划。

1. 分解营业额，降低税负

【案例分析】分解营业额，降低税负

嘉祥公司是一家中介服务公司，其主要业务是帮助外地客商在本地举办各种展销会，在本地市场上推销其商品。2019 年 11 月，该公司举办了为期 5 天的羽绒服展销会，吸引 120 家客商参展，与每家客商签订合同，合同规定：嘉祥公司对每家客商收取服务费 2 万元，营业收入共计 240 万元。另外，嘉祥公司支付场地费 100 万元。

中介服务属于“服务业”税目，应纳增值税为 240×6%=14.4（万元）。

筹划之后，嘉祥公司让每家客商分别和租赁场地方签订租赁合同，共计 100 万元，嘉祥公司再与每家客商签订中介服务合同 140 万元，则嘉祥公司应纳增值税为 140×6%=8.4（万元）。通过税收筹划，税负减轻 5 万元。

2. 减少转包次数

建筑安装工程承包合同是印花税中的一种应税凭证，该种合同的计税依据为合同上记载的承包金额，其适用税率为 0.03%。根据印花税的规定，施工单位将自己承包的建设项目分包或者转包给其他施工单位所签订的分包合同或者转包合同，应按照新的分包合同或者转包合同上所记载的金额再次计算应纳税额。这里因为印花税是一种行为性质的税种，只要有应税行为发生，则应按税法规定纳税。总承包合同依法计税贴花，新的分包或转包合同发生了新的纳税义务，依法计税贴花。减少转包次数即以最少的可能书立应税凭证， 以达到节约部分应缴税款的目的。

【案例分析】减少分包次数实现节税

甲建筑公司与乙单位签订一份建筑合同，总计金额为 1 000 万元，甲建筑公司又分别与建筑公司丙和丁签订分包合同，其合同记载金额分别为 300 万元和 300 万元，则应纳税额的计算如下。

（1）甲与乙签合同时，双方各应纳税为 1 000×0.03%=0.3（万元）。

（2）甲与丙和丁签合同时，甲方应纳税为（300+300）×0.03%=0.18（万元），丙和丁各应纳税为 300×0.03%=0.09（万元）。

（3）这三家建筑公司共应纳印花税为 0.3+0.18+0.09×2=0.66（万元）。

进行合理筹划，乙单位分别与上述甲、丙、丁建筑公司签订合同，则甲应纳印花税为 400×0.03%=0.12（万元），丙和丁各应纳印花税为 300×0.03%=0.09（万元）。

这三家公司共应纳印花税为 0.12+0.09×2=0.3（万元），可以节省 0.36 万元税款。

3. 利用模糊金额或保守筹划

税法规定对于在签订时无法确定计税金额的合同，可在签订时先按定额 5 元贴花，以后结算时再按实际金额计税，补税贴花。纳税人在签订金额较大的合同时，有时合同中所载金额不能明确，企业在签订时先按定额 5 元贴花，可以延迟交纳印花税。

【案例分析】谨慎确定印花税

某企业与 A 公司签订生产设备租赁协议，协议租金 500 000 元/年，租赁期限一年，则该企业应交印花税为 500 000×0.1%=500（元），如果该企业在签订合同时，租赁期限为按日计算，由于租赁期限不固定，企业在签订时先按定额 5 元贴花，节税 495 元。

双方在订立合同时应考虑以后经济交往中可能会遇到的种种情况，确定比较合理、保守的金额，防止所载金额大于合同履行后的实际结算金额。

四、筹资活动中的税收筹划

企业筹资的税收筹划方式有债务筹资和权益筹资。债务筹资主要包括银行借款、公司债券；权益筹资主要包括使用自身积累、普通股和优先股。

（一）不同筹资方式的选择

债务筹资的筹资费用和利息可在所得税前扣除，具有更低的资金成本和较高的节税利益；权益筹资只能扣除筹资费用，股息不能作为利息支出而在税后利润中分配。通常情况下，企业自我积累筹资的税收负担重于向金融机构贷款所承受的税收负担。

【案例分析】巧用债务“税盾”

某上市公司计划筹资 4 000 万元用于扩大产品生产，制订了下列两种筹资方案。企业之前未发行股票，无其他负债，借款年利率为 10%，企业所得税税率为 25%。预计公司当年息税前利润为 1 000 万元。对此，该公司有以下两种筹资方案。

方案一：采取债务筹资与权益筹资相结合的方式，向银行借款 2 000 万元，向社会公开发行股票 2 000 万元，发行价为 2 元/股，共发行股票 1 000 万股。

方案二：采取债务筹资与权益筹资相结合的方式，向银行借款 3 000 万元，向社会公开发行股票 1 000 万元，计划发行价为 2 元/股，共发行股票 500 万股。

方案一应纳企业所得税额为（1 000−200）×25%=200（万元）。

方案二应纳企业所得税额为（1 000−300）×25%=175（万元）。

计算结果可以得知，方案二比方案一少交 25 万元所得税，所以，在企业负债比例是合理的情况下，应尽量选择债务筹资。

（二）不同借款方式筹划

按税法规定，银行及其他金融机构与借款人所签订的合同，以及只填开借据并作为合同使用，取得银行借款的借据应按照“借款合同”税目缴纳印花税。而企业之间的借款合同不需要贴花。因此，在借款利率相同的情况下，向企业借款更能节税。

企业向金融机构借款，如果按年签订借款合同，规定借款的最高限额，在签订合同的同时，应按合同规定的最高借款限额计算缴纳印花税。在合同期限内，可随借随还，每次借款只要不超过合同载明的最高限额，就可以不签订新合同。企业采用此借款方式比一般短期借款方式节税。

五、投资活动中的税收筹划

企业的投资活动分为直接投资和间接投资。直接投资是指投资者将资金直接投入投资项目，形成实物资产，直接进行或参与投资的管理来获得收益的行为。如固定资产、无形资产投资。间接投资是指投资者以其资本购买债券或公司股票等各种有价证券，以预期获取一定收益的投资。

我国在投资方面有很多税收优惠待遇，包括减免税和税额扣除等。企业在进行投资时应该综合考虑投资项目的各种税收待遇，进行项目评估和选择，从而获得最大税后收益。

（一）固定资产投资税收筹划，利用税收优惠政策选购固定资产

《企业所得税法》规定：企业购置并实际使用《环境保护专用设备企业所得税优惠目录》《节能节水专用设备企业所得税优惠目录》和《安全生产专用设备企业所得税优惠目录》规定的环境保护、节能节水、安全生产等专用设备，其设备投资额的10%可以从企业当年的应纳税额中抵免；当年不足抵免的，可以在以后5个纳税年度结转抵免。

【案例分析】巧用税收优惠

甲企业要一台设备，该设备市场上有两种型号，普通型号需要1 000万元，节能型号需要1 200万元，但每年可节能20万元（不考虑折现）。

普通型号的净支出=1 000-（1 000/5）×25%×5=750（万元）

节能型号的净支出=1 200-1 200×10%-（1 200/5）×25%×5-20×5×（1-25%）=705（万元）

从上面的结果可以看出，甲企业购买节能设备净支出小于普通型号的净支出，企业应该购买节能设备，企业在固定资产投资中应结合本企业实际情况，积极利用国家优惠政策进行税收筹划。

（二）投资方式的选择

合作建房，是指一方提供土地使用权，另一方提供资金，双方合作，建造房屋。合作建房有两种方式，即“以物易物”方式和成立“合营企业”方式，不同方式将产生不同的纳税义务。在这种情况下，纳税人可以通过选择合理的合作建房方式，以达到节税的目的。

（三）企业设立方式的选择

《中华人民共和国公司法》第十四条规定：子公司具有法人资格，依法独立承担民事责任；分公司不具有法人资格，其民事责任由公司承担。子公司和分公司存在较大差别，下面我们分析两者的特征及其税收政策。

1. 子公司是企业所得税的独立纳税人

子公司是对应母公司而言的，是指被另一家公司（母公司）有效控制的下属公司或者是母公司直接或间接控制的一系列公司中的一家公司。子公司是一个独立企业，具有独立的法人资格。子公司因其具有独立法人资格，能享受所在地为新设公司提供的免税期或其他税收优惠政策。但建立子公司一般需要复杂的手续，财务制度较为严格，必须独立开设账簿，并需要复杂的审计和证明，经营亏损不能冲抵母公司利润。

2. 分公司不是企业所得税的独立纳税人

分公司是指公司独立核算的、进行全部或部分经营业务的分支机构，如分厂、分店等。分公司是企业的组成部分，不具有独立的法人资格。《企业所得税法》第五十条规定：居民企业在中国境内设立不具有法人资格的营业机构的，应当汇总计算并缴纳企业所得税。汇总纳税是指一个企业总机构和其分支机构的经营所得，通过汇总纳税申报的办法实现所得税的汇总计算和缴纳。设立分支机构，使其不具有法人资格，就可由总公司汇总缴纳所得税。这样

可以实现总、分公司之间盈亏互抵，合理减轻税收负担。

【案例分析】灵活设计组织架构

家家农业技术公司为扩大生产经营范围，准备兴建一家水果罐头加工企业，在选择罐头加工企业组织形式时，该公司进行如下税收分析。

果木的生长需要三四年，这样使企业在开办初期面临着很大的亏损，但亏损会逐渐减少。经估计，此水果罐头加工公司第一年的亏损额为100万元，第二年亏损额为50万元，第三年亏损额为10万元，第四年开始盈利，盈利额为200万元。适用税率25%。

家家农业技术公司属于国家重点扶持的高新技术公司，适用的公司所得税税率为15%。

未来4年内，家家农业技术公司总部的应税所得均为500万元。

单位：万元

应纳所得税总额	将罐头公司设立为子公司	将罐头公司设立为分公司
第一年	500×15%=75	（500−100）×15%=60
第二年	500×15%=75	（500−50）×15%=67.5
第三年	500×15%=75	（500−10）×15%=73.5
第四年	（200−100−50−10）×25%+500×15%=85	（500+200）×15%=105
总计	310	306

企业在建立初期，一般会亏损，所以应主要选择分公司形式，总分公司合并纳税，企业税收负担小，当企业生产走上正轨，应设立为子公司形式，享受当地的税收优惠政策，同时应该考虑企业的设立成本。

六、企业合并与分立的税收筹划

企业为了提高管理效率、资源利用效率和突出企业的主营业务进行企业合并和分立，而税收是影响企业合并和分立的一项成本，所以企业应在合并和分立前分析企业合并和分立会导致企业税负如何变化。

（一）企业合并的税收筹划

在税收方面，企业合并对于合并方是一种支付行为，除了非货币性资产支付一般需要视同销售缴税，一般不涉及税收问题；对于被合并方，企业资产被合并转移，企业股东获得收入，因此，被合并企业应按合并企业为合并而支付的现金及其他代价减去被并企业合并日净资产的计税成本，并将该财产转让所得计入当期应纳税所得额。财税〔2009〕59号文件第四条第（四）项规定，企业重组，除符合特殊性税务处理规定的外，按以下规定进行税务处理：① 合并企业应按公允价值确定接受被合并企业各项资产和负债的计税基础；② 被合并企业及其股东都应按清算进行所得税处理；③ 被合并企业的亏损不得在合并企业结转弥补。以上处理，即一般性税务处理。

财税〔2009〕59号文件第五条规定，企业重组同时符合下列条件的，适用特殊性税务处理规定：① 具有合理的商业目的，且不以减少、免除或者推迟缴纳税款为主要目的；② 被收购、合并或分立部分的资产或股权比例符合本通知规定的比例；③ 企业重组后的连续12

个月内不改变重组资产原来的实质性经营活动；④ 重组交易对价中涉及股权支付金额符合本通知规定比例；⑤ 企业重组中取得股权支付的原主要股东，在重组后连续 12 个月内，不得转让所取得的股权。该文件同时规定，符合通知第五条规定条件的企业合并，企业股东在该企业合并发生时取得的股权支付金额不低于其交易支付总额的 85%，以及同一控制下且不需要支付对价的企业合并，可以选择对交易中股权支付暂不确认有关资产的转让所得或损失。财税〔2009〕59 号文件第六条第（六）项规定，重组交易各方按规定对交易中股权支付暂不确认有关资产的转让所得或损失的，其非股权支付仍应在交易当期确认相应的资产转让所得或损失，并调整相应资产的计税基础。非股权支付对应的资产转让所得或损失为（被转让资产的公允价值-被转让资产的计税基础）×（非股权支付金额÷被转让资产的公允价值）。

【案例分析】尽量选择特殊性税务处理

甲企业合并乙企业，乙企业被合并时账面净资产为 5 000 万元（计税基础），评估公允价值为 6 000 万元。乙企业有以下两种方案可以选择。

方案一：甲企业支付股权 4 000 万元，其他非股权支付 2 000 万元。此合并中，甲企业接受乙企业的净资产按公允价值 6 000 万元作为计税基础。乙企业资产评估增值 1 000 万元需要按规定缴纳企业所得税，按清算分配处理。

方案二：甲企业支付股权 5 500 万元，其他非股权支付 500 万元，则股权支付额占交易支付总额比例为 91.67%（5 500÷6 000×100%），超过 85%，可以选择特殊性税务处理，即乙企业资产增值部分 1 000 万元不缴纳企业所得税。同时，甲乙双方的股份置换也不确认转让所得或损失。乙企业只按非股权收入 500 万元对应的转让所得为（6 000−5 000）×500÷6 000 =83.33（万元）缴税。

（二）企业分立的税收筹划

企业分立是指一个企业将部分或全部业务分离出去，划分成两个或两个以上企业的行为。

1. 利用分立，降低企业流转税负

我国现行流转税有一些优惠政策规定：某些产品是免税或者适用低税率，这类产品在税收核算上有一些特殊要求，一些企业往往由于种种原因不能满足这些核算要求而丧失了税收上的一些利益。如果企业将这些享受优惠政策产品的生产部门分立为独立的企业，可能会获得流转税免税或税负降低的好处。

【案例分析】利用分立，降低税负

甲制药厂主要生产保健药品，也生产避孕药品。2019 年该厂保健药品的销售收入为 500 万元，避孕药品的销售收入为 130 万元。全年购进货物的增值税进项税额为 80 万元。

合并经营时可以抵扣的进项税额为 80 − 80×130÷650 = 64（万元）。

经筹划，甲制药厂另设立一个制药厂：假设避孕药品的进项税额为 10 万元，则甲制药厂可抵扣的增值税进项税额为 80−10=70（万元），大于合并经营时可抵扣的 64 万元。此时，甲制药厂应分设另外一个制药厂。

2. 利用特殊分立方式，减低企业分立的所得税负

依据《财政部 国家税务总局关于企业重组业务企业所得税处理若干问题的通知》（财税

〔2009〕59 号）规定，企业分立的所得税处理分为两种情况：一种适用所得税处理的一般性规定，另一种适用所得税处理的特殊性规定。

使用特殊性规定：在企业分立中，若分立企业支付给被分立企业或其股东的交换价款中，被分立企业股权支付金额不低于其交易支付总额的 85%，经税务机关审核确认，企业分立当事各方可选择按下列规定进行分立业务的所得税处理。

第一，分立企业接受被分立企业全部资产和负债的成本，以被分立企业原有计税基础确定。

第二，被分立企业已分立资产相应的纳税事项由分立企业承继。

第三，被分立企业未超过法定弥补期限的亏损额，可按分离资产占全部资产的比例进行分配，由接受分离资产的分立企业继续弥补。

第四，被分立企业不确认分立资产的转让所得或损失，不计算缴纳企业所得税。

企业在同等条件，分立尽量采用所得税处理的特殊性处理的规定，获得税后利润最大化。

（三）企业清算的税收筹划

清算是指企业因某种原因终止时，清理企业财产，收回债权，清偿债务并分配剩余财产的行为。企业只要进入清算，持续经营假设不存在，因此，企业清算时应以清算期间作为独立的纳税年度。财税〔2009〕60 号文件规定，企业应将整个清算期作为一个独立的纳税年度计算清算所得。企业如果在年度中间终止经营，该年度终止经营前属于正常生产经营年度，此后属于清算年度，因此，当企业准备清算时，企业存在大量的盈利，企业应该推迟清算期。利用时间差进行税收筹划。

【案例分析】合理确定清单时间

某企业于 2020 年 6 月 30 日向董事会提交解散申请，于 7 月 1 日进行清算。但本年度 1~6 月公司盈利 10 万元，7 月 1 日~7 月 10 日发生费用 15 万元，假设该企业清算所得 12 万元。

本公司应纳所得税额：清算日期为 7 月 1 日，1~6 月应纳所得税额为 10×25%=2.5（万元）；清算所得为 12−15=−3（万元），清算损失不纳税。

进项税收筹划，将清算日期调整为 7 月 11 日，则 1~6 月亏损 5 万元（10 万元−15 万元），不纳税；清算所得应纳税额为（12−5）×25%=1.75（万元）。

由两方案结果可见，经筹划后，可减轻税负 0.75 万元。

七、工资、薪金所得的税收筹划

根据 2018 年 8 月新修改的《个人所得税法》的规定，从 2019 年 1 月 1 日起，将工资薪金所得、劳务报酬所得、稿酬所得、特许权使用费所得合并为综合所得，计算缴纳个人所得税，并实行专项扣除和专项附加扣除政策。居民个人取得综合所得，按年计算个人所得税，有扣缴义务人的，由扣缴义务人按月或者按次预扣预缴税款。需办理个人所得税汇算清缴的，应当在取得所得的次年 3 月 1 日至 6 月 30 日内办理汇算清缴。

（一）工资、薪金所得的含义和范围

工资、薪金所得，是指个人因任职或者受雇而取得的工资、薪金、奖金、年终加薪、劳动分红、津贴、补贴以及与任职或者受雇有关的其他所得。

一般来说，工资、薪金所得属于非独立个人劳动所得。所谓非独立个人劳动，是指个人

所从事的是由他人指定、安排并接受管理的劳动，工作或服务于公司、工厂、行政事业单位的人员（私营企业主除外）均为非独立劳动者。除工资、薪金以外，奖金、年终加薪、劳动分红、津贴、补贴也被确定为工资、薪金范畴。其中，年终加薪、劳动分红不分种类和取得情况，一律按工资、薪金所得课税。奖金是指所有具有工资性质的奖金，免税奖金的范围在税法中另有规定。此外，还有一些所得的发放被视为取得工资、薪金所得的情形。例如，公司职工取得的用于购买企业国有股权的劳动分红，按“工资、薪金所得”项目计征个人所得税；出租汽车经营单位对出租车驾驶员采取单车承包或承租方式运营，出租车驾驶员从事客货营运取得的收入，按工资、薪金所得征税。

根据我国目前个人收入的构成情况，规定对于一些不属于工资、薪金性质的补贴、津贴或者不属于纳税人本人工资、薪金所得项目的收入，现行税法不予征税。这些项目包括：

（1）独生子女补贴。

（2）执行公务员工资制度未纳入基本工资总额的补贴、津贴差额和家属成员的副食品补贴。

（3）托儿补助费。

（4）差旅费津贴、误餐补助。其中，误餐补助是指按照财政部规定，个人因公在城区、郊区工作，不能在工作单位或返回就餐的，根据实际误餐顿数，按规定标准领取的误餐费。注意：误餐费不包括单位以误餐补助名义发给职工的补助、津贴。

（5）外国来华留学生，领取的生活津贴费、奖学金，不属于工资、薪金范畴，不征个人所得税。

军队干部取得的补贴、津贴中有 8 项不计入工资、薪金所得：

（1）政府特殊津贴。

（2）福利补助。

（3）夫妻分居补助费。

（4）随军家属无工作生活困难补助.

（5）独生子女保健费。

（6）子女保教补助费。

（7）机关在职军以上干部公勤费（保姆费）。

（8）军粮差价补贴。

军队干部取得的下列补贴、津贴暂不征税：包括军人职业津贴；军队设立的艰苦地区补助；专业性补助；基层军官岗位津贴（营连排长岗位津贴）；伙食补贴。

（二）工资薪金所得的计税方法

扣缴义务人向居民个人支付工资薪金所得时，应该按照累计预扣法计算预扣税款，并按月办理全员全额扣缴申报，具体计算公式如下：

本期应累计预扣预缴应纳税所得额=累计收入-累计免税收入-累计减除费用-累计专项扣除-累计专项附加扣除-累计依法确定的其他扣除

本期应预扣预缴税额=（累计预扣预缴应纳税所得额×预扣率-速算扣除数）-累计减免税额-累计已预扣预缴税额

其中，累计减除费用，按照每月 5 000 元乘以纳税人当年截至本月在本单位的任职受雇月份数计算。

在这里，预扣率即是综合所得适用的七级超额累进税率。

综合所得适用七级超额累进税率，税率为3%～45%（见下表）。

居民个人每一纳税年度内取得综合所得包括工资、薪金所得，劳务报酬所得，稿酬所得和特许权使用费所得。

个人所得税税率表（综合所得适用）

级数	全年应纳税所得额	税率（%）	速算扣除数
1	不超过36 000元的	3	0
2	超过36 000元至144 000元的部分	10	2 520
3	超过144 000元至300 000元的部分	20	16 920
4	超过300 000元至420 000元的部分	25	31 920
5	超过420 000元至660 000元的部分	30	52 920
6	超过660 000元至960 000元的部分	35	85 920
7	超过960 000元的部分	45	181 920

注1：本表所称全年应纳税所得额是指依照《中华人民共和国个人所得税法（2018修正）》第六条的规定，居民个人取得综合所得以每一纳税年度收入额减除费用六万元以及专项扣除、专项附加扣除和依法确定的其他扣除后的余额。

注2：非居民个人取得工资、薪金所得，劳务报酬所得，稿酬所得和特许权使用费所得，依照本表按月换算后计算应纳税额。

中国居民李某是A公司的职员，2019年1月的工资薪金收入为10 000元，专项扣除费用为1 200元,专项附加扣除费用为3 000元。则李某当月预扣预缴的个人所得税额计算如下。

李某应纳税所得额=累计收入-累计免税收入-累计基本减除费用-累计专项扣除-累计专项附加扣除-累计依法确定的其他扣除

=10 000-5 000-1 200-3 000=800（元）

预扣预缴1月个人所得税额=（累计预缴应纳税所得额×税率-速算扣除数）-已预扣预缴税额=800×3%=24（元）

李某2月取得工资薪金收入为12 000元，专项扣除费用为1 200元，专项附加扣除费用为3 000元。则李某的2月预扣预缴的个人所得税额计算如下：

累计收入=10 000+12 000=22 000（元）

累计基本减除费用=5 000×2=10 000（元）

累计专项扣除=1 200+1 200=2 400（元）

累计专项附加扣除=3 000+3 000=6 000（元）

李某2月应累计预扣预缴应纳税所得额=累计收入-累计免税收入-累计基本减除费用-累计专项扣除-累计专项附加扣除-累计依法确定的其他扣除=22 000-10 000-2 400-6 000=3 600（元）。

李某2月应预缴预扣个人所得税额=（累计预缴应纳税所得额×税率-速算扣除数）-已预扣预缴税额=3 600×3%-24=84（元）。

（三）工资薪金所得税收筹划

1. 将工资转化为福利费

企业将发给员工的收入都以工资方式呈现，其实在税收上并不是一种非常可取的方法。为减少工资薪金的个人所得。可以采用降低工资、发放福利的方式补偿的筹划方法。具体包括以下几种常用方法。

一是，为员工提供工作餐。免费的工作餐，包括午餐和晚餐，是企业为减少员工的个人所得税而采取的方法。工作餐虽无法变现，但是可以增加员工的归属感和凝聚力，并且可以减少员工的个人所得税负担。

二是，增加任职员工参加教育和培训的机会。面对知识更新速度越来越快的现状，许多员工都有参加继续教育和培训的需求。如果员工自行负担教育费和培训费则无法降低税负。如果以增加职工教育经费的方式为员工提供教育和培训机会，那么员工在提升个人知识水平的同时，还可以减少税收负担。

三是，为员工提供考察学习等免费素质提升机会。随着生活水平的日益提高和精神层面的追求越来越多，很多企业的职工有自我提升的需求。因此企业可以考虑将考察学习项目作为员工福利计划，例如为业绩优秀的员工提供考察学习机会，但要将考察学习费用酌情从其工资薪金总额中扣除，即降低其名义工资标准。这样不仅满足了员工的考察学习需求，而且可以相应减少个人所得税支出。提醒读者注意的是，如果为职工提供免费旅游，应按照《关于企业以免费旅游方式提供对营销人员个人奖励有关个人所得税政策的通知》（财税〔2004〕11号）进行税务处理：企业和单位对营销业绩突出人员以培训班、研讨会、工作考察等名义组织旅游活动，通过免收差旅费、旅游费对个人实行的营销业绩奖励（包括实物、有价证券等），应根据所发生费用全额计入营销人员应税所得，依法征收个人所得税，并由提供上述费用的企业和单位代扣代缴个人所得税。其中，对企业雇员享受的此类奖励，应与当期的工资薪金合并，按照“工资、薪金所得”项目征收个人所得税；对其他人员享受的此类奖励，应作为当期的劳务收入，按照“劳务报酬所得”项目征收个人所得税。

2. 提高住房公积金比例，减少名义工资

（1）筹划思路与方法。

根据《财政部、国家税务总局关于住房公积金有关个人所得税政策的通知》（财税〔2006〕10号）的规定，单位和个人分别在不超过职工本人上一年度月平均工资12%的幅度内，其实际缴存的住房公积金，允许在个人应纳税所得额中扣除。单位和职工个人缴存住房公积金的月平均工资不得超过职工工作地所在设区城市上一年度职工月平均工资的3倍，具体标准按照各地有关规定执行。单位和个人超过上述规定比例和标准缴付的住房公积金，应将超过部分并入个人当期的工资、薪金收入，计征个人所得税。

企业或其他单位可以通过在法律规定的限额范围内提高住房公积金并相应减少名义工资的方式来减少税款。这是由于，按规定标准缴存的住房公积金，可以在个人所得额中扣除，无须缴纳个人所得税；在扣减了公积金之后，还可能降低工资、薪金所得的税率级次，从而减少应纳个人所得税税额。

（2）筹划案例。

A企业所在设区的市2019年度在岗职工年平均工资为75 069元，折算为月平均工资为

6 256 元。如果该企业员工某甲月工资 15 000 元，每月提取的住房公积金为 1 500 元。该企业可以通过提高某甲住房公积金的提取数额来达到税收筹划的目的。具体而言，可以将某甲的住房公积金按照规定限额提取，提取限额为 15 000×12%=1 800 元。由于单位和职工个人缴存住房公积金的月平均工资不得超过职工工作地所在设区城市上一年度职工月平均工资的 3 倍，即不超过 6 256×12%×3=2 252 元。因此，某甲每月提取 1 800 元住房公积金符合当地的规定。

这样，某甲每月的应纳税所得额可以减少 1 800-1 500=300 元，因此可以相应减少个人所得税款。

3. 善用补充养老保险（企业年金、职业年金）制度

（1）筹划思路。

根据财政部、人力资源社会保障部、国家税务总局《关于企业年金、职业年金个人所得税有关问题的通知》（财税〔2013〕103 号）规定，企业和事业单位根据国家有关政策规定的办法和标准，为在本单位任职或者受雇的全体职工缴付的企业年金或职业年金（以下统称年金）单位缴费部分，在计入个人账户时，个人暂不缴纳个人所得税。个人根据国家有关政策规定缴付的年金个人缴费部分，在不超过本人缴费工资计税基数的 4%标准内的部分，暂从个人当期的应纳税所得额中扣除。超过规定的标准缴付的年金单位缴费和个人缴费部分，应并入个人当期的工资、薪金所得，依法计征个人所得税。税款由建立年金的单位代扣代缴，并向主管税务机关申报解缴。企业年金个人缴费工资计税基数为本人上一年度月平均工资。月平均工资按国家统计局规定列入工资总额统计的项目计算。月平均工资超过职工工作地所在设区城市上一年度职工月平均工资 300%以上的部分，不计入个人缴费工资计税基数。职业年金个人缴费工资计税基数为职工岗位工资和薪级工资之和。职工岗位工资和薪级工资之和超过职工工作地所在设区城市上一年度职工月平均工资 300%以上的部分，不计入个人缴费工资计税基数。

所以，作为职工养老金的“第二支柱”，用人单位可以通过建立职业年金、企业年金账户，降低个人所得税负担，且可以增加退休后的养老金收入。

（2）筹划案例。

北京市 B 公司员工某乙 2019 年月平均工资为 1 万元。如果单位按照工资的 3%为某乙提取企业年金，则某乙每月可以税前扣除的企业年金数额为 300 元。如果该企业按照 4%的扣除上限为某乙提取企业年金，则 400 元均可在某乙税前扣除。假如企业为某乙提取的企业年金数额超过 400 元，那么也只能按照 400 元来进行扣除，超出的部分需并入某乙全年的综合所得来缴纳个人所得税。

4. 巧用年终一次性奖金进行税收筹划

（1）筹划思路。

《关于个人所得税法修改后有关优惠政策衔接问题的通知》（财税〔2018〕164 号）规定：居民个人取得全年一次性奖金，符合《国家税务总局关于调整个人取得全年一次性奖金等计算征收个人所得税方法问题的通知》（国税发〔2005〕9 号）规定的，在 2021 年 12 月 31 日前，不并入当年综合所得，以全年一次性奖金收入除以 12 个月得到的数额，按照本通知所附按月换算后的综合所得税率表（以下简称月度税率表），确定适用税率和速算扣除数，单独计算纳税。计算公式为：

应纳税额＝全年一次性奖金收入×适用税率−速算扣除数

居民个人取得全年一次性奖金，也可以选择并入当年综合所得计算纳税。

自 2022 年 1 月 1 日起，居民个人取得全年一次性奖金，应并入当年综合所得计算缴纳个人所得税。在一个纳税年度内，对每一个纳税人，该计税办法只允许采用一次。雇员取得除全年一次性奖金以外的其他各种名目奖金，如半年奖、季度奖、加班奖、先进奖、考勤奖等，一律与当月工资、薪金收入合并，按税法规定缴纳个人所得税。

根据《国家税务总局关于调整个人取得全年一次性奖金等计算征收个人所得税方法问题的通知》（国税发〔2005〕9 号）规定，雇员当月取得的全年一次性奖金，除以 12 个月，按其商数确定适用税率和速算扣除数。如果在发放年终一次性奖金的当月，雇员当月工资薪金所得低于税法规定的费用扣除额，应将全年一次性奖金减除“雇员当月工资薪金所得与费用扣除额的差额”后的余额，确定全年一次性奖金的适用税率和速算扣除数。根据这一优惠政策，可以根据实际情况将年终奖的发放时间和年终奖与工资的比例进行调整以达到节税目的。在 2021 年 12 月 31 日前全年一次性奖的计算方法为：

应纳税额=全年一次性奖金收入×适用税率−速算扣除数

按月换算后的综合所得税率表

级数	全月应纳税所得额	税率（%）	速算扣除数
1	不超过 3 000 元的	3	0
2	超过 3 000 元至 12 000 元的部分	10	210
3	超过 12 000 元至 25 000 元的部分	20	1 410
4	超过 25 000 元至 35 000 元的部分	25	2 660
5	超过 35 000 元至 55 000 元的部分	30	4 410
6	超过 55 000 元至 80 000 元的部分	35	7 160
7	超过 80 000 元的部分	45	15 160

用年终奖课征个人所得税的特殊规定进行税收筹划，要注意两个问题：一是注意奖金适用的超额累进税率存在“临界点”效应。根据测算，单位发放年终奖存在“盲区”，在“临界点”附近，年终奖数额的细微差别，可能带来的是高达几万元的税负，单位在年终奖的发放过程中，应避免“盲区”。二是注重预发工资与年终奖的组合，尽量利用年终奖的特殊规定减少课税。

（2）筹划案例。

居民个人甲和乙 2019 年分别取得年终奖 36 000 元（即每月 3 000 元）和 36 001 元。

那么，甲应缴纳个人所得税为 36 000×3%=1 080 元，奖金纳税之后净收入为 34 920 元。乙应缴纳个人所得税为 36 001×10%−210=3 390.1 元，奖金纳税之后净收入为 32 610.9 元。

相比之下，多发 1 元年终奖，净收入反而少了 2 309.1 元。所以，在制定工资薪酬制度时，应考虑工资与年终奖金的组合，根据实际支付的时间与税率临界点金额考虑，尽量减少应纳个人所得税。

以此类推，14.4 万元、30 万元、42 万元、66 万元、96 万元等也有这样的临界点。

通过测算可知，全年一次性奖金的“无效区间”共有六段，分别对应于3%~40%的税率，如下表所示。

全年一次性奖金的“无效区间”（2019.1.1—2021.12.31）

年终奖	税率	速算扣除数	应纳税额	多发奖金数	增加税额	税后数额
36 000	3%	1 080	1 080			34 920
36 001	10%	210	3 390.10	1	2 310.10	32 610.90
38 566.67	10%	210	3 646.67	2 566.67	2 566.67	34 920
144 000	10%	210	14 190.00			129 810.00
144 001	20%	1 410	27 390.20	1	13 200.20	116 610.80
160 500	20%	1 410	30 690	16 500	16 500	129 810.00
300 000	20%	1 410	58 590			241 410
300 001	25%	2 660	72 340.25	1	13 750.25	227 660.75
318 333.3	25%	2 660	76 923.33	18 333.33	18 333.33	241 410
420 000	25%	2 660	102 340			317 660
420 001	30%	4 410	121 590.30	1	19 250.30	298 410.70

（3）甲2019年度工资薪金所得的应纳税所得额为500 000元，其全年除工资、薪金以外无其他综合所得收入，以下为甲的个人所得税纳税方案。

方案一：500 000元均按月发放，无年终奖。

方案二：全年工资薪金所得共356 000元，年终奖144 000元。

方案三：全年工资薪金所得共200 000元，年终奖300 000元。

方案一：甲全年综合所得应纳税额=500 000×30%−52 920=97 080（元）。

方案二：甲全年综合所得应纳税额=356 000×25%−31 920+14 400×10%−210=58 310（元）。

方案三：甲全年综合所得应纳税额=200 000×20%−16 920+300 000×20%−1 410=81 670（元）。

比较该上述方案，方案二的应纳税额最少。但是这种筹划只适用于2022年以前，2022年以后，年终奖将计入综合所得按年缴税。

八、劳务报酬所得的税收筹划

（一）劳务报酬所得的含义

劳务报酬所得，指个人独立从事各种非雇用的劳务所取得的所得，内容如下。

（1）设计：指按照客户的要求，代为制定工程、工艺等各类设计业务。

（2）装潢：指接受委托，对物体进行装饰、修饰，使之美观或具有特定用途的作业。

（3）安装：指按照客户要求，对各种机器、设备的装配、安置，以及与机器、设备相连的附属设施的装设和被安装机器设备的绝缘、防腐、保温、油漆等工程作业。

（4）制图：指受托按实物或设想物体的形象，依体积、面积、距离等，用一定比例绘制成平面图、立体图、透视图等的业务。

（5）化验：指受托用物理或化学的方法，检验物质的成分和性质等业务。

（6）测试：指利用仪器仪表或其他手段代客对物品的性能和质量进行检测试验的业务。

（7）医疗：指从事各种病情诊断、治疗等医护业务。

（8）法律：指受托担任辩护律师、法律顾问，撰写辩护词、起诉书等法律文书的业务。

（9）会计：指受托从事会计核算的业务。

（10）咨询：指对客户提出的政治、经济、科技、法律、会计、文化等方面的问题进行解答、说明的业务。

（11）讲学：指应邀（聘）进行讲课、作报告、介绍情况等业务。

（12）翻译：指受托从事中、外语言或文字的翻译（包括笔译和口译）的业务。

（13）审稿：指对文字作品或图形作品进行审查、核对的业务。

（14）书画：指按客户要求，或自行从事书法、绘画、题词等业务。

（15）雕刻：指代客镌刻图章、牌匾、碑、玉器、雕塑等业务。

（16）影视：指应邀或应聘在电影、电视节目中出任演员，或担任导演、音响、化妆、道具、制作、摄影等与拍摄影视节目有关的业务。

（17）录音：指用录音器械代客录制各种音响带的业务，或者应邀演讲、演唱、采访而被录音的服务。

（18）录像：指用录像器械代客录制各种图像、节目的业务，或者应邀表演、采访被录像的业务。

（19）演出：指参加戏剧、音乐、舞蹈、曲艺等文艺演出活动的业务。

（20）表演：指从事杂技、体育、武术、健美、时装、气功以及其他技巧性表演活动的业务。

（21）广告：指利用图书、报纸、杂志、广播、电视、电影、招贴、路牌、橱窗、霓虹灯、灯箱、墙面及其他载体，为介绍商品、经营服务项目、文体节目或通告、声明等事项，所做的宣传和提供相关服务的业务。

（22）展览：指举办或参加书画展、影展、盆景展、邮展、个人收藏品展、花鸟虫鱼展等各种展示活动的业务。

（23）技术服务：指利用一技之长而进行技术指导、提供技术帮助的业务。

（24）介绍服务：指介绍供求双方商谈，或者介绍产品、经营服务项目等服务的业务。

（25）经纪服务：指经纪人通过居间介绍，促成各种交易和提供劳务等服务的业务。

（26）代办服务：指代委托人办理受托范围内的各项事宜的业务。

（27）其他劳务：指上述列举的26项劳务项目之外的各种劳务。

自2004年1月20日起，对商品营销活动中，企业和单位对其营销业绩突出的非雇员以培训班、研讨会、工作考察等名义组织旅游活动，通过免收差旅费、旅游费对个人实行的营销业绩奖励（包括实物、有价证券等），应根据所发生费用的全额作为该营销人员当期的劳务收入，按照“劳务报酬所得”项目征收个人所得税，并由提供上述费用的企业和单位代扣代缴。

有时可能会出现难以判定一项所得是属于工资、薪金所得，还是属于劳务报酬所得的情况。这两者的本质区别是：工资、薪金所得是属于非独立个人劳务活动，即在机关、团体、学校、部队、企业、事业单位及其他组织中任职、受雇而得到的报酬；而劳务报酬所得，则是个人独立从事各种技艺、提供各项劳务取得的报酬。①

① 个人由于担任董事职务所取得的董事费收入，属于劳务报酬所得性质，按照劳务报酬所得项目征收个人所得税，但仅适用于个人担任公司董事、监事，且不在公司任职、受雇的情形。个人在公司（包括关联公司）任职、受雇，同时兼任董事、监事的，应将董事费、监事费与个人工资收入合并，统一按工资、薪金所得项目缴纳个人所得税。

（二）劳务报酬所得的计税方法

扣缴义务人向居民个人支付劳务报酬所得，按次或者按月预扣预缴个人所得税。劳务报酬所得属于一次性收入的，以取得该项收入为一次；属于同一项目连续性收入的，以一个月内取得的收入为一次。扣缴义务人向居民个人支付劳务报酬，按次或者按月预扣预缴个人所得税。具体的预扣预缴税款的计算方法是：劳务报酬所得每次收入不超过 4 000 元的，减除费用按 800 元计算；每次收入 4 000 元以上的，减除费用按收入的 20%计算。个人兼有不同的劳务报酬所得，应当分别减除费用，计算缴纳个人所得税。

劳务报酬所得，适用 20%~40%的超额累进预扣率（见下表）。

个人所得税预扣率表（居民个人劳务报酬所得预扣预缴适用）

级数	预扣预缴应纳税所得额	预扣率（%）	速算扣除数
1	不超过 20 000 元的	20	0
2	超过 20 000 元至 50 000 元的部分	30	2 000
3	超过 50 000 元的部分	40	7 000

劳务报酬所得应预扣预缴税额＝预扣预缴应纳税所得额×预扣率-速算扣除数

居民个人办理年度综合所得汇算清缴时，应当依法计算劳务报酬所得、稿酬所得、特许权使用费所得的收入额，并入年度综合所得计算应纳税款，税款多退少补。

中国居民某乙 2019 年 8 月一次取得劳务报酬 5 000 元，请计算当月其应被预扣预缴的个人所得税税额。

某乙当月劳务报酬所得应预扣预缴税额＝5 000×（1-20%）×20%＝800（元）。

（三）劳务报酬所得的税收筹划

1. 将劳务报酬“化整为零”

某工程设计人员利用业余时间为某项工程设计图纸，同时担任该项工程的顾问，设计图纸花费 1 个月时间，获取报酬 30 000 元。请问该工程设计人员应如何进行预缴环节的税收筹划？（暂不考虑综合所得的年终汇算清缴的影响）

解析：

如果该设计人员要求建筑单位在其担任工程顾问的期间，将其报酬分 10 个月支付，每月支付 3 000 元，试分析该工程设计人员的税负变化情况。

方案一：一次性支付 30 000 元。

劳务报酬收入按次征税，若应纳税所得额在 20 000 元~50 000 元之间的部分，计算应纳税额后再按照应纳税额加征五成。那么，该设计人员应预缴个人所得税计算如下：

应纳税所得额=30 000×（1-20%）=24 000（元）

应预缴税额=20 000×20%+4 000×30%=5 200（元）

或

应预缴税额=30 000×（1-20%）×30%-2 000=5 200（元）

方案二：分月支付。

应预缴税额=（3 000-800）×20%=440（元）

10 个月共预缴税款=440×10=4 400（元）

按照分月支付报酬方式，该设计人员预缴环节的节税额为 5 200−4 400=800（元）。

上述案例中，分次纳税可以减轻纳税人资金支付压力，通过延迟支付获得货币时间价值。因为虽然个人所得税法将劳务报酬所得纳入综合所得计税，但在预缴环节还是按照原来的计算方法，分次纳税可以减轻纳税人预缴环节的资金压力。

需要注意以下税法规定：当某项活动带来的收入持续在 1 个月以上的，支付间隔超过 1 个月，按每次收入额计入各月计算税金，而间隔时间不超过 1 个月的，应合并收入额计算税金。因而劳务报酬收入采取什么方式取得，直接影响到个人一定期间的预缴税额。所以，当个人为他人提供劳务时，需要根据劳务合同，合理安排纳税年度内每月收取劳务费的金额和收取劳务费的次数，这样就可以达到在当期减少预缴税款的目的，获取货币时间价值。2019 年 1 月 1 日之后，综合所得除需要扣缴义务人在发生时预扣预缴税款外，纳税人在每年度终了后还需要汇总计算综合所得进行年终汇算清缴。

2. 合理增加成本费用

取得劳务报酬的居民个人，其扣除费用只能按照税法规定的比例和限额进行扣除，且适用累进税率。为减少个人所得税款，可以考虑在合理和可能的情况下，将取得劳务报酬的成本费用尽量减除，并写在劳务合同的条款中，从而减少名义上的收入额，降低劳务报酬的个人所得税额。

【案例分析】合理列支成本费用实现节税

刘某是位设计师，自由职业者。2019 年 3 月其与某广告公司签订设计合同，约定刘某为公司的展览活动设计广告宣传册，设计费 5 万元。在以下两种报酬支付方案中，哪一种缴纳的个人所得税较少？

方案一：由广告公司一次性支付刘某 5 万元设计费。

方案二：刘某在设计宣传册期间，需要购买设计工具、水彩颜料等材料费共计 1 万元，合同约定材料费由广告公司承担。实际支付刘某 4 万元。

根据方案一，刘某取得的劳务报酬所得应预扣预缴税额＝50 000×（1−20%）×30%−2 000＝10 000（元）。

根据方案二，刘某取得的劳务报酬所得应预扣预缴税额＝40 000×（1−20%）×30%−2 000＝9 400（元）。

由此可见，方案二比方案一少缴纳个人所得税 10 000−9 400＝600（元）。

九、稿酬所得与特许权使用费所得的税收筹划

（一）稿酬所得课征个人所得税的基础知识

稿酬所得，是指个人因其作品以图书、报刊形式出版、发表而取得的所得。稿酬是一种依靠较高智力创作的精神产品，与社会主义精神文明和物质文明密切相关。由于稿酬普遍相对较低，因此，税法上将稿酬所得与一般劳务报酬相区别，给予稿酬所得适当的优惠待遇。

稿酬所得属于一次性收入的，以取得该项收入为一次；属于同一项目连续性收入的，以一个月内取得的收入为一次。扣缴义务人向居民个人支付稿酬所得，按次或者按月预扣预缴

个人所得税。具体的预扣预缴税款的计算方法是：预扣预缴税款时，稿酬所得每次收入不超过 4 000 元的，减除费用按 800 元计算；每次收入 4 000 元以上的，减除费用按收入的 20% 计算。稿酬所得的收入额减按 70%计算。

稿酬所得，以每次收入额为预扣预缴应纳税所得额，计算应预扣预缴税额，适用 20%的比例预扣率。

居民个人办理年度综合所得汇算清缴时，应当依法计算劳务报酬所得、稿酬所得、特许权使用费所得的收入额，并入年度综合所得计算应纳税款，税款多退少补。

（二）稿酬所得的税收筹划思路与筹划案例

1. 筹划思路

作为综合所得的组成部分，稿酬所得在汇算清缴时也是按照七级超额累进税率征收个人所得税。可以考虑将数额较大的稿酬所得拆分成多次取得，如果由多人共同完成，可分配给多人。

2. 筹划案例

作家丁某将一部小说的书稿交由甲出版社出版发行。出版合同约定，由出版社一次性支付给丁某稿酬 10 万元。丁在取得稿酬时由出版社预扣预缴个人所得税款为 11 200 元即 100 000×（1-20%）×20%×70%。

如果考虑到丁某并非高产作家，可以修改出版合同中的支付方式，将 10 万元稿酬分为两年（次）支付，每次支付 5 万元。则每年（次）应预扣预缴个人所得税 5 600 元即 50 000×（1-20%）×20%×70%。如果丁某因此而降低了各年度综合所得适用税率的级次，那么，其个人所得税负担也会因此降低。

如果丁某在写作过程中，有其他 4 位作者帮忙撰写了若干内容，则出版社可以向包括丁某在内的 5 位作者支付稿酬共计 10 万元，每人名下取得稿酬 2 万元。在这种情况下，丁某可能因综合所得减少而少缴纳个人所得税，其他作者如果综合所得不高，不会因增加 2 万元稿酬而提高个人所得税的适用税率级次，那么，全部 10 万元稿酬所负担的个人所得税税负就会减少。

依据《国家税务总局关于办理 2019 年度个人所得税综合所得汇算清缴事项的公告》规定，2019 年度终了后，居民个人（以下称“纳税人”）需要汇总 2019 年 1 月 1 日至 12 月 31 日取得的工资薪金、劳务报酬、稿酬、特许权使用费等四项所得（以下称“综合所得”）的收入额，减除费用 6 万元以及专项扣除、专项附加扣除、依法确定的其他扣除和符合条件的公益慈善事业捐赠后，适用综合所得个人所得税税率并减去速算扣除数，计算本年度最终应纳税额，再减去 2019 年度已预缴税额，得出本年度应退或应补税额，向税务机关申报并办理退税或补税。具体计算公式如下：

2019 年度汇算应退或应补税额=[（综合所得收入额-60 000 元-“三险一金”等专项扣除-子女教育等专项附加扣除-依法确定的其他扣除-捐赠）×适用税率-速算扣除数]-2019 年已预缴税额。

（1）筹划方案一：修改出版合同中的支付方式，将 10 万元稿酬分为两年（次）支付。

丁某可与出版社协商修改合同，约定出版社分别于 2019 年 5 月与 2020 年 5 月支付给丁某稿酬各 5 万元，丁某在 2019 年每月获得的工资薪金所得均为 27 500 元，无其他收入，不考虑专项扣除和专项附加扣除。

2019 年年度工资薪金累计的预扣预缴税款=（27 500×12−5 000×12）×20%−16 920=37 080（元）

2019 年稿酬所得预缴的税款=50 000×（1−20%）×20%×70%=5 600（元）

2019 年度汇算应退或应补税额=[（27 500×12+50 000×（1−20%）×70%−5 000×12）×20%−16 920]−37 080−5 600=0（元）

在筹划方案一的情况下，丁某不需要补缴或者申请退还税款。

若不采用筹划方案一，由出版社一次性支付给丁某 10 万元稿酬：

2019 年年度工资薪金累计的预扣预缴税款=（27 500×12−5000×12）×20%−16 920=37 080（元）

2019 年稿酬所得预缴的税款=100 000×（1−20%）×20%×70%=11 200（元）

2019 年度汇算应退或应补税额=[（27 500×12+100 000×（1−20%）×70%−5 000×12）×25%−31 920]−37 080−11 200=1 300（元）

若由出版社一次性支付给丁某所有稿酬，丁某在个人所得税汇算清缴的过程中，由于稿酬一次性支付数额较大，提高了丁某适用的综合所得税率级次，丁某需要补缴 1 300 元税款。

（2）筹划方案二：出版社将稿费拆分，支付给合作者。

出版社可以向包括丁某在内的 5 位作者支付稿酬共计 10 万元，每人名下取得稿酬 2 万元。丁某在 2019 年每月获得的工资薪金所得均为 27 500 元，无其他收入，不考虑专项扣除和专项附加扣除。

2019 年年度工资薪金累计的预扣预缴税款=（27 500×12−5 000×12）×20%−16 920=37 080（元）

2019 年稿酬所得预缴的税款=20 000×（1−20%）×70%×20%=2 240（元）

在此种筹划方案下，丁某取得的稿酬收入预缴的税款最少。

（三）特许权使用费所得的税收筹划

1. 特许权使用费所得课征个人所得税的基础知识

特许权使用费所得，是指个人提供专利权、商标权、著作权、非专利技术以及其他特许权的使用权取得的所得。提供著作权的使用权取得的所得，不包括稿酬所得。专利权，是由国家专利主管机关依法授予专利申请人或其权利继承人在一定期间内实施其发明创造的专有权。商标权，即商标注册人享有的商标专用权。著作权，即版权，是作者依法对文学、艺术和科学作品享有的专有权。个人提供或转让商标权、著作权、专有技术或技术秘密、技术诀窍取得的所得，应当依法缴纳个人所得税。

特许权使用费所得属于一次性收入的，以取得该项收入为一次；属于同一项目连续性收入的，以一个月内取得的收入为一次。扣缴义务人向居民个人支付特许权使用费，按次或者按月预扣预缴个人所得税。具体的预扣预缴税款的计算方法是：预扣预缴税款时，特许权使用费所得每次收入不超过 4 000 元的，减除费用按 800 元计算；每次收入 4 000 元以上的，减除费用按收入的 20%计算。

特许权使用费所得，以每次收入额为预扣预缴应纳税所得额，计算应预扣预缴税额，适用 20%的比例预扣率。

居民个人办理年度综合所得汇算清缴时，应当依法计算劳务报酬所得、稿酬所得、特许权使用费所得的收入额，并入年度综合所得计算应纳税款，税款多退少补。

2. 特许权使用费所得的税收筹划思路与筹划案例

由于对于大多数纳税人而言，转让或者许可他人使用专利权、非专利技术以及著作权等取得特许权使用费的情况，并非经常发生。因此，纳税人在合同中签订特许权使用费条款时，应尽量要求按年支付特许权使用费，而不是一次总付。

【案例分析】分析特许权使用费节税

甲公司职员孙某 2019 年取得一项专利权并将其授予乙厂使用 5 年，特许权使用费为 50 万元。如果合同约定特许权使用费的支付方式为签订合同后一次总付，那么，全部特许权使用费的个人所得税都应该在 2019 年缴纳。假设孙某当年除特许权使用费以外，其他三项综合所得的应纳税所得额合计为 144 000 元。这样一来，孙某当年全部综合所得的应纳税所得额为 144 000+500 000×（1−20%）=544 000（元），个人所得税为 544 000×30%−52 920＝110 280（元）。假如 2019—2024 年间，孙某每年其他三项综合所得的应纳税所得额合计均为 144 000 元。那么，孙某 5 年全部综合所得共应缴纳个人所得税为 110 280+（144 000×10%−2 520）×4=169 680（元）。

如果孙某与乙厂签订合同中的特许权使用费的支付方式为按年支付，即每年支付 10 万元。同样假如 2019—2024 年间，孙某每年其他三项综合所得的应纳税所得额合计均为 144 000 元。那么，在特许权使用费按年支付的情况下，孙某每年取得的综合所得应缴纳个人所得税为[144 000+100 000×（1−20%）]×20%−16 920＝27 880（元），5 年全部综合所得共应缴纳个人所得税为 27 880×5=139 400（元）。

由此可见，特许权使用费一次总付和按年支付将分别缴纳不同数额的个人所得税。就本案中的孙某而言，按年支付比一次总付可以少缴纳个人所得税 169 680−139 400=30 280（元）。

十、综合所得的汇算清缴与税收筹划

（一）个人所得税专项附加扣除税收筹划

为了规范个人所得税专项附加扣除行为，切实维护纳税人合法权益，根据新修改的《中华人民共和国个人所得税法》及其实施条例、《中华人民共和国税收征收管理法》及其实施细则、《国务院关于印发个人所得税专项附加扣除暂行办法的通知》（国发〔2018〕41 号）的规定，纳税人享受子女教育、继续教育、大病医疗、住房贷款利息或者住房租金、赡养老人专项附加扣除的，依照规定办理。

1. 子女教育专项附加扣除

纳税人的子女接受学前教育和学历教育的相关支出，按照每个子女每年 12 000 元（每月 1 000 元）的标准定额扣除。学前教育包括年满 3 岁至小学入学前教育。学历教育包括义务教育（小学和初中教育）、高中阶段教育（普通高中、中等职业教育）、高等教育（大学专科、大学本科、硕士研究生、博士研究生教育）。

受教育子女的父母分别按扣除标准的 50%扣除；经父母约定，也可以选择由其中一方按扣除标准的 100%扣除。具体扣除方式在一个纳税年度内不得变更。也就是说，对于父母一方而言，扣除比例有三种可能性：0%、50%、100%。

【案例分析】灵活使用专项附加扣除

假设在一个家庭中，母亲每月取得工资收入 5 500 元，父亲每月取得工资薪金收入 10 000 元。

第一种情况：两人选择各扣除 50%，即每人扣除 500 元，母亲应纳所得税额为 5 500－500－5000=0 元，不需要缴纳个人所得税；父亲应纳税所得额为（10 000－500－5 000）×10%－210=240 元，两人合计纳税 240 元。

第二种情况：两人决定由父亲单方扣除 1 000 元，母亲应纳所得税额为（5 500－5 000）×3%=15 元，父亲应纳所得税额为（10 000－1 000－5 000）×10%－210=190 元，两人合计纳税 205（190+15）元，比税收筹划前节税 35 元。

通过以上两种方法，我们可以发现，当父母中一方工资比较高时，选择由工资高的一方进行扣除，可以节约税款。

2. 继续教育专项附加扣除

纳税人接受学历继续教育的支出，在学历教育期间按照每年 4 800 元（每月 400 元）定额扣除。纳税人接受技能人员职业资格继续教育、专业技术人员职业资格继续教育支出，在取得相关证书的年度，按照每年 3 600 元定额扣除。

个人接受本科及以下学历（学位）继续教育，符合本办法规定扣除条件的，该项教育支出可以由其父母按照子女教育支出扣除，也可以由本人按照继续教育支出扣除，但不得同时扣除。

在职工选择子女教育支出的、扣除比例及子女教育支出如何扣除时，应提醒职工注意做好税收筹划工作。

（1）如果夫妻双方收入水平接近，可以考虑各扣除 50%，如果双方收入差距悬殊，应选择由收入高的一方全额扣除。

（2）子女参加工作后，继续教育支出到底由父母扣除，还是由子女扣除，需要考虑父母和子女的收入情况、税率水平。

3. 大病医疗专项附加扣除

一个纳税年度内，在社会医疗保险管理信息系统记录的（包括医保目录范围内的自付部分和医保目录范围外的自费部分）由个人负担超过 15 000 元的医药费用支出部分，为大病医疗支出，可以按照每年 80 000 元标准限额据实扣除。大病医疗专项附加扣除由纳税人办理汇算清缴时扣除。纳税人应当留存医疗服务收费相关票据原件（或复印件）。

4. 住房贷款利息专项附加扣除

纳税人本人或配偶使用商业银行或住房公积金个人住房贷款为本人或其配偶购买住房，发生的首套住房贷款利息支出，在偿还贷款期间，可以按照每年 12 000 元（每月 1 000 元）标准定额扣除。非首套住房贷款利息支出，纳税人不得扣除。纳税人只能享受一套首套住房贷款利息扣除。经夫妻双方约定，可以选择由其中一方扣除，具体扣除方式在一个纳税年度内不得变更。纳税人应当留存住房贷款合同、贷款还款支出凭证。

5. 住房租金专项附加扣除

纳税人本人及配偶在纳税人的主要工作城市没有住房，而在主要工作城市租赁住房发生的租金支出，可以按照以下标准定额扣除。

（1）承租的住房位于直辖市、省会城市、计划单列市以及国务院确定的其他城市，扣除标准为每年18 000元（每月1 500元）。

（2）承租的住房位于其他城市的，市辖区户籍人口超过100万的，扣除标准为每年13 200元（每月1 100元）。

（3）承租的住房位于其他城市的，市辖区户籍人口不超过100万（含）的，扣除标准为每年9 600元（每月800元）。

主要工作城市是指纳税人任职受雇所在城市，无任职受雇单位的，为其经常居住城市。城市范围包括直辖市、计划单列市、副省级城市、地级市（地区、州、盟）全部行政区域范围。

夫妻双方主要工作城市相同的，只能由一方扣除住房租金支出。夫妻双方主要工作城市不相同的，且各自在其主要工作城市都没有住房的，可以分别扣除住房租金支出。住房租金支出由签订租赁住房合同的承租人扣除。纳税人及其配偶不得同时分别享受住房贷款利息专项附加扣除和住房租金专项附加扣除。纳税人应当留存住房租赁合同。

6. 赡养老人专项附加扣除

纳税人赡养60岁（含）以上父母以及其他法定赡养人的赡养支出，可以按照以下标准定额扣除。

（1）纳税人为独生子女的，按照每年24 000元（每月2 000元）的标准定额扣除。

（2）纳税人为非独生子女的，应当与其兄弟姐妹分摊每年24 000元（每月2 000元）的扣除额度，分摊方式包括平均分摊、被赡养人指定分摊或者赡养人约定分摊，具体分摊方式在一个纳税年度内不得变更。采取指定分摊或约定分摊方式的，每一纳税人分摊的扣除额最高不得超过每年12 000元（每月1 000元），并签订书面分摊协议。指定分摊与约定分摊不一致的，以指定分摊为准。纳税人赡养2个及以上老人的，不按老人人数加倍扣除。

其他法定赡养人是指祖父母、外祖父母的子女已经去世，实际承担对祖父母、外祖父母赡养义务的孙子女、外孙子女。

六项专项附加扣除中有五项支出扣除为定额扣除。另一项大病医疗支出为限额据实扣除，在年终汇算时进行，因此，大病医疗支出需要在平时发生时取得相关票据。对于一个家庭来说，六项专项附加扣除选择哪一方进行扣除直接关乎个人税负分摊，这也是进行税收筹划的意义所在。

【案例分析】灵活运用专项附加扣除

小张月薪32 000元，妻子小李月薪10 000元（不考虑专项扣除和其他扣除），两人育有一个孩子，孩子上小学，每月还需还房贷支出，小张和哥哥一起赡养老人，小李为独生子女。

单位：元

计算过程	方法一：小张扣除		方法二：小李扣除	
	小张	小李	小张	小李
1.月薪	32 000	10 000	32 000	10 000
2.子女教育	1 000	0	0	1 000
3.房屋贷款利息支出	1 000	0	0	1 000
4.赡养老人	1 000	2 000	1 000	2 000

续表

计算过程	方法一：小张扣除		方法二：小李扣除	
5.月应税所得=1-2-3-4-5 000	24 000	3 000	26 000	1 000
6.年综合所得=5×12	288 000	36 000	312 000	12 000
7.适用税率，速算扣除数	20%，16 920	3%，0	25%，31 920	3%，0
8.年应纳税额	40 680	1 080	46 080	360

通过以上计算比较，方法一合计纳税 41 760 元，方法二合计纳税 46 440 元，方法一可以节约税款 4 680 元。因此，选择高收入多扣除可以节税。

（二）综合所得的预扣预缴税款计算方法

1. 工资、薪金所得的累计预扣预缴

根据《国家税务总局关于发布〈个人所得税扣缴申报管理办法（试行）〉的公告》（国家税务总局公告 2018 年第 61 号）的规定，扣缴义务人向居民个人支付工资、薪金所得时，应当按照累计预扣法计算预扣税款，并按月办理扣缴申报。

这种方法有两个好处：一是对于大部分只有一处工资薪金所得的纳税人，纳税年度终了预扣预缴的税款基本上等于年度应纳税款，无须办理自行纳税申报、汇算清缴；二是对于需要补退税的纳税人，预扣预缴税款与年度应纳税款的差额较小，不会占用纳税人过多资金。

累计预扣法，是指扣缴义务人在一个纳税年度内预扣预缴税款时，以纳税人在本单位截至当前月份工资、薪金所得累计收入减除累计免税收入、累计减除费用、累计专项扣除、累计专项附加扣除和累计依法确定的其他扣除后的余额为累计预扣预缴应纳税所得额，计算累计应预扣预缴税额，再减除累计减免税额和累计已预扣预缴税额，其余额为本期应预扣预缴税额。余额为负值时，暂不退税。纳税年度终了后余额仍为负值时，由纳税人通过办理综合所得年度汇算清缴，税款多退少补。

具体计算公式如下：

本期应预扣预缴税额=（累计预扣预缴应纳税所得额×预扣率−速算扣除数）−累计减免税额−累计已预扣预缴税额

累计预扣预缴应纳税所得额=累计收入−累计免税收入−累计减除费用−累计专项扣除−累计专项附加扣除−累计依法确定的其他扣除

其中，累计减除费用，按照 5 000 元/月乘以纳税人当年截至本月在本单位的任职受雇月份数计算。

2. 劳务报酬所得、稿酬所得、特许权使用费所得的预扣预缴

根据国家税务总局公告 2018 年第 61 号的规定，扣缴义务人向居民个人支付劳务报酬所得、稿酬所得、特许权使用费所得时，应当按照以下方法按次或者按月预扣预缴税款。

劳务报酬所得、稿酬所得、特许权使用费所得以收入减除费用后的余额为收入额；其中，稿酬所得的收入额减按百分之七十计算。

减除费用：预扣预缴税款时，劳务报酬所得、稿酬所得、特许权使用费所得每次收入不超过四千元的，减除费用按八百元计算；每次收入四千元以上的，减除费用按收入的百分之二十计算。

应纳税所得额：劳务报酬所得、稿酬所得、特许权使用费所得，以每次收入额为预扣预缴应纳税所得额，计算应预扣预缴税额。

居民个人办理年度综合所得汇算清缴时，应当依法计算劳务报酬所得、稿酬所得、特许权使用费所得的收入额，并入年度综合所得计算应纳税款，税款多退少补。下表为个人所得税四项综合所得的预扣预缴一览表。

个人所得税四项综合所得预扣预缴一览表

适用对象	所得项目	预扣预缴额计算公式	减除费用	适用预扣率	汇缴规定
居民个人预扣预缴方法	工资、薪金所得	本期应预扣预缴额=[(累计收入-累计免税收入-累计减除费用-累计专项扣除-累计专项附加扣除-累计依法确定的其他扣除) ×预扣率-速算扣除数]-累计减免税额	累计减除费用按照5 000元每月乘以纳税人当年截至本月在本单位的任职受雇月份数计算	见个人所得税预扣率表1	年度预扣预缴税额与年度应按税额不一致的，由居民个人于次年3月1日至6月30日向主管税务机关办理综合所得年度汇算清缴，税款多退少补
	劳务报酬所得	应预扣预缴额=（收入-费用）×预扣率-速算扣除数	每次收入不超过四千元的，减除费用按八百元计算；每次收入四千元以上的，减除费用按百分之二十计算	见个人所得税预扣率表2	
	稿酬所得	应预扣预缴额=（收入-费用）×70%×20%		适用百分之二十的比例税率	
	特许权使用费	应预扣预缴额=（收入-费用）×20%			

个人所得税预扣率表1（居民个人工资、薪金所得预扣预缴适用） 单位：元

级数	累计预扣预缴应纳税所得额	预扣率（%）	速算扣除数
1	不超过36 000元的	3	0
2	超过36 000元至144 000元的部分	10	2 520
3	超过144 000元至300 000元的部分	20	16 920
4	超过300 000元至420 000元的部分	25	31 920
5	超过420 000元至660 000元的部分	30	52 920
6	超过660 000元至960 000元的部分	35	85 920
7	超过960 000元的部分	45	181 920

个人所得税预扣率表2（居民个人劳务报酬所得预扣预缴适用） 单位：元

级数	预扣预缴应纳税所得额	预扣率（%）	速算扣除数
1	不超过20 000元的	20	0
2	超过20 000元至50 000元的部分	30	2 000
3	超过50 000元的部分	40	7 000

（三）综合所得汇算清缴的税收筹划方法

1. 将劳务报酬所得转化为经营所得

首先让我们来看劳务报酬所得和经营所得的区别，原《个人所得税法实施条例》第八条第二项规定，个体工商户的生产、经营所得，是指：

（1）个体工商户从事工业、手工业、建筑业、交通运输业、商业、饮食业、服务业、修

理业以及其他行业生产、经营取得的所得。

（2）个人经政府有关部门批准，取得执照，从事办学、医疗、咨询以及其他有偿服务活动取得的所得。

原《个人所得税法实施条例》第八条第四项规定：劳务报酬所得，是指个人从事设计、装潢、安装、制图、化验、测试、医疗、法律、会计、咨询、讲学、新闻、广播、翻译、审稿、书画、雕刻、影视、录音、录像、演出、表演、广告、展览、技术服务、介绍服务、经纪服务、代办服务以及其他劳务取得的所得。

通过上述比较可以看出，在原个税法下，对个人从事劳务活动，是按照劳务报酬所得还是个体工商户生产经营所得纳税的主要区别是是否取得营业执照。

新《个人所得税法实施条例》第六条第二项：劳务报酬所得，指个人从事劳务取得的所得，包括从事设计、装潢、安装、制图、化验、测试、医疗、法律、会计、咨询、讲学、新闻、广播、翻译、审稿、书画、雕刻、影视、录音、录像、演出、表演、广告、展览、技术服务、介绍服务、经纪服务、代办服务以及其他劳务取得的所得。

新《个人所得税法实施条例》第六条第五项规定，经营所得，是指：

（1）个人通过在中国境内注册登记的个体工商户、个人独资企业、合伙企业从事生产、经营活动取得的所得。

（2）个人依法取得执照，从事办学、医疗、咨询以及其他有偿服务活动取得的所得。

通过比较可以看出，在新个税法下，对个人从事劳务活动，是按照劳务报酬所得还是经营所得纳税的主要区别仍然是是否取得营业执照。这和原个税法下的政策变化不大。

将劳务报酬所得筹划为经营所得，无论是在原个税法下，还是新个税法下，合法性都是没有问题的，只需由个人成立一家个体工商户或个人独资企业（合伙企业），就可以将劳务报酬所得转化为经营所得。

引文：

根据《国家税务总局海南省税务局关于经营所得核定征收个人所得税有关问题的公告》（2018 年第 15 号）规定，海南省经营所得核定征收个人所得税有关问题公告如下：

一、凡不符合查账征收条件的个体工商户业主、未办理个体工商户注册登记但取得生产、经营所得的自然人，其经营所得采用定额方式征收个人所得税。应纳税额计算公式：

应纳税额=应税收入×附征率

上款所称的应税收入是核定的收入总额或纳税人申请开具发票的金额。

二、凡不符合查账征收条件的个人独资企业和合伙企业自然人投资者、企事业单位承包承租经营者，其经营所得采用核定应税所得率方式征收个人所得税。

应纳税额计算公式：

应纳税所得额=应税收入×应税所得率，

或者应纳税所得额=成本费用支出额/（1-应税所得率）×应税所得率

应纳税额=应纳税所得额×经营所得 5 级累进税率

上款所称的应税收入是每一纳税年度的收入总额，成本费用支出额是每一纳税年度的成本费用支出总额。

三、凡不符合查账征收条件的个体工商户业主，核定的应税收入不高于 90 000 元/季的，附征率为 0；核定的应税收入高于 90 000 元/季的，全额征收个人所得税。

四、纳税人经营多业的，无论其经营项目是否单独核算，按其主营业务所属行业（以实际营业额占总营业额最大比例为标准）确定适用的附征率或应税所得率。

根据海南省税务局发布政策,在海南设立合伙企业或个人独资企业会是一个不错的选择。

2. 将劳务报酬所得转化为经营所得的案例分析

【案例分析】巧妙转化所得性质

赵先生是一位装潢设计师，2019 年利用业余时间为一家公司提供装潢设计服务，每月获得劳务报酬 8 000 元，为了获得该 8 000 元的劳务报酬，赵先生每月需要支付往返车费 200 元、材料费 1 000 元。

筹划前，2019 年度赵先生应缴纳的个人所得税为：

应纳个人所得税=8 000×（1-20%）×20%×12=15 360（元）

税收筹划后，赵先生成立了一家个人独资企业（个人所得税经营所得适用税率如下表所示），该企业专门为这家公司提供装潢服务，其他条件不变。根据个人独资企业投资者个人所得税的计算原则：个人独资企业投资者的全年应纳税所得额是以每一纳税年度的收入总额减除成本、费用以及损失后的余额。所以赵先生 2019 年度的总收入 96 000 元（8 000 元×12），总成本为 14 400 元即（200 元+1 000 元）×12，赵先生作为投资者，其个人费用可以扣除 60 000 元，则 2019 年度赵先生应缴纳的个人所得税为：

应纳税所得额 96 000-14 400-60 000=21 600（元）

应纳个人所得税=21 600×5%=1 080（元）

通过税收筹划，赵先生可以少缴纳个人所得税 14 280 元即 15 360 元-1 080 元。

个人所得税税率表（经营所得适用）　　单位：元

级数	应纳税所得额	税率（%）	速算扣除数
1	不超过 30000 的部分	5	0
2	超过 30000 至 90000 的部分	10	1500
3	超过 90000 至 300000 的部分	20	10500
4	超过 300000 至 500000 的部分	30	40500
5	超过 500000 的部分	35	65500

第十五章
法大于天——如何防范涉税法律风险

一、公司涉税风险

【案例分析】宝洁涉税案补税 8000 万元

2002 年，P&G 在华子公司广州宝洁从广东某银行获得高达 20 亿元左右的巨额贷款，然后从中拨出巨资以无息借贷的方式借给关联企业使用。这样做，一方面可将其所承担的利息支出在税前扣除，少缴纳所得税；另一方面，提供巨额无息贷款给关联企业，也回避了正常借贷产生利息所得税的税负。2003 年上半年，广州市国税局依法调增广州宝洁企业应纳税所得额共 5.96 亿元，补缴企业所得税 8 149 万元，并对企业作出了处罚。本案中广州宝洁就是利用关联交易作为所谓避税手段，但是违反了《关联企业间业务往来税务管理规程》，其不仅没有达到目的，反而要承担相应的法律责任。

对一个公司而言，纳税作为一种直接的现金支出，是一个“痛苦指数”，因为这意味着公司既得利益的减少。为此，有些公司通过各种非法手段偷税或骗税，还有些公司通过所谓的“合理避税”等似乎是“合理”的形式，实际上是不合法的行为，而达到不缴或少缴税的目的。

公司税务风险主要是一种法律风险，没有税务违法也就没有税务风险。纳税行为是与公司的经济行为相伴相生的，经济行为的连续性决定了纳税行为的连续性，潜伏在具有连续性的纳税行为中的税务风险，对公司今后的发展会带来致命的影响。由于税收具有强制性，税务风险具有确定性和累积性等特点，因此，虽然税务风险的防范与控制困难，但一旦发生，想要侥幸过关更难。防范与控制税务违法风险应当成为领导者在进行公司风险管理的重中之重。

（一）公司涉税风险与管理

1. 公司涉税风险的概念

作为管理者，首先需要把握的是何谓涉税风险。涉税风险其实又可分为国家税收风险与公司税务风险。国家税收风险是由于税法上的缺陷、政策管理上的失误及其他不可预知与无法控制的原因，导致国家税源的损失，税收调节功能减弱，财政收入递减，影响政府公共职能的行使。而公司税务风险则是公司的涉税行为未能有效遵守税法或违反税法，可能导致公司未来的利益流出。管理者考虑更多的是公司涉税法律风险。公司税务风险小则可以影响公司自身的生存与发展，大则可以损害国家税收收入的组织，危害税收对经济宏观调控。值得注意的是，涉税风险导致的利益流出，不仅仅是指经济利益，更可能是无形的，包括品牌、信誉、客户等。

【案例分析】筹划红线不可越

北方迎春手套加工厂需要废皮革、皮革下脚料加工劳保手套，但由于供应此种材料的加工厂都是小规模纳税人，无法提供增值税专用发票。为此，北方迎春手套厂通过与某废品收购站达成“默契”，采取“移花接木”的方式，取得该废品收购站的发票。虽然是北方迎春手套加工厂自己购进废皮革，在账务处理上却以该废品收购站名义虚假购进，收购站“购进”后，再销售给手套加工厂，并为其开具废旧物资销售发票，北方迎春手套厂为此达到了抵扣税款的目的。

现行税法规定，生产企业增值税一般纳税人购入废旧物资回收经营单位销售的废旧物资可凭其取得的废旧物资发票注明的金额按10%计算抵扣进项税额，生产企业不得凭借废旧物资收购凭证计算抵扣税款。也就是说，生产企业利用自行收购的废旧物资进行生产加工，在计算增值税时不能抵扣进项税，就税收成本而言自购不如外购。为达到避税的目的，部分纳税人却用虚拟外购的方法进行“筹划”，这种所谓的“税收筹划”是危险的。

2. 公司涉税法律风险的管理

风险管理从根本上说是经济主体为了自身平稳发展的需要，对各种可能发生的风险进行防范与控制，以期达到以最少的代价取得最大的安全保障。从20世纪70年代开始，风险管理被广泛应用，由于其具有针对性强、效率高、成本低等特点，在世界范围内得到迅速发展。我国在市场化的进程中，公司的风险意识不断加强，风险管理日益成为公司治理的核心内容之一。但在理论界就税务风险的研究主要集中在国家税收风险的领域，真正立足于公司发展战略的角度去研究税务法律风险并不多，这种状况与公司风险管理的实际需求不相适应，也与科学发展观及经济的健康稳定可持续发展的要求不符。因而，国家税务总局于2009年顺应经济发展的规律，适时颁布了《大企业税务风险管理指引（试行）》。

知识链接

法人代表对偷税犯罪承担什么法律责任？

1. 法人代表是涉税违法行为的直接责任人

偷税行为是法人代表自己做的，公司其他人不知道。某明星税案时，公安机关为什么要抓她本人？就是发现在整个偷税活动中，有一些是她指使别人做的，有一些是她自己做的。比如，在海外发行她的电影就是她一手运作的，由她亲自签合同，汇款账号也是刘某在香港的个人账号，而且这个账号只能由她自己支配。所以说这个偷税行为是刘某作为法人代表亲自做的。

2. 法人代表指使别人来做违法事情

该偷税行为是法人代表授意企业的财务总监、会计操作的。某单位老总指使财务经理把当期所获得的营业收入全部挂在往来账上，这种行为就属于指使犯罪，是要承担法律责任的。

3. 法人代表不制止单位的偷税行为

虽然在这种情况下，法人代表没有参与违法行为，但明知道单位有偷税的行为不制止的，就要承担法律责任。

二、公司涉税法律风险的来源

治理企业与治病从某种意义上讲是相通的。医生治病，需先知病因，之后才能对症下药，“药到病除”。同样，作为企业的领导者，首先需要了解涉税风险的来源，之后才能掌握控制管理风险的方法。

公司涉税风险主要是一种法律风险，因此没有税务违法就没有税务风险。这看似一个矛盾的命题，却是一种客观现实。从税收法治的角度看，税收违法的责任追究机制是健全的，因此纳税人在明知的情况下实施税收违法行为，其法律后果的产生具有确定性，纳税人对税收违法行为承担法律责任，这是纳税人的违法成本，而不是涉税法律风险。涉税法律风险是未来可能发生的风险，其发生与否、何时发生处于一种不确定状态，因此只有当纳税人不知道行为违法的情况下，实施了该行为，事后被主管税务机关确认为税收违法，由此产生的法律后果，才是一种税务法律风险。因此税务风险管理不应当定位在公司税务违法行为上，而应当定位在非主观违法的税务风险上。

1. 我国税法体系自身缺陷导致的风险

我国整个税法体系建立在保障国家行政利益的基础之上，对于国家行政权力的保护大于对纳税人利益的保护。税务机关与纳税人在法律地位上平等，但在权责关系上并不完全对等。税法赋予行政机关自由裁量权，从而使纳税人税务风险大大增加。同时，在税法体系建设上，我国还没有建立完善的税法体系，部分税收法规存在重复滞后的一面，没有全面统筹，往往引起税收规定与企业实际情况相背离的情况；与此同时，部分税收法规变动太快，使企业及时掌握新政策的难度加大，从而加大了企业的税务风险。

2. 税务机关与纳税人信息不对称导致的风险

税务机关在对于新政策的出台，往往缺乏提醒相关纳税人予以重视关注的说明，而对于一些具有适用性或比照性的政策往往处于半公开的状态，对于这些政策税务机关的宣传指导力度不够或者偏小，一般仅限于有限范围的解释，纳税人很容易忽视相关税收政策或者错误使用税收政策。因此，税务机关与纳税人之间信息的不对称是增加企业税务风险的重要原因。

3. 企业财务管理水平导致的风险

企业的财务管理水平以及会计核算水平等，都会影响企业相关纳税人员税额的计算与缴纳。企业可能出现失真的会计信息与财务信息，从而影响涉税资料的真实性与合法性，而据此计算的税额也将失真，进而给企业带来税务风险。

【案例分析】防止虚假列支成本

某出租设备有限责任公司预提大修理费用，未用于大修理支出，却用于支付与大修理无关的往来款项；以非法购入的运输业发票入账，虚增了购入的固定资产原值及年度折旧金额；将实际上未发生的“工作服款”列入成本；将内容为“牙科诊疗费”的与生产经营毫不相干的发票列入费用。这样虚增了企业的税前支出，被查处应补企业所得税 90 万元，按规定加收滞纳金，并处以一倍罚款。

根据新企业所得税法第 8 条规定，企业实际发生的与取得收入有关的、合理的支出，包括成本、费用、税金、损失和其他支出，准予在计算应纳税所得额时扣除。税法将支出税前扣除的原则概括为以下五个方面，即相关性原则、合理性原则、权责发生制原则、划分收益性支出和资本性支出原则，以及真实性原则。

企业在支出类项目中常见的涉税问题有：将资本性支出一次性计入成本；收入与成本不配比；免税项目的支出在应税项目的收入中扣除；材料成本结转、人工费用核算不准确；销货退回只冲减收入，不冲减成本；将应由个人或其他纳税人负担的费用、税金在本单位税前列支。

4. 纳税人员专业素质有限导致的风险

企业在日常生产经营过程中，相关办税人员的素质有限，不能完全理解税收政策法规，对有关法律法规理解不深入、不细致，同时，由于自身素质的限制，不能及时掌握最新的政策变动导向，从而虽然在主观上没有偷漏税的企图，但在实际纳税行为上违反了税收法律法规的规定，造成事实上的偷漏税，给企业带来税务风险。

【案例分析】加强政策学习规避风险

由于春节将近，A 企业向员工派发了 120 000 元现金作为福利。其中，以差旅费的名义记入 90 000 元，以午餐补助的名义记入 30 000 元，分别记入经营费用和管理费用。后来，在年度税务检查中，税务机关发现了这一问题，对企业做出限期补缴代扣代缴税款，并处以应补缴税款一倍罚款和 2 000 元额外罚款的处理。

根据《税收征管法》及其实施细则，扣缴义务人必须依照法律法规的规定，如实报送代扣代缴（代收代缴）税款报告表和有关资料，履行代扣代缴义务。扣缴义务人未按照规定的期限向税务机关报送代扣代缴（代收代缴）税款报告表和有关资料的，由税务机关责令限期改正，可以处 2 000 元以下罚款；情节严重的，可以处 2 000 元以上 1 万元以下罚款。扣缴义务人应扣未扣（应收未收）税款的，由税务机关向纳税人追缴税款，对扣缴义务人处应扣未扣（应收未收）税款 50%以上 3 倍以下罚款。

由此可见，遵从税法，学习税法，在降低税收风险过程中非常重要。

5. 管理层缺乏依法纳税观念导致的风险

企业管理层应树立依法诚信纳税的意识，某些企业管理者不能真正树立依法诚信纳税意识，不去认真履行纳税人应负的法律义务，存在以为处理好与税务机关的关系远甚于加强对税收政策的理解与掌握的误区。这种靠人情而不是真正依法纳税解决涉税事宜，反而增大了企业的税务风险。

6. 企业涉税人员专业素质与职业道德导致的风险

专业素质与职业道德会深深影响纳税人员的工作。专业素质指纳税人员对税法的理解与运用能力。由于税法体系的繁杂以及新政策的频繁出台，导致相关纳税人员不能及时准确把握法律法规政策精神，可能存在盲目纳税行为，造成企业税务风险的上升。纳税人员的职业道德更是重要，是约束纳税人员行为的无形方式。如果纳税人员缺乏职业道德，责任心缺失，如伪造、变造、隐匿记账凭证等，就会导致税务风险的产生，而且这种税务风险是很难控制与应对的，对企业的破坏作用也是极大的。

7. 税收筹划方案选择导致的风险

税务筹划是指在税法规定的范围内，通过对经营、投资、理财等活动的事先筹划和安排，尽可能地获得节税的税收利益。但是，税务筹划必须在税法规定范围内，如果企业误解这一点，认为筹划就是尽可能少纳税或不纳税，甚至授意或唆使筹划人员通过非法手段达到所谓“节税”的目的，这样实质上是一种偷税行为，会给企业带来很大的税务风险。

【案例分析】辨明偷税与筹划界限

S 市春风食品有限公司，成立于 2002 年 2 月，主要经营饼干、食品等批发及零售，该企业与 S 市副食品采购供应站（注册地在 S 市某区）为两个牌子、两个法定代表人、一套人马。该企业以其出纳员陆颖的名义在 S 市交通银行开立了一个银行卡账号，卡上发生了大量存、取款业务，与企业账面记录的经营情况存在很大出入，可能存在账外经营、隐瞒收入问题。

S 市春风食品有限公司故意与 S 市副食品采购供应站共用库房存放商品、共用出库单办理商品出库，给税务征管、稽查工作增加难度；采取收付业务不按规定记账、另设私人银行户头存取的手段隐瞒销售收入，进行偷税。

根据出库单统计，该企业于 2006 年 9 月至 2009 年 9 月出库商品数额合计为 60 594 041.10 元。但法定代表人提出，出库数额中含有 S 市副食品采购供应站出库部分。经核实，S 市副食品采购供应站确实与 S 市春风食品有限公司共用一个库房，货物出库时开具相同样式的商品出库单。检查人员要求企业从出库金额中划分出本企业出库部分。该代表人又称，货物出库距今时间太久，无法划分。

为了摸清企业进销货物的真实情况，取得企业实施涉税违法行为的有力证据，检查人员分两组对该公司进货情况进行外调。一组与公安人员一道南下 G 省调查取证，在 G 省税务机关的全力配合下，从 G 省所属企业取得了被查企业进货发票等证据资料；另一组分别从安徽、上海等地取得了被查企业进货发票等证据资料。经统计，该企业在 2006 年 4 月至 2009 年 9 月期间自 G 省进货 36 777 045.72 元；在 2006 年 12 月至 2008 年 6 月期间自安徽、上海等地进货 3 924 416.36 元。综合以上，该企业于 2006 年 4 月至 2008 年 11 月期间，从上述三家企业共计进货 40 701 462.08 元。

依据《中华人民共和国税收征收管理法》第三十五条及《中华人民共和国税收征收管理法实施细则》第四十七条第二款的规定，税务检查人员对该企业应纳税额进行了核定，以（税务局掌握的企业实际进货额-企业实际库存商品余额）×（1+企业成本利润率）推算出企业 2003—2005 年销售收入，核定企业应补交应纳增值税额 2 101 319.87 元；依据《中华人民共和国税收征收管理法》第三十二条规定，对其课征滞纳金；依据《中华人民共和国税收征收管理法》第六十三条第一款规定，对其拒不提供纳税资料、少缴应纳税款的行为定性为偷税，处偷税金额一倍罚款。由于该企业 2008 年度偷税数额超过 1 万元且偷税比例达到 96.38%，税务机关依据《中华人民共和国税收征收管理法》第七十七条第一款规定，将其移交公安机关。

三、防范涉税法律风险的“妙方”

领导作为企业的管理者与核心，在防范公司涉税法律风险中责任重大。我们知道，具有主观故意的税收违法行为是具有可控性的，而真正的税务风险则具有不可控制的性质，尤其是税收法律制度本身所存在的制度缺陷或征管体制上的疏忽所导致税务风险，从纳税人的角度看是难以控制的，因此税务违法风险应当成为公司风险管理的重点。而要有效地防范与控制公司因税务违法而产生的法律风险，则需要公司管理层多方协调与配合，是公司发展战略中的系统工程。本节拟提出下列“妙方”，以便领导或经理更好地防范涉税风险。

（一）税务稽查风险防范

税务稽查是税收征收管理工作的重要步骤和环节，是税务机关代表国家依法对纳税人的纳税情况进行检查监督的一种形式。税务稽查的依据是具有各种法律效力的各种税收法律、法规及各种政策规定，具体包括日常稽查、专项稽查和专案稽查。

伴随着企业税务风险的客观存在，税务稽查在所难免。其实，税务稽查在多数情况下履行的是年度性或季度性巡回检查，属于一种常规性检查，并没有明确针对性。由群众举报或者说发现问题而进行的有针对性的稽查只是极少数。所以，即使税务稽查说要来检查，也不必有什么特殊的准备或举动。

1. 税务稽查人员的接待方法

（1）事前预告稽查的接待。

由税务机关事前预告日期的税务稽查，最好是如约接受，如果在时间安排上有问题，要向税务机关的有关负责人说明其原因，变更其检查日期。

如果确因临时有事未必都要按预定的时间接待检查，变更一两次时间也不足为怪，但若频繁变更时间会让税务机关产生是否有意回避检查的嫌疑，担心在最后关头逃避检查这种异常的想法可能产生。

对于纳税人来说，在检查之初，若能和税务稽查人员保持愉快的沟通，才是技高一筹的做法。在相互沟通和交流中，创造与稽查人员之间的相互依赖、相互尊敬关系，使税务稽查顺利进行，这就是说税务稽查之初的沟通具有双重意义：一方面建立相互信赖的关系，使税务稽查顺利开展，不浪费时间；另一方面不让税务稽查人员产生怀疑，给后面的检查提供方便。

（2）突击税务稽查的接待。

税务机关的无预告检查，在进入检查之前就已经决定了要检查的重点。如果检查了一天，什么不正常的情况都没有发现，其后多数情况下检查不会再持续。所以，接受突击税务稽查，应该有理有礼有节地对待税务稽查人员，避免和税务稽查人员出现正面冲突。

（3）强行税务稽查的接待。

税务稽查局有专门强制稽查的部门，如果他们来了，都带有裁判命令书，这种稽查无须纳税人的同意。但是稽查局强制稽查部门并非随意进入任何一个单位，一般都是逃税额相当高，并且有严重逃税行为才对其强行检查。这时作为经理，求助税务代理已经不起什么作用，最好直接去找辩护律师，通过法律手段解决问题。

（4）尽量以温和的态度接待税务稽查人员。

税务稽查人员一般也是怀着善意来检查，纳税人应该善意对待。要是稽查人员怀着恶意而来，你就不得不以恶意待之。稽查人员也知道履行检查会给纳税人增加许多麻烦，他们也会一边干着工作一边解释说："这是作为公务员应尽的义务而已。"而且，税务稽查人员也掌握若干合法的、让纳税人很难对付的方法。例如，如果纳税人不配合税务人员的正面调查，他就要去做反面调查。

所谓反面调查，是指为了确认被稽查企业交易状况是否如实申报，稽查人员给那个被稽查企业的交易对象打电话，或者亲自去访问，多数情况是秘密进行调查。这种调查如果规模较大，对被稽查企业的信誉会有相当的损害，为此引起企业的反感或上诉。

（5）正确对待不同类型的税务稽查人员。

对于不同类型的税务稽查人员，要采取不同的方式和态度来对待。比如，纳税人要尊重女性税务稽查人员。在税务稽查时，女性税务稽查人员表现得相当细致严格。女性并不像男性那样喜欢模棱两可。往往男性税务稽查人员不注意的地方，女性税务稽查人员能很清楚地调查出来。另外，女性税务稽查人员自尊心也很强，在柔和的外表下面，隐藏着一颗好胜的心。所以，对于女性税务稽查人员要更加认真接待为好。

再比如，个别素质低下的税务稽查人员，在税务稽查中可能会非常无礼，有时无端地怒吼。为了惩戒这样的税务稽查人员，可以向税务机关的领导提出抗议。提抗议不必特别申诉，只要给税务机关打个电话就可以了。你只要给税务机关领导人打电话说："贵处的税务检查人员在这里怒吼，你们希望检查人员以这样的态度检查吗？"当然，在打电话时，一定要把自己公司的名字和检查人员的名字告诉他。像税务局这样的国家机关，对于纳税人的呼声有一种超出纳税人预想以上的效果，从纳税人那里打来电话提出抗议，税务机关肯定会采取相应的处理措施。

（6）不要怕税务稽查人员发怒。

对于税务稽查人员来说，税务稽查是表现自己工作成绩的时候。查处纳税违法行为是其基本职责。实际上，纳税人受到税务稽查，并不表明你就有偷逃税行为。在尽可能的范围内（不影响业务的范围内）给予协作，把想说的事情清楚地说出来，不能接受的事情应该和检查人员商谈，而不要害怕税务稽查人员发怒。

在稽查人员怒吼的时候，你没有必要害怕，而要坦然地想想自己有没有违反税法的不正当行为。如果在纳税方面没有什么过错的情况下，你倒不如心平气和地说："你应该用这样态度对待纳税人吗？"明确地表示自己的不满，这也许是更好的应对方式。

（7）聘请的税务代理最好在场。

如果纳税人聘请了税务代理，那么，在税务稽查时，最好税务代理在场。税务代理的能力或气概，对于税务检查都有一定的影响力。税务稽查人员由国家赋予权利，而税务代理没有这种权利，在接受税务稽查时，主要靠他们的知识和能力来应对检查。

2. 实施税收自救措施

处理好税务稽查的接待问题后，企业要重视税收自救措施。往往，税务稽查一般都会涉及纳税风险问题，很多企业因为税务稽查使自己陷入风险的泥潭中难以自拔。有位企业家说过这样一句话：面对危机，重要的是坚持和自救。其实，纳税人所面对的严厉的税务稽查，不啻一种严重的危机。企业应该学会自救，唯有自救才能真正摆脱纳税风险。

（1）理解税务稽查的意图。

面对税务稽查，纳税人最重要的是理解税务稽查的意图。如果税务稽查人员已经入驻，而纳税人还不明白此次税务稽查的主要意图，那么纳税人一般都会措手不及，甚至因小失大，出现难以规避的财税风险。

税务稽查根据检查的目的不同，一般分为三种情况，即日常检查、专项检查和专案检查。

日常检查是指税务机关对税收管辖范围内的纳税人履行纳税义务情况进行的常规检查，是税务稽查部门的主要日常工作。一般来说，日常检查就是履行公务，没有确定的或实质性的目的。纳税人对此可以事务性地应对，一般日常检查没有什么大的纳税风险。

专项检查是指税务机关按照上级税务机关的统一部署或下达的任务对辖区范围内的特定

行业或特定的纳税人、特定的税务事宜所进行的专门检查。如增值税专用发票检查、个人所得税检查、房地产行业检查等。一般来说，纳税人只要满足专项检查的范围，总会受到检查，而专项检查一般也没有多大风险。但如果纳税人出现一些违规操作，也会面临一定的风险。

专案检查是指税务机关依照税收法律、法规及有关规定，以立案形式对纳税人履行纳税义务情况所进行的调查处理。专案检查一般针对较为严重的税务违法行为，重点突出。如果纳税人被税务稽查部门进行专案检查，一般都会存在较为重大的违法事件，可能涉及较大的纳税风险。

（2）争取时间，开展自查。

税务稽查对于纳税人来说，意味着风险和责任。纳税人面对税务稽查降低风险的重要自救措施之一是争取时间，开展自查。

争取时间，开展自查一般能够控制或化解一部分纳税风险。

【案例分析】积极自查，弥补风险

北京一家电子生产商，面对突如其来的税务稽查，不但老总懵了，连财务总监也懵了，公司上下全都慌了手脚。可能公司存在纳税漏洞，可能税务机关已经掌握相关线索，如何办，怎么应对？最后还是财务总监拿出了自救措施，让老总和财务部门不要慌，先由办公室公关人员端水倒茶热情款待税务稽查人员。然后尽量争取时间，财务部立即召开紧急会议，财务总监让财务部每个会计人员马上汇报属于自己分管的工作，看是否存在吃不准的疑难问题，以及账务处理是否存在差错，全面开展自查工作。遇到一个疑难问题就解决一个疑难问题，这样一来，不到两个小时就把自身存在的纳税问题摸清了，该处理的问题马上就处理，做到知己知彼，心中有数。此时，财务总监才带领财务部的人员开始接受税务稽查人员的检查。最后的结果是，税务稽查人员进行了两天的检查，查出了几个涉税小问题，企业也化解了一次重大的纳税风险。

（3）完善手续，补充资料。

税务稽查中纳税人要做到税务自救，还需要完善手续，补充资料。税收在一定意义上讲也很重视形式。有时形式的东西也会影响到内容。在纳税问题上，如果不能做到内容与形式的吻合，就会存在较大涉税风险。

如何完善手续补充资料呢？这其中也有很多策略和技巧可言。

【案例分析】采用合理性解释弥补资料漏洞

南方一家连锁超市在华南地区有多家分店，为了实现统一物流配送，该连锁超市的配送中心移送给各分店的商品均按照进价的95折确认收入。税务稽查过程中，税务稽查人员注意到了这一问题，认为凡是商品移送，必须视同销售行为，且该连锁超市的配送价格还违背了转让定价原则。其实该连锁超市之所以采用95折配送，原因在于从各供应商处采购商品均有返利。对于该纳税问题应该如何补救呢？

此问题的补救办法是通过完善合同进行合理性解释说明。处理思路如下：为了说明配送价格问题，该连锁超市与其各处分店分别签订一份合同——代销商品合同。合同中约定：具体结算价格按照供应商实际供货价格，若供应商有折扣或返利的，则也按供应商折扣后的价格结算。在合同中，约定委托代销的一揽子协议条款，包括其分店协助该连锁超市为客户服务、举办促销活动等。这样该连锁超市配送给各分店的销售模式就转变为委托代销，可以在收到代销清单时缴税，不仅合理解释了配送价格，而且合理递延了税款。

（4）行使权利，维护权益。

在税务稽查中，纳税人可以利用所拥有的权利，维护自身合法权益。

【案例分析】善用自身权利，维护自身权益

在对某医疗单位进行税务稽查时，正在审查账簿的稽查人员看到该单位法人代表的夫人提着手提包匆忙外出，就请夫人打开提包看，于是从手提包中看到了银行存折和印章，又从这些存折和印章发展到银行调查，最后发现逃税证据，这是从私人物品开始发觉逃税的一个典型案例。

在对私人物件调查时，该法人代表愤怒地大声喊道："我要向法院提出控告!"这里，问经理们一个小问题：对个人物品能不能进行检查？

法律上并没有赋予税务稽查人员搜查的权利，在一般情况下是不能强制检查个人物品的。一般必须得到个人的允许。税务稽查人员说："请把这个提包打开让我看看!"清楚地表达了他的意思。假设说，即使得到了对方的同意，也应该由夫人自己动手打开提包。如果夫人认为这是私人物品和调查没有关系，也可以明确地予以拒绝。

纳税人根据税法所规定的原则，对于税务稽查的质问虽然有回答的义务，但是，行使税务稽查权如果使纳税人的交易活动停止，使其失去了交易对象或银行对其信任，使其私生活受到严重损害，即可认为税务稽查越权了。

（5）税企沟通，争取主动。

企业应该与税务机关保持良好的接触，营造良好的税企关系。如果能够保持良好的税企关系，企业就能够最大限度地利用税法提供的灵活性合理降低税负和纳税风险，并且能够得到税务机关的认可。

同时，纳税人和税务稽查人员交往，应该做到不亢不卑，并且争取主动。在税务稽查中要多向税务部门反映本企业的实际情况及困难之处，多与稽查人员沟通，多对相关问题做出合理的解释，争取纳税和稽查问题处理方面的主动权。

在税务稽查人员进行检查时，如果发现纳税人有违反税法行为，有时税务稽查人员要求纳税人写检讨书。但这类检讨书，有一个弊端，因为在写检讨书时，往往有这样的话："今后要本分经营，希望尽量给予适当的处分。"如果写了这样的检讨书，会给人一种现在的处分还是轻的感觉。但是对税务机关来说，即使写了检讨书，对你的处分也不会减轻。不仅如此，在检讨书写完以后，有关处分的一切不同意见就不好说了。在税务稽查过程中，税务稽查人员如果有什么不当之处，可以申请复议或向法院起诉，如果写了检讨书，申请复议或提出上诉，会变得困难起来。

3. 税务稽查结论的分析

在合理接待税务稽查人员以及及时进行税收自救后，对待税务稽查结论的分析也相当重要。在市场经济环境下，纳税人与税务机关之间发生税务纠纷是经常的事情。当纳税人面临税务稽查的处罚结果时，应该如何处理？其实，关键是分析税务稽查后税务部门所下达的处罚意见，找出应对策略与技巧。

（1）分析援引法律条文的准确性、完整性。

税务稽查人员在填制税务文书时，有的只引用省级或市级颁发的规范性文件，作为执法依据；有的没有具体文号、名称或随意省略；有的税务文书的格式部分不符合相关法律、法规的规定等，这些问题都有可能成为纳税人维护自身权益的依据。

（2）当事人申辩笔录是否缺乏。

稽查执法中，应当把当事人的书面陈述、申辩请述整理在案。当事人有陈述申辩材料的，应当整理归档；口头陈述申辩的，应当制作陈述申辩笔录，并由当事人签字或盖章；当事人放弃陈述或者申辩权利的，也应制作申辩笔录，并填写“当事人无陈述、申辩意见”字样，并由当事人签字或盖章后存档。因为《中华人民共和国行政处罚法》明确规定：拒绝听取当事人的陈述、申辩，行政处罚决定不能成立。

（3）不按法定程序告知当事人法律救济途径。

有的税务稽查人员在实施行政处罚前，不按规定程序告知当事人陈述申辩权、听证权、复议权、诉讼权；有的把《税务行政处罚事项告知书》和《税务行政处罚决定书》同时下达；还有的未等当事人提出听证申请的法定期限届满，就发出《税务行政处理决定书》等，所有这些不符合法律程序的行政处罚，按《中华人民共和国行政处罚法》的规定都是无效的。

（4）支持税务处理结论的证据不足。

这主要表现在认定违法事实的主要证据不足。一是有些起主要证据作用的税务稽查底稿无纳税人签字，起不到证据作用；二是所取主要证据不足以支持税务处理结论。

（5）税务文书送达存在的问题。

有的处罚决定送达回证上没有当事人签字，即使有，也大多为企业会计，还有的没有签收时间等。按照《中华人民共和国行政处罚法》的规定，实施行政处罚时，不仅要告知当事人违法的事实、证据及处罚依据等，还应告知其陈述、申辩、听证，复议、起诉的期限和途径等。而文书送达必须有送达回证、挂号信回执、登报的报样等，以此证明当事人收到有关文书，或证明有关文书送达当事人，如果当事人没有委托社会中介组织进行代理，则应直接送达企业法定代表人或负责收件人。

（6）未制作出示执法稽查证件笔录。

在实施执法稽查的过程中，不少稽查人员出示执法稽查证件后，忽略制作笔录，这样被稽查人如果对此提起诉讼，税务机关可能因执法程序违法而败诉。所以，要证实税务稽查人员在稽查时出示了执法证件及取证过程合法有效，一定要制作包括稽查时间、地点、证件出示情况、稽查方法等内容的稽查笔录，由当事人签字后存入稽查案卷。

（7）处罚决定缺章漏项。

一份稽查处罚决定，必须载明查结的具体违法事实、证据、性质及处罚的具体依据，缺一不可。

（8）表述是否有误。

送达企业的税务文书往往使用第三人称“该单位”进行表述，应改为第二人称“你单位”进行有针对性的陈述；有的处罚决定书对罚款限定的缴款时间，往往是某年某月某日前到某地缴纳，这与《中华人民共和国行政处罚法》的规定，当事人应当收到处罚决定书之日起 15 日内到指定的银行缴纳罚款的表述不符。

（9）处罚是否失当。

偷税处罚失当最常见的是按定额进行处罚，这与《中华人民共和国税收征收管理法》规定的“处不缴或少缴税款 0.5 倍以上，5 倍以下罚款”的规定是不符的。

4. 税务稽查纠纷的解决

在税务稽查活动中，一旦出现税务稽查纠纷，纳税人的头脑要冷静，最好坐下来认真分析一下产生税务稽查纠纷的原因与主要分歧，紧紧围绕税收法规思考和处理税务稽查纠纷。对于税务稽查人员态度恶劣、粗鲁，都应该提出抗议，根据国家公务员法向有关部门提出抗议是完全可以的。纳税者自己的权利应由纳税者自己来保护。

（1）分析税务稽查纠纷的方法与技巧。

①分析检查人员有没有越权。

《中华人民共和国税收征收管理法》赋予税务稽查人员六项权利，但纳税人要留意在税务稽查过程中稽查人员是否越权，如果越权可能会形成执法不当，纳税人完全可以不予理睬。税务稽查人员主要拥有以下六项权利：① 查账权；② 场地检查权；③ 责成提供资料权；④ 询问权；⑤ 在交通要道和邮电企业的查证权；⑥ 查核存款账户权。

②分析税务稽查人员掌握的证据是否充分。

事实上，有些税务稽查人员在查处税收违法案件过程中可能捕风捉影、牵强附会、生拉硬扯、强行定案。诸如此类问题，在目前的税务案件中，占有一定的比例，可以说，取证不足是目前基层税务稽查工作的通病，许多税务稽查人员的工作底稿取证明显不足，财务逻辑性不强。此外，对有关事实尚未查清就定案的也屡见不鲜。因此，一旦发生税务稽查纠纷，纳税人可以依法维护自身的合法权益。

③分析税务稽查人员的执法程序是否合法。

税收执法和其他法律部门一样，在具体的执法过程中，要讲究程序，一旦程序错误，即使其他方面没有问题，最终的案件认定也不能成立。

• 税务登记环节：纳税人没有按照税法的规定办理税务登记、建账建制、保管税务机关要求保管的账册凭证、向税务机关报送税务机关要求报送资料的，税务机关应先实施教育程序，即限期改正，如果限期不改的，才可以给予处罚。

• 纳税申报期限：企业是否超出纳税期限仍未纳税。如果该纳税的，但未超出纳税期限的不能予以处罚。

• 税务检查环节：税收保全、税收强制执行等环节，税务机关的做法是否正确，有无强制征收、强行处理的情况。

• 税收执法程序：税务机关有没有违反执法程序要求的做法。

④ 分析税务稽查纠纷问题的性质。

在处理税务稽查纠纷过程中，对于每一个纳税人而言，有一个问题必须认真研究，即对所涉及的税务稽查纠纷问题的性质的界定，是属于偷税还是过失（核算错误）；是属于违法还是犯罪。因为纳税人偷税与纳税人由于核算错误而造成的过失，所要承担的法律责任是不一样的，一旦被确认为犯罪，情况将更糟。所以，纳税人必须认真辨识自身所存在的问题是属于偷税还是属于过失。

（2）掌握税务稽查纠纷问题的实质。

①利用知情权了解有关情况。

《中华人民共和国行政处罚法》第三十一条规定，行政机关在做出行政处罚决定之前，应当告知当事人做出处罚决定的事实、理由及依据，并告知当事人依法享有的权利。《税务案件调查取证与处罚决定分开制度实施办法》第四条规定，税务机关的调查机构对税务案件进行调查取证后，对依法应当给予税务行政处罚的，应及时提出处罚建议，制作《税务行政处罚事项告知书》，并送达当事人。这就是说，当税务机关对纳税人实施检查并对有关问题进行违法认定及处罚决定之前，纳税人对做出决定的事实、理由和依据有事先知悉的权利。

纳税人在掌握有关违法行为的事实、理由和依据之后，就可以采取相应的措施维护自己的合法权益。纳税人了解税务案件的查处情况以后，如果发现事实不符，证据不足，依据不充分以及理由不得当等损害自身合法权益的现象存在，就可以向税务稽查人员及时提出，建议其纠正或调整。在一定的条件下，自己出面或是请代理人与税务机关进行交涉，如要求听证等。

②分析具体情况，切准问题实质。

如果纳税人与税务稽查人员的具体交涉失败，双方不能取得一致意见的情况下，纳税人可以进一步用好自己的听证权和申辩权，把问题搞个水落石出。纳税人参与有关违章问题的处理的有效途径之一，就是利用听证权与税务机关面对面地交换意见，尽可能运用法律武器保护自己的合法权益。

《中华人民共和国行政处罚法》第四十条规定，行政机关做出较大数额罚款之前，应当告知当事人依法享有听证的权利。也就是在税务行政处罚决定未正式做出之前，给当事人一个申辩的机会。即在听证会上，纳税人有申辩的权利、质证的权利、最后陈述的权利，以及申请对有关证据重新核实的权利。如果纳税人申辩的事实、理由和证据，税务机关复核后认为成立的，将对原拟定的税务行政处罚意见进行变更。

正确使用听证权利，有利于保护纳税人的合法权益，也利于税务机关做出正确的行政处罚。但是在实践中纳税人申请要求听证的寥寥无几，几乎放弃了听证权。《中华人民共和国行政处罚法》第四十一条规定，行政机关拒绝听取当事人的陈述、申辩的税务行政处罚决定是不能成立的。第四十二条规定，当事人不承担行政机关组织听证费用。第三十二条又规定，行政机关不得因当事人申辩而加重处罚。由此可见，不花钱又可行，为自己多挣得一次维护自己权益的机会何乐而不为呢？当然，纳税人在进行听证的时候也要注意几个问题。

• 注意把握听证的标准。税务机关是讲究工作效率的，只有达到一定的听证标准，税务机关才允许进行听证。

• 把握听证的期限。纳税人在接到税务机关送达的《税务行政处罚告知书》后，如果对税务机关已查明的违法事实、证据、行政处罚的法律依据和拟将给予的行政处罚有疑问或不明的，须在三日内书面向税务机关申请听证。当事人应当按期参加听证，无正当理由不参加的，视为放弃听证权利。逾期不提出的，纳税人就丧失了这种权利。当然，纳税人由于不可抗力或者其他特殊情况而耽误提出听证期限的，在障碍消除后五日以内，可申请延长期限。

• 要注意一定的手续。纳税人可以亲自参加听证，也可以委托代理人听证。委托代理人参加听证的，应向其代理人出具代理委托书。代理委托书应当注明有关事项，并经税务机关或者听证主持人审核确认。此外，纳税人如果认为听证主持人与案件有直接利害关系的，有权申请听证主持人回避。

• 抓住重点，突出问题。听证过程中，纳税人或代理人先仔细听取案件稽查人员就纳税的违法行为予以指控的内容、事实、证据材料以及行政处罚建议，然后就所指控的事实及相关问题充分发表自己的意见，进行申辩和质证。

·依法维护自己的合法权利。听证过程中，纳税人应接受听证主持人的询问，如实回答主持人提出的问题，并对自己出示的证据的合法性、真实性进行辩论。辩论终结时，纳税人具有最后陈述意见的权利。从程序上说，纳税人须服从税务机关的税务处理决定。如对处理决定不服的，可以在接到税务处理决定书之日起60日内向上一级税务机关或者法定复议机关申请复议，也可直接向人民法院起诉。

（二）利用税务行政复议维护企业合法权益

税务行政复议是指纳税人对税务机关的税务行政行为不服，依法向上级税务机关提出申诉，请求上一级税务机关对原具体行政行为的合理合法性做出审议，复议机关依法对原行政行为的合理合法性做出裁决的行政司法活动。

1. 税务行政复议的受理范围与形式

（1）受理范围。

①税务机关做出的征税行为。征税行为，包括确认纳税主体、征税对象、征税范围、减税、免税、退税、抵扣税款、适用税率、计税依据、纳税环节、纳税期限、纳税地点和税款征收方式等具体行政行为，征收税款、加收滞纳金，扣缴义务人、受税务机关委托的单位和个人做出的代扣代缴、代收代缴、代征行为等。

·征收税款、加收滞纳金。

·扣缴义务人、受税务机关委托征收的单位做出的代扣代缴、代收代缴行为。

②行政许可、行政审批行为。

③发票管理行为，包括发售、收缴、代开发票等。

④税收保全措施、强制执行措施。

⑤行政处罚行为：

·罚款。

·没收财物和违法所得。

·停止出口退税权。

⑥不依法履行下列职责的行为：

·颁发税务登记。

·开具、出具完税凭证、外出经营活动税收管理证明。

·行政赔偿。

·行政奖励。

·其他不依法履行职责的行为。

·资格认定行为。

·不依法确认纳税担保行为。

·政府信息公开工作中的具体行政行为。

·纳税信用等级评定行为。

·通知出入境管理机关阻止出境行为。

·其他具体行政行为。

【案例分析】合法行使复议权利

2020 年 8 月 15 日，北京某地方税务所接到群众举报，称其辖区某商场开业至今已经三个月，但是没有缴纳任何税款。经查，该商场于 2020 年 4 月 8 日办理了营业执照，4 月 10 日正式投产，没有办理税务登记，至税务机关检查时止，该商场共销售货物达 80 万元，但是没有申报纳税，根据检查情况，税务所于 7 月 18 日拟做出如下处理决定：① 责令该商场于 7 月 25 日前办理税务登记，并处以 500 元罚款；② 按规定补缴税款、加收滞纳金，并对未缴税款在《税收征管法》规定的处罚范围内，处以 6 000 元罚款。同月，税务所在法定期限内按照法定程序做出了《税务处理决定书》和《税务行政处罚决定书》，同时下发《限期缴纳税款通知书》，要求该商场限期缴纳税和罚款。

商场认为本商场刚开业，资金十分紧张，申请税务所核减税款和罚款，被税务所拒绝。该商场老板见申请被拒绝，就试图转移财产以逃避税款，被税务机关发现，经县税务局局长批准，对该商场采取了保全措施，扣押查封了该商场部分货物。于是，该商场在多次找税务所交涉没有结果的情况下，于 8 月 15 日书面向税务所的上级机关即县税务局提出行政复议申请：要求撤销税务所对其做出的处理决定，并要求税务所赔偿因扣押服装给其造成的经济损失。

分析：本案中，该税务局对补缴税款和加收滞纳金的复议申请不予受理，因为其没有依照税务机关根据法律、行政法规确定的税额缴清税款及滞纳金；对税务机关做出的处罚行政行为及扣押查封商品的税收保全措施的复议申请应予受理。

（2）税务行政复议的形式。

税务行政复议形式一般分为必经复议和选择复议。

①必经复议形式，是指按照税收法律、法规的规定，纳税人及其有关当事人对税务机关做出的具体行政行为和抽象行政行为不服，必须先通过复议，对复议决定不服，才能向人民法院提出行政诉讼。如对税务机关的征税行为不服的复议属于必经复议。

②选择复议形式。是指纳税人及其有关当事人对税务机关做出具体行政行为和抽象行为不服，可以自由选择行政复议方式或向人民法院提起行政诉讼。

在税务争议案件中，对除税务机关做出的征税行为外的其他具体行政行为和抽象行政行为不服的，均可采用选择复议方式。

2. 税务行政复议的基本程序

（1）在法定期限内向拥有管辖权的复议机关提出税收行政复议申请。

①法定期限。申请人对税务机关做出的征税行政行为不服，必须先依照税务机关的纳税决定缴纳或者解缴税款和滞纳金或者提供相应的担保，然后可以依法申请行政复议。申请人可以在得知税务机关做出具体行政行为之日起 60 天内提出。

②申请形式。可以书面，也可以口头。口头申请的，复议机关应当当场记录申请人的基本情况、行政复议请求、申请行政复议的主要事实、理由和时间。口头申请的笔录与复议申请书具有同等效力。

知识链接

行政复议书面申请所需内容

（1）申请人的姓名、性别、年龄、住址。属于法人企业、单位或组织，只能由法定代表人签字。

（2）复议申请人的工商、税务登记有关情况（包括经济性质和经营范围）。

（3）被申请人名称、地址。

（4）申请复议的要求和理由。

（5）是否已经执行原税务行政决定，具体执行数额和日期，并附有关证明材料。

（6）提出复议申请的日期，申请人签名或盖章。

（2）复议机关对复议申请的审核，并在法定期限内对复议申请做出是否受理的决定。

①复议申请的审核。

属于必经复议的范围的，申请人在提出复议申请前，须先按照税务机关根据法律法规确定的税额、期限缴纳或者解缴税款和滞纳金；属于选择复议的，申请人未向法院提出行政诉讼的。

②复议申请的受理。

如果不符合上述条件之一的不予受理。对于复议机关不予受理的复议裁决，申请人不服，只能就不予受理裁决本身向人民法院起诉，不能对争议的实体问题也连带起诉。

复议机关必须在收到行政复议申请后 5 天内进行审查，对不符合规定的行政复议申请，决定不予受理，并书面告知申请人；对符合规定，但是不属于本机关受理的行政复议申请，应该告知申请人向有关行政机关提出申请。对符合规定的行政复议申请，自复议机构收到之日起即为受理；受理行政复议申请，应书面告知申请人。

③行政复议机关免费受理复议。

（3）复议机关对复议案件进行审理。

① 复议机关应自受理之日起 7 日内，将行政复议申请书副本或者行政复议申请笔录复印件发送被申请人。被申请人应当自收到申请书副本或者申请笔录复印件之日起 10 天内，提出书面答复，并提交当初做出具体行政行为的证据、依据和其他有关材料。否则视该具体行政行为没有证据、依据和其他材料而被撤销。

② 行政复议决定做出之前，申请人要求撤回行政复议申请的，经说明理由，可以撤回；一旦撤回，行政复议即告终止，申请人不得以同一事实再次向复议机关提出复议申请。

③ 复议审理的法定期限为复议机关自受理申请之日起 60 日，若遇情况复杂，经机关负责人批准，可以适当延长，并告知申请人和被申请人，但延长期限最多不超过 30 天。

④ 复议审理的中止。对于纳税人在申请对具体行政行为复议时一并提出对有关规定进行审查的，复议机关对该规定无权审查的，应当在 7 日内按照法定程序转送有权处理的行政机关依法处理。复议机关在对被申请人做出的具体行政行为进行审查时，认为其依据不合理，复议机关无权处理的，应当在 7 日内按照法定程序转送有权处理的国家机关依法处理。处理期间，中止对具体行政行为的审查。

（4）复议决定。

① 维护原行政行为。具体行政行为认定事实清楚，证据确凿，适用依据正确，程序合法，内容适当的，决定予以维持。

② 责令被申请人履行义务。

③ 撤销、变更或者确认该具体行政行为违法。有下列情形之一的，决定撤销、变更或者确认该具体行政行为违法：事实不清、证据不足的（包括被申请人未能在法定期限内向复议机关提交答辩书和当初做出具体行政行为的证据、依据和其他材料）；适用依据错误的；违反法定程序的；超越或者滥用职权的；具体行政行为明显不当的。

（三）利用税务行政诉讼维护企业合法权益

税务行政诉讼指纳税人、扣缴义务人、纳税担保人、直接责任人或与具体税收征收管理行为有直接利害关系的其他当事人，认为税务机关及其税务人员对其做出具体税收征收管理行为违法或不当并侵害了其合法权益而依法向人民法院提起诉讼，由人民法院对具体税务行政行为的合法性和适当性进行审理并做出裁决的司法制度。

【案例分析】税务执法要求“程序正义”

某基层税务所于2009年7月15日接到群众举报：该辖区内的某服装生产企业开业已达两个月但没有缴纳任何税款，于是该税务所派出稽查人员张某和王某对该企业进行税务检查，在出示检查证和送达税务检查通知书后，张某和王某对该企业进行了检查，经查发现，该服装生产企业5月8日办理了营业执照，5月10日正式投产，但是没有办理税务登记。并且查明，该服装生产企业共生产销售服装金额达15万元，但是没有申报纳税，根据检查情况，税务所做出了如下处罚决定。

（1）限该服装生产企业于7月25日前办理税务登记，并处以1 000元罚款。

（2）补缴税款1.4万元及从滞纳税款之日起按日加收滞纳金，并处未缴税款2倍的罚款。

2009年7月19日，税务所向该企业送达《税务处罚事项告知书》，7月21日税务所按照上述处理意见做出了《税务处理决定书》和《税务行政处罚决定书》，同时下发《限期缴纳税款通知书》，限该企业于2009年7月28日前缴纳税款和罚款，并于当天将两份文书送达服装厂。该企业补缴有关税款及罚款后，于7月25日向人民法院提起行政诉讼，法院受理后于7月27日将起诉状副本送达税务所，税务所接到起诉状副本后，派稽查人员做了进一步调查取证，取得了充分的证据后，于2009年8月10日向法院递交了答辩状。

分析：从实体法的角度而言，本案中该税务机关的处罚是正确的，但是该税务机关违反了税务处罚及税务行政诉讼的程序：① 税务机关不能在做出具体的行政行为之后再收集证据，这样的证据不能作为认定被诉具体行政行为合法的根据；② 答辩状应该自收到起诉状副本之日起10日内递交。

1. 税务行政诉讼的受案范围

（1）税务机关做出的征税行为。

①征收税款。

②加收滞纳金。

③审批减免税和出口退税。

④税务机关委托扣缴义务人做出的代扣代收税款行为。

（2）税务机关做出的责令纳税人提交纳税保证金或者纳税担保行为。

（3）税务机关做出的行政处罚行为。

①罚款。

②吊销税务登记证、责令停产停业。

③没收违法所得。

④停止出口退税权。

（4）税务机关做出的通知出境管理机关阻止出境行为。

（5）税务机关做出的税收保全措施。

（6）税务机关做出的税收强制执行措施。

（7）认为符合法定条件申请税务机关颁发税务登记证、外销证、发售发票，税务机关拒绝颁发或发售或不予答复的行为。

（8）税务机关的复议行为。

①复议机关改变原具体行政行为。

②期限届满，税务机关不予答复。

知识链接

被告承担举证责任

被告承担举证责任是我国行政诉讼法的一项基本原则。按照我国行政诉讼法的规定，可以作为庭审证据的包括书证、物证、视听资料、证人证言、当事人陈述、鉴定结论、勘验笔录和现场笔录。

被告承担举证责任的原则，并不排斥原告和法院的举证。原告有权向法院提供有利于自己的证据，如原告提出行政侵权赔偿请求时，必须提供损失事实、具体行政行为安排与损害事实之间因果关系的证据，承担举证责任。同时，法院认为有必要时，也可以自行调取证据。当然，法院不能包揽被告的举证责任。

2. 税务行政诉讼的程序

（1）起诉。

①纳税人、扣缴义务人等税务管理相对人在提起税务行政诉讼时，必须符合下列条件。

• 原告是认为具体税务行政行为侵犯其合法权益的公民、法人或其他经济组织。

• 有明确的被告。

• 有具体的诉讼请求和事实、法律根据。

• 属于人民法院的受案范围和受诉人民法院管辖。

②起诉状的内容。

• 原告是公民的要写明姓名、性别、年龄、民族、籍贯、职务、职业、工作单位和住址；原告是单位的，要写明单位名称和称号、地址、法定代表人的姓名、性别、年龄、职务。

• 如果委托代理人代理提起行政诉讼的，要写明代理人的姓名、性别、年龄、民族、职务、职业、工作单位、住址。

• 被告税务机关的名称、地址、法定代表人的姓名、职务。

• 具体的诉讼请求和事实与理由。

• 是否已经税务机关复议、复议决定的内容以及接到复议决定的年月日。

• 原告人签名盖章。

• 提起行政诉讼的年月日。

（2）受理。

原告起诉，经人民法院审查，认为符合起诉条件并立案审理的行为，称为受理。对当事人的起诉，人民法院一般从以下几方面进行审查是否受理。

①审查是否属于法定的诉讼受案范围。

②审查是否具备法定的起诉条件。

③审查是否已经受理或者正在受理。

④审查是否有管辖权。

⑤审查是否符合法定的期限。

⑥审查是否经过必经的复议程序。

人民法院接到原告的起诉状后，经过审查，应当在 7 日内做出立案或者做出裁定不予受理。原告对不予受理的裁定不服的，可以提起上诉。

（3）审理。

人民法院审理行政案件实行合议、回避、公开审判和两审终审制。审理的核心是审查被诉的具体行政行为是否合法，即做出该行为的税务机关是否依法享有该税务行政管理权；该行为是否依据一定的事实和法律做出；税务机关做出该行为是否遵照必备的程序等。人民法院经过法庭调查和法庭辩论等，由合议庭评议，并在评议的基础上依法做出判决。

（4）判决。

①维持判决。适用于税务机关的具体行政行为证据确凿，适用法律、法规正确，符合法定程序的案件。

②撤销判决。适用于被诉的具体行政行为主要证据不足，适用法律、法规错误，违反法定程序，或者超越职权，滥用职权，人民法院应判决撤销或部分撤销，同时可判决税务机关重新做出具体行政行为。

③履行判决。适用于税务机关不履行或拖延履行法定职责的，判决其在一定期限内履行。

④变更判决。适用于税务行政处罚有失公正，人民法院应判决受理。

对一审人民法院的判决不服，当事人均有权自判决书送达之日起 15 日内向上一级人民法院提起上诉，逾期不上诉的一审判决即发生法律效力，当事人必须执行，否则人民法院有权依对方当事人的申请给予强制执行。

3. 税务行政赔偿

（1）何谓税务行政赔偿及其构成要素。

税务行政赔偿是指税务机关作为履行国家赔偿义务的机关，对本机关及其工作人员的行政违法行为给纳税人和其他税务当事人的合法权益造成的损害，代表国家予以赔偿的制度。由于国家为赔偿主体，赔偿的费用要由国家负担，但国家本身无法履行赔偿义务，必须由国家机关代表国家履行赔偿义务。由于国家机关部门众多，不可能确定由一个机关代表国家履行赔偿义务，而只能按照谁侵权谁代表国家进行赔偿的原则确定履行国家赔偿义务的机关。

行政赔偿的构成要素如下。

① 税务机关或者其工作人员的职务违法行为。这是构成税务行政赔偿责任的核心，也是税务行政赔偿责任的存在前提，如果税务机关及其工作人员合法行使职权，对纳税人和其他税务管理当事人合法权益造成损害的，可以给予税务行政补偿，而不存在赔偿问题。

② 存在对纳税人和其他税务管理当事人合法权益造成损害的事实。这是构成税务行政赔偿责任的必备条件。如果税务机关及其工作人员违法行使职权没有侵犯纳税人和其他税务管理当事人的权益或者侵犯的是非法利益，均不发生税务行政赔偿。这里的损害事实指的是实际发生的损害，对尚未发生的损害，税务机关没有赔偿义务。

③ 税务机关及其工作人员的行政行为与现实发生的损害事实存在因果关系。如果税务机关及其工作人员在行使职务时虽有违法行为，纳税人员和其他税务管理当事人合法权益也受到损害，但是这种损害不是税务机关及其工作人员的职务违法行为引起的，税务机关没有赔偿义务。

（2）税务行政赔偿的请求人。

①受害的纳税人和其他税务管理当事人。

②受害公民的继承人、其他有抚养关系的亲属。当受害公民死亡后，其权利由上述人继承。

③承受原法人或其他组织的法人或其他组织。当受害法人或其他组织终止后，其权利由其承受者继承。

（3）赔偿义务机关。

①一般情况下，哪个税务机关及其工作人员在行使职权过程中侵害了公民、法人和其他组织的合法权益，该税务机关就是履行赔偿义务的机关。如果两个以上税务机关或其工作人员共同违法行使职权，侵害了纳税人和其他税务管理当事人的合法权益的，则共同行使职权的税务机关均为赔偿义务机关，赔偿请求人有权对其任何一个提出赔偿要求。

②经过上级税务机关行政复议的，最初造成侵权的税务机关为赔偿义务机关，但上级税务机关的复议决定加重损害的，则上级税务机关对加重损害部分履行赔偿义务。

③应当履行赔偿义务的税务机关被撤销的，继续行使其职权的税务机关是赔偿义务机关；没有继续行使其职权的，撤销该赔偿义务机关的行政机关为赔偿义务机关。

（4）税务行政赔偿的请求时效。

税务行政赔偿的时效为 2 年。自税务机关及其工作人员行使职权时的行为被依法确认为违法之日起计算。如果税务行政赔偿请求人在赔偿请求时效的最后 6 个月内，因不可抗力或其他障碍不能行使请求权的，时效中止。从中止时效的原因消除之日起，赔偿请求时效期间继续计算。

（5）取得税务行政赔偿的特别保障。

赔偿请求人要求国家赔偿的，赔偿义务机关、复议机关和人民法院不得向赔偿请求人收取任何费用。对赔偿请求人取得的赔偿金不予征税。

4. 税务行政赔偿的程序

（1）税务行政赔偿非诉讼程序。

①赔偿请求的提出。税务赔偿请求人应根据国家赔偿法规定先向负有履行赔偿义务的税务机关提出赔偿要求。这是税务行政赔偿的必须程序。税务赔偿请求人要求赔偿的项数，可

以是一项，也可以是数项。在共同税务行政行为中，赔偿请求人有权向其中任何一个赔偿义务机关要求赔偿，该赔偿义务机关应当依法予以全部赔偿，然后依程序确认各自的责任大小，而不仅是赔偿自己致害的那一部分。这是因为受害人所受损害是税务机关共同税务侵权行为造成的，他们对赔偿义务负有无限连带责任。如果税务行政赔偿请求人在要求税务行政赔偿的同时，还要求上级税务复议机关或人民法院确认致害的职务行为违法或者要求撤销该行为，则也可以在申请税务行政复议或者提起税务行政诉讼时，一并提出税务行政赔偿要求。

②行政赔偿请求的形式。税务行政赔偿的请求人应依据国家赔偿法递交申请书，申请书应当载明下列事项。

• 受害人的姓名、性别、年龄、工作单位和住所，法人或者其他组织的名称、住所和法定代表人或主要负责人的姓名、职务。

• 具体的要求、事实根据和理由。

• 申请的年、月、日。

如果税务行政赔偿请求人书写申请书确有困难，可以委托他人代写，也可以口头申请，由赔偿义务机关记入笔录。

③对税务行政赔偿请求的处理。税务行政赔偿请求人在法定期限内提出赔偿请求后，负有赔偿义务的税务机关应当自收到申请之日起两个月内依照法定的赔偿方式和计算标准给予赔偿，逾期不赔偿或赔偿请求人对赔偿数额有异议的，赔偿请求人可以在其间届满之日起三个月内向人民法院提出诉讼。

（2）税务行政赔偿诉讼程序。

当税务机关逾期不予赔偿或者税务行政赔偿请求人对赔偿数额有异议时，税务行政赔偿请求人可以向人民法院提起诉讼，这时就进入了税务行政赔偿诉讼程序。税务行政赔偿诉讼与税务行政赔偿非诉讼程序中规定的可以在提起税务行政诉讼的同时，一并提起税务行政赔偿请求的具体做法有所不同。

①在提起税务行政诉讼时一并提出赔偿请求无须经过先行处理，而税务行政赔偿诉讼的提起必须以税务机关的先行处理为条件。

②依据行政诉讼规定，税务行政诉讼不适用调解，而税务行政赔偿诉讼可以进行调解。因为税务行政赔偿诉讼的核心是税务行政赔偿请求人的人身权、财产权受到的损害是否应当赔偿，应当赔偿多少，权利是有自由处分的性质，存在调解的基础。

③依据行政诉讼法规定，在税务行政诉讼中，被告即税务机关承担举证责任，而税务行政赔偿诉讼中，损害事实部分举证责任不可能由税务机关承担，也不应由税务机关承担。

（3）税务行政追偿制度。

税务行政追偿制度是指违法行政职权给纳税人和其他税务管理当事人合法权益造成损害的税务机关的工作人员主观有过错，如故意和重大过失，税务机关赔偿其造成的损害之后，再追究税务工作人员责任的制度。它解决的是税务机关与其工作人员之间的关系。规定追偿制度是为了促使行政机关工作人员恪尽职守，防止其滥用职权。另外，对有故意或者重大过失的工作人员，应当依法给予行政处分；构成犯罪的，应当依法追究刑事责任。

【案例分析】代征员违法 税务局赔偿

2008 年 3 月 18 日，某县国税局聘用的代征员张辉和孙志强，在县商品交易会上代征税款时，与叫卖领带的夏传华发生冲突。夏传华自称是江苏省某市的私营企业老板，是江苏省某市的固定纳税企业。当代征员要求查看其外出经营证明时，夏传华却拿不出任何外出经营证明材料。张辉和孙志强要求夏传华就地缴纳税款，夏传华不肯缴纳。张辉和孙志强在没有办理任何手续的情况下强行扣押了夏传华的两箱领带。三天后，当夏传华卖完其余领带，到税务局准备缴纳税款并要回扣押的两箱领带时，张辉告诉夏传华："前天夜里，存放领带的饭店被盗，两箱领带也被窃贼偷走了！"夏传华当即将情况向县国税局领导进行了反映，并要求税务局赔偿其损失。当时，县国税局领导说要向上级请示后再说。几天后，当夏传华再次来到县国税局交涉赔偿时，县国税局却以税收代征员张辉和孙志强已被辞退为由，拒绝赔偿丢失的两箱领带。于是，夏传华将县国税局告上了法庭。

2008 年 5 月 9 日，县法院依法判决县国税局赔偿夏传华 5 466 元，作为两箱领带的销售收入。请分析县法院的判决是否合理？

解析：

首先，根据税收征管法第三十七条、税收征管法实施细则第二十一条和第五十七条的规定，从事生产、经营的纳税人到外县（市）临时从事生产经营活动的，应当持税务登记证副本和所在地税务机关填开的外出经营活动税收管理证明，向营业地税务机关报验登记，接受税务管理；未向营业地税务机关报验登记的纳税人，作为"未按照规定办理税务登记的从事生产、经营的纳税人"处理，即由税务机关核定应纳税额，责令缴纳；不缴纳的，税务机关可以扣押其价值相当于应纳税款的商品、货物。但是，征管法第四十七条和征管法实施细则第六十三条规定税务机关在采取扣押、查封商品、货物或者其他财产等措施时，必须由两名以上税务人员执行，而且在扣押商品、货物或其他财产时，还必须向纳税人开具收据。因此，该县国税机关在外来纳税人未办理任何手续和未进行报验登记的情况下，有权对纳税人进行核定应纳税款；在纳税人拒绝纳税的情况下，也有权扣押他们的商品。但是，采取扣押纳税人商品的措施不能由税收代征员来执行。而且，在扣押纳税人的商品时，未向纳税人开具收据，违反了法律规定的必要程序。因此，该县国税机关对纳税人采取的税收保全措施是违法的。

其次，依据税收征管法第二十九条和税收征管法实施细则第四十四条的规定，除税务机关、税务人员以及经税务机关依照法律、行政法规委托的单位和人员外，任何单位和个人不得进行税款征收活动。由此可以确定，只有税务机关才依法享有征税权，依法征收税款是税务机关的法定权利和义务。受税务机关的委托代征税款的单位和个人，仍要以税务机关的名义依法征收税款。因此，税收代征员的征税行为代表的是税务机关而不是其个人。依据《中华人民共和国国家赔偿法》（以下简称《国家赔偿法》）第二条和第四条的规定，国家机关和国家机关工作人员违法对财产采取查封、扣押、冻结等行政强制措施侵犯公民、法人和其他组织财产权的，受害人有取得赔偿的权利。《国家赔偿法》第七条第四款规定：受行政机关委托的组织或者个人在行使受委托的行政权力时侵犯公民、法人和其他组织的合法权益造成损害的，委托的行政机关为赔偿义务机关。

因此，税收代征员违法行使税收保全措施，并致使纳税人的财产遭受损失的，税务机关应当是法定的赔偿义务机关，不能因为税收代征员被辞退而不承担赔偿义务。

另外，根据《国家赔偿法》第二十五条第二款和二十八条第四项的规定，行政机关违法行使行政权力对公民、法人和其他组织财产权造成损害的，能够返还财产或者恢复原状的，应当返还财产或者恢复原状；应当返还的财产灭失的，应当给付相应的赔偿金。因此，法院判决县国税局赔偿夏传华是合理、合法的。

（四）应对税务机关反避税的风险防范

随着我国经济的持续高速发展，越来越多的企业走出国门，走向世界，跨国公司日益增多。同时，伴随跨国公司产生的国际避税现象也越来越普遍。近年来，自 2008 年《企业所得税法》颁布以来，新一轮的税制改革逐渐拉开帷幕，国家和税务机关加强开展反避税工作，出台了一些专门针对反避税的法律规定。在这种背景下，学习防范税务机关反避税调查、加强企业避税风险防范日趋重要。

1. 转让定价的税务风险防范

利用转让定价减少应纳税款的行为属于避税行为，是纳税人使用与税法立法意图相悖的非违法形式来达到自己的目的，一般是利用税法的漏洞、特例或是其他不足等，因此避税不具有政府倡导性。随着相关反避税法规的制定与实施，如果企业再贸然进行原先的转让定价行为，势必会遭到税务机关的严厉处罚，使企业面临严重的税务风险。针对转让定价风险，企业可实施如下策略进行防范。

（1）避免成为税务机关转让定价调查的重点对象是最优策略。税务机关不可能对所有企业的转让定价行为启动转让定价调查，所以对企业来讲，转让定价风险管理的最优策略就是避免成为税务机关转让定价调查的重点对象。

税务机关的审计调查行为要受其控制的资源影响。我国在《特别纳税调整实施办法（试行）》① 中也明确规定，转让定价调查应重点选择以下企业：关联交易数额较大或类型较多的企业；长期亏损、微利或跳跃性盈利的企业；低于同行业利润水平的企业；利润水平与其所承担的功能风险明显不相匹配的企业；与避税港关联方发生业务往来的企业；未按规定进行关联申报或准备同期文档资料的企业；其他明显违背独立交易原则的企业。所以，在不影响正常经营的前提下，企业应尽量减少导致上述容易产生高风险的交易。

（2）进行预约定价。企业进行预约定价能够消除不确定性，使一些税收不确定事项能够确定下来，在财务报表中得以确定，无须进行估计。预约定价可以大大减轻企业保留原始凭证、文件资料的负担，还可以避免没完没了的讼诉程序。在双边或者多边预约定价中还可以避免双重征税。有些企业会经常面临转让定价调查，这时向税务机关申请预约定价是非常有必要的。

在选择预约定价协议适用范围时，应注意选择那些风险比较大、企业采用的转让定价方法为非传统交易法或者企业面临特定的经营环境或经营战略，涉及无形资产等复杂的交易，难以寻找可比对象时进行预约定价，以降低被税务机关进行转让定价调整的可能性。

（3）由避税转向税务筹划。

首先避税的空间随着消费税法等法规的完善会逐渐缩小，低层次的避税操作显得更加困难；其次企业跟政府之间应建立良好和谐的关系，企业站在更高的层次去进行税收筹划，去配合和顺应税收政策的引导。具体的方法可以从下面这个案例中得到启示。

2. 资本弱化风险的防范策略

① 国家税务总局. 关于印发《特别纳税调整实施办法（试行）》的通知. 国税发［2009］2 号，2009-01-08.

（1）积极与所属税务机关沟通，充分利用独立交易原则降低税务成本。

2008 年 9 月 19 日发布的《财政部 国家税务总局关于企业关联方利息支出税前扣除标准有关税收政策问题的通知》中，除对安全港规则有具体的表述外，还对于独立交易原则有一定的表述，规定：企业如果能够按照税法及其实施条例的有关规定提供相应资料，并证明相关交易活动符合独立交易原则的，或者该企业的实际税负不高于境内关联方的，其实际支付给境内关联方的利息支出在计算应纳税所得额时准予扣除。公司应充分利用该规则，积极提供资料，加强与税务机关的沟通，充分阐述自身独立法人机构的运营方式、定价（利率确定）受到严格监控的现实状况，证明集团企业取得贷款的条件和税前扣除金额与从银行取得贷款完全一致，符合独立交易原则。这将从根本上解决安全港规则带来的冲击。

（2）积极对集团内企业的资本结构进行调配和优化，并合理确定企业的融资方式。

合理的资本结构及融资方式不仅有利于降低企业税务成本，更有利于企业的生存和发展。集团企业应对从财务公司贷款、总公司或财务公司担保从银行贷款、从集团内其他单位接受委托贷款等不同融资方式进行合理选择和分配，对非财务公司股东的集团企业可向上追溯母公司股东份额，确定税前融资额度。这也是推动企业发展和降低税务成本的重要内容。

3. 价外费用的税务风险防范

国家政府关于价外费用的处理方法已有较为详细的规定，且征管技术日益提高，要防范该类税务风险，最好的办法便是学习掌握正确的价外费用处理方法。

价外费用核算应注意的问题如下。

第一，应合理、准确判断哪些费用属于价外费用，哪些不属于价外费用，这是进行纳税申报与会计核算的前提。下列项目不包括在价外费用内：①向购货方收取的销项税额；②受托加工应征消费税的货物，由受托方向委托方所代收代缴的消费税；③同时符合以下两个条件的代垫运费，即承运部门的运输发票开具给购货方的、纳税人将该发票转交给购货方的。除去上述三项符合条件的不包括在价外费用项目外，其余无论会计上如何处理，均应并入销售额计算销项税额。特别提醒的是，不属于价外费用中的代垫运费，应按照上述规定进行操作，否则，要按价外费用纳税。

第二，应注意平销行为返还不是价外费用，而是因购买货物从销售方取得的各种形式的返还资金，按含税收入直接计算冲减返还资金当期的进项税额。

第三，应注意增值税纳税义务发生的具体时间。对于随同产品销售时收取的价外费用，应在随同产品销售收入确认时一并确认，计算销项税额。对于当期不确认，需要视以后情况而定的价外费用，应当在实际收到款项或实际纳税义务发生时予以确认，计算销项税额。

第四，应注意价外费用核算的特殊性。根据会计制度规定，价外费用应在“其他业务收入”“营业外收入”等科目核算，在计税工作中，应从有关会计科目中归集价外费用，计算申报纳税。

第五，价外费用增值税专用发票的开具。根据《国家税务总局关于增值税专用发票使用问题的通知》第 5 条规定：销售货物或应税劳务收取价外费用（指增值税额以外的价外收费）者，如果价格与价外费用需要分别填写，可以在专用发票的“单价”栏填写价、费合计数，另附价外费用项目表交与购货方。但如果价外费用属于按规定不征收增值税的代收代缴的消费税，则该项合计数中不应包括此项价外费用，此项价外费用应另行开具普通发票。价外费用项目表应填写购销双方的单位名称、收取价外费用的商品或劳务的名称、计量单位、数量、价外费用的项目名称、单位收费标准及价外费用金额（单位费用标准乘以数量），并加盖销售方的财务专用章或发票专用章。购货方应索取价外费用项目表一式两份，分别附在发票联和抵扣联之后。企业可根据这一规定开票结算。

【案例分析】辨析价款与价外费用

某生产果酒企业为增值税一般纳税人，月销售收入为 70.2 万元（含税），当期发出包装物收取押金为 2.34 万元，当期逾期未归还包装物押金为 1.17 万元。该企业本期应申报的销项税额为（70.2+2.34）÷（1+17%）×17% = 10.54（万元）。

凡随同销售货物或者提供应税劳务向购买方收取的价外费用，无论其会计制度如何核算，均应并入销售额计算应纳税额。税法规定各种性质的价外费用都要并入销售额计算征税，目的是防止企业以各种名目的收费减少销售额逃避纳税。但是应当注意，对增值税一般纳税人（包括纳税人自己或代其他部门）向购买方收取的价外费用和逾期包装物押金，应视为含税收入，在征税时换算成不含税收入再并入销售额计税。

四、不能踩的红线——税收法律责任分析

【案例分析】善始善终，及时注销税务登记

王某曾设立一家公司，实行核定征收方式，每个月应纳税额 1 800 元，于 2008 年 2 月倒闭，当月注销了工商营业执照，却忘记注销税务登记。两年后王某打算开设新店，到税务机关办理税务登记时，被告知欠税 76 360 元。然而，王某在中间两年并没做生意，怎么会欠税呢？

根据《税收征管法实施细则》第十五条规定，纳税人在向原工商行政管理机关申请办理注销登记之前，应持有关证件向原税务机关申报办理注销税务登记。如果不办理注销税务登记，税务机关可以依《税收征管法实施细则》第九十条的规定，责令其限期改正，并处相应的罚款。纳税人在办理注销登记前，要缴销发票、税务登记证件和其他税务证件，结清应纳税款、滞纳金和罚款等。

王某先前的公司由于没有及时注销税务登记，仍然需要每个月按核定的税额纳税，两年多累计欠税 57 600 元，累计拖欠滞纳金 18 760 元，欠税合计数是 76 360 元。

因此，企业终止经营后，切莫忘记及时注销税务登记，否则不但纳税人个人利益受损，还会带来严重的法律后果。

所谓税收法律责任，是指税收法律关系的主体因违反税收法律规范所应承担的法律后果。对法律责任的规定历来是一个法律文件的重要组成部分。《税收征管法》对各种违反税法的行为应当承担的法律责任做出了明确具体的规定，使之成为国家税收法制建设的重要组成部分。

作为企业领导，尤其要重视税收法律责任，尽量远离这条不能碰的红线。

（一）违反税收征收管理的行为及行政责任

1. 纳税人违反税务登记、账簿、凭证管理的法律责任

（1）纳税人未按照规定的期限申报办理税务登记、变更登记或者注销登记的，未按照规定设置、保管账簿或者保管记账凭证和有关资料的，未按照规定将财务、会计制度或者财务、会计处理办法和会计核算软件报送税务机关备查的，未按照规定将其全部银行账号向税务机关报告的，未按照规定安装、使用税控装置，或者损毁、擅自改动税控装置的，由税务机关

责令限期改正。同时税务机关可以对违法行为人处 2 000 元以下的罚款，情节严重的，处 2 000 元以上 1 万元以下的罚款。

（2）纳税人不办理税务登记的，由税务机关责令限期改正，即要求不办理税务登记的纳税人在税务机关限定的期限内办理税务登记。纳税人逾期不改正的，经税务机关提请，由工商行政管理机关吊销其营业执照，取消其从事生产、经营活动的资格。

（3）纳税人未按照规定使用税务登记证件，或者转借、涂改、损毁、买卖、伪造税务登记证件的，处 2 000 元以上 1 万元以下的罚款，情节严重的，处 1 万元以上 5 万元以下的罚款。

2. 扣缴义务人违反账簿、凭证管理的行政责任

扣缴义务人有违反账簿、凭证管理规定行为的，由税务机关责令限期改正，扣缴义务人应当根据税务机关的责令限期改正决定，在限定的时间内，设置代扣代教、代收代缴税款账簿，按照要求保管代扣代缴、代收代缴税款账簿、记账凭证及有关资料。同时税务机关可以对违法行为人处 2 000 元以下的罚款，情节严重的处 2 000 元以上 5 000 元以下的罚款。

3. 纳税人、扣缴义务人未按照规定期限办理纳税申报、报送有关资料的法律责任

纳税人未按照规定的期限办理纳税申报和报送纳税资料，扣缴义务人未按照规定的期限向税务机关报送代扣代缴、代收代缴税款报告表和有关资料，但并未造成不缴或者少缴税款的后果的，由税务机关责令限期改正，纳税人、扣缴义务人应当按照税务机关的要求，在限定的时间内办理纳税申报、报送扣缴税款报告表和有关资料。同时税务机关可以对违法行为人处 2 000 元以下的罚款；情节严重的，可以处 2 000 元以上 1 万元以下的罚款。

纳税人在规定的申报期限内未进行纳税申报，超过税款缴纳期限，不缴或者少缴税款的，由税务机关追缴其不缴或者少缴的税款、滞纳金，以纠正违法行为人的违法行为，保证国家税收不受损失。同时由税务机关对违法行为人并处不缴或者少缴税款的 50%以上 5 倍以下的罚款。

（二）妨害税款征收的行为及行政责任

1. 偷税行为的行政责任

所谓偷税是指行为人采取隐秘手段，蒙蔽税务机关，不缴或者少缴应纳税款的行为。偷税行为包括三种：一是通过伪造、变造、隐匿、擅自销毁账簿、记账凭证等手段，不缴或者少缴应纳税款的行为；二是通过在账簿上多列支出或者不列、少列收入，不缴或者少缴应纳税款的行为；三是经税务机关通知而拒不申报或者进行虚假的纳税申报，不缴或者少缴应纳税款的行为。偷税行为人一般为纳税人，但是扣缴义务人采取伪造、变造、隐匿、擅自销毁账簿、记账凭证，或者在账簿上多列支出或者不列、少列收入，或者经税务机关通知而拒不申报或者进行虚假的纳税申报等手段，不缴或者少缴已扣、已收税款的，也是一种偷税行为。

对纳税人、扣缴义务人偷税的，首先由税务机关追缴其不缴或者少缴的税款、滞纳金，纠正偷税人的违法行为，保证国家税收不受损失。同时应当由税务机关对其处以不缴或者少缴的税款 50%以上 5 倍以下的罚款。

2. 逃避追缴欠税行为的行政责任

逃避追缴欠税是指纳税义务人在欠缴应纳税款的情况下，采取转移或者隐匿财产的手段，以对抗税务机关的追缴，逃避国家税收的行为。逃避追缴欠税的行为应当是欠缴税款的纳税

人的故意行为，纳税人在欠缴税款的情况下，因正当的交易活动而向他人支付价款或者转移财产的行为，不属于转移或者隐匿财产，妨碍税务机关追缴欠缴的税款的行为。

纳税人欠缴应纳税款，采取转移或者隐匿财产的手段，妨碍税务机关追缴欠缴的税款的，首先由税务机关追缴欠缴的税款、滞纳金，以纠正违法行为人的违法行为，保证国家税收不受损失。同时应当由税务机关对其处以不缴或者少缴的税款 50% 以上 5 倍以下的罚款。

3. 骗取出口退税行为的行政责任

骗取出口退税是指企事业单位或个人采取假报商品出口等手段，骗取国家出口退税款的行为。骗取国家出口退税的违法行为具有以下三种情况：生产、经营出口产品的企事业单位，在出口退税申报中多报已纳税额骗取退税款；生产、经营内销产品的企事业单位通过假报出口办法骗取退税款；不从事生产、经营的单位或个人采取伪造票证等手段骗取退税款等。可见，骗取出口退税的行为具有以下特征：一是违法行为人不限于纳税人，而是包括所有实施欺骗手段，骗取出口退税款的人；二是行为人在主观上具有骗取出口退税款的故意；三是违法行为人实施了以假报出口或者其他欺骗手段，骗取国家出口退税款的行为。

以假报出口或者其他欺骗手段，骗取国家退税款的，首先由税务机关追缴违法行为人骗取的退税款，以纠正其违法行为，并由税务机关对其处以骗取税款 1 倍以上 5 倍以下的罚款。税务机关可以在规定期间停止为其办理出口退税，暂时剥夺其享有的出口退税权利。

4. 抗税行为的行政责任

所谓抗税，是指负有纳税义务的人以暴力、威胁方法，拒不缴纳税款的行为。抗税行为的主体必须是欠缴纳税款的纳税人、扣缴义务人个人，除此之外的其他人对税务人员实施暴力、威胁行为的不是抗税行为，而应当以妨害公务行为论处。纳税人为单位的，因单位不能实施暴力、威胁行为，也不能成为抗税行为的主体。如果单位的人员以暴力、威胁方法拒不缴纳税款，也应当以妨害公务行为论处。抗税行为必须是行为人的故意行为，行为人对税务人员实施暴力，或者对税务人员进行威胁，是为了达到不缴纳税款的目的。

以暴力、威胁方法拒不缴纳税款，情节轻微，尚未构成犯罪的，由税务机关追缴其拒缴的税款、滞纳金，并处拒缴税款 1 倍以上 5 倍以下的罚款。对抗税行为的罚款下限为拒缴税款一倍以上，比偷税行为的处罚更为严厉。

（三）阻挠税务检查的行为及行政责任

纳税人、扣缴义务人逃避、拒绝或者以其他方式阻挠税务机关检查的，首先由税务机关责令改正，即由税务机关做出责令改正决定书，要求违法行为人停止违法行为，纠正错误。同时税务机关可以对违法行为人处以 1 万元以下的罚款，情节严重的，可以处 1 万元以上 5 万元以下的罚款。这里所说的情节严重，指的是纳税人、扣缴义务人多次逃避、拒绝或者以其他方式阻挠税务机关依法进行税务检查，或者纳税人、扣缴义务人阻挠税务机关进行税务检查，未使用暴力、威胁手段，但方式比较激烈的，或者造成严重后果等。

（四）非法印制发票行为人的行政责任

对违反规定，非法印制发票的，应当追究其行政责任：①由税务机关销毁非法印制的发票，没收违法所得和作案工具；②对非法印制发票的单位或者个人并处 1 万元以上 5 万元以下的罚款。

【案例分析】非法发票后果重

滕某大学毕业后，曾在广西某印刷厂工作，掌握一定的印刷技术，20 世纪 90 年代中期自己开过小型印刷厂，后因经营不善倒闭。滕某为了牟取非法利益，于 2007 年起购置各种印刷设备在南宁市郊设点非法印制发票。

邓某和刘某两人均为广西岑溪市人，邓某在电脑制版公司打工，而刘某一直在小印刷厂打工。两人为牟取非法利益，利用业余时间，发挥自己的“特长”，一个为滕某非法制造发票提供技术“支持”，一个为滕某销售非法制造的发票。李某生于 1978 年，一直无业，为能快速“致富”，不仅为滕某销售非法制造的发票，还自己购置了电脑、打印机等设备自己非法制造发票。

2009 年 9 月 16 日，南宁市公安局向媒体通报了广西迄今最大非法制造发票案件的侦破情况。当场缴获各类空白非法制造发票 180 611 份，税控机发票 6 330 份，共计缴获假发票 186 941 份，可填开最大金额约 60.2 亿元，涉税金额 5 801.6 万元，假公章 76 枚、电脑等其他作案工具一大批。

目前，犯罪嫌疑人滕某、邓某、李某、刘某已被执行逮捕，蒋某、蔺某被取保候审。案件的侦破严厉打击了制售假发票犯罪分子的嚣张气焰，获得了显著的社会效果。

（五）银行及其他金融机构未能协税的行政责任

纳税人、扣缴义务人的开户银行或者其他金融机构拒绝接受税务机关依法检查纳税人、扣缴义务人存款账户，或者拒绝执行税务机关做出的冻结存款或者扣缴税款的决定，或者在接到税务机关的书面通知后帮助纳税人、扣缴义务人转移存款，造成税款流失的，由税务机关处 10 万元以上 50 万元以下的罚款，对直接负责的主管人员和其他直接责任人员处 1 000 元以上 1 万元以下的罚款。

第十六章
从战术到战略——如何开展纳税规划

一、培养纳税意识

在美国纽约，有位女士家里养的一只猫爬到房顶上去，自己下不来了。情急中，她打电话向警察局求助。警察特意跑来，搬梯子上房，帮她把猫救了下来。有人奇怪地问她：“为什么警察可以管这种事？”她不假思索地反问道：“为什么不可以？他们挣的是我们纳税人的钱!”

美国人这句意料之外、情理之中的幽默话，使我们想到了纳税人和政府之间的关系。从某种意义上说，在市场经济下，政府实质上是一个特殊的产业部门——提供公共物品和服务。正如人们到商店买东西需要为之付款一样，政府提供的公共物品和服务也不是“免费的午餐”。纳税人为消费公共物品和服务付款，是以纳税的方式完成的。因此，对于生活在现代社会的纳税人，既要依法履行好纳税的义务，又要充分享受公共物品和服务的权利。这两个方面的有机结合与统一，便是人们通常所说的纳税意识。

在报上读到这一则新闻：10 多位德国专家主动到所辖税务局纳税。而一位在德国留学多年的学者却指着新闻说：这是天经地义的事，怎么能成为新闻？在德国，只有偷税逃税才会成为新闻。西方有句俗语：人来到世上，有两件事不能避免，一是死亡，二是纳税。德国公民的纳税意识不是与生俱来的，除了从小耳闻目睹的纳税行为和舆论引导外，我想更多的还是慑于法律的威严，因为在一切以金钱作为价值尺度的社会，纳税人心中很清楚：偷税逃税所造成的声誉损失，要比纳税重得多。更犯不上为偷税漏税去坐牢。

【案例分析】企业要加强税收的重视程度

许多企业对税收问题不够重视，以至于酿成大祸。2006 年 6 月 1 日上午闭幕的广东省十届人大常委会第二十五次会议通过决议，接受罗泽勤辞去十届全国人大代表职务的请求。罗泽勤是何许人？她辞去人大代表职务又是什么原因？

罗泽勤是广东十八宝医药保健品有限公司董事长兼总经理，2006 年她才不过 45 岁，2003 年当选为十届全国人大代表，同年获广东省优秀民营企业家称号。她创立并领导的企业因成功研制“生命一号”而名噪海内外，她的企业在全国建立了 29 个分公司和 8 万多家销售网点，年均销售额达到 10 亿多元。

万万没有想到，就是这样一家对国家和社会有着突出贡献的企业竟然也存在偷税行为。税务机关在社会举报的基础上对其纳税情况进行重点稽查，最终水落石出，查明真相：2002 年 1 月至 2004 年 10 月，该公司虚开农副产品收购发票 15 279 份，申报抵扣增值税进项税额 2 536.5 万元；不按规定开具农副产品收购发票 5 422 份，申报抵扣增值税进项税额 746.4 万元；以不符合规定的和为自己虚开的农副产品收购发票入账，虚列、多报成本和费用，共计偷漏企业所得税 5 135 万元。根据《中华人民共和国税收征收管理法》及有关规定，税务机关对其偷税行为进行处罚，补征税款 8 417.9 万元，加收滞纳金和罚款分别为 1 715 万元和 1 268 万元，累计金额达 1.14 亿元。税务机关已于 2006 年将税款、滞纳金、罚款全部追缴入库，并以涉嫌偷税罪将当事人移送公安机关。

对于“生命一号”税案，在惋惜之余，我们也应从中吸取教训。“生命一号”税案到底给我们带来哪些启示呢？

启示一：依法纳税永远是正确的。

现代税收具有强制性、固定性、无偿性三大特征。对一个企业来讲，遵纪守法是一项应尽的社会责任，依法纳税是每个企业应尽的社会义务。

君子爱财，取之有道。企业家追名逐利原本是无可厚非的，但不允许利用偷税手段来达到这一目的。企业家的政治生命也很容易被税收所累，政治生涯止于偷税行为。

启示二：警惕偷税惯用伎俩。

企业惯用的偷税伎俩在“生命一号”税案中显露无遗。结合该税案，将企业常见的偷税手法概括如下。

手段之一：纳税人虚开增值税发票，尤其在特殊环节寻找所谓的“税收空间”。“生命一号”虚开或不按规定开具农副产品收购发票，多申报抵扣进项税额 3 000 多万元。对于增值税的特殊业务，如运输、废旧物资收购、农副产品收购等方面极易出现虚开或不按规定开具发票行为，这应引起社会的广泛关注。

手段之二：纳税人销售商品时不开发票或者少开发票，从而隐瞒收入偷逃税款。“生命一号”通过不开发票，少开发票的方式，以降低销售环节的税收。这是典型的偷税行为，属于国家重点打击的税收违法犯罪活动。

手段之三：虚列成本费用偷逃税款。“生命一号”还采用虚列成本费用的手段偷逃税款。罗泽勤作为企业老总，每年在企业报销的个人消费高达几百万元，这是不符合税法规定的，也属于一种典型的偷税行为。

二、走出纳税误区

【趣味链接】

在一次长跑运动会中，一名运动员觉得自己鞋子里有些不太舒服，但是因为比赛已经开始，来不及再停下来。但是跑得越长，发现自己的脚越痛，到最后一圈不得不停下来。脱下鞋子一看原来是一粒沙子，这粒沙子把脚都磨破了，无法再进行比赛了。就这样只好眼睁睁地看着自己与奖牌擦肩而过。

启示：鞋子中的沙子虽小，但是同样可以在一个时期内影响我们目标的实施。我们在企业管理中一定要学会发现企业中存在的问题，更重要的是重视企业中存在的问题，发现问题了一定要及时处理，做到未雨绸缪，不能让隐患再持续下去，否则的话就像那个运动员一样到最后无法控制自己的“身体”，眼睁睁地看着机遇跟自己说再见。很多企业家认为企业已经足够强大了，那些小问题都是不足为惧的，所以到最后企业不得不以倒闭关门了事。

（一）对提升经理层与财务人员的业务水平重视不够，造成多纳税

确立企业发展战略的直接目标是实现税后利润最大化，终极目标是实现企业价值的最大化，在此过程中应综合考虑多重因素的影响，税收成本只是其中的一项。如果企业面临甲、乙两个备选方案，甲方案的税收成本虽高于乙方案，但它能取得更大的税后收益；或乙方案存在更大的实施成本、风险成本和其他非税成本；或甲方案更符合企业发展的战略布局、长远利益和整体利益，而相对高出的税收成本的影响只是局部的、暂时的、可以承受的，等等，在此类情况下，如果仅以税收成本绝对值上的高低来取舍战略发展方案，显然是片面乃至盲目的。由于公司业务的综合性，对经理层和财务人员的业务水平都提出了较高的要求。

【趣味链接】

斯坦门茨是一位著名的德国技术专家，一次美国福物公司的一台电机坏了，几经努力都没修好。于是他们请来了斯坦门茨。他检查之后，在电机外壳画了一条线，说："打开电机，记号处里面的线圈减少 n 圈，毛病就好了。"人们将信将疑地照办了，果然成功。

电机修好后，斯坦门茨向老板收取 3 万美元的报酬。老板说："用粉笔划一道线就要 3 万美元，这也太贵了！"斯坦门茨说："用粉笔划一道线并不贵，只要 1 美元，但计算出在哪儿划线却要 29 999 美元。"老板折服，照付了钱，并重金买下了他所工作的公司。

启示：不断地提升职工的相关业务水平，才能使其工作效率价值最大化。

（二）寄希望于通过作弊少纳税，缺乏控制纳税风险意识

一位在税务师事务所工作的朋友，有一次和大家喝茶聊天，他说最怕碰到三类企业老板。

第一类老板心平气和地说："你们帮我造一本查不出来的账！"

（假的东西始终是假的，假账终究会被识破，怎么可能做到？）

第二类老板很牛气地说："某某税务局长跟我关系很铁，经常在一起喝酒，称兄道弟。不用担心，税收不会出问题的！"

（局长肯定不是圣人，也要有朋友，也要食人间烟火，但是喝了酒吃了饭就能搞定吗？不是的。）

第三类老板是等出问题了才匆匆找来，并着急地说："你们先帮我搞定这个问题再说！"

（税务师事务所不是万能的！正所谓临时抱佛脚，是否已经晚了？）

我朋友所讲的三类老板的故事其实是在谈企业的税务风险，所谓税务风险，一个通俗的说法就是，企业因违反税法规定而导致未来经济利益损失的可能性。税务风险不外乎两种结果：一是企业白白多付出税款，二是企业因为少缴或迟缴税款而受到法律制裁。

【案例分析】税收违法涉及范围广

有一家事业单位改制，新成立一家经营性企业。由于人手短缺，该事业单位的很多职工都在新成立的企业兼职，兼职人员在两个单位同时获得劳动报酬。这里想问大家的问题是：一个人同时在两个单位工作，拿到两份劳动报酬应该如何纳税呢？

财务部经理是这样做的，对兼职人员在两个单位拿到的劳动报酬，分别作为工资薪金单独计税，即在两个单位都根据九级超额累进税率代扣代缴个人所得税。按照你的直观判断，这种做法正确吗？

税法中有这样的规定，对于个人在一个月获得两份工资的，应对两份工资合并计税。财

务部还有人认为，即把两份工资加到一起作为一次收入，减除免征额，按照税法规定代扣代缴个人所得税。

其实，上述两种做法都不正确。工资薪金是单位给予雇员的劳动报酬。如果一个人不属于单位的雇员，是不能够拿工资薪金形式报酬的。我国劳动法规定，一个人只能和一个单位签订合法的劳动合同。所以，一个人不可能在两个单位同时领工资薪金。按照劳动法和税法的要求，兼职人员应该选择其所服务的一家单位的劳动报酬作为“工资薪金所得”来缴税，其余单位的劳动报酬一律视为“劳务报酬所得”来计算缴纳税金。这里需要特别明确的是，雇员和单位之间签订的是劳动合同，而非雇员和单位之间签订的是劳务合同。

还有一种特殊情况，如果单位的一位老员工退休后又被返聘回来，那么该返聘员工的劳动报酬应该如何纳税呢？有人认为，返聘员工不再是正式雇佣的员工，应该按照劳务报酬缴纳个人所得税。其实这种说法是不对的，我国税法规定，返聘员工的劳动报酬依然按照“工资薪金所得”缴纳个人所得税，而不是按照“劳务报酬所得”计税。

上述案例说明了一项经济业务（或事项）的纳税可能会受到多种法律制度的约束，而不仅仅局限于税法规定，这是大家需要特别注意的。

企业的税务风险一般来源于以下四个方面。

一是，税法本身存在着一定的缺陷和不完善性。这种不完善性再加上税收政策变化比较快，纳税人很容易陷入“税收陷阱”，造成一定程度的纳税风险。

二是，税务机关拥有税法的解释权和自由裁量权。税务机关既是税法的制定者，又是税法的执行者，他们有权对税法做出解释，这在主观上就很容易对纳税人造成伤害。

三是，经济环境中的虚开、代开发票以及经济舞弊等行为，也给纳税人带来了一定的税务风险。

四是，来源于纳税人自身的税务风险。纳税人在纳税观念、法律意识、业务水平方面存在欠缺，也极易在纳税过程中形成税务风险。

【案例分析】关注纳税环节的风险

王老板开办的公司从韩国购买所需的材料，已在海关缴纳了进口增值税和关税。在生产过程中，产生了一些废弃的下脚料，王老板就把下脚料卖给了废品收购站。

王老板认为，这些废料在进口时已在海关缴了税，因此，此举是一项正常的商业行为，不应该再缴税。当国税局的稽查人员找上门时，王老板以为税务机关是在故意找碴，并理直气壮地拿出了相关发票和完税凭证。

请问：王老板的做法对吗，为什么？

这个案例涉及纳税环节问题。对企业来说，税收通常是分环节缴纳的。企业从韩国进口材料所缴纳的税款属于进口环节税收，而把下脚料再卖给废品收购站，这又构成一个纳税环节。所以，王老板把下脚料卖给废品收购站时还必须缴纳销售环节税收——增值税。

这个案例说明税收是按环节征收的，一个环节的税收不能替代另一个环节的税收。

税务风险猛如虎。那么，面对税务风险，企业应该如何防范呢？下面给你说几招。

招法一：拒绝挂靠。

尽量不要挂靠别人，也不要让别人挂靠。比如替别人开发票或者找别人开发票。一旦陷入这些扯不清的关系和利益纠纷中，会使纳税问题变得风险重重。

招法二：定期检查。

企业应该定期进行纳税检查，检查税款计算是否正确，检查账务处理是否合适。尤其涉及税款少交或多交的情况，更要仔细检查。一旦发现错误要及时更正，不仅是税款，还有错账。

招法三：聘请税务律师。

当前在社会上有一个职业特别火爆，那就是税务律师。税务律师作为一种精通税法的律师，能更好地为企业解决税务纠纷问题。

招法四：开展纳税筹划。

在企业经营管理实践中，要准确及时地编制税收规划，设计纳税筹划方案，依法纳税，合法节税。

（三）企图通过“关系”解决税务问题

【案例分析】切记合规纳税

盛华房地产公司房产销售火爆，每年实现3亿元的销售额，为了规避金额庞大的土地增值税，公司老总通过关系与当地税务局领导“协调”，并达成减免 50%土地增值税的意向，但未取得税务局下达的正式认可文书，而是采取由上而下的层层打招呼的形式获得默许，盛华房地产公司会计也未将该笔税款反映在账面上。两年后稽查局进行税务稽查，认定该企业应纳未纳土地增值税行为属于偷税行为，查补欠税并处罚金多达6 000万元。面对巨大的税务损失，老总追悔莫及，扪心自问，不得不思考这样一个问题：利用关系能最终解决企业税务问题吗？

这是中国的现状，许多企业老总特别是一些大企业老总都有一些社会关系和资源，他们在遇到棘手的涉税问题时，往往第一反应就是托关系、找路子解决问题。在现实中的确有些问题能以这种方式解决，但这种所谓的解决往往留有许多看不见的隐患，这种偏离于法制的解决方式，企业最终很可能会付出“亡羊补牢”的沉重代价。

三、营造和谐税收征纳关系

（一）征税与纳税：一对冤家

1. 税收的起源

记得有位税务专家说过：“在中国处于漫长的封建社会时期，一部税收史，就是一部税收抗争史。”中国封建社会的苛捐杂税很多，严重压榨着身居底层的劳动人民。唐代诗人杜荀鹤有两句描写税收的著名诗句：“任是深山更深处，也应无计避征徭。”

说起税收，大家不妨来看一下“税”字，左边是“禾”右边是“兑”，其含义是“用禾苗向国家承兑捐税”。大家肯定猜到了，我国最早的税起源于农业，农民耕种土地要向国家交税，国家为农民提供土地要向农民征税。最早的税表现为农业税，正所谓：税敛之于民，民以“禾”为“兑”，这便是“税”字的起源和最好诠释。

商代有著名的井田制，《孟子》记载：“方里而井，井九百亩，其中为公田。八家皆私百亩，同养公田，公事毕，然后敢治私事。”所谓井田制，就是把一定数量的土地分成九块，将周边八块分给八家农户耕种，属于私田，政府不予征税。中间的那块属于公田，由八家共同耕种，公田的收入全部上缴国家。如果我们做一个简单计算：公田的收入作为税收，占全部农田收入的九分之一，那么农业税的税率也相当于九分之一，即 11.1%，这就是“井田制”下的纳税模式，也是中国早期农业税的雏形。

2. 对税收征纳的认识

对于企业和税务机关来讲，纳税和征税永远是一对矛盾。但我们要辩证地看待征税和纳税之间的矛盾。

在西方国家，政府征税被形象地称为“拔鹅毛”，征税的艺术被称为“拔鹅毛的艺术”，其最佳效果是“既要拔鹅毛，又不让鹅叫”，也就是不要让纳税人感到税收的压力。反过来，如果鹅毛拔多了，鹅就不让拔了，鹅会选择逃离，最终的结果是征税行为直接影响到经济的发展。所以，征税的艺术是“拔鹅毛而不让鹅叫”的艺术。

对企业来讲，纳税之道是顺应国家政策、不偏不倚地合法纳税；对于政府来讲，征税要像大禹治水一样，正确引导纳税人依法纳税，而不是横征暴敛、强行征收。

我很欣赏一个有关税收征纳的比喻——渔网理论，我把它称为税收辩证法。渔民在出海打鱼之前先编织渔网，然后在大海浪涛中利用渔网打鱼，打鱼过程中可能会出现一些漏网之鱼，这是一种必然现象。鱼之漏网，原因不在鱼，而在于网，网眼太大鱼就会从网里钻出来，这是鱼渴望生存的天性使然。而渔民不应该去抱怨鱼，而应该想办法织好自己的网。以此比喻税收征纳极为贴切。由于税法这张“渔网”总会存在“漏洞”，企业总会千方百计地规避税收，这原本是无可厚非的。如果企业没有规避税收的欲望，企业也就成了一条“死鱼”。政府一旦发现税法这张“渔网”有破损，网眼比较大，第一反应就是修补“渔网”，而不是去抱怨“漏网之鱼”。

【趣味链接】

1994 年足球世界杯，巴西队捧回金杯的同时，也带回了据说 17 吨重的物品，装了 5 大卡车。按照巴西税法，每位本国居民只要在国外购买价值 500 美元以上的商品就得缴纳关税。巴西足球队此次从国外带回的冰箱、彩电、录像机等物品，共须缴纳 100 万美元的关税。海关税官依法执法，不纳税就不放行，巴西足球队当时就炸开了，自恃功高的足球明星们威胁不参加盛大的庆祝游行，球星罗马里奥扬言要退回总统佛朗哥亲自授予他的体育勋章……但是，铁面无私的海关税官毫不动摇。

事情最后闹到政府财政部部长，甚至总统亲自出面要求海关放行，忠于法律和职责的税务局长无奈宣布辞职。视足球为生命的巴西人狂欢后开始清醒，就此事举行全国民意调查，结果有 79%的人认为足球队员应该依法纳税。巴西政府终于在 1994 年 7 月 22 日改变以前的立场，决定对足球队征税。

（二）积极应对税务检查

你单位接受过税务检查吗？税务机关主要通过哪些形式进行税务检查？税务机关有权把企业的会计资料调回检查吗？

【案例分析】积极应对检查

（1）A 企业搬到西城区后，由于在本纳税期内没有应纳税款，A 企业老总认为本期他们不需要纳税申报。A 企业老总的认识是错误的，企业在本期内即使没有应纳税款，或者正在享受减免税优惠，也要向税务机关进行纳税申报。切记，不需要纳税的期间也需要正常申报。

（2）B 企业实行所得税分季预缴，本季应缴纳税款 50 万元，由于本期企业有重大投资项目，资金比较紧张，在发放工资缴纳社会保险之后，余额都不足缴税了。想到下个季度企业会有新品上市，B 企业决定先拖欠税款，等新品上市后再缴纳。

15 天的纳税期一过，B 企业就收到税务机关的通知书，税务机关责令企业在本月月底之前必须缴清税款，否则，将会从下月 1 日起加收每日万分之五的滞纳金，并对企业实行税收强制执行。B 企业的老总认为这只是税务机关的恐吓之词，还是没按期把税款缴纳。结果在下个月的 20 日接到开户行的通知，企业的存款 50.5 万元被划拨到国库以缴纳税款，其中 50 万元是税款，5 000 元是滞纳金。并收到税务部门开来的税收罚单 25 万元。B 企业的老总一看傻眼了，投资项目将会受阻，损失惨重，还要缴纳 25 万元罚金（根据税收征管法规定：纳税人在规定的期限内不缴或少缴税款，处 50%以上 5 倍以下罚款）。

国家征税是一件严肃的事情，纳税人逾期不主动纳税就会受到国家的惩罚。其实，如果 B 企业的老总了解税法，他完全可以避免这种结果。税收征管法第 31 条规定："纳税人因有特殊困难，不能按期缴纳税款的，经省、自治区、直辖市国税局、地税局批准，可以延期缴纳税款，但最长不得超过三个月。"

这里所说的特殊情况是指企业遇到不可抗拒的自然灾害，包括火灾、地震、台风等；以及当期货币资金在扣除工资、社会保险后，不足以缴纳税款的。因此，B 企业完全有机会申请到延期纳税，在 3 个月后，新产品带来的利润就可以缴纳税款了，而且也不用缴纳滞纳金，更不会被罚款。

大家注意到税收滞纳金每天万分之五加收，该资金成本是很高的，如果一笔税款滞纳一年，相当于年利息率在 18%左右，而银行年利率最高也不会超出 10%。

税务机关征税的方式主要有查账征收和核定征收两种。如果企业的财务会计制度比较健全，那么税务机关根据企业提供的会计凭证、账簿资料等征收税款，这叫查账征收。如果企业的账簿资料不全，或者存在假账的情况，税务机关一般会采取定额征收的方式，即根据企业的规模、业务量等经营情况，定额征收税款。

1. 税务检查的主要形式

（1）重点检查。公民举报、上级机关交办或有关部门转来的有偷税行为或偷税嫌疑的，纳税申报与实际生产经营情况有明显不符的纳税人及有普遍逃税行为的行业的检查，都属于重点检查。如果贵单位被税务机关重点检查，那可能就有大问题了。

（2）专项检查。税务机关根据税收工作实际，对某一税种或税收征管某一环节进行检查，如增值税专项检查、个人所得税专项检查。

（3）临时检查。各级税务机关根据不同的经济形势、偷逃税趋势、税收任务完成情况等综合因素，在正常的检查计划之外安排的检查，如房地产业偷税检查。

2. 资料调回检查

税法规定，有特殊情况的，税务机关可以将纳税人当年的账簿、记账凭证、报表等会计资料调回检查。

（1）涉及增值税专用发票检查的。

（2）纳税人涉嫌税收违法行为情节严重的。

（3）纳税人及其他当事人可能毁灭、藏匿、转移账簿等证据资料的。

（4）税务机关认为其他需要调回检查的情况。

【案例分析】内外账潜藏大风险

两套账被查处追缴税款 80 万元。

因市场竞争激烈，酒店经营不景气，某酒店的经理及财务部长商议决定在税收上做文章，即每个月少报营业额 30~50 万元不等，生意好的时候会少报 60~80 万元，同时做两套账，一套是内部账，用于决策和管理；另一套是外部账，用于报税。

税务稽查人员根据举报线索，对该酒店进行税务检查，查实了两本账的内幕。经税务进一步核实，该酒店一年下来偷税达 50 万元，最后税务做出了补税、缴纳滞纳金和罚款合计金额达 80 万元的处罚决定。

（三）妥善处理企业与税务局的关系

知识链接

如何与税务机关签订委托代征税款协议

主管税务机关与代征单位协商后，签定《委托代征税款协议书》，根据协议确定双方责任和义务。

1. 核定代征税种、代征范围、申报期限、报缴税款期限

受托单位填写《委托代征税款登记表》，交主管税务机关。税务机关认定管理环节就代征税种、代征范围、申报期限、报缴税款期限等情况核定后交代征单位。

2. 发放证件

税务认定管理环节向受托方发放《委托代征税款证书》。 对于下列情况，税务机关应及时向受托纳税人办理终止委托代征税款协议：因受托方发生转业、改组、分设、合并、联营或停业、注销等情况或主管税务机关本身原因，需要终止委托代征税款协议时，主管税务机关收缴《票款结报手册》《税收通用完税证》《税收定额完税证》等资料，受托方应按协议规定期限结清委托代征的税款。

四、部署纳税战略

在企业的管理活动中，纳税管理与企业价值有着直接的联系。纳税管理是指企业在生产经营过程中，利用价值形式，合理组织纳税活动、正确处理税务关系，以期实现企业在税务安全的基础上享有最大的税收利益。

从纳税管理所涉及的活动看，纳税管理绝不仅仅是一个财务问题。例如，对企业组织形式的选择、对企业内部组织结构的谋划等问题已远远超出财务的范畴，而企业不同的选择将会产生不同的税收待遇，导致不同的税负成本，因此存在着纳税管理的必要性和可行性。印度税务专家 E.A.史林瓦斯（E.A.Srinvas）认为税务已成为重要的环境要素之一，对企业既是机遇，也是威胁。

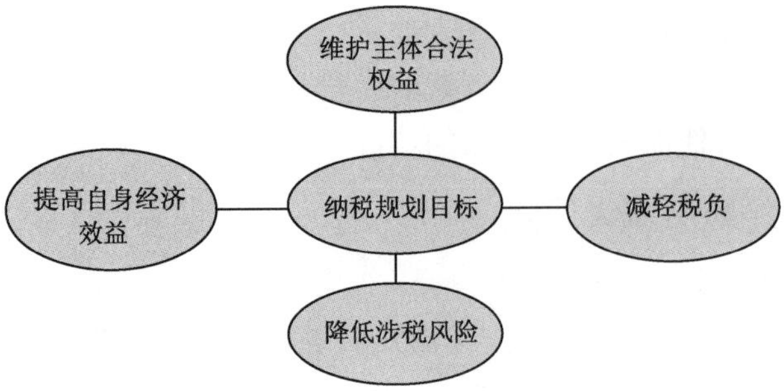

（一）企业纳税筹划战略

税收是一个重要的经济调节杠杆，在不同地区、行业、不同性质的企业甚至同一企业生产的不同产品、不同行为方式（如重组方式）方面，都可能存在税收政策差异，有的税收政策可能是鼓励性的，有的可能是抑制性的，企业在确立战略发展目标和进行战略布局时，应评估这些政策的影响，尽可能谋取相对较低的税收成本，获得竞争优势。同时，税收政策不是一成不变的，这种变化可能是“利好”——如东北地区增值税转型，对此，企业应及时掌握政策信息，筹划设计不同的行动方案，等待和把握时机，乘势而上；反之，对一些不利甚至致命一击式的政策变化，应未雨绸缪，迅速制定应对的纳税筹划方案，并引导企业做出战略调整。纳税筹划在当今中国的公司理财领域是一个越来越热的话题，究其原因，正是国家税收环境的进步、企业财务管理职能的转变，催生了纳税筹划需求的大量释放；专家学者研究的深入和财税中介机构相关咨询服务的规范，保证了纳税筹划供给的大力跟进。

纳税筹划战略管理活动最早发生在西方发达国家，我国企业在 20 世纪 90 年代初才认识到纳税筹划战略的重要性。纳税筹划是一种事前行为，具有前瞻性的特点，它在本质上属于企业管理的一部分。我国目前纳税筹划的研究主要基于具体层面，局限于对税法本身的研究，往往侧重于考虑短期利益，很少从企业发展的战略层面考虑纳税筹划问题。目前许多纳税筹划方法从税法的角度分析很严密，但综合考量后未必符合企业整体利益。忽视企业战略的筹划方法往往是失败的。企业战略与纳税筹划之间是全局性规划与局部行为、目标与手段之间的关系。企业战略主要研究企业如何在竞争中谋求长期竞争优势，而纳税筹划是帮助企业实现这一目标的，所以纳税筹划服从于企业战略。基于双方这种关系，如果税收政策发生重大调整，企业为适应税法调整必须进行战略调整。

企业战略视角下的纳税管理与传统企业纳税筹划的区别如下表所示。

	传统企业纳税筹划	企业战略视角下的纳税管理
目标	降低企业税负成本	企业战略竞争优势和长期盈利能力
范畴	财务管理	企业战略范畴
视角	从降低企业税负的角度	企业战略管理
侧重点	日常经营和财务问题	企业的战略问题

1. 纳税筹划帮助企业制定和实施战略

企业纳税筹划战略目标的确立必须综合考虑以下因素：企业战略目标；财务管理目标；纳税筹划对企业价值链上的供应商、客户、员工等利益相关者的影响；纳税筹划全部收益与成本的权衡，包括税与非税因素和纳税筹划实施的管理协调因素等。因此，企业在确立纳税筹划目标时，至少包括以下几点。

（1）规范纳税管理，准确进行税务会计核算和纳税申报，依法缴纳税款，做到“税务会计规范处理、税收政策充分应用、应交税款决不偷漏”。

（2）有效支撑企业战略的制定和实施，服务企业价值最大化的战略目标和财务管理目标。

（3）有效进行财税环境变化管理，适时制定或调整纳税筹划方案，建立适应性的纳税筹划管理组织和机制。

税收涉及企业的各个阶段的方方面面，从开始筹建到运营再到企业破产清算，企业无时无刻不在与税收打交道。不同环节企业所需要处理的税收事宜也各不相同。企业销售货物或进出口货物要缴纳增值税；企业生产、进口应税消费品要缴纳消费税；企业提供劳务、转让无形资产、销售不动产要缴纳营业税；企业取得的生产经营所得或其他所得要缴纳所得税；国家为了特定目的征缴的税种如城建税、土地使用税、车船使用税、印花税、土地增值税；外贸企业要缴纳关税等。因此，企业在进行纳税筹划的过程中要善于抓住关键环节，对影响企业价值的关键环节中的主要因素重点考虑。有了基于企业战略的这种企业全部价值活动的观念，我们会更容易找到纳税管理的关键点和核心要素，使我们在企业整体上清楚对哪个环节进行纳税管理效果是最好的。

2. 配合企业整体纳税规划，积极行使纳税人权利

知识链接

税务行政复议的范围

税务行政复议是我国行政复议制度的一个重要组成部分。为了防止和纠正税务机关违法或者不当的具体行政行为，保护纳税人及其他当事人的合法权益，保障和监督税务机关依法行使职权，国家税务总局根据《行政复议法》《税收征收管理法》和《行政复议法实施条例》，结合税收工作实际，制定了新的《税务行政复议规则》，自 2010 年 4 月 1 日起施行。

行政复议机关受理申请人对税务机关下列具体行政行为不服提出的行政复议申请。

（1）征税行为，包括确认纳税主体、征税对象、征税范围、减税、免税、退税、抵扣税款、适用税率、计税依据、纳税环节、纳税期限、纳税地点和税款征收方式等具体行政行为，征收税款、加收滞纳金，扣缴义务人、受税务机关委托的单位和个人做出的代扣代缴、代收代缴、代征行为等。

（2）行政许可、行政审批行为。

（3）发票管理行为，包括发售、收缴、代开发票等。

（4）税收保全措施、强制执行措施。

（5）行政处罚行为：

①罚款。

②没收财物和违法所得。

③停止出口退税权。

（6）不依法履行下列职责的行为：

①颁发税务登记。

②开具、出具完税凭证、外出经营活动税收管理证明。

③行政赔偿。

④行政奖励。

⑤其他不依法履行职责的行为。

（7）资格认定行为。

（8）不依法确认纳税担保行为。

（9）政府信息公开工作中的具体行政行为。

（10）纳税信用等级评定行为。

（11）通知出入境管理机关阻止出境行为。

（12）其他具体行政行为。

知识链接

税务行政复议的条件

申请人向复议机关申请复议必须符合下列法定条件，缺一不可。否则，复议机关将不予受理，但申请人有权就复议机关的不予受理的裁决向人民法院起诉。

（1）申请人是具体行政行为直接侵犯其合法权益的公民、法人和其他组织以及外国人、无国籍人、外商投资企业、外国企业和其他外国组织。

（2）有明确的被申请人。也就是说，复议申请所针对地做出具体行政行为的税务机关是确定的。

（3）有具体的复议请求和事实根据。申请人认为该具体行政行为有哪些错误，侵犯了自己的哪些权益（包括具体数额），具体应该如何纠正以及认为其错误或应予纠正的事实理由。

（4）属于税务行政复议受案范围。凡是超过《税务行政复议规则》第七条规定的复议受案范围的申请都属于无效申请。例如，对税务机关制定某一规章或规范性文件的抽象行为不服；对税务机关提请工商部门吊销营业执照或认为构成偷抗税罪移送检察机关处理的提请、移送行为不服，都不属于税务行政复议的范围。

（5）属于规定的税务机关管辖。

（6）申请人的复议申请属于必经复议范围的，申请人在提请复议前，必须先按照税务机关根据法律、行政法规确定的期限缴清税款、滞纳金、罚款。

（7）复议申请必须在法定的复议申请期限内提出。按照规定，申请人可以在得知税务机关做出具体行政行为之日起60日内提出了行政复议申请。因不可抗力或者被申请人设置障碍等其他正当理由耽误法定申请期限的，申请期限自障碍消除之日起继续计算。

（8）法律、法规规定的其他条件。

复议机关在接到申请人的申请后，要按上述条件加以审查，以决定是否受理，如果不符合条件之一的，复议机关即可不予受理。对于复议机关不予受理的复议裁决，申请人不服，只能就不予受理裁决本身向人民法院起诉。人民法院也只能就税务机关是否应受理复议进行审理，而不能对争议的具体问题进行审理。

3. 企业纳税筹划战略管理的组织保证和内部控制

企业实施纳税筹划战略管理体系，必须具备组织依托。跨国公司在财务系统一般设有税务部，履行纳税筹划职能，还有为数不少的公司将纳税筹划功能从税务部分离出来，单独成立纳税筹划部。考虑到我国企业的现有治理结构和管理文化，建议在企业的财务与会计系统内部设立税务部，统筹负责企业纳税管理与纳税筹划。在机构设置和人员配备上，大企业必须设置专门的机构，配备专职人员，负责整个集团的税收管理，越是大型的企业集团，越需要专门的办税人员。大企业集团应设置与财务部平行的税务部门，鉴于税收管理的核心地位，税务部应直接对集团的“一把手”负责。在公司治理框架中可以设立公司纳税筹划内部治理系统。对于税收筹划的运作，可以明确授权并形成制衡关系，确保企业财税管理和纳税筹划决策的科学性，力避企业涉税风险和税务危机的出现。在工作流程上，由于企业几乎所有的生产经营活动都或多或少地影响纳税义务，大企业必须设计一套科学严密的内部工作流程，使负责税收问题的部门和人员，及时了解整个集团的生产经营情况。只有这样，才有助于防范每个环节有可能产生的税收风险，也有助于在确定融资、投资方案时，事先考虑税收影响，规避潜在的税收风险。内部纳税控制制度是整个内部控制制度中的一部分。如果企业没有健全的纳税内部控制制度，势必影响纳税会计核算提供资料的正确性和可靠性，影响纳税筹划的进行，影响纳税内部检查的质量。因此，企业作为纳税人应从成本效益的角度出发，建立健全纳税内部控制制度。

4. 企业纳税战略管理的激励机制

由于纳税筹划风险的存在，税务部或筹划部经理及其下属人员，出于自身的效益和成长的考虑，会尽量规避纳税筹划风险，而规避筹划风险的最好办法就是不去设计筹划方案。因此，在企业内部，几乎很难产生理想的纳税筹划方案。这种道德风险的存在，一方面为财税中介机构提供了市场，另一方面却增加了企业纳税筹划的成本。因此，企业纳税筹划战略管理体系中应有激励与约束机制，降低纳税筹划成本，提高纳税筹划效果。纳税筹划激励与约束机制的建立，可以通过设计最优契约，赋予财务经理或税务经理纳税筹划责任并给予风险对应的奖励；引入岗位竞争，将纳税管理和纳税筹划不达标的调离工作岗位。

5. 税收框架下的公司理财目标

在考虑税收因素的情况下，公司理财目标会有所不同。我们从三个方面分析。

（1）税收是影响利润水平的重要项目。

由于税收的存在，企业的净利润水平会下降，因此导致股东的可支配收益也随之降低。股东重视税后净收益的大小，因此，“利润最大化”财务目标在税收框架下应该修正为“税后利润最大化”或“净利润最大化”。只有税后利润最大化才能满足股东的需要。

（2）税收是影响股东财富可支配额的重要因素。

税收的存在，不仅影响企业的利润水平，而且还直接影响股东可支配财富的金额。比如说，当存在于企业的股东财富分配给股东时，股东财富会被征收一道税，而股东所获取的可支配财富会因此而减少。因此，“股东可支配财富最大化”才应该是股东所真正关注的财务目标。

（3）税收是影响现金流量的关键性因素。

对纳税企业来说，税收是一项现金流出；纳税期间税款的节约就是一项现金流入。考虑到税款的支付期间，税款也会产生货币时间价值问题。因此，税收框架下的公司理财目标应该定位为“净现值最大化”，而“净现值最大化”目标与“股东财富最大化”目标是一致的，因为净现值代表了企业未来所创造的现金流量的现值之和，股东财富会随着预期现金流量的增加而增加。

知识链接

振邦公司租赁办公室，每月租金为 10 000 元。在计算振邦公司应纳税所得额时，10 000 元的租金支出可以税前扣除。换言之，这些支出使 10 000 元的所得免于缴纳企业所得税。若公司适用 25%的企业所得税税率，那么这项扣除项目带来了 2 500 元的税收节约。因此，我们可以得出如下结论：每月的租赁交易包括 10 000 元的现金流出和 2 500 元的现金流入。

（二）战略管理思维下的纳税规划重点

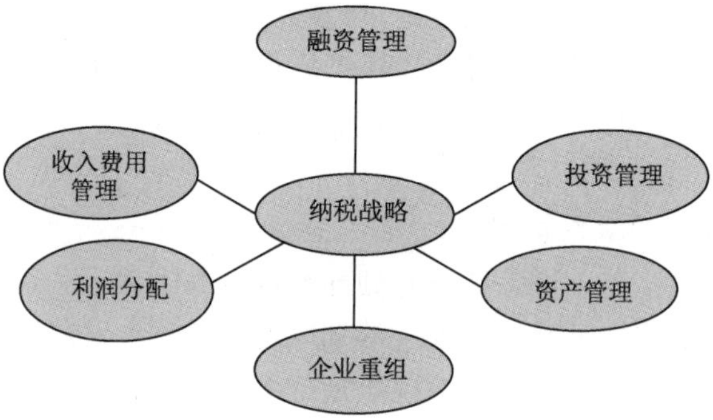

1.基于融资角度的纳税规划

税收作为企业一项固定的成本支出会直接导致企业现金流量的减少，从而影响公司的融资决策。可以说，在没有税收的理想情况下，各种手段都是一样的。可是税收使企业对特定的融资手段产生了偏好。不仅如此，还将改变企业的融资限制条件；而由于偏好不同，这些限制就会在企业的决策中起到重要作用。因此，企业在进行融资决策时要充分考虑税收因素。资本结构决策的一般规律是：当息税前投资收益率高于负债成本率时，企业往往会逐渐增加负债的比重，这时可以继续发挥财务杠杆作用；而当息税前投资收益率低于负债成本率时，由于负债融资产生的负效应，企业往往会逐渐减少负债的比重。融资决策还要充分考虑还本付息问题。一般金融机构贷款其核算利息的方法和利率比较稳定、幅度变化较小，税收空间不大。而企业之间的资金拆借和内部集资在利息计算和资金回收期限方面均有较大弹性和回旋余地，从而为筹划节税创造了有利条件。

【案例分析】关注现金流的税收筹划方案选择

假设企业需要添置一台价值52万元的固定资产设备（假定不考虑残值），有两种方案可供选择。

方案一：向银行贷款52万元购买，银行贷款利率为12%，还款期限为8年，设备估计使用年限为10年。

方案二：向融资租赁公司融资租赁设备，租赁期为8年，每年末支付10.2万元，租赁期满后，设备归企业所有。假设企业的年均资金成本为11%。

先将两方案的税后现金流出量进行对比，融资租赁的年租金为10.2万元，税后现金流出量为10.2×（1−25%）=7.65（万元），税后现金流出量现值为7.65（P/A,11%,8）=39.3669（万元）。

贷款购置固定资产的税收收益及税后现金流出量如下表所示。

单位：元

年度	还本付息额	付息额	还本额	贷款余额	年折旧额	减少应税额	税收收益	税后现金流出	贴现系数	现值
0	—	—	—	520 000	—	—	—		—	
1	104 676	62 400	42 276	477 724	52 000	114 400	28 600	76 076	0.901	68 544
2	104 676	57 327	47 349	430 375	52 000	109 327	27 332	77 344	0.812	62 803
3	104 676	51 645	53 031	377 344	52 000	103 645	25 911	78 765	0.731	57 577
4	104 676	45 281	59 305	317 948	52 000	97 281	24 320	80 356	0.659	52 955
5	104 676	38 154	66 522	251 428	52 000	90 154	22 539	82 137	0.593	48 707
6	104 676	30 171	74 505	176 921	52 000	82 171	20 543	84 133	0.535	45 011
7	104 676	21 231	83 445	93 476	52 000	73 231	18 308	86 368	0.482	41 629
8	104 676	11 200	93 476	—	52 000	63 200	15 800	88 876	0.434	38 572
合计	837 408	317 409	519 979	—	416 000	733 409	183 352	654 056	—	415 798

说明：年还本付息额=52÷（P/A,12%,8）=10.4676（万元），付息额=上年贷款余额×12%，贷款余额=上年的贷款余额－还本额，减少应税额=年折旧额+年付息额，税收收益=减少应税额×25%，税后现金流出量=年还本付息额-税收收益。

分析：方案一中，举债购置的税后现金流出量现值为41.5798万元；方案二中，融资租赁的税后现金流出量现值为39.3669万元。因此，企业应该融资租赁该设备。

2. 基于投资角度的纳税规划

一般来说，在世界各国的公司所得税制度中，激励投资的税收政策大多集中于加速折旧与投资抵免制度方面。“乔根森模式”的研究表明，美国公司所得税制中的“加速折旧法”和“投资税收抵免规定”对美国的总投资有相当显著的经济效应。戴尔·乔根森教授于1967年对美国总投资的研究证明：1963年美国制造业净投资中的40%应归功于1962年引进的7%的“投资税收抵免规定”。投资补贴是国家对鼓励范围内的企业投资给予政府补助的一种投资鼓励制度，比如对高科技研发投入的政府补助，这种制度对投资的激励作用更大，但往往对投资者身份、投资范围等规定许多限制性条件。

通过对税收对投资行为的抑制作用和激励作用的分析可知，税收对投资行为的净效应（或称之为综合效果）取决于投资报酬率与投资资本的使用成本两方面影响力的强弱对比。这里只是静态分析了税收制度和所得税政策对企业投资行为的影响，揭示了所得税税率和优惠政策对投资可能产生的激励效应或抑制作用。经济实践证明，企业的投资行为是一个复杂的财务决策过程，它不仅与税收制度和产业政策有关，还在很大程度上取决于企业对未来宏观政策、盈利水平、现金流及经济发展状况的预期，这种预期的存在，不仅增加了企业投资决策的难度，而且也很难对企业投资行为做出精准的评价。但不容忽视的是，税收对投资行为的影响是显著而有效的，国家可以利用税收对投资的影响力进行产业结构调整、引导资源在不同产业及区域流动，以实现资源的合理配置。因此，世界各国都很重视税收对投资行为的调节作用。

知识链接

某企业目前有 1 000 万元的闲置资金，打算近期进行投资。其面临两种选择：一种选择是投资国债，已知国债年利率为 4%，另一种选择是投资金融债券，已知金融债券年利率为 5%，企业所得税税率为 25%。请问从税务角度看哪种方式更合适？

方案 1：若企业投资国债，则

$$投资收益=1\,000\times4\%=40（万元）$$

根据税法规定国债的利息收入免交所得税，所以税后收益为 40 万元。

方案 2：若企业投资金融债券，则

$$投资收益=1\,000\times5\%=50（万元）$$

$$税后收益=50\times（1-25\%）=37.5（万元）$$

所以站在纳税角度考虑，选择国债投资对于企业更有利。

个人投资与公司投资所适用的税受政策不同，个人转让上市公司的股票所获得的股票转让所得，暂免征收个人所得税。个人因股票期权所获得的已行权的境内上市公司股票再行转让而取得的所得，也暂免征收个人所得税；个人转让境外上市公司的股票而取得的所得，应按税法的规定计算应纳税所得额和应纳税额，依法缴纳税款。

3. 基于利润分配的纳税规划

从公司层面看，由于利润分配只能在公司缴纳企业所得税后进行，公司向股东支付的股息、红利等权益性投资收益款项是不能在计算公司应纳税所得额时扣除的，因此，公司在此环节自身不再涉及所得税纳税义务。但是，公司的利润分配政策，例如当年利润是否分配以及分配多少、如何分配等，却会影响股东的税收利益，因为股东对其股利收入负有缴纳所得税的义务。在相关税收法规有明确规定的情况下，分配利润的公司将负有代扣代缴股东因其股利收入而发生的所得税义务。

从股东层面看，从公司分回的股息、红利，作为其收入的一种形式，属于所得税的征税范围。法人股东的股利收入要依法申报缴纳企业所得税，个人股东的股利收入要依法申报缴纳个人所得税。这样一来，公司分配的股利部分，实际上要面临双重的所得课税：一重是在公司层面，公司在其纳税年度终了后，要依法就其当年的应税利润缴纳公司所得税。利润分配是在公司缴纳所得税后，对其所得税后的利润进行的分配；另一重是在股东层面，如上所述，股东要依法就其从公司分回的股息、红利收入申报缴纳公司所得税或者个人所得税。这也就是通常所说的经济性重复征税。

【案例分析】减少重复征税的税收筹划

某股份制企业（非上市企业）2019 年未分配利润总额为 5 000 万元，经股东会讨论在提取 10%的法定盈余公积金和 5%的公益金之后，准备把剩余的 4 250 万元用于股利支付。现有两种股利支付方式：一是发放现金股利；二是发放股票股利。企业现金流量状况良好，企业股东全部为自然人股东。在选择哪种股利支付方式上，董事会成员进行了充分讨论，讨论结果是选择第一种股利支付方案。原因如下：

第一，企业现金充足，无论哪种股利支付方式均不会带来企业现金流的不足。

第二，企业无论发放现金股利，还是股票股利，均不涉及税收问题。

第三，对于股东（自然人股东）来说，无论何种股利支付方式，均需缴纳 20%的个人所得税。在现金股利分配方式下，取得现金股利净收益 3 400 万元（4 250 万元－4 250 万元×20%）；在股票股利分配方式下，未取得任何现金流，却尚需为此缴纳个人所得税 850 万元（4 250 万元×20%）。

因此，在公司利益未受影响的情况下，基于股东税后利益最大化考虑，企业最终选择了现金股利支付方案。

4. 基于企业重组的纳税规划

企业重组是资源的重新配置过程，重组行为的发生伴随着资源的流动和产权的转移，该过程无法避免的税收问题主要有以下三个。

（1）资产转移中的流转税问题。

现行税法规定，以无形资产、不动产投资入股，参与接受投资方利润分配，共同承担投资风险的行为，不征收增值税；在股权变动时，根据其是否确认股权转让收入决定是否对其征收增值税；企业整体产权转让，或企业合并、分立后，因纳税主体的变更、新设，各种不动产、动产的产权转移涉及是否计算流转税，以及货物进项税额延续抵扣等问题。

（2）企业重组的所得税问题。

企业重组若以股权转让、资产转让的方式进行，一般会产生重组损益。企业重组收益，应当缴纳企业所得税；重组损失，可在当期的应纳税所得额中扣除。企业在重组时， 若对已有资产进行评估，资产重估价值与原账面价值的差异部分，不作为企业损益。重组后企业的各项资产，除了在资产转让时受让方所受让的资产可按实际受让价计入有关资产账目以外，其他应按重组前企业的账面历史成本计价。如果企业为实现重组而对有关资产等项目进行评估，在重组后会计损益核算中按评估价调整了有关资产账面价值并据此计提折旧或摊销的，应在计算应纳税所得额时进行调整，多计提的折旧或摊销部分不得在税前扣除。股权重组、资产转让，其重组前后纳税主体没有发生变化，因此，重组前企业尚未弥补的经营亏损，可以在合并后逐年延续弥补；一般企业合并、分立相关企业的亏损不得相互结转弥补，但是适用于特殊性税务处理的除外。例如，被分立企业所有股东按原持股比例取得分立企业的股权，分立企业和被分立企业均不改变原来的实质经营活动，且被分立企业股东在该企业分立发生时取得的股权支付金额不低于其交易支付总额的 85%，被分立企业未超过法定弥补期限的亏损额可按分立资产占全部资产的比例进行分配，由分立企业继续弥补。在企业吸收合并和存续分立中，合并（分立）后的存续企业性质及适用税收优惠的条件未发生改变的，可以继续享受合并前该企业剩余期限的税收优惠，其优惠金额按存续企业合并前一年的应纳税所得额（亏损计为零）计算。

（3）企业重组的其他税种问题。

企业重组时订立的各种合同、重新领受的各种证照、延续使用或重新开设的账簿、重组企业资本变化等，应对照税法的规定确定是否被纳入了印花税征税范围，以及如何计税。各种不动产在重组中发生所有权转移、进行过户登记时，需按规定判断其契税征免情况，计缴税款。企业重组所转让的股权属于不动产或土地使用权投资入股形成的，则要缴纳土地增值税。

【案例分析】A 汽配公司收购重组税收筹划

A 汽配公司是一家主营业务为汽车车身冲压的企业，成立于 2013 年，注册资本 5000 万元，如今总资产 2 亿元。A 汽配公司为中部地区相关业务企业规模较大，专业化程度较高的企业，目前 A 汽配公司已经成为东风乘用车公司、东风控股集团的战略合作伙伴。公司有较强的扩张意愿。

B 汽配有限公司与 A 汽配公司经营范围有些重叠，是一家主营业务为汽车零部件生产销售的企业，注册于 2018 年，企业注册资本 100 万元，B 公司在业界广受好评，获得了业界合作伙伴的高度认可。

为了企业的进一步发展，缓解同业竞争，获得更大的市场，武汉 A 汽配公司在 2017 年决定收购 B 汽配公司 100%股权，以实现公司的战略发展目标。

（一）资产收购

如果 A 汽配公司以非股权支付的方式收购 B 汽配公司，则 B 汽配公司将所有资产卖出后，要注销清算公司。如果 A 汽配公司以股权支付的方式收购 B 汽配公司，则 B 汽配公司不需要注销公司，而是变更经营范围。B 汽配公司的资产信息如表 16-1 所示。

表 16–1　B 汽配公司资产信息表

资产	原价值	账面价值	评估价值	增值额
房产	225 万元	203 万元	451 万元	248 万元
生产专利	280 万元	217 万元	217 万元	0
生产设备	347 万元	232 万元	232 万元	0
土地使用权	148 万元	119 万元	268 万元	149 万元

因为 B 汽配公司的房产主要为自建房产，一般纳税人将其于 2016 年 4 月 30 日之前取得的房产转让时，可以适用 5%的简易征收率，当 B 汽配公司将房产转让时，需要缴纳的增值税为 451÷（1+5%）×5%=21.48 万元。生产设备适用的税率为 17%，需要缴纳的增值税为 232×17%=39.44 万元，生产专利的转让适用 6%的税率，则生产专利的转让需要缴纳的增值税为 217×6%=13.02 万元，转让土地使用权以评估价值减去取得的全部价款和价外费用，需要缴纳的增值税为（268-148）÷(1+5%)×5%=5.71 万元。B 汽配公司需要负担的增值税税额总额为：13.02+39.44+21.48+5.71=79.65 万元。

为了降低企业重组的税收负担，A 汽配公司可以选择将 B 汽配公司的资产、债务和相关劳动力全部收购，如此便不必缴纳增值税，并且 B 汽配公司向 A 汽配公司开具增值税专用发票，

A 汽配公司还可将此部分专用发票抵扣进项税额。

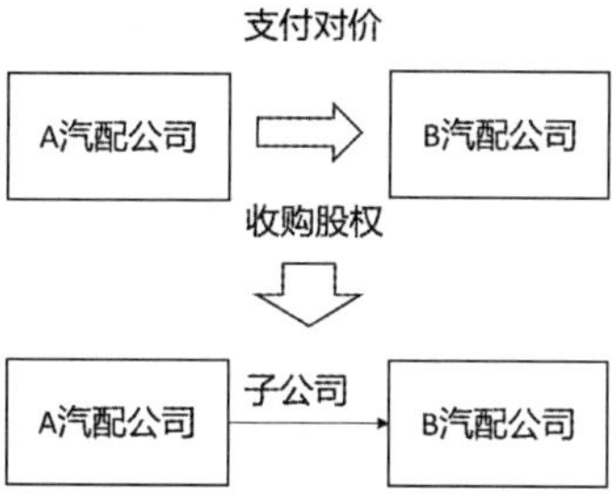

图 16-1 股权收购示意图

1. 流转税

根据我国税法规定，采用股权收购的方式进行企业重组，被重组企业无需缴纳增值税、土地增值税，重组企业也无需缴纳契税，所以如果采用股权收购的方式进行企业重组，则重组的双方都无需缴纳流转税。

2. 所得税

B 汽配公司的计税基础为 850 万元，如果 A 汽配公司选择一般性税务处理的方式，以 920 万元的公允价值收购 B 汽配公司，则 B 汽配公司需要缴纳的所得税税额为：

（920-850）×25%=17.5（万元）

如果 A 汽配公司采取股权置换的方式，使重组符合特殊性税务处理的条件，企业可以暂时免于缴纳企业所得税。在股权支付比例符合特殊性税务处理最低比例的要求下，即股权支付金额为 920×0.85=782 万元时，假设企业以 782 万元的股权 138 万元的现金收购 B 汽配公司，则 B 汽配公司当年仅需要就 60 万现金部分缴纳企业所得税（920-850）×（138÷920）×25%=2.63 万元。

综上所述，采用股权收购的方式，企业双方无需考虑流转税的问题，B 汽配公司需要考虑所得税问题。

（三）吸收合并

吸收合并是企业进行并购重组所经常采用的另外一种方式，如果 A 汽配公司采用此种方式去并购 B 汽配公司，则 B 汽配公司要在重组并购过程之后进行注销清算，B 汽配公司的部分财务信息如表 16-2 所示。

表 16–2 B 汽配公司部分财务信息

单位：万元

财务指标	账面价值	评估价值	增值额
资产	800	1120	320
企业存货	75	47	-28
负债	100	100	0
所有者权益	700	1020	320

1. 流转税

根据我国增值税暂行条例，企业吸收合并的方式进行企业重组，不光其中涉及的财产转让无需缴纳增值税，并且企业还可以继续抵扣原来企业未抵扣的进项税额。我国税法规定，在企业合并中发生的土地和不动产的权属转移，免征土地增值税和契税。

2. 企业所得税

与资产出售相同，A 汽配公司可以获得 74.28 万元的税盾收益效应，B 汽配公司的资产公允价值为 1020 万元，但实际上 A 汽配公司以 920 万收购其资产，则 A 汽配公司可以获得 100 万的收益，需要就这部分收益缴纳企业所得税为：

100×25%=25（万元）

B 汽配公司需要注销清算，在注销时，公司需要先将存货减值损失进行报备，并将前三个年度亏损的 200 万进行亏损弥补，应纳税所得额为 320-200=120，应纳税额为 120×25%=30 万元。如果企业采取符合特殊性税务处理的方式，则 B 汽配公司就可以直接注销企业，仅需备案即可，不再需要清算注销企业。

综上所述，采用吸收合并的方式进行企业重组，重组双方均无需考虑流转税的问题，并且收购方还可以抵扣被收购方未抵扣的进项税额。在适用特殊性税务处理的情况下，在收购当年甚至也无需考虑所得税。

经比较可知，在 A 公司的企业重组中，资产收购是税负最重的重组方式，而吸收合并这种方式不光可以使企业免交流转税，而且收购方还能继续抵扣被收购方未抵扣完的进项税额，从税收筹划的角度来看，吸收合并是较优的企业重组形式，但在实际情况中也要考虑具体情况，股权收购同样也可以作为选择，但资产收购相对而言税负就要高一些。因此 A 公司的重组应该选用吸收合并的方式，同时支付方式选择股权支付，以符合特殊性税务处理，获得递延收益。

【案例分析】企业分立筹划

某食品厂为增值税一般纳税人,适用 13%的增值税税率。根据市场需求,该食品厂开发种植猕猴桃,并将猕猴桃加工成果脯、饮料等(以下简称加工品)对外销售。2019 年猕猴桃开始产生经济效益。2020 年 5 月该食品厂共销售猕猴桃加工品 100 万元(不含增值税价格),产生 16 万元的销项税额。但经核算,发现与该项业务有关的进项税额数量很少,只有化肥等项目产生了 1 万元的进项税额。这样,该食品厂需要就该项业务缴纳 15 万元的增值税。为了降低增值税负担,该企业在购进可抵扣项目时,十分注重取得规范的增值税专用发票,但收效不大。请对以上业务进行税收筹划。

解析:

针对这种情况,食品厂将猕猴桃的种植业务分立为一个独立的企业,并使其具有独立的法人资格,实行独立核算。税法规定:一般纳税人向农业生产者购买的免税农业产品,或者向小规模纳税人购买的农业产品,准予按照购买价格和 9%的扣除率计算进项税额,从当期销项税额中扣除。直接从事植物的种植、收割和动物的饲养、捕捞的单位和个人销售的自产农业产品,免征增值税。当然,相应的进项税额也不能再抵扣。结果会使种植企业没有因为分立而多承担任何税收,而食品厂却在原有进项税额、销项税额不变的前提下,因为有了“向农业生产者购买的免税农业产品”,而增加大量的进项税额。

在上述方案中,食品厂分立后的税收负担及有关变化,体现在以下几个方面:

(1)分立后的食品厂销项税额不变,仍为 16 万元。

(2)分立后的食品厂增加了进项税额。假设按照市场正常的交易价格,该食品厂 2020 年 5 月用于生产猕猴桃加工品的原料价值 60 万元,则分立后的食品厂就可以按照 60 万元的买价和 9%的扣除率计算进项税额,即 5.4 万元。

(3)种植企业享受增值税免税优惠,但同时,有关的进项增值税 1 万元也不能再抵扣。

所以,分立后食品厂的这项业务需要缴纳的增值税计算如下:

应纳增值税=16-5.4=10.6(万元)

与筹划前相比,增值税负担降低了 4.4 万元（15 万元–10.6 万元）。

总之，战略管理时代的企业需要清晰持续的战略，企业战略的制定和实施需要纳税筹划活动的配合；而企业纳税筹划工作的长效收益则根植于纳税筹划的战略管理体系。一言以蔽之，企业纳税筹划活动和财税咨询机构的纳税筹划服务，必须由单纯的技术层面提高到战略层次，否则，难以适应企业培育核心竞争力、获得持续竞争优势的要求。企业在进行纳税管理过程中，应该牢固树立这样一种意识，纳税规划不是为节约税收成本而进行的，是为创造企业价值最大化而进行的。纳税管理作为企业战略管理的一个重要组成部分，它与企业的其他管理活动是相互影响、相互制约的关系，有时某一部门税收成本的减少并不一定等于企业价值的增加。所以，企业在进行纳税方案的设计与选择时，应从企业价值创造这一全局出发，通盘考虑，综合权衡各种因素与结果，时刻以企业价值创造作为一切行动的最终出发点，而不能仅以税负轻重作为选择筹划方案的标准，唯有如此，企业作为一个整体才能创造出更多的价值。

读者意见反馈表

亲爱的读者：

感谢您对中国铁道出版社有限公司的支持，您的建议是我们不断改进工作的信息来源，您的需求是我们不断开拓创新的基础。为了更好地服务读者，出版更多的精品图书，希望您能在百忙之中抽出时间填写这份意见反馈表发给我们。随书纸制表格请在填好后剪下寄到：北京市西城区右安门西街8号中国铁道出版社有限公司大众出版中心 王佩 收（邮编：100054）。此外，读者也可以直接通过电子邮件把意见反馈给我们，E-mail地址是：505733396@qq.com。我们将选出意见中肯的热心读者，赠送本社的其他图书作为奖励。同时，我们将充分考虑您的意见和建议，并尽可能地给您满意的答复。谢谢！

- -

所购书名： ______________________________

个人资料：

姓名：______________ 性别：__________ 年龄：__________ 文化程度：__________________

职业：______________________ 电话：________________ E-mail：______________________

通信地址：____ 邮编：______________________

- -

您是如何得知本书的：

□书店宣传 □网络宣传 □展会促销 □出版社图书目录 □老师指定 □杂志、报纸等的介绍 □别人推荐

□其他（请指明）____

您从何处得到本书的：

□书店 □邮购 □商场、超市等卖场 □图书销售的网站 □培训学校 □其他

影响您购买本书的因素（可多选）：

□内容实用 □价格合理 □装帧设计精美 □带多媒体教学光盘 □优惠促销 □书评广告 □出版社知名度

□作者名气 □工作、生活和学习的需要 □其他

您对本书封面设计的满意程度：

□很满意 □比较满意 □一般 □不满意 □改进建议

您对本书的总体满意程度：

从文字的角度 □很满意 □比较满意 □一般 □不满意

从技术的角度 □很满意 □比较满意 □一般 □不满意

您希望书中图的比例是多少：

□少量的图片辅以大量的文字 □图文比例相当 □大量的图片辅以少量的文字

您希望本书的定价是多少：

本书最令您满意的是：

1.

2.

您在使用本书时遇到哪些困难：

1.

2.

您希望本书在哪些方面进行改进：

1.

2.

您需要购买哪些方面的图书？对我社现有图书有什么好的建议？

您更喜欢阅读哪些类型和层次的书籍（可多选）？

□入门类 □精通类 □综合类 □问答类 □图解类 □查询手册类 □实例教程类

您在学习计算机的过程中有什么困难？

您的其他要求：